法藏知津

九 編

杜 潔 祥 主編

第 2 冊

佛教莊子學

韓 煥 忠 著

花木蘭文化事業有限公司

國家圖書館出版品預行編目資料

佛教莊子學／韓煥忠 著 -- 初版 -- 新北市：花木蘭文化事業
有限公司，2023〔民 112〕
序 12+ 目 4+262 面；19×26 公分
（法藏知津九編 第 2 冊）
ISBN 978-626-344-070-8（精裝）
1.CST：莊子 2.CST：佛教
030.8   111010210

ISBN-978-626-344-070-8

法藏知津九編
第 二 冊   ISBN：978-626-344-070-8

佛教莊子學

作　　者　韓煥忠
主　　編　杜潔祥
副總編輯　楊嘉樂
編輯主任　許郁翎
編　　輯　張雅淋、潘玟靜　美術編輯　陳逸婷
出　　版　花木蘭文化事業有限公司
發 行 人　高小娟
聯絡地址　235 新北市中和區中安街七二號十三樓
　　　　　電話：02-2923-1455／傳真：02-2923-1452
網　　址　http://www.huamulan.tw 信箱 service@huamulans.com
印　　刷　普羅文化出版廣告事業
初　　版　2023 年 9 月
定　　價　九編 52 冊（精裝）新台幣 120,000 元

佛教莊子學

韓煥忠 著

作者簡介

韓煥忠（1970～），男，山東曹縣人，哲學博士，現為蘇州大學哲學系教授，宗教學專業博士生導師，兼任蘇州大學宗教研究所所長、江蘇戒幢佛學研究所副所長、蘇州青蓮生活禪研究院院長等職，出版有《天台判教論》《華嚴判教論》《佛教四書學》《儒佛交涉論》等著作，並在相關刊物上發表學術論文 150 多篇。

提　要

　　所謂佛教莊子學，就是高僧大德引用、評論、注釋、疏解《莊子》所形成的一門學問。早在魏晉南北朝，佛教借助《莊子》的滋養，在中土實現了落地生根。降而至於隋唐，佛教一方面在終極意義上否定了《莊子》，另一方面又從化世導俗的角度肯定了《莊子》。宋元時期，佛教禪宗為人們理解《莊子》提供了一個新的理論參照系統。明清以來 高僧大德運用佛教的名相、概念、術語和思維方式注疏和解釋《莊子》，使《莊子》成為儒道佛三家融通的經典文本。到了近代，佛教與《莊子》的相互詮釋則為人們準確把握這兩種思想體系提供了方便。作為佛道兩家視界融合的產物，佛教莊子學既體現了中國佛教圓融會通的精神品格，又展示了《莊子》多姿多彩的思想內涵，非常有利於人們理解《莊子》思想、佛教中國化、儒道佛三教關係等重大學術問題。

序　一

楊曾文

　　自進入上世紀 90 年代以後，隨著國內佛教學術交流活動的增加，與各地學者交往增多，期間結識了很多很有作為的中青年學者，每當看到他們寫出好的論文，發表有見解的專著，總是感到由衷高興。在這些學者當中，就有韓煥忠教授。

　　說起來，韓煥忠還是我的老鄉，都是山東人。他是山東曹縣人，生於 1970 年，先後就讀於山東大學歷史學系、曲阜師範大學孔子文化學院，取得碩士學位，然後入中國人民大學哲學系師從方立天教授，2003 年獲得哲學博士學位，任教於蘇州大學哲學系，教課之餘，勤於哲學與佛教的研究，日積月累，成果斐然，著有《天台判教論》《自覺覺他——佛教教育觀》《華嚴判教論》，並著力於考察佛教與儒家、道家三教關係，著有《儒佛交涉論》《佛教四書學》等。現為蘇州大學教授、宗教研究所所長、博士生導師。

　　韓煥忠最近告訴我，新著《佛教莊子學》已經完成，希望筆者為之寫篇序。筆者在研究佛教歷史過程中雖也十分重視考察三教關係，然而沒有就這一問題作專門和深入的研究，然而想到近 20 多年與他的接觸、交往，便答應了下來。這幾天放下手頭的工作，將他給我的資料和書稿大體翻閱一遍，又選擇書稿的幾個章節仔細閱讀，總的感到書的整體結構和布局合理，涉及人物和問題雖多而能做到重點突出，引證簡明扼要，觀點也算中肯，因以往沒有以「佛教莊子學」的專題研究，故認為此書尚具創新和添補學術空白的學術意義。

　　筆者為撰寫這篇序，不得不重新找出《莊子》重作檢閱瀏覽，並考慮有關佛教與《莊子》的問題。他的書署名「佛教莊子學」，那首先要明確什麼是

「莊子學」呢？先秦以來，《莊子》與《老子》統稱「老莊」，是道家的代表著作，在魏晉乃至南朝玄學盛行時期，與儒家的《周易》並稱「三玄」，風行於朝野，經隋唐五代和宋元，直至明清、近代，一直作為道家名著受到世人推崇，歷來注疏、研究者甚多，有關著述可謂汗牛充棟。

《莊子》的結構和整體特色、所謂「內、外、雜」三篇的構成和內容風格、古來的注疏和研究與引述、在中國哲學或文學史上的影響和地位等等，可以說都是構成「莊子學」的內容。當出自戰國後期的莊子後學之手的《莊子天下篇》用如下簡潔而意蘊深刻的語句評介《莊子》：

> 芴（或作「寂」）漠無形，變化無常。死與生與？天地並與？神明往與？芒乎何之？忽乎何適？萬物畢羅，莫足以歸。古之道術有在於是者。

> 莊周聞其風而悅之，以謬悠之說，荒唐之言，無端崖之辭，時恣縱而不儻，不以觭見之也。以天下為沉濁，不可與莊語，以卮言為曼衍，以重言為真，以寓言為廣。獨與天地精神往來而不敖倪於萬物，不譴是非，以與世俗處。其書雖瑰瑋而連犿無傷也。其辭雖參差而諔詭可觀。彼其充實不可以已，上與造物者遊，而下與外死生、無終始者為友。其於本也，弘大而闢，深閎而肆；其於宗也，可謂稠（或作「調」）適而上遂者矣。

> 雖然，其應於化而解於物也，其理不竭，其來不蛻，芒乎昧乎，未之盡者。

前面一段概述莊子上承老子的思想，主張天地生於無形無狀的道，變化無常，死與生、天與地、上下之神明、渾然一體的萬物，皆莫知趨向和歸宿。接著說，莊子認為天下人見識昏沉，難以曉之以莊重之語，便以應機隨意之語（卮言），假託賢聖之辭（重言）和巧作比喻的寓言（以上所謂「三言」），闡述自己超俗見解。獨能做到與天地精明往來卻又不孤傲於萬物，不譴世間是非，意願和光而同塵。其書壯偉而無所偏頗是從，詞語變幻莫測，想像奇異可觀。總是無限自信，心神可上與造物者交遊，在下能卻能與不將死生始終置之於懷的人為友。對天地之本的道闡釋得深廣而通達，對所宗之德的態度能做到調適而冥合自然。然而，莊子畢竟對蒼茫難測的天地變化和未來發展，猶有認識不夠深入之處。

通覽《莊子》三篇總體內容，主要有以下突出特色：（一）以寂寥虛無之

道，為天地萬物之本；（二）道既是天地基質、本體，又是規律、規則，有天道，有人道；（三）道「無所不在」，「在瓦甓」乃至「在屎溺」；（四）相對主義貫穿全書，認為天下萬物無絕對的對立、差別、不可踰越的界限，生與死、古與今、大和小、內與外、是與非等，皆相對而存在；（四）追求無所待、無寄託的絕對自由境界──「逍遙」；（五）強調語言在描述真理上的不圓滿和相對性，說：「筌者，所以在魚，得魚而忘筌；蹄者，所以在兔，得兔而忘蹄；言者，所以在意，得意而忘言」；（六）在充滿想像、汪洋恣肆的描述中，向人們展示了蘊藏內容豐富、情節奇異的歷史故事、傳說、典故、恢弘誇張的寓言以及鮮明生動語彙的瑰麗寶庫。唯其如此，《莊子》受到歷代人們的重視和喜愛，引述、詮釋和作各種發揮的著作不勝枚數。

直至佛教傳入和盛行，《莊子》也成為佛教界僧俗人士用來解釋教理和藉以發揮創新之見的重要經典，以至如韓煥忠所考察和論證的在這一過程中形成了「佛教莊子學」。

何謂「佛教莊子學」？韓煥忠作出如下定義：

> 佛教莊子學既包括高僧和居士引用《莊子》中的名詞、概念、
> 術語詮釋佛教經典，又包括高僧和居士站在佛教的立場上對《莊子》
> 進行的評論和比較，還包括高僧和居士運用佛教的名相、概念甚至
> 思維方式對《莊子》進行的引用、注釋和疏解。

對此三種情況，全書分六章：《莊子》與佛教中國化、隋唐諸宗的老莊觀、晚明高僧的以佛解莊、晚明居士的以佛解、近代以來的以佛解莊，結合歷史、佛教傳播、代表人物，引證資料進行介紹。

回顧佛教在公元前後傳入中國以後的傳播歷史，開始是大小乘佛經並行傳播，因為佛經皆標榜是佛所說，人們對二乘的差別並未引起注意，直至進入東晉十六國時期以後，才開始發現大小乘佛典內容存在較大差異。承魏晉玄學盛行的餘緒，老莊思想影響仍遍布社會，為正在廣泛傳播的大乘般若思想提供肥沃的土壤。因為老莊的道之「虛無」、有無之間的相對機辯思維與般若的空義、空有不二的思想有相似之處，故為佛教界僧俗人士用來詮釋、宣傳大乘佛教義理帶來方便。正如道安在《鼻奈耶序》中坦言：「經流秦地，有自來矣。隨天竺沙門所持來經，遇而便出，於十二部，毘曰羅部最多，以斯邦人莊老教行，與方等經兼忘相似，故因風易行也。」在總括所有佛經體裁的所謂「十二部經」中，毘曰羅部（也音譯毗佛略）即方等（或方廣）經，實指

大乘經。道安之時，大小品《般若經》、《正法華經》、《維摩詰經》等已有翻譯。正是這些大乘佛典宣說影響深遠的諸法性空、中道、實相等思想。這些思想恰與老莊思想有相似或相契之處，為素有老莊修養的儒教士大夫理解和接受大乘佛教提供捷徑，也為佛教高僧弘揚大乘佛法提供可藉以發揮的語彙和思想空間，於是發生如道安所說大乘方等經典「因風易行」的情況。豈止是東晉十六國時期，可以說直至進入隋唐、宋元明清乃至近代以後，老莊道家與佛教互相借鑒、互相發明、彼此吸收的現象仍然存在。對此，韓煥忠在上述六章中援引大量歷史文獻資料作了條理清楚的介紹，相信讀者在閱讀中可以看到，得到不少收益。

在今天，我們重新回顧作為佛教傳入中國後三教會通的一個重要現象的「佛教莊子學」的成立和發展，有什麼意義呢？韓煥忠歸納出以下幾點：有利於我們深入理解佛教中國化問題；有利於我們更好地理解三教相互關係；有利於我們全面理解《莊子》的影響，並且由於佛教和《莊子》分屬於兩個非常不同的思想體系，資料極為分散，直至目前學術界還沒有出現研究佛教莊子學的專著，而且相關成果也不多見，搜集資料考察並撰寫一部系統介紹「佛教莊子學」的專著還是必要的。

筆者對韓煥忠的這一看法以及他辛苦撰寫的專著予以肯定並表示讚賞，謹撰寫上小序作為祝賀。

2018 年 8 月 19 日
於安徽省涇縣參加第二屆水西佛教論壇期間完稿

序 二

黃夏年

　　莊子是中國思想文化中道家學派主要代表人物，也是道教供奉的南華真人，其代表作品是以其名字命名的《莊子》，道教則稱此書為《南華真經》。莊子寫作了膾炙眾口的文學作品，用生動的語言敘說了寓意甚深的文學故事，在中國文學中據有重要的地位，同時莊子也發展了老子的「道法自然」的思想，主張順從天道，尊重生命與萬物齊一，對道家和道教的思想理論產生了深遠影響，成為中國哲學裏面的重要流派。莊子對道家學說的貢獻，使他獲得了與老子並列的殊榮，被稱為「老莊」。

　　佛教是印度傳過來的宗教，在中國長期的流傳過程中，佛教與莊子發生了碰撞與融合，在中國佛教中留下了大量與莊子有關的學說與著作。古人曾云：「牧馬童兒，先去亂群之馬。放牛豎子，由寵護群之牛。莊子曰：道無不在，契之者通。適得怪焉，未合至道，唯此而已。至如釋迦、周、孔、堯、舜、老、莊，教跡雖殊，宗歸一也。」（《廣弘明集》卷十）「亂群之馬」是「害群之馬」，語出《莊子‧徐無鬼》。〔註1〕「放牛豎子」語出《中阿含

〔註1〕原文為：「黃帝將見大隗乎具茨之山，方明為御，昌寓驂乘，張若、詔朋前馬，昆閽、滑稽後車；至於襄城之野，七聖皆迷，無所問塗。適遇牧馬童子，問塗焉，曰：『若知具茨之山乎？』曰：『然。』『若知大隗之所存乎？』曰：『然。』黃帝曰：『異哉小童！非徒知具茨之山，又知大隗之所存。請問為天下？』小童曰：『夫為天下者，亦若此而已矣，又奚事焉！予少而自游於六合之內，予適有瞀病，有長者教予曰：『若乘日之車而游於襄城之野。』今予病少痊，予又且複游於六合之外，夫為天下亦若此而已，予又奚事焉！』黃帝曰：『夫為天下者，則誠非吾子之事。雖然，請問為天下。』小童辭。黃帝又問，小童曰：『夫為天下者，亦奚以異乎牧馬者哉！亦去其害馬者而已矣！』黃帝再拜稽首，稱天師而退。」

經》。〔註2〕道佛二教的故事旨在說明不管是牧馬還是牧牛,都要在意保護馬牛不受侵擾,推而廣之,修心求證就像牧馬和牧牛一樣,要專心守護自己的內心,不受外擾。這兩個例子說明佛教與道教有共通之處,所以古人解說莊子,以為解脫大道無處不在,只要與道相契,就可通道。雖然儒釋道三家的學問各異,但是它們最終都是照料一處,這個「一處」就是達到境界上的解脫。莊子成為道佛兩教的連結點,給歷代僧人研究兩教找到契合處,如南朝曇斐法師「其方等深經皆所綜達。老莊儒墨頗亦披覽。」(《高僧傳》卷八)唐代彥琮法師「以大易老莊陪侍講論」(《續高僧傳》卷二)北朝僧肇著《肇論》,「盛引老莊,猶自申明,不相為怪。佛言似道,何爽綸言。」(《續高僧傳》卷四)也有兩教人士站在各自立場互相指責,爭個高低,如宋代寶印禪師向孝宗皇帝說老莊「可比佛門中小乘人耳。小乘厭身如桎梏,棄智如雜毒,化火焚身入無為界,正如莊子形固可使如槁木心固可使如死灰。」(《佛祖統紀》卷四十七)但是更多的人士還是希望能通過研究兩教,提升佛學,開理論之新。

韓煥忠先生多年遊弋國學,浸淫佛學,染指莊學,積撽成裘,完成《佛教莊子學》一書。此書將佛教傳入二千年來的佛教界人士與莊子的關係做了剖析,其中有出家的僧人,有信佛的居士,有飽腹的儒者,當代的學者,以及佛教的宗派,時間跨度長,參與人物多,涉及面廣,以個案方式深入分析各家與莊子關係,開拓了佛學與老莊研究的新領域,彌補了當前學界研究不足,引領新風,功莫大焉。

中國佛教最大的特點是融合性很強,尤以華嚴宗的思想最為顯著。佛教傳入中國,受到中國佛教徒研討,加以改造後,創造了融合性佛教。本書取名「佛教莊子學」,就是反映了中國佛學融合性特點。早在佛教初傳時,由於對人生的關注,佛道二教對待生命都採取了「順其自然」或「隨緣所住」的自然主義態度,古人云:「彼佛經也,包五典之德,深加遠大之實,含老莊之虛,而重增皆空之盡,高言實理,肅焉感神,其映如日,其清如風,非聖誰說乎。」

〔註2〕原文為:「我生欲念,不受、斷、除、吐,生恚念、害念,不受、斷、除、吐。所以者何?我見因此故,必生無量惡不善之法。猶如春後月,以種田故,放牧地,則不廣,牧牛兒放牛野澤,牛入他田,牧牛兒即執杖往遮。所以者何?牧牛兒知因此故,必當有罵、有打、有縛、有過失也。是故牧牛兒執杖往遮。我亦如是,生欲念,不受、斷、除、吐,生恚念、害念,不受、斷、除、吐。所以者何?我見因此故,必生無量惡不善之法。」

（《弘明集》卷二）佛教與莊子的契合點就在老莊之虛與佛教之空，虛空成為道佛二教的共同點，擴而及之推展到現實人生，「釋稱涅槃，道言仙化。釋云無生，道稱不死。……壽夭由因，修短在業。佛法以有生為空幻，故忘身以濟物。道法以吾我為真實，故服餌以養生。生生不貴存存何績，縱使延期不能無死。」（《廣弘明集》卷八）生死是人生最大的根本問題，佛道二家表現出不同的認識，佛教是否定人生的，道教是看重人生的，但二者都承認人有最後一死，在人生最後的境界上都強調空寂為最高，這樣就從不同方向把人生演繹到極至，佛道二教在人生解脫態度上，決定了他們所具的出世方面及其特點，這一共同擁有的命題，較好地解決了佛道之間的相互轉換問題。

　　總之，莊子是中國佛教徒最早將其作為與佛教共通現象而加以研討的，二千年來佛教界從來沒有放棄過這個主題，今天我們對此做出精深的總結和深入研討，將古來大德在這個問題上發表的各種意見予以匯總並加以剖析，對佛教中國化進程討論有著重要意義。佛教傳入中國二千年，莊子與佛教的結合也進行了二千年，韓煥忠先生將二千年的佛教與莊子的研討歷史給予總結，並且上升到「莊子學」的高度，具有重要的學術推進意義，既嘉惠士林，又以鑒來者！

2019 年 5 月 26 日
於北京華威西里寓所

序　三

駱承烈

　　中華傳統文化是由儒、釋、道三家構成的。儒家是入世之學，釋家是出世之學，道家是既出世又入世之學。自漢武帝「罷黜百家，獨尊儒術」以來，凡力圖在政治上有所作為的學儒學，以儒學實現其治國安邦、名垂青史之志。另一些無意於功名利祿或政治上不得意的人則在宏觀上研究人生，研究社會，研究宇宙，尋找人們精神上失去的家園，這是道家的特點。佛教的產生是在釋迦牟尼看到社會上的各種苦難，要拯救世人於苦海，對廣大被壓迫者、失意者指出渺茫的出路，給予精神的慰藉。從這個角度看，佛與道有相似之處。

　　在佛教傳入中國的過程中，《莊子》給佛教幫了不少忙。《莊子》是繼《老子》之後先秦哲學中的又一力作，後來被道教尊為《南華真經》。書中以寓言的形式說出一些高深的道理，行文玄妙、詭譎，有一些宗教色彩。兩漢時期佛教傳入中國，在中華大地上屬於新鮮的事物。儘管中國和印度都屬於開化最早的文明古國，但兩者的國情、民情差別很大，這一異國宗教傳入中國後，一時很難使中國人接受，便用了一些道家的理念。老莊講「無」，佛教講「空」，都是些超越現實的理念。前來中國的佛教高僧大德們在翻譯和解釋佛教經典時，著意運用《老子》和《莊子》中的概念和術語。《莊子》要通過「坐忘」達到是非雙遣，物我兩忘，達到「天地與我並生，萬物與我為一」，要人們忘掉現實，解脫煩惱，逍遙自在，實現絕對的自由。佛教認為四大皆空，強調要絕欲修行，只有徹底出離煩惱，才能解脫成佛，其超脫現實的思想傾向，與《莊子》不謀而合。《莊子》強調「全性」「保身」，不為聲色貨利所驅使，認為命運不可改變而「安之若命」，順應世俗，隨遇而安，做到無用而用，是為大用，才能全生、保身、養親、盡年，這些主張與佛教的隨緣思想比較一致。

在中國流行的大乘佛教不贊同小乘佛教的自我解脫，而是主張普度眾生，認為一人修行圓滿，不僅可以使自己脫離苦海，還能超脫歷世祖先的亡靈及一切有緣，這與《莊子》的思想正相契合。總之，《莊子》與佛教有許多相同或相通之處，因此歷史上有許多高僧大德喜歡《莊子》，他們在講經說法時喜歡引用《莊子》，討論《莊子》，甚至注釋《莊子》，使佛教與《莊子》逐漸接近，也使佛教在中國這片廣袤的國土上紮下根來，實現了自身的中國化。到了唐代，儒釋道三家的相互融合將中華傳統文化的發展推上了更高的層次。

《莊子》這一道家的作品，在學術界獨樹一幟，與印度傳來的佛教有機結合，兩者相得益彰。煥忠的《佛教莊子學》研究佛教和莊子這兩大不同系統學問之間的關係等問題，是一邊緣學科，他在這方面引用了大量資料，發表了一些高見，是非常難得的。我多年學習、研究儒學，對佛道知之甚少，能見到這樣的作品，眼前忽然一亮，為作者在這方面做出的成績和貢獻點贊、叫好！

2020 年 10 月 25 日於曲阜

序　四

李景明

　　煥忠本科畢業於山東大學歷史系，在濟寧建築公司工作三年後，考入曲阜師範大學孔子文化學院攻讀專門史（思想史）碩士學位，成為我的碩士研究生。我發覺他坐得住冷板凳、耐得寂寞，讀書多，學術功底也不錯，如果繼續攻讀博士學位，得名師指導，他一定能在學術上做出突出貢獻。於是我們商定，要他在完成思想史（儒學史）學習任務的同時，準備好報考名校名師的博士研究生。這期間，我給了他不少的鼓勵，也給了他不少的壓力，但是他確實非常努力，不僅很好地完成了思想史碩士生學習任務，在專業期刊上發表了幾篇論文，寫出了優秀的碩士學位論文，順利通過答辯，並且獲得在臺灣出版的機會，而且還考取了中國人民大學宗教學專業的博士研究生，導師就是著名佛教學者方立天先生。在名師指導下，他在宗教學、尤其是佛學方面的知識和研究能力取得了長足的進展。博士研究生畢業後到蘇州大學任教，其後晉升教授，博士生導師。

　　煥忠在治學上不但繼承傳統路子與方法研究佛教佛學，發表論文和出版專著，成果甚多，而且還獨闢蹊徑，不斷開闢新的研究領域。他2015年出版的《佛教四書學》，就很好地拓展和深化了學術界關於儒佛關係的研究。近年他又完成《佛教莊子學》，並把文稿寄給我，希望我能給他的這部新著寫一篇序言。我中年之後主要從事孔子、儒學史、中國經學史的研究，對諸子學略有涉獵，對宗教學、尤其對佛學很少涉獵，不是給《佛教莊子學》寫序言的適宜人選。但是煥忠堅持讓我寫點什麼，他說無論寫什麼，無論怎麼寫，只要寫，就是對我們曾經的師生關係的最好的紀念。我為他的情誼所感動，就作為他的這部著作的最早的讀者之一，寫點粗淺的感想吧！

　　煥忠的《佛教莊子學》是一部有相當分量的學術專著。眾所周知,《莊子》是戰國時期面世的道家學派的名作,後又被奉為道教的經典。因此,《莊子》在歷史上受到廣泛的重視與喜愛,為之作注者甚眾。佛教傳入中國之後,與中國固有的儒道兩家展開了諸多的思想互動。由於在思想觀念上具有一定的相似性和一致性,《莊子》受到了中國佛教徒的重視與青睞,成為佛教中國化過程中最重要的思想媒介,高僧大德和佛教居士們通過引用、解釋、注釋《莊子》的方式弘揚佛法,逐漸形成了「佛教莊子學」,並成為今天學術界必須深入研究的一項重要課題。

　　但是要對「佛教莊子學」進行全面系統的研究卻是非常困難的,這需要有系統深入的道家、道教、莊子學、佛教學、宗教學等諸多方面的知識積累和理論儲備,需要從浩瀚的佛教典籍以及現代學者的著作中搜集相關資料,需要具備很強的分析和解讀文獻的能力,等等。職此之故,儘管有關中國佛教的研究成果不斷,有關莊子的研究熱鬧非凡,但真正將兩者有機綜合起來的「佛教莊子學」卻一直少有問津者。煥忠雖然是研究佛教的學者,但他一直都非常喜歡讀誦《莊子》,因此很想在這方面做點什麼。經過數年熱桌子冷板凳的磨練,他最終寫出了這部《佛教莊子學》,對「佛教莊子學」進行了系統全面深入的考察研究,開闢出了佛學研究和莊子研究的一片新天地。

　　當然了,金無足赤,這部《佛教莊子學》容有不少的可議之處,但瑕不掩瑜,這並不影響《佛教莊子學》的學術貢獻!

2020 年 11 月 18 日

於景明生態農場

目

次

導　論

　　《莊子》成書於先秦，在當時及兩漢雖然沒有產生多大影響，但至魏晉之後，注釋、引用、評論、疏解者代不乏人，逐漸蔚為顯學，學界稱之為「莊子學」，其間不僅有道教的黃冠羽流、儒家的學士大夫，還有佛教的高僧和居士。由於信仰和參照的思想體系不同，這些高僧和居士引用、評論、注釋、疏解《莊子》的作品，與一般意義上的莊子學著作有著明顯的區別，為了突顯其特殊性，我們就將這一部分獨立出來，稱為「佛教莊子學」。

一、研究內容

　　佛教莊子學既包括高僧和居士引用《莊子》中的名詞、概念、術語詮釋佛教經典，又包括高僧和居士站在佛教的立場上對《莊子》進行的評論和比較，還包括高僧和居士運用佛教的名相、概念甚至思維方式對《莊子》進行的引用、注釋和疏解。其內容可以說是非常廣泛的、豐富的。

　　應當說，佛教和《莊子》屬於兩種不同的思想體系。佛教產生於古印度，反對當時以梵天造世、祭祀萬能、婆羅門至上為基本教義的婆羅門教，主張有生皆苦，認為貪嗔癡是招聚人生痛苦的根本原因，主張修行正道，從煩惱憂悲中解脫出來，進入一種煩惱不生、諸患永寂的涅槃寂靜狀態。因此也可以說，佛教實際上是一種出世的宗教，即便是後來大乘佛教的興起，也沒有改變佛教這種追求解脫煩惱的基本價值取向。《莊子》也認為人生社會現實是一種充滿迷惘而且絕不會有光明未來的存在，因此主張避世或者回復到樸素簡陋、清淨寡欲的上古至德之世，這也許就是佛教學者最容易與《莊子》產生共鳴的地方。但《莊子》並不主張出離世間，而是主張通過齊一萬物的方

式在心靈之中實現逍遙遊的快樂，佛教學者於此既體會到佛教與《莊子》的巨大差異，又體會到自己所崇信的宗教與這部道家的巨著之間存在著非常多的共同話語。

在佛教傳入之前，中國不但經歷了先秦時期的百家爭鳴，而且還確立了儒道二家對立互補的文化結構。佛教作為一種外來宗教，為了獲得中國民眾的皈依，必須入鄉隨俗，採取中國民眾能夠理解和接受的方式表達自己的思想和信仰，因此最早的譯經就往往運用《老子》和《莊子》中的概念來翻譯佛教中那些特別難懂的術語，如將「菩提」譯為「道」，將「涅槃」譯為「無為」，將禪修譯為「安般守意」等，使其著上了道家的色彩。而魏晉以來中土出家為僧的人，如廬山慧遠、關中僧肇等，往往是先學儒家經典，對安邦治國失望後繼學《老子》和《莊子》，以為棲神冥累的良方，及至見到佛教經典，於是心悅誠服，歡喜頂受。當面對廣大的中國民眾傳播佛法時，他們經常引用《老子》和《莊子》，尤其是《莊子》中的思想觀念對佛教經典進行詮釋和解說，由此促成了外來佛教的中國化。可以說，《老子》和《莊子》既為外來佛教在中土落地生根準備了肥沃的土壤，又為外來佛教中國化提供了豐富的思想資源。

儒道佛三家經過五六百年的相互吸收和影響，至隋唐時期，儒家思想在意識形態中的主流地位更加牢不可破，道教將《老子》、《莊子》納入基本經典而獲得了重大發展，佛教也進入了創立中國化佛教宗派的時期。佛教各個宗派的高僧大德，如天台宗的智者，三論宗的吉藏，唯識宗的玄奘和窺基，華嚴宗的澄觀和宗密，以及禪宗的許多祖師等，他們一方面從各自的立場出發，將《老子》和《莊子》從道教中剝離出來，從而將道教貶成一種缺乏理論依據和文化底蘊、不值一哂的方術和迷信，然後再從各個角度證明佛教的思想義理和修行方法都比《老子》和《莊子》更為徹底和有效，因而較之《老子》和《莊子》具有不可比擬的優越性，另一方面他們又承認《老子》和《莊子》在教導人們省奢去欲、返樸歸真上具有非常重要的意義和價值。換言之，中國化佛教宗派的高僧大德們雖然在尋求終極真理的意義上否定了《老子》和《莊子》的究竟性和徹底性，但卻在化導世俗之方便善權的意義上肯定了《老子》和《莊子》的功能和作用。各宗派的高僧大德們對《老子》和《莊子》所展開的一拉一打的比較和評價，其本身就是佛教中國化的具體體現。

　　入宋之後，在儒學全面振興的形式下，佛教在隋唐創宗時梵響三唱、高遏行雲的義理創新雖然輝煌不再，但卻對普通民眾、儒士大夫產生了深刻的影響，在迅速融入社會民俗、獲得本土思想文化草根性的同時，也與儒道二家走向了深度融合。其突出表現，就是晁迥這樣科舉出身的朝廷顯貴運用相互印證的佛教義理與儒道思想來修身養性，名重天下的王安石和蘇軾等大文豪運用禪宗「訶佛罵祖」的思維方式來理解《莊子》對孔子和儒家的譏諷和指斥，被當時士林譽為楷模的李光在貶謫生涯中將佛教思想和《莊子》義理融會在自己的詩文創作之中，有中州人傑之稱的李純甫對宋儒的攘斥佛道進行了有力的批駁。這些不僅意味著由於佛教特別是禪宗思想因素的加入，中土學者對《莊子》的理解邁上了一個新的臺階，而且還意味著借助於《莊子》的恣肆文風和巨大影響，佛教思想可以更加暢達地融入到中土儒士大夫的心髓之中。

　　晚明以降，在陽明心學的激蕩之下，佛道二教均有不同程度的發展，《莊子》再度受到知識階層的廣泛關注。一些高僧大德如雲棲袾宏、鼓山元賢等，為了批駁道士們《莊子》超越佛教藏經的論調，起而證明《莊子》相對於佛教義理具有諸多的不足之處，而另一些高僧大德如憨山德清、吹萬廣真、覺浪道盛、藥地愚者（方以智）、雲溪俍廷等，則對《莊子》十分欣賞，紛紛運用佛教特別是禪宗的思想觀念注解、疏釋、評論、詮說《莊子》，有意無意地將《莊子》改造為一部宣說佛教思想的經典。而一些以居士自命的士大夫，如焦竑、袁中道、袁宏道、傅山、錢澄之等，則不拘泥於教派立場的限制，依據自己的理解，比較自由地運用佛教的思想觀念、名相術語闡發自己對《莊子》的獨特理解，特別是在傅山和錢澄之的著作中，透露出學術界將由義理轉向考據的端倪。由於諸多的高僧大德和居士學者們紛紛對《莊子》展開注疏和詮解，晚明時期也就成為佛教莊子學最為繁盛的歷史階段。

　　近代以來，在歐風美雨的飄搖中，中國傳統的學術範式發生了巨大變化，佛教雖然從滿清統治長期的衰落中走了出來並有所振作，湧現了太虛大師等一大批高僧大德，但卻無法恢復其在歷史上對廣大民眾和知識階層曾經發揮的重大影響力，而《莊子》的吸引力也大不如前，在這種情況下，高僧大德沒有能力、也缺乏興趣運用新的學術範式去研究和闡發《莊子》的思想，因此像宗仰法師、南亭長老、印順法師等人在講經說法時偶一引及《莊子》就已經算是鳳毛麟角了。倒是一些居士或學者，如楊文會、章太炎、馬一浮、趙樸

初等，運用佛教的思想和義理對《莊子》進行了詮釋和發揮，並且自覺不自覺地在其相關著述中加入了一些時代特色。

物換星移，今天距莊子逍遙之世與佛教輸入之時雖然均已超過了二千多年，但《莊子》對於今天亟需緩解精神壓力、提升心理境界的人們仍然具有很強的吸引力，而佛教依然是一種信眾數量非常龐大、思想極為深刻、活動十分活躍的宗教。這在某種程度上意味著，佛教莊子學不僅具有輝煌的過去，而且還將會具有光明的未來。

二、研究意義

作為佛道兩家視界融合的產物，佛教莊子學既體現了中國佛教圓融會通的精神品格，又展示了《莊子》多姿多彩的思想內涵，對其進行深入研究，具有非常重要的學術價值，對此我們可以從以下幾個方面進行思考。

其一，有利於我們深入理解佛教中國化問題。佛教產生於與同時期的中國具有重大差異的古代印度，公元前後傳入中國，逐漸實現了自身形態的中國化，並轉變成為中國傳統文化的重要組成部分，對中國的思想、文化、藝術與民情風俗都產生了廣泛而深刻的影響，這自然是中土特殊的政治、經濟、文化對佛教進行外部形塑的結果，同時也是佛教主動適應中土特殊環境的結果。高僧大德們運用《莊子》的概念和術語詮釋佛教經典，促成了中國人對佛教義理的理解和接受，非常有利於佛教在中土落地生根；高僧大德們運用佛教的名相和思維方式注疏《莊子》，將《莊子》改造成可以用來宣說佛教義理的寶典，由此而形成的佛教莊子學就成為中土固有思想與外來佛教義理相互融通的橋樑。《莊子》不僅幫助外來佛教融入中國文化敞開了門戶，也為外來佛教實現自身形態的中國化提供了豐富資源，在某種程度上我們甚至可以將中國化佛教的主體，即禪宗，視為印度佛教與老莊思想相融合的產物。很顯然，《莊子》在佛教中國化中所發揮的重大作用，就是通過佛教莊子學來實現的。

其二，有利於我們更好地理解三教相互關係。佛教莊子學不僅促成佛道二教的直接交流和相互融合，而且還將儒道二家的關係推向了一個新的發展階段，同時為儒道佛三家的深度融合提供了一個堅實的平臺。佛教的輸入及其中國化，使中國的傳統文化結構由儒道兩家的對立互補轉變為儒道佛三家的並立共存。在佛教輸入之前，中土學者普遍將《莊子》視為孔子及儒家的

對立面，但在佛教輸入特別是以教外別傳、訶佛罵祖為基本特徵的中國禪宗形成之後，儒道兩家的內在緊張受到了佛教禪宗思維方式的化解，莊子逐漸被認定為孔子儒家的支持者、輔助者（如王安石、蘇軾等），甚至被指證為是「堯孔真孤」，其血液中流淌的是真正的儒家血脈（如覺浪道盛、方以智等）。而那些身為儒家士大夫的居士們在運用佛教的名相、義理和思維方式詮釋《莊子》時，儒道佛三家的思想視域便泯除了此疆彼界的區分，融合成一種相互包容、相互含攝的效果歷史。也就是說，佛教莊子學不僅包含著儒道佛三家各自對其他兩家的吸收，還包括儒道佛三家之間的共同融合。

其三，有利於我們全面理解《莊子》的影響。《莊子》雖形成於本土，但由於其思路詭譎，用語謬悠，行文恣縱，意象恍惚，故而索解起來殊為不易。具有豐富內容和奇特想像的佛教經典的傳入，為中國人理解本土文獻提供了一個非常好的參照物，故而那些具有深厚佛學素養的高僧和居士在詮釋《莊子》時能夠提出許多令人腦洞大開的觀點和看法。如支道林認為《逍遙遊》意在於闡明「至人之心」，而楊文會則況之以涅槃境界的「得大自在」，吹萬廣真將《齊物論》所說的「吾喪我」看成是破除「我法二執」的「無我」之論，焦竑認為《養生主》中的「薪火之喻」意在說明「死生如一」之理，袁中道宣稱《人間世》所說的「心齋」就是破除名根、退藏不用的度世良方，袁宏道闡明《德充符》的主旨在於強調對人身內在的主宰即覺明真常之性的重視，憨山德清指出《大宗師》中極力讚譽的真人都是「妙悟」後具有「真知」的聖人，錢澄之認為《應帝王》中描述的列子之師壺子與神巫季咸的鬥法就是佛教所說的「他心通」。覺浪道盛認為《莊子》中處處都是對堯舜孔孟的繼承，其弟子藥地愚者（方以智）則認定《莊子·內篇》就是以「正言若反」的方式闡發的《周易》之道和《中庸》之理。姑且不論《莊子》本義是否真的就是如此，但這些佛教莊子學的獨特觀點卻向我們展現了《莊子》在佛教義理的視域中所具有的多姿多彩的思想面貌。

此外，研究佛教莊子學還可以豐富我們對於中國佛教史、中國思想史和中國文化史的認識，為我們學習古德創造性地吸收和轉化外來宗教、思想和文化的方式、方法和技巧提供諸多的成功範例，並為我們全面理解中國人的精神世界提供一個獨特的視角。因此，筆者認為，佛教莊子學是一個非常值得深入研究的學術課題。

三、研究現狀

　　佛教莊子學的內容雖然非常豐富，學術意義也非常重要，但由於佛教和《莊子》分屬於兩個非常不同的思想體系，而且資料極為分散，因此直至目前，學術界還沒有出現研究佛教莊子學的專著，而且相關成果也不多見，我們只能在為數不多的莊子學通史及研究相關高僧大德的著作中見到一些片段的論述。

　　比較重要的莊子學通史著作，筆者目前所見到的有兩部：一部是華東師範大學方勇先生所著的《莊子學史》，另一部是華中師範大學熊鐵基先生主編，劉國盛、肖海燕等先生所著《中國莊學史》。在《莊子學史》中，方勇先生於魏晉南北朝、隋唐、宋元、明代、清代部分都涉及到佛教學者的莊子學，對支遁、宗密、性通、德清、袁宏道、袁中道、方以智、覺浪道盛、雲溪俍廷、楊文會、章炳麟等人的莊子學都有所涉及。熊鐵基等先生的《中國莊學史》則對「魏晉般若學與《莊子》」，宋元時期的「莊學與佛老」，明代性通、德清、方以智，清代楊文會、章太炎等人的莊子學作了探討。這兩部著作，特別是方勇先生的著作對佛教學者的莊子學文本進行了準確詳細的介紹，而且時見精義，對相關研究的進一步深入頗有啟發意義。不過，至為顯然的是，這兩部莊子學通史性的著作無不意在於「莊子」，而對佛教學者莊子學的「佛教」特性關注不足。這不僅表現在對隋唐諸宗派祖師、晁迥、李光、李純甫、雲棲袾宏、吹萬廣真以及民國以來的佛教莊子學均未涉及，還表現在對王安石、蘇軾、焦竑、傅山、錢澄之等人著作中以佛解莊的思維方式開顯不足，更未能從佛教的中國化、佛教與儒道二教的相互融合等角度討論諸多佛教莊子學的著作。凡此等等，雖不足以構成這兩部巨著的瑕疵，但卻彰顯出，佛教學者的莊子學應當從一般意義上的莊子學中獨立出來，並在此基礎上展開進一步的深入研究。也許我的這本小冊子可以為這兩部優秀的莊子學通史著作做一些有益的補充。

　　至於研究相關高僧大德的論著，筆者所見到的有王紅蕾研究館員的《憨山德清與晚明士林》、彭戰果教授的《無執與圓融——方以智三教會通觀研究》、邢益海研究員的《方以智莊學思想研究》、周黃琴教授的《歷史中的鏡象——論晚明僧人視域中的〈莊子〉》等。王著設有專門的章節論述憨山德清的三教融通思想，將憨山德清的《莊子內篇注》作為重要的資料來源，但也許是限於體例，作者並沒有對憨山德清的這部著作展開專門的論列，多少有

一些與憨山德清的莊子學擦肩而過的感覺。彭著和邢著都以藥地愚者方以智的思想作為對象，對索解不易的方以智著作中有關莊子的資料進行了艱辛的讀解和詮釋，但對方以智莊子學的佛學內涵，特別是有意無意地忽略了方以智撰寫《藥地炮莊》時身為曹洞宗嗣法傳人和住持方丈的高僧身份，因此常將《藥地炮莊》中的許多論述視為故作隱晦之語。黃著屬於佛教莊子學的範疇，但作者顯然沒有這方面的追求，而將自己的思考重心放在了社會思潮及大眾情趣的形成之上。這些研究性論著或者關注一個人物，或者關注一個時期，所論固不失於深入縝密，但若從佛教莊子學的立場上看，或詳於佛教而略於莊子學，或精於莊子學而疏於佛教，或於佛教和莊子學皆有涉及而均無深論，因此對於各位高僧大德及晚明時期的佛教莊子學也有進一步深入研究的必要。

　　已有的學術成果雖然無法與佛教莊子學的豐富性和重要性相匹配，但卻為進一步的深入研究奠定了基礎，提供了思路，相關學者雖然無意於構建本文所謂的佛教莊子學，但他們在這方面有意無意做出的努力還是必須予以充分肯定的，而且筆者也確實從這些成果中獲得了非常重要的啟發。

四、研究思路

　　本文試圖在綜合已有成果的基礎上，運用歷史的和哲學的研究方法，對佛教莊子學展開全面、系統、深入的研究，並形成這方面的專著。

　　所謂歷史的方法，就是按照發生、發展的時間順序，對佛教莊子學進行原始察終、見盛觀衰式的研究。本文根據佛教莊子學在不同歷史時期的發展特點，將其分成魏晉、隋唐、宋金、晚明、近代以來等幾個階段。在魏晉時期，重點考察佛教的高僧大德的以莊解佛在佛教中國化過程中所發揮的巨大促進作用。在隋唐時期，重點探討各宗祖師通過對老莊與佛教的比較，與儒道兩家分庭抗禮，鼎足而三，由一種自印度傳入中土的外來宗教發展成為中國傳統文化的重要組成部分。在宋金時期，重點研究以居士自居的儒士大夫是如何促成佛教與《莊子》的深度融合的。在佛教莊子學最為繁盛的晚明時期，重點討論高僧和居士們是如何運用評論、注解《莊子》的方式，在維護佛教義理優越性的同時，將《莊子》改造成為宣說佛教義理的重要經典，或者就在《莊子》的注疏中尋求儒道佛三教的視域融合。近代以來，佛教莊子學在政治、經濟、思想、文化均發生了翻天覆地變化的形勢下，仍然獲得了緩

慢而艱辛的發展，在佛教現代化過程中展現出絲絲微弱的靈光。筆者期望通過這種考察，能夠將佛教莊子學曲折盤旋的發展過程全面、系統地展現出來。

所謂哲學的辦法，就是重點解讀佛教的高僧大德評論或詮釋《莊子》時的基本概念和核心範疇。如魏晉時期道安非常喜歡借助《莊子》的詞彙表述其本無論，支道林以菩薩即色遊玄的解脫境界詮釋《莊子》的「逍遙遊」，盧山慧遠引《莊子》中的「薪盡火傳」詮釋神不滅論，而僧肇在詮釋《物不遷論》、《不真空論》、《般若無知論》、《涅槃無名論》時均大量引用《莊子》中的名辭、概念和術語。隋唐時期佛教各宗派的祖師在評論老莊時，莫不對老莊所說的道、天、自然、無為等範疇予以高度的重視。宋金時期的居士運用佛教特別是禪宗呵佛罵祖的思維方式，想方設法彌平《莊子》中莊子與孔子之間的重大分歧。晚明時期的高僧和居士們，無不重視對《莊子》內篇各篇的篇名進行佛學化的解讀。近代以來的以莊解佛和以佛解莊也都是圍繞幾個核心範疇展開的。筆者期望通過對核心範疇的思考和解讀，將不同歷史階段、不同高僧或居士的莊子學特色提綱挈領地展現出來。

作為第一部全面、系統考察佛教莊子學的著作，本文無法，事實上也不可能窮盡相關的研究。但願能有更多的學者共同關注這一課題，從而使中國佛教的高僧大德們在對《莊子》的運用、評論、解說、注疏和詮釋中所蘊含的智慧得到更為充分的開發和更為準確的解讀。

第一章　東晉高僧與《莊子》

　　《莊子》成書於戰國中期，經過五百餘年的沈寂，至魏晉時期終於大放異彩，深得當時名士嵇康、阮籍、向秀、郭象等人的推崇和喜愛。其時佛教的傳入正方興未艾，特別是南渡之後，許多高僧對《莊子》表現出超常的喜歡和精通，他們時常加入以《莊子》為題的辨名析理之中。《莊子》的盛行對佛教的發展產生了兩方面的重大影響：其一，《莊子》的盛行非常有利於佛教中般若學在中土的傳播；其二，高僧精通《莊子》有力地促進了佛教與中土主流思想文化的相互融合。合而言之，東晉時期《莊子》的盛行有力地促進了外來佛教的中國化發展。本章試以道安、支遁、慧遠、僧肇等東晉高僧為例，對《莊子》在佛教發展中的重大作用略加分疏，以就正方家。

第一節　因風易行宗本無──道安對《莊子》的藉重

　　釋道安（312～385），常山扶柳（今河北冀州）人，俗姓衛氏，家世業儒，因父母早亡，年十二出家，以日誦萬言見重於師，為授具戒，並使遊方，入鄴都，曾師事佛圖澄，後立寺於恒山。晉孝武帝寧康元年（373），為避石氏亂，率弟子四百餘人至襄陽，立檀溪寺。晉太元四年（379），秦主苻堅取襄陽，遂移錫長安，住五級寺。道安在長安有僧徒數千人，為朝野所尊崇，大弘法化。苻堅南下，道安諫之而不聽，果敗於淝水，晉太元十年（385）卒。道安建立了中國佛教最早的寺規，撰寫了中國佛教最早的經錄，規定僧尼以釋為姓，將佛經分為序、正宗、流通三分等，這些建樹都得到了普遍的實施，影響直至今日。道安精通老莊玄學，切身體驗到老莊玄學對中國佛教的深刻影響，

故而曾說，「經流秦地，有自來矣。隨天竺沙門所持來經，遇而便出，於十二部，毘曰羅部最多，以斯邦人莊老教行，與方等經兼忘相似，故因風易行也。」〔註1〕這表明道安已經敏銳地意識到，中土佛教般若學的繁榮受益於當時老莊玄學的盛行，而他在建立本無宗義、詮釋禪定境界、解釋禪觀方法等方面，都充分運用了《莊子》的概念、術語和思維方式。

　　道安所立的本無宗義最能體現他理解般若空義時運用了老莊玄學的思維。佛教般若類的經典雖然卷帙浩繁，但千經萬論，無非是說緣起性空而已。對此空義，中土比較陌生，道安便將其理解為老莊玄學的「以無為本」，由此形成了本無宗義。其論久佚，所幸後世轉錄者頗不乏人，故仍可據以知其梗概，如南朝宋僧曇濟《七宗論》轉述云：「第一本無立宗，曰如來興世，以本無弘佛教，故方等深經，皆備明五陰本無，本無之論，由來尚矣。何者？夫冥造之前，廓然而已，至於元氣陶化，則群像稟形。形雖資化，權化之本，則出於自然。自然自爾，豈有造之者哉！由此而言，無在元化之先，空為眾形之始，故稱本無，非謂虛豁之中能生萬有也。夫人之所滯，滯在未有，苟宅心本無，則斯累豁矣。夫崇本可以息末者，蓋此之謂也。」〔註2〕道安之所以立本無宗義，是因為「無在元化之先，空為眾形之始」，此處以互文的方式將佛教般若學的「空」與老莊玄學的「無」直接對等起來，並且以之為產生萬物的本根。《老子》說：「天下萬物生於有，有生於無。」（第四十章）《莊子》說：「古之人，其知有所至矣。惡乎至？有以為未始有物者，至矣，盡矣，不可以加矣！」又謂：「有始也者，有未始有始也者，有未始有夫未始有始也者；有有也者，有無也者，有未始有無也者，有未始有夫未始有無也者。」（《齊物論》）老莊的話語具有以「無」為宇宙萬物本始之意，這實際上也就成了道安理解和接受佛教般若學緣起性空之義的解讀結構。

　　道安對佛教禪定境界的理解帶有強烈的逍遙遊意味。如他解釋「想受滅盡定」云：「行茲定者，滅心想身知，屈如根株，冥如死灰，雷霆不能駭其念，山燋不能傷其慮，蕭然與太虛齊量，恬然與造化俱遊。」〔註3〕意謂那些獲得想受滅盡定的人們不僅已經滅除了內心的各種思維想像，而且滅除了對外界的各種感官覺知，完全就像那已經壞爛的朽根枯株和徹底熄滅火焰的死灰一

〔註1〕釋道安：《鼻奈耶序》，《大正藏》第 24 冊，第 851 頁上。
〔註2〕曇濟：《名僧傳抄》，《卍新續藏》第 77 冊，第 354 頁下。
〔註3〕道安：《人本欲生經注》，《大正藏》第 33 冊，第 9 頁上。

樣，即使是萬鈞雷霆也不能使他驚心動念，即使是大山被燒燋了也不能使他損傷靜慮，其心蕭然無寄，如太虛一樣廣闊無垠，恬淡安閒，與造化一起遊放逍遙。道安的描述很容易讓人想起那位形如槁木、心如死灰、「隱几而坐，仰天而噓，嗒焉似喪其耦」的南郭子綦（《齊物論》），更容易讓人想起那位「物莫之傷，大浸稽天而不溺，大旱金石流土山燋而不熱」的「神人」（《齊物論》）。他解釋「安般守意」之意云：「得斯寂者，舉足而大千震，揮手而日月捫，疾吹而鐵圍飛，微噓而須彌舞，斯皆乘四禪之妙止，御六息之大辯者也。」〔註4〕意謂那些通過修習數息而進入禪定的人們，一舉足就可以使大千世界震動，一揮手就能夠捫摸到太陽和月亮，使勁吹口氣就可以讓世界的邊緣鐵圍山飛動起來，稍微吹口氣就能夠讓世界的中心須彌山舞動起來，而所有這些能力的獲得，無不來自於對四禪、六妙門等各種禪法的修習，這又不能不使人想起莊子「乘天地之正、而御六氣之辯，以遊無窮」的逍遙境界。可以說，道安對佛教禪定境界的描述，無論在詞語上，還是在句法上，都顯然借用了《莊子》的說法，這一方面表明在他的心目中佛教的禪定境界與道家的逍遙齊物是等量齊觀的，另一方面也表明《莊子》在他的佛學思想形成過程中曾經發揮過非常重大的作用。

　　道安對禪觀方法的解釋也帶有非常濃厚的莊子修道意味。道安指出，所謂「安般」就是呼吸出入，修習安般就是通過數呼吸次數守住意識，以免陷入散亂或者昏沉，久而自會達到無為無欲之境，「無為，故無形而不因；無欲，故無事而不適。無形而不因，故能開物；無事而不適，故能成務。成務者，即萬有而自彼；開物者，使天下兼忘我也。彼我雙廢者，守於唯守也。」〔註5〕「無為」與「無欲」，為老莊所共尊；而「忘」與「守」，則尤為莊子所重視。《莊子》不僅有「忘年忘義」（《齊物論》）之說，更有「墮肢體，黜聰明，離形去知，同於大通」的「坐忘」之論（《大宗師》），將「忘」視為達到保持內心寧靜與平和而與道為一的無上法寶。女偊謂卜梁倚有聖人之才，故告以聖人之道，「吾猶守而告之，三日而後能外天下；已外天下矣，吾又守之，七日而後能外物；已外物矣，吾又守之，九日而後能外生死；已外生死矣，而後能朝徹；朝徹而後能見獨；見獨而後能無古今；無古今而後能入於不生不死。」（《大宗師》）女偊所守之道具體為何物，莊子未嘗明示，讀

〔註4〕道安：《安般注序》，《出三藏記集》卷6，《大正藏》第55冊，第43頁下。
〔註5〕道安：《安般注序》，《出三藏記集》卷6，《大正藏》第55冊，第43頁下。

者亦莫之能問。道安乃謂所守者為數息，可以使心意不亂，從而可臻無為、無欲之境，而其所謂「開物」、「成務」云者，亦猶莊子之所謂「其為物無不將也，無不迎也，無不毀也，無不成也，其名為攖寧」(《大宗師》)之意。正是因為精通《莊子》，所以道安對那部譯自異域的《安般守意經》才有了似曾相識的親切之感。

魏晉時期，玄學盛行，特別是入晉後，《莊子》的地位日漸崇高。道安雖然為削髮出家的僧人，但是對《莊子》極為精通，可能是受到兩晉崇尚莊老之風感染的結果。但這種精通，卻為他乘借時代風氣弘揚本無宗的佛教般若學提供了極大的方便，再加上他本人具有崇高的德望，淵博的知識、隨機應變的機智以及卓越的僧團管理能力，最終使他成為中國佛教史上最為傑出的佛門高僧之一。

第二節　即色遊玄釋逍遙──支道林對《莊子·逍遙遊》的佛學解讀

支遁（314～366），號道林，陳留（今河南開封南）人，一說河東林慮（今河南林縣）人，俗姓關氏，家世奉佛，幼寓江南，年二十五出家，於吳地立支山寺，王羲之請其住靈嘉寺，後移石城山，立棲光寺，哀帝即位（362）後，屢次徵請，遂至建康，住東安寺，停留三載，上書請還，哀帝應允，饋贈優厚，太和元年（366）去世。支道林交遊士夫，雅愛清談，崇尚老莊，擅草隸，好圍棋，愛馬之神駿，喜鶴之衝天，有名士之風，為時賢所歆慕，所立即色義及逍遙論，亦獲重於一時。

支道林的即色義堪稱是當時以莊子思想詮釋佛教義理的傑作。支道林曾著《即色論》一文，早已佚失不傳，但後世著述中多有引及者，故可據而知其大略。據《世說新語·文學第四》載：「支道林造《即色論》，論成，示王中郎（坦之），中郎都無言。支曰：『默而識之乎？』王曰：『既無文殊，誰能見賞？』」〔註6〕劉孝標引《支道林集·妙觀章》注「即色論」云：「夫色之性也，不自有色，色不自有，雖色而空。故曰：『色即是空，色復異空。』」〔註7〕引《維摩詰經》注中之語云：「文殊師利問維摩詰云：『何者是菩薩入不二法門？』

〔註6〕徐震堮：《世說新語校箋》，中華書局，1984年，第121頁。
〔註7〕徐震堮：《世說新語校箋》，第121頁。

時維摩詰默然無言，文殊師利歡曰：『是真入不二法門也。』」〔註8〕色，即各種具體的事物。道林謂「色即是空，色復異空」，也就是說事物是空的但事物本身並不是空。此是就「色」一邊說，若就「空」一邊說，則可說「空」使事物成為事物，但其自身卻不是任何的事物。很顯然，支道林將佛教的「空」理解成了道家的「物物而不物於物」。莊子曾說：「材與不材之間，似之而非也，故未免乎累。若夫乘道德而浮遊則不然，無譽無訾，一龍一蛇，與時俱化，而無肯專為，一上一下，以和為量，浮遊乎萬物之祖，物物而不物於物，則胡可得而累邪！此神農、黃帝之法則也。」（《山木》）在支道林看來，「空」就是「物物而不物於物」的「萬物之祖」，因此，一旦體悟了「色即是空，色復異空」的道理，自然就能達到無物為累的逍遙境界。支道林自然是將這篇《即色論》視為自己的得意之作的，故而拿給有「江東獨步」之稱的王坦之看，而王坦之最終給出的「世無文殊，誰能見賞」〔註9〕的評論，可謂是語帶雙關：既充分肯定了支道林論義微妙世人難及，又不無自負地表明自己已完全領會論文的主旨。

支道林的逍遙論則打開了後世以佛教義理詮釋莊子思想的先河。據《世說新語・文學第四》，王羲之（字逸少）初聞支道林之名，「殊自輕之」，甚至見了面也「不與交言」。後來碰上王羲之正要出門，支道林就與他談起了《逍遙遊》，「支作數千言，才藻新奇，花爛映發，王遂披襟解帶，流連不能已。」〔註10〕由此獲得了王羲之的尊重。此事亦見《高僧傳》，「遁嘗在白馬寺與劉系之等談《莊子・逍遙》篇，云：『各適性以為逍遙。』遁曰：『不然，夫桀跖以殘害為性，若適性為得者，彼亦逍遙矣。』於是退而注《逍遙》篇，群儒舊學，莫不歎服。後還吳，立支山寺，晚欲入剡。⋯⋯王羲之時在會稽，素聞遁名，未之信，謂人曰：『一往之氣，何足言。』後遁既還剡，經由於郡，王故詣遁，觀其風力。既至，王謂遁曰：『《逍遙》篇可得聞乎？』遁乃作數千言，標揭新理，才藻驚絕。王遂披衿解帶，流連不能已，乃請住靈嘉寺，意存相近。」〔註11〕王羲之家世奉五斗米道，而支道林對《逍遙遊》的出色理解竟然使他成了這位高僧的檀越。可惜其論已佚，我們難知其詳，只

〔註8〕徐震堮：《世說新語校箋》，第121頁。
〔註9〕徐震堮：《世說新語校箋》，第121頁。
〔註10〕徐震堮：《世說新語校箋》，第121頁。
〔註11〕慧皎：《高僧傳》卷4，中華書局，1992年，第160頁。

能從後人的轉述中略窺其梗概。劉孝標注引支道林《逍遙論》云:「夫逍遙者,明至人之心也。莊生建言大道,而寄指鵬鴳。鵬以營生之路曠,故失適於體外;鴳以在近而笑遠,有矜伐於心內。至人乘天正而高興,遊無窮於放浪。物物而不物於物,則遙然不我得;玄感不為,不疾而速,則逍然靡不適。此所以為逍遙也。若夫有欲,當其所足,足於所足,快然有似天真,猶饑者一飽,渴者一盈,豈忘蒸嘗於糗糧,絕觴爵於醪醴哉?苟非至足,豈所以逍遙乎?」〔註12〕這裡明確顯示出,支道林所理解的逍遙遊,乃「至人之心」,是對外在「營生」與內心「矜伐」的雙重超越。也就是說,支道林是以佛教的「心解脫」來理解莊子的「逍遙遊」的;在大乘佛教中,獲得「心解脫」就意味著已經成就佛道,可以起神通變化,故而能「玄感不為,不疾而速」,從道家的立場看,這自然是一種絕對的逍遙自在了。這說明,支道林之所以能「標新理於二家之表,立異義於眾賢之外」〔註13〕,是由於他參考了佛教解脫理論的結果。

　　支道林的精神氣質也與莊子極為類似。他的同學法虔精通義理,先他而逝。他極為傷感地歎息說:「昔匠石廢斤於郢人,牙生輟弦於鍾子,推己求人,良不虛矣。寶契既潛,發言莫賞,中心蘊結,余其亡矣。」最值得珍惜的好友已經棄世,今而後,無論他發表多麼高妙的言論都無人欣賞了,一種無可名狀的失落感與失意感鬱結在他的心中,他感到自己也將不久於人世了,為此他撰寫了《徹悟章》,「臨亡成之,落筆而卒。」〔註14〕這種悲涼與悽愴,很容易讓人想起莊子與惠子。「莊子送葬,過惠子墓,顧謂從者曰:『郢人堊漫其鼻端,若蠅翼,使匠石斵之,匠石運斤成風,聽而斵之,盡堊而鼻不傷;郢人立不失容。宋元君聞之,召匠石曰:嘗試為寡人為之。匠石曰:臣則嘗能斵之,雖然,臣之質死久矣。』自夫子之死也,吾無以為質也,吾無與言之矣。」(《徐無鬼》)高明的觀賞者逝去了,也就預示著卓越的表演家即將死亡了。在支道林創作的一些詩歌中,也充滿了莊子的意象,如他在《詠懷五首》之一中云:「傲兀乘尸素,日往復月旋。弱喪困風波,流浪逐物遷。中路高韻溢,窈窕欽重玄。重玄在何許,採真遊理間。苟簡為我養,逍遙使我閒。寥亮心神瑩,含虛映自然。亹亹沈情去,采采沖懷鮮。踟躕觀象物,未始見牛全。毛鱗

〔註12〕徐震堮:《世說新語校箋》,第 120 頁。
〔註13〕徐震堮:《世說新語校箋》,第 121 頁。
〔註14〕慧皎:《高僧傳》卷 4,第 163～164 頁。

－14－

有所貴，所貴在忘筌。」〔註15〕其中「採真」、「苟簡」、「逍遙」、「未始見全牛」、「所貴在忘筌」等，皆是對《莊子》典故的化用，表明莊子的思想情趣已經深入到他的內心，成為他潛意識的重要內容。而他在《詠懷五首》之二中也曾說過：「端坐臨孤影，眇罔玄思劬。偃蹇收神轡，領略綜名書。涉老咍雙玄，披莊玩太初。詠發清風集，觸思皆恬愉。俯欣質文蔚，仰悲二匠徂。蕭蕭柱下劬，寂寂蒙邑虛。廓矣千載事，消液歸虛無。無矣復何傷，萬殊歸一途。」〔註16〕真誠地表達了對老子和莊子二位哲人的崇敬之意。

支道林是東晉時期最為道家化的一位高僧，而他心目中的莊子，也是已經充分佛教化了的莊子。可以說，支道林就是外來佛教和本土道家的完美結合，這不僅體現在他的思想觀點之中，更體現在他集高僧與名士於一身的生活狀態之中。

第三節　薪盡火移喻形神——慧遠對《莊子》的引用

慧遠（334～416），晉雁門樓煩（今山西省原平市東）人，俗姓賈氏，幼年時隨舅父遊學許洛，博綜六經，尤善老莊，年二十一，欲渡江南下，共契名儒范宣子之嘉遁，值戰事道路不通，遂往太行恒山拜謁道安，一見傾心，從之出家，雖遭時艱虞，衣食或不能繼，而每以弘法為己任，精勤諷誦，不捨晝夜，年二十四，便就講說，聞者悅服，深得道安器重，隨之南遊樊沔。孝武帝太元三年（378），襄陽陷落，道安被執入秦，慧遠領眾南行，過潯陽，愛匡廬清靜，遂為居止。此後三十餘年，他影不出山，跡不入俗，平時經行、送客，每以虎溪為界，清信之士，如彭城劉遺民、豫章雷次宗、雁門周續之、新蔡畢穎之、南陽宗炳等，皆一時冠冕，多望風來集，並從遊止。權臣桓玄，威重一時，極欽佩慧遠為人，視廬山為道德所居。慧遠崇拜西方極樂世界，曾率眾結白蓮社，建齋立誓，期生淨土，他因此被推尊為東土淨土宗初祖。義熙十二年（416），卒於廬山東林寺，世壽八十有三。與乃師道安一樣，慧遠亦非常善於運用《莊子》來表達他在佛學上的見解和主張。

慧遠在講經和著述中，時常運用《莊子》的概念和義理。慧遠出家後不

〔註15〕支遁：《詠懷五首》之一，《廣弘明集》卷30，《大正藏》第52冊，第350頁中。

〔註16〕支遁：《詠懷五首》之一，《廣弘明集》卷30，《大正藏》第52冊，第350頁中。

久就登上了講經的法席，「嘗有客聽講，難實相義，往復移時，彌增疑昧。遠乃引莊子義為連類，於是惑者曉然，是後安公特聽慧遠不廢俗書。」〔註17〕實相義者，又稱空、無相、真如等，乃是佛教般若類經典所談的終極真理；而此處所說的「連類」，具有連接、比類之意。這段話的意思是說，慧遠在講說佛經的時候，有人就所講的實相義提出了疑問，慧遠與他討論了很長時間，不僅沒有解決疑問，反而使他更加迷惑不解，慧遠就引用《莊子》中的義理作為類比來啟發他，其疑問很快就渙然冰釋了，因此道安就格外開恩，特別允許慧遠可以閱讀世俗之書。實際上，慧遠的這種「連類」，就是運用聽眾比較熟悉的《莊子》來解釋聽眾比較陌生的佛教的概念、範疇和思想理論，這也是魏晉佛教界所慣用的一種「格義」之法。慧遠這種以莊解佛的風格在其論著中體現得更為充分，如他稱讚《大智度論》文辭華美、義理富贍云：「登其涯而無津，挹其流而弗竭。汪汪焉莫測其量，洋洋焉莫比其盛。雖百川灌河，未足語其辯矣。雖涉海求源，未足窮其邃矣。」〔註18〕《秋水》中海若語於河伯曰：「今爾出於涯涘，觀於大海，……天下之水，莫大於海：萬川歸之，不知何時止而不盈；尾閭泄之，不知何時已而不虛；春秋不變，水旱不知。此其過江河之流，不可為量數。」慧遠之語，實際上就是化用了莊子的這番話而來，有喻《大智度論》為汪洋大海之意；只不過慧遠的化用非常巧妙，給人一種天衣無縫的感覺。可以說，正是由於慧遠對《莊子》的極為精通及連類運用，才使他的講經說法能夠契合當時聽眾的心理，達到通俗易懂的效果，才使他的著述文采斐然，從而得以流傳後世。

慧遠在論述形神關係時，對《莊子》的運用尤為集中。形神問題，即人的肉體與精神的關係問題，自古即深受中國歷代思想家的關注，魏晉南北朝時期，由於佛教的輸入與道教的流行，一度還成為思想界長期諍論不休的熱點問題。慧遠站在佛教的立場上，充分吸收《莊子》中的思想資源，對這一問題給出了一種非常具有代表性的回答：形盡而神不滅。首先，慧遠將形神關係理解為莊子所說物與道的關係。在他看來，神就是形體中「精極而為靈」的東西，「圓應無生，妙盡無名，感物而動，假數而行。感物而非物，故物化而不滅。假數而非數，故數盡而不窮。」〔註19〕此與莊子論述「物物而不物

〔註17〕慧皎：《高僧傳》卷6，第212頁。
〔註18〕慧遠：《大智論抄序》，《出三藏記集》卷10，《大正藏》第55冊，第76頁上。
〔註19〕慧遠：《沙門不敬王者論》，《弘明集》卷5，《大正藏》第52冊，第31頁下。

於物」如出一轍。其次，慧遠指出神在事物的各種變化中只會發生「冥移」而不會消滅。他認為古人對此已有一定的認識，如「莊子發玄音於大宗，曰：『大塊勞我以生，息我以死。』又以『生為人羈，死為反真』，此所謂知生為大患，以無生為反本者也。……莊子亦云：『特犯人之形而猶喜之，若人之形，萬化而未始有極。』此所謂知生不盡於一化，方逐物而不反者也。……雖未究其實，亦嘗傍宗而有聞焉。」〔註20〕在慧遠看來，莊子在《大宗師》中所說的這些話，雖然還談不上對真理的完整認識，但已經非常接近於正確的主張。再次，慧遠還以薪火之喻進一步論證了他的形盡神不滅主張。他指出，「火之傳於薪，猶神之傳於形；火之傳異薪，猶神之傳異形。前薪非後薪，則知指窮之術妙；前形非後形，則悟情數之感深。惑者見形朽於一生，便以為神情俱喪，猶睹火窮於一木，謂終期都盡耳。」〔註21〕慧遠認為，火焰可以在不同的木材上燃燒，就證明神可以在不同的形體上存在。薪火之喻，雖亦見之於佛教經典之中，但對包括慧遠在內的大多數中國人來講，其最有名的出處，還是在《養生主》內。因此說，此喻也是慧遠對《莊子》典故的一種運用。

莊子嘗自謂「獨與天地精神往來，而不傲倪於萬物；不遣是非，以與世俗處。」(《天下》)從慧遠高蹈廬山三十餘年、超然於是非之外而又與各方保持較好的關係來看，他確實是深得莊子精髓，在生活中頗具莊子之遺風。從他對佛教般若學實相義的莊子化解讀，特別是從他對形盡神不滅論所作的莊子式論證來看，他已經將思路延入未來中國佛教發展的核心領域，即佛性論之中。因此，我們可以毫不誇張地說，正是由於對《莊子》的精通，慧遠在佛學造詣上較之當時佛教經典的輸入狀況表現出了某種超前性。

第四節　不真不遷說空寂──僧肇對《莊子》的融會貫通

僧肇（384～414），京兆（今陝西西安市）人，少家貧，以抄書為業，遂得歷觀經籍，後見舊譯《維摩經》，披尋玩味，始知所歸，因而出家，不久即以「善解方等、兼通三藏」知名，晉隆安二年（398）從鳩摩羅什於姑臧（今

〔註20〕慧遠：《沙門不敬王者論》，《弘明集》卷5，《大正藏》第52冊，第31頁下。
〔註21〕慧遠：《沙門不敬王者論》，《弘明集》卷5，《大正藏》第52冊，第32頁上。

甘肅武威），秦弘始三年（401）隨羅什至長安，入西明閣及逍遙園，與僧睿等列席譯場，諮稟羅什，所悟更多，有「解空第一」之稱，弘始十六年（414）卒，世壽三十一歲。僧肇雖然師從羅什，以最得三論精微著稱，但其論著仍然具有非常強烈的莊子色彩。

僧肇《物不遷論》談論萬物雖動而實靜，多有引用《莊子》處。此「物不遷」之語，即是化用《莊子》文意而來。《莊子‧德充符》云：「死生亦大矣，而不得與之變；雖天地覆墜，亦將不與之遺；審乎無假而不與物遷，命物之化而守其宗也。」《莊子》意在強調雖紛繁萬變而有不離其宗者在，僧肇則意在證明瞬間萬變的現象本質上是靜止不動的。僧肇指出，「昔物自在昔，不從今以至昔；今物自在今，不從昔以至今。故仲尼曰：『回也見新，交臂非故。』如此，則物不相往來，明矣。」〔註22〕從表面上看，事物都處於瞬息之間千變萬化的狀態中，但在僧肇看來，這恰好證明了事物在特定的時間點上停留不動的真實性，而人們每每習慣於從變化的現象認識事物，因此《田子方》借孔子之口發出了「吾終身與汝交一臂而失之」的感慨。僧肇要求人們一定要從「不住」的現象中領悟「不遷」的本質，對於《大宗師》所說「藏山於澤」而不免於「夜半有力者負之而走」，僧肇認為，這正是莊子有「感往者之難留」〔註23〕的體現。「乾坤倒覆，無謂不靜；洪流滔天，無謂其動。苟能契神於即物，斯不遠而可知矣！」〔註24〕換言之，體會了靜止，也就意味著接近真理了！僧肇此論，有將佛教所追求的寂靜之境安置於紛繁變亂的當下之中的意味，體現出中國佛教在老莊思想的影響下重視隨處可得解脫的發展取向。

僧肇《不真空論》討論諸法空有相即而不二，亦有藉重《莊子》處。在僧肇看來，由於聖人能「乘真心而理順」，「審一氣而觀化」，掌握了「物我同根、是非一氣」的「潛微幽隱」之理，故而能「無滯而不通」，「所遇而順適」，「混雜致淳」、「觸物而一」。〔註25〕《齊物論》有「天地與我並生，萬物與我為一」之說，《知北遊》有「通天下一氣耳」之論，而《逍遙遊》又有「乘天地之正，御六氣之辯，以遊無窮」之談，如此我們斷定，僧肇此處所說的聖人借用了

〔註22〕僧肇：《物不遷論》，《大正藏》第 45 冊，第 151 頁中。
〔註23〕僧肇：《物不遷論》，《大正藏》第 45 冊，第 151 頁中。
〔註24〕僧肇：《物不遷論》，《大正藏》第 45 冊，第 151 頁下。
〔註25〕僧肇：《不真空論》，《大正藏》第 45 冊，第 152 頁上。

《莊子》那些齊萬物而逍遙遊的聖人的形象。僧肇指出,「以名求物,物無當名之實;以物求名,名無得物之功。」〔註26〕即名詞、概念、術語與其所要指謂、表達的事物或意思之間是有差異的。《齊物論》云:「言者有言,其所言者特未定也。」又云:「以指喻指之非指,不若以非指喻指之非指也。」魏晉名士之談論名實問題,多據此而主張得意忘言,僧肇精通老莊,當是化用此意。《知北遊》有道「無所不在」、「在螻蟻」、「在稊稗」、「在屎溺」之說,而僧肇謂「非離真而立處,立處即真也。然則道遠乎哉?觸事而真!聖遠乎哉?體之即神!」〔註27〕此亦體現出中國佛教在老莊思想的影響下朝著頭頭是道的方向發展的基本趨勢。

　　僧肇《般若無知論》探討聖知無知而無所不知,其問題意識亦有源自《莊子》者。《逍遙遊》云:「小知不及大知。」又云:「豈唯形骸有聾盲哉?夫知亦有之。」《齊物論》云:「大知閑閑,小知間間。」又云:「庸詎知吾所謂知之非不知邪?庸詎知吾所謂不知之非知邪?」《養生主》云:「已而為知者,殆而已矣!」《人間世》云:「聞以有知知者也,未聞以無知知者也。」《大宗師》云:「知天之所為,知人之所為者,至矣!知天之所為者,天而生也;知人之所為者,以其知之所知以養其知之所不知,終其天年而不中道夭者,是知之盛也。」《應帝王》云:「至人之用心若鏡,不將不迎,應而不藏,故能勝物而無傷。」《莊子·知北遊》云:「不知深矣,知者淺矣。」《則陽》云:「人皆尊其知之所知,而莫知恃其知之所不知而後知。」等等,如此之類的議論還有很多。可以說,《莊子》對人的認識能力及認識的正確性進行了深入的、多方面的思考和探索。佛教傳入之後,僧肇運用般若學的思想將相關探索進一步地引向深入。如他一則說:「聖智幽微,深隱難測,無相無名,乃非言象之所得,為試罔象其懷,寄之狂言耳,豈曰聖心而可辨哉!」〔註28〕與莊子所推崇的「真知」一樣,佛教的「聖智」也是超越於世俗認識能力之外的,而所有的相關探討,都只不過是「罔象其懷,寄之狂言」(《知北遊》),即約略近似之粗淺方便之論而已。再則說:「聖人虛其心而實其照,終日知而未嘗知也,故能默耀韜光,虛心玄鑒,閉智塞聰而獨覺冥冥者矣。然則智有窮幽之鑒而無知焉,神有應會之用而無慮焉,……實而不有、虛而不無,存而不可論者,

---

〔註26〕僧肇:《不真空論》,《大正藏》第 45 冊,第 152 頁下。

〔註27〕僧肇:《不真空論》,《大正藏》第 45 冊,第 153 頁上。

〔註28〕僧肇:《般若無知論》,《大正藏》第 45 冊,第 153 頁上。

其唯聖智乎。」〔註29〕或者說，在僧肇看來，「聖智」或「真知」就表現為對一切具體認識能力的超越，顯然是以佛教中觀的二諦義對《莊子》相關思考的深化。

我們雖然可以不避繁瑣一一指明僧肇遣詞造句的《莊子》來源，但更為重要的，則是從其華美瑰麗的文風上，從其高屋建瓴的運思上，從其縱橫捭闔的議論上，從其超然於流俗之外的價值追求上，所體現出的與《莊子》的高度一致性，從而使我們真切地體會到《莊子》對魏晉佛教所具有的深刻影響。

東晉時期以喜愛《莊子》著稱的高僧見之於僧史記載的，還有不少人。如，剡東仰山竺法潛「優游講席三十餘載，或暢方等，或釋老莊，投身北面者，莫不內外兼洽。」〔註30〕長安覆舟山釋道立「少出家，事安公為師，善《放光經》，又以莊老三玄，微應佛理，頗亦屬意焉。」〔註31〕上虞龍山史宗「善談老、莊，究明論、孝，而韜光隱跡，世莫之知。」〔註32〕其他雖未明言莊老但卻謂其學兼世典、書通內外者，尚有許多。魏晉士大夫們耽於清談，喜好莊子；僧眾浸潤於時風，相感於氣類，乃盛弘般若之學，其俊雅之士，或以莊子義闡釋佛理，或以般若義解說莊子之文，高僧得預名士之清談，佛教也由此而契入中土主流思潮，在更高層次上和更廣領域內影響中國人的精神生活並被廣泛地接受，與中國固有文化相融合。可以說，在東晉時期佛教與中國固有文化的相互交流中，《莊子》起到了橋樑和管道的重要作用。

〔註29〕僧肇：《般若無知論》，《大正藏》第 45 冊，第 153 頁中。
〔註30〕慧皎：《高僧傳》卷 4，北京：中華書局，1992 年，第 156 頁。
〔註31〕慧皎：《高僧傳》卷 5，北京：中華書局，1992 年，第 203 頁。
〔註32〕慧皎：《高僧傳》卷 10，北京：中華書局，1992 年，第 377 頁。

第二章　隋唐諸宗的莊子觀

　　魏晉時期，玄學肇興，名士風流，追求放達，景慕莊子，故而置莊子於老子之前，合稱莊老。南北朝時期，經過北魏寇謙之、劉宋陸修靜、蕭梁陶弘景等人的不斷改造，道教日漸成長為一種可以與佛教並駕齊驅的宗教，老子被尊為教主，莊子雖然也被奉為真人，但卻被遮掩在老子的光輝之下，因此隋唐時期的高僧在論及老莊之時，往往以老子為主，偶亦兼及莊子。職此之故，我們在考察這一時期佛教界《莊子》研究的時候，必須連帶考察其有關《老子》的研究。因此，本章雖然名義上是討論隋唐諸宗對《莊子》的看法，實際上所討論的，則是隋唐諸宗祖師的老莊觀，這也是隋唐諸宗將老莊思想不加曲分、視為一體的體現。與魏晉南北朝時期的高僧時常藉重和援引莊老以闡發義理不同，隋唐時期相繼開創的天台宗、三論宗、唯識宗、華嚴宗、禪宗等中國佛教宗派，大都以一種睥睨不屑的姿態議論老莊之陋劣，這充分表明佛教中國化獲得了重大成就，佛教界已經取得執中土思想界牛耳的崇高地位。

第一節　不許老莊齊釋迦——天台宗的莊子觀

　　中土道教產生於東漢末年。就教理而言，道教一方面以老莊思想為依託，大力宣揚懷素抱樸，清靜無為的觀念，從而對浮沉於宦海之中、精神苦悶的士大夫們非常具有吸引力；另一方面卻融納了在民間早已極為流行的辟穀導引、煉石服藥等方術，或追求求長生久視、羽化成仙，或期望驅鬼通神、獲佑得福，對熱衷於世俗利樂的廣土眾民產生了重大的影響力。而在佛道關係上，

　　道教還往往挾其土生土長的優勢，時時與佛教相頡頏，無論是北魏武帝的滅佛，還是北周武帝的滅佛，其背後總是晃動著道士的影子。天台宗的實際創立者、生當陳隋之際的智者大師（538～597），雖然對老莊的思想觀念也有所肯定，如他曾說：「若此間老莊，無為無欲，天真虛靜，息諸誇企，棄聖絕智等，直是虛無其抱。」〔註1〕但更為主要的，則是站在宗教實踐的角度上，對道教抱持一種嚴厲的批判態度，認為老莊的許多主張不過是「見網中行，非解脫道」〔註2〕，根本就達不到出離生死、解脫煩惱的目的。

　　智者大師對於老莊道教的自然之說給予了充分的批判。在他看來，道教常以老莊提出的「自然」相標榜，在宇宙觀上否認造物主的存在，在社會人生觀上主張任運無為，雖然不無合理之處，但與印度的自然外道一樣，破壞了事物之間的因果關係。智者大師以佛教因果觀念為依據，指出莊子將人生的貧富、窮通、死生、壽夭、是非、得失等說成自然而然，是破因不破果；而老子與莊子都主張因順自然，尊道貴德，是破果不破因；《周易》講到慶流後世，道教亦講此身禍福乃承祖先善惡，此與老莊自然之說相合，即是主張亦有果亦無果。任依以上三種錯誤認識，就會產生三種行為：一是執著自然而行善。如老莊認為富貴不可企求，貧窮不可怨避，生不足欣，死何所畏，以此豁達虛融的心態，教導人們居富貴而勿驕橫，處窮賤而不苦悶，滅除貪婪瞋恨之心，安於清靜無為之境，得此自然之道，便能輕視金銀珠玉之財，蔑棄公卿將相之位，隱居不仕，潔身自好，這是道教高明之處，但智者大師認為這不過是拋棄欲界中的各種欲望而已，只能息滅非分之想，尚無法達到佛教初禪的境界，消除險惡邪僻的用心，獲得生天的果報，就更不用說從生死輪迴中解脫出來了。二是執著自然而行無記。老莊主張順從人心的本性，既不為了揚名立德而行善，也不為了物慾的驅迫去作惡，安時處順，任運自然。這在智者大師看來，這樣的行為雖然無所取捨，但由於原來的行業未能滅盡，必定還會受到報應，從而無法超脫生死輪迴的苦海，必然使人虛度此生，白白浪費了修行解脫的大好時機。三是執著自然而行惡。智者大師指出，如果將萬事萬物都歸結為自然而然的話，那麼人的為非作惡，最終也可以被歸結為是自然而然的事情，從而背離了無欲的意旨而走上縱慾妄為的道路。〔註3〕

〔註1〕智顗：《法華玄義》卷8上，《大正藏》卷33，第780頁下。
〔註2〕智顗：《法華玄義》卷8上，《大正藏》卷33，第780頁下。
〔註3〕參見智顗：《摩訶止觀》卷10上，《大正藏》第46冊，第135頁上～中。

總之，在智者看來，老莊道教的自然之說不僅在理論上講不通，而且在行為上也是失大於得，過患無窮。

智者大師對於有人將老莊與佛等量齊觀的做法尤為不滿。道教中一些人，或是對道教很有好感的一些人，在智者大師之前或智者大師的同時，試圖運用佛教的理論解釋老莊思想，認為佛法「離四句，絕百非，不可說示」，而老子之道也是「道可道，非常道；名可名，非常名」，既然二者都是世俗言辯所難以表達和描述的，因此完全可以等量齊觀。智者大師對這種觀點進行了大力的批駁，認為這是「以佛法義偷安邪典，押高就下，推尊入卑」〔註4〕。在智者大師看來，以老莊為代表的道教只不過是一種外道邪見而已，還達不到依附於佛法的犢子外道的水平，怎麼能與佛法相提並論呢？從教理教義上說，佛教的苦集滅道四聖諦理遠出道教之上。就教主的身份而言，佛出身於天竺國的剎利種姓，生在國王之家，具有轉輪聖王的尊貴和榮耀；而老子為周室柱下吏，莊子為宋國漆園吏，都不過是些區區小吏而已。就教主的形象來說，佛有三十二相八十種好，巍巍堂堂，威儀具足；老子和莊子則是凡流之輩，身材矮小，形貌醜陋，沒有什麼值得特別稱道的地方。就教化的方式和效果來講，佛說法時身體會放出各種光明，大地會發生震動，無數的天人都來集會，恭敬圍繞在佛的周圍，而且在聽聞佛法之後皆能得道；而老子仕於周室，主上不知，臣下不識，不敢諫諍一言，不能教化一人，最後不過是辭職而去，為關尹說《道德經》五千言，莊子於宋國漆園為吏，著有《內外篇》以規勸顯達，但又有誰從其受學聽聞得道呢？就教主的影響而論，佛出外遊行時，帝釋在右，梵王在左，金剛前導，四部後從，神通變化，飛行虛空；而老子不過自駕薄板青牛之車，出關西向，耕田務農，莊子為人看守漆樹，職卑位低。就教主的出處來說，佛棄金輪聖王之位，出家成佛；老子棄小吏之職，出關經營數畝之田。通過種種對比，最後智者大師提出，道教所謂的「不可說」不過是一種「絕言之見」而已，此種愚癡戲論，「三假具足，苦集成就，生死宛然，抱炬自燒，甚可傷痛！」〔註5〕以這種老莊之教尋求出苦之道，是絕對不可能的。

可以看出，智者大師站在佛教的立場上對老莊道教所作的批評和駁斥，不可避免地帶有維護佛教至高地位的主觀意圖。但從智者大師對道教的批評

〔註4〕智顗：《摩訶止觀》卷5下，《大正藏》第46冊，第68頁中。
〔註5〕智顗：《摩訶止觀》卷5下，《大正藏》第46冊，第68頁下。

中，我們可以看出佛道二教的本質區別，即佛教以出世間為宗極，而道教則是世間法。還應該指出的是，智者大師雖不能容許佛道齊等的觀點，但他對於道教還是願意實行招安以為我所用的。如他在《維摩玄疏》卷一中曾引《清淨法行經》說：「摩訶迦葉應生振旦，示名老子，設無為之教外以治國，修神仙之術內以治身，…此即世界悉檀也」〔註6〕。這樣道教作為方便教門就被納入到佛教體系之中去了。智者大師的這些觀點被後來的天台宗人所繼承和發展，中唐時期的荊溪湛然，被尊為天台教觀的中興之祖，遍疏天台三大部，充分發揮了智者大師的相關論述。需要說明的是，湛然大師在注疏智者大師有關老莊的論述時，較之智者大師，對老莊給予了更多的同情理解。如其引王彧夜之說以釋《莊子》云：「逍遙者，調暢逸豫之意。夫至理內足，無時不適，亡懷應物，何往不通？以斯而遊天下，故曰逍遙。又云：理無幽隱，迢然而當；形無鉅細，遙然俱適，故曰逍遙。」〔註7〕如此疏釋對於《莊子》來說不僅具有保存已佚古義之功，而且還明顯透露出注釋家的欣賞之意來，可以引導後來的天台宗義學高僧對老莊投入更多的關注。

從智者大師、湛然大師的相關著述中，我們可以比較清楚地瞭解到，作為佛教高僧，天台宗自然不會以老莊思想為究竟，而且從競爭的角度上還會給予相當嚴厲的批駁；但在方便意義上，天台宗也可以對老莊思想給予一定的肯定，而且隨著歷史的發展，這種肯定還呈現出進一步增長的趨勢。

第二節　直斥老莊為邪外——三論宗的莊子觀

與天台智者大師約略同時而稍後的嘉祥吉藏大師（549～623）是中土三論宗的集大成者。中土三論宗遠溯姚秦時期的鳩摩羅什在長安參譯並盛弘《中論》、《百論》、《十二門論》及《大智度論》等印度中觀派佛教經典，僧肇大師以其超群的悟解獲得了「秦人解空第一」的殊榮，他們的思想素有「關河舊說」或「什肇山門義」之稱，歷來被推尊為三論正宗之所在。如果說僧肇大師對佛教中觀空義的理解還帶有老莊色彩的話，那麼吉藏大師的思想可以說已經徹底擺脫了老莊道家的影響，達到了非常純粹的地步，因此當有人問他《老子》和《莊子》這樣的中土著述算不算佛教「內教」的時候，他毫不客氣地

〔註6〕智顗說、湛然略：《維摩詰經略疏》卷1，《大正藏》第38冊，第523頁上。
〔註7〕湛然：《止觀輔行傳弘決》卷3之1，《大正藏》第46冊，第247頁上。

說：「釋僧肇云：每讀老子、莊周之書，因而歎曰：美則美矣，然棲神冥纍之方，猶未盡也。後見《淨名經》，欣然頂戴，謂親友曰：吾知所歸矣。遂棄俗出家。羅什昔聞三玄與九部同極，伯陽與牟尼抗行，乃喟然歎曰：老莊入玄，故應易惑耳目，凡夫之智，孟浪之言，言之似極，而未始詣也，推之似盡，而未誰至也。」〔註 8〕其言下之意，鳩摩羅什、僧肇本來就對老莊思想懷有不滿之心，因此更談不上服膺其學說了。為了使自己的觀點與老莊思想劃清界限，他從「研法」和「核人」兩個方面對老莊展開了深入的批判。

　　所謂「研法」，就是從研究思想和義理的角度上比較佛道兩家的高下淺深。吉藏大師從六個方面判定佛教優於道教，他說：「略陳六義，明其優劣：外但辨乎一形，內則朗鑒三世；外則五情未達，內則六通窮微；外未即萬有而為太虛，內說不壞假名而演實相；外未能即無為而遊萬有，內說不動真際建立諸法；外存得失之門，內冥二際於絕句之理；外未境智兩泯，內則緣觀俱寂。以此詳之，短羽之於鵬翼，坎井之與天池，未足喻其懸矣。」〔註 9〕此處「外」指老莊道家，「內」指佛教。在吉藏大師看來，老莊僅關注一身的榮辱、貧富、窮通、壽夭、智愚、賢不肖等，而佛教則對前生、今生乃至來生都有非常清楚的瞭解；老莊對眼、耳、鼻、舌、身等五種感覺器官造成的各種情慾都控制不了，而佛教則可以圓滿獲得天眼通、天耳通、他心通、宿命通、神足通和漏盡通；老莊無法從萬事萬物中領悟太虛本體，而佛教則可以在不破壞現實存在的前提下展示諸法的真實相狀；老莊的無為境界無法體現在各種作為之中，而佛教則可以在堅持性空的同時認可諸法的存在；老莊還存在著得失的門徑，而佛教在真理的層面上則超越了語言對世間和涅槃的表述；老莊無法實現理想境界和實際智慧的混合無間，佛教則能夠實現所緣之境與能緣之智的完美結合。總而言之，就是用短羽與鵬翼、坎井和天池這樣大的差別，也無法譬喻老莊與佛教之間的巨大差異。有人對吉藏大師的抑道揚佛之論極為不滿，在他們看來，「伯陽之道，道同太虛；牟尼之道，道稱無相。理即一源，則萬流並同。什、肇抑揚，乃諂於佛。」吉藏大師反駁說：「伯陽之道，道指虛無；牟尼之道，道超四句。淺深既懸，體何由一？蓋是子佞於道，非余諂佛。」〔註 10〕徹底否定佛道兩家在終極之道上有任何

〔註 8〕吉藏著、韓廷傑校釋：《三論玄義校釋》，北京：中華書局，1987 年，第 26 頁。
〔註 9〕吉藏著、韓廷傑校釋：《三論玄義校釋》，第 29 頁。
〔註 10〕吉藏著、韓廷傑校釋：《三論玄義校釋》，第 32 頁。

的相似性。那些老莊道家的擁護者堅稱：「牟尼之道，道為真諦，而體絕百非；伯陽之道，道曰杳冥，理超四句。彌驗體一，奚有淺深？」吉藏大師不同意這種看法，在他看來，包括老莊道家在內的九流七略之論，都未曾論及非有非無，如果說老莊有此說法的話，那也是從佛教那兒竊取過來的。〔註11〕吉藏大師通過比較老莊道家與佛教的法義，堅信佛教具有老莊道家所無法比擬的優越性。

所謂「核人」，就是從比較教主出身和境界的角度上判定佛道兩家的優劣短長。有些人對吉藏大師在佛道之間強分軒輊至為不滿，他們質問說：「佛名大覺，老曰天尊，人同上聖，法俱妙極，苟欲存異，將非杜不二之門，傷得一之淵府哉？」在這些人看來，老子與佛一樣，也達到了上聖的境界，如果過分地強調二者之間的差異性，那麼對於佛教所說的不二法門及道教所說的得一之道都將有所損害。吉藏大師對於此說甚不以為然，他辯解道：「悉達處宮，方紹金輪聖帝，能仁出俗，遂為三界法王。老為周朝之柱史，清虛是九流之派。子欲令人一法同，何異堆阜與安明等高，螢燭與日月齊照？」〔註12〕堆阜，指人工堆積的小土丘；安明，指佛教認為的世界最高山峰須彌山。在吉藏大師看來，釋迦出身高貴，有帝王之尊，出家成佛為三界法王，老子則職微位卑，其所宣揚的清虛之道也不過九流之一種，因此以老齊佛，就是將人工堆成的小土堆與世界上的最高山峰相提並論，就是拿螢火蟲與蠟燭的光亮與日月的明照等量齊觀，可謂荒謬至極。在吉藏大師的時代，社會上還比較重視門第出身，吉藏大師依據佛老出身的差異論定二家的優劣，對於當時的人們來說還是很有說服力的。雖則如此，畢竟還是有人會提出異議來的：「同人者之五情，異人者之神明。跡為柱史，本實天尊。據實而談，齊之一貫。」出身只是近跡，天尊乃其遠本，此是據《法華經》發跡顯本之說對老子所作的辯護，可謂有力。吉藏大師對此駁斥說：「《漢書》亦顯品類，以伯陽為賢，何晏、王弼稱老未及聖。設令孔是儒童，老為迦葉。雖同聖蹟，聖蹟不同。若圓應十方，八相成佛，人稱大覺，法名出世，小利即生人天福善，大益即有三乘賢聖，如斯之流，為上跡也。至如孔稱素王，說有名儒，老居柱史，說無曰道，辨益即無人得聖，明利即止在世間。如此之類，為次跡矣。」〔註13〕吉

〔註11〕吉藏著、韓廷傑校釋：《三論玄義校釋》，第 33 頁。
〔註12〕吉藏著、韓廷傑校釋：《三論玄義校釋》，第 35 頁。
〔註13〕吉藏著、韓廷傑校釋：《三論玄義校釋》，第 35 頁。

藏大師引中土《漢書》及何宴、王弼之成說以判定老未及聖，亦為有據。在他看來，即便就本跡而論，《清淨法行經》所載老為迦葉、孔為儒童，孔老之化，俱止世間，因此老子是不可與佛等同的。

如果我們將吉藏大師對老莊道家的批駁與智者大師的相關論述加以比較的話，可以發現二者有不少的相似之處，如都從義理深淺和教主出身兩個方面論證佛道二家的高下淺深、優劣短長，這當是兩位大師處於大致相同時代的體現。但兩者之間也有比較顯著的差異，如在義理比較上，智者大師重在批評道家的自然之說，較吉藏大師為深入，吉藏大師以六義證成佛教高於道家，較智者大師為廣泛；如在教主出身上，智者大師承認老子為迦葉化現是為了肯定道家和道教對於佛教流佈中土的積極作用，而吉藏大師的相關論述則是為了證明佛教相對於道教的優越性。換言之，在老莊觀上，天台宗較之三論宗展現出明顯的融合性特徵來。

第三節　唯以老莊說老莊──唯識宗的莊子觀

唐初的佛道論衡，主要是在唯識宗與道教之間展開的。唯識宗的老莊觀在這次論衡中得到了充分的展現。

所謂佛道論衡，是指中國思想史上有關佛道二教優劣及先後的辯論。這種辯論開始時都是自發進行的，隨著佛道二教影響的日益廣泛，官方就越來越多地涉入其中，時至初唐，則發展成為由皇帝裁決的御前辯論。道宣律師將漢末至唐初佛道論衡的資料匯總起來，輯成《集古今佛道論衡》一書，共四卷，其中尤以唐初太宗、高宗二朝為詳悉。從此書可以看出，在唐初佛道之間的數次論辯中，代表佛教一方的主要有法琳（濟法寺僧）、智實（京師總持寺僧）、慧淨（紀國寺上座，普光寺寺主，曾受詔與玄奘譯場，因病未果）、玄奘、慧立（著《大慈恩寺三藏法師傳》，充譯場綴文大德）、義褒（玄奘法師請其住大慈恩寺講所學經論）、神泰（充譯場證義大德）、靜泰（東都洛邑僧）、靈辯（大慈恩寺僧）等。諸僧雖學歷不同，業各專擅，但對老莊的理解卻有諸多的共同點，如不許以道齊佛，不許道教承老，不許以佛解道，易言之，就是唯以老莊說老莊。

唐初諸僧在佛道論衡中展現出來的對老莊的理解主要是一種論辯策略，但可以引起人們有關宗教義理創新的一些思考。

一、不許以道齊佛

　　中國道教最早的教派為五斗米道。相傳東漢順帝時期，沛人張道陵傳道于鵠鳴山中，以老子五千文（即《道德經》）教授弟子，入其教者須納米五斗，因號五斗米道。道教之以老子為教主，有由來矣。唐之帝室雖起源隴西，然為高自門第，以見重於中原世族，遂遠推老子為其始祖，故唐代排定三教次序，以道先儒後，而佛教後來，僅崇以客禮，屈居最末。許多高僧出於真誠的佛教信仰，對此極為不滿，他們利用各種機會，高唱佛高於老，為佛教爭取地位。

　　首先向道教發難的是濟法寺僧釋法琳。唐高祖武德四年（621），太史令傅奕上書要求廢佛，一時間，「京室閭里，咸傳禿丁之誚；劇談席上，昌言胡鬼之謠。佛日翳而不明，僧威阻而無力。」〔註14〕法琳遂著《破邪論》，以斥之曰：「莊周云：『六合之內，聖人論而不議；六合之外，聖人存而不論。』老子云：『域中有四大，而道居其一。』案，前漢《藝文志》所紀，眾書一萬三千二百六十九卷，莫不功在近益，意在敬事君父，俱未暢遠途，止在移風易俗。遂使三世因果，理涉旦而猶昏；命報五乘，義經丘而未曉。（中略）原夫實相窈冥，逾要道之道；法身凝寂，出玄之又玄，所以見生忍土，誕聖王宮，（中略）豈與衰周李耳比德爭衡，末代孔丘輒相聯類，非所言也！」〔註15〕在法琳看來，莊老之學只不過是一種世間之論而已，不明因果報應，不能出離煩惱，是無法與佛相提並論的。法琳不相信有所謂老子西涉流沙之事，曾親自到槐城、樓觀等地進行考察，並喬裝改扮，研習道教，最後確信佛教高妙，「乃返跡舊徒，如常綜業」。後因忤太宗，「移於益部僧寺，行至百牢關，因疾而卒，時年六十有九。」〔註16〕為了維護佛教的尊嚴，法琳付出了非常慘重的代價。

　　接著響應法琳的是紀國寺僧釋慧淨。太子中舍辛諝著論主張佛道二家均等齊一，佛教所說般若、緣起、果報等義，就是道家所說智覺，自然、性分等義。慧淨駁斥說，孔子對同一問題有不同的回答，就意味著同一名言有不同的含義。佛教「住無所住，萬善所以兼修；為無不為，一音所以齊應」，道家「絕聖棄智，抱一守雌，冷然獨善，義無兼濟」，二者「較言優劣，其

〔註14〕道宣：《集古今佛道論衡丙》，《大正藏》第 52 冊，第 380 頁上。
〔註15〕道宣：《集古今佛道論衡丙》，《大正藏》第 52 冊，第 380 頁中。
〔註16〕道宣：《集古今佛道論衡丙》，《大正藏》第 52 冊，第 381 頁上。

可倫乎！」〔註17〕佛道雖然都講智慧，但老莊的智慧不過是一種獨善之道，無法與佛教的普度眾生相提並論。慧淨引《莊子》之文云：「竊以逍遙一也，鵬鷃不可齊於九萬；榮枯同管，椿菌不可齊乎八千。而況熠火之侔日月，浸灌之方時雨，寧有分同明潤，而遂均其曜澤哉！至若山毫一其小大，彭殤均其壽夭，庭楹亂其橫豎，施嬙混其妍媸，斯由相待不足，相奪可忘，莊生所以絕其有封，謂未始無物，斯則以余分別，攻子分別，子亡分別，余亡分別矣。」〔註18〕逍遙、榮枯，名言雖無差異，但鵬翔九萬里之上，鷃飛棚簷之下，大椿以八千歲春，而朝菌不知晦朔，意義差別卻非常巨大。在慧淨看來，莊子之所以要泯滅各種差別，是為了破除人們對外界事物的執著，若人們不再執著於是非善惡，莊子自亦不執著於其無是非善惡矣。言下之意，辛諝若不執著於佛道齊等，則慧淨自亦不執佛高於道。「新故相傳，假薰修以成淨；美惡更代，非繕克而難功，是則生滅破於斷常，因果顯乎中觀，斯寔莊釋玄同，東西理會。」〔註19〕道家所說的新故自然之理，與佛教所說的緣修因果之論，二者實可會通，故不必執道家之自然而否定佛教之緣修。鳧短鶴長，草化蜂飛，固是事物之「自然」，亦為生靈之「報分」，「報分已定，二鳥無羨於短長；業理資緣，兩蟲有待而飛化。然則事像易疑，沈冥難曉。（中略）自非鑑鏡三明，雄飛七辯，安能妙契玄極，敷究幽微。」〔註20〕此處雖對莊子與佛教進行了會通，然在對真理的把握上，則仍以佛教為終極。

　　法琳對慧淨的主張十分欣賞，並將其中推崇佛教的意蘊發揮到得淋漓盡致。他認為，道家所說的智慧，乃是「分別之小術」，而佛教所說的般若，則是「無知之大宗」，二者之間的差別非常大，「甚秋毫之方巨嶽，蹻尺鷃之比大鵬，不可同年而語矣。莊生云：『吾亡是非，不亡彼此。』庸詎然乎！所以小智不及大智，小年不及大年，惟彭祖之特聞，非眾人之所逮也。」〔註21〕因此法琳極力反對將孔子、老子與佛等量齊觀，他比方說，「若將孔老以匹聖尊，可謂子貢賢於仲尼，跛鱉陵於駿驥，欲觀渤澥更保涓流，何異蔽目而視毛端，卻行以求郢路，非所應也，非所應也！」〔註22〕

〔註17〕道宣：《集古今佛道論衡丙》，《大正藏》第 52 冊，第 384 頁上。
〔註18〕道宣：《集古今佛道論衡丙》，《大正藏》第 52 冊，第 384 頁中。
〔註19〕道宣：《集古今佛道論衡丙》，《大正藏》第 52 冊，第 384 頁中。
〔註20〕道宣：《集古今佛道論衡丙》，《大正藏》第 52 冊，第 384 頁中。
〔註21〕道宣：《集古今佛道論衡丙》，《大正藏》第 52 冊，第 384 頁中。
〔註22〕道宣：《集古今佛道論衡丙》，《大正藏》第 52 冊，第 384 頁下。

如果說慧淨的論辯尚不失為蘊藉的話，法琳的解釋則頗顯激烈。他們對老莊，特別是對莊子的會通，完全服務於對佛高於道的論證。當然，這也是虔誠的佛教信眾強烈護教心理在當時社會氛圍的一種自然反映。

二、不許道教承老

李唐皇室既奉老子為先祖，而僧人猶斤斤於證成佛陀高於老子，言語之間，自易觸忌犯諱，為帝王家所不容，此亦為法琳流徙客死之根本原因。鑒於此，另一些高僧在佛道論衡中採取了釜底抽薪的方式，一方面承認老子之高明，另一方面則斷然否認道教是老子思想的繼承者。

京師總持寺僧智實較早提出了道教非老君苗裔的觀點。貞觀十一年（637），太宗下勅道先佛後，沙門智實等人上表反對：「伏見詔書，國家本係出自柱下，尊祖之風形於前典，頒告天下，無德而稱，令道士等在僧之上，奉以周旋，豈敢拒詔！尋老君垂範，治國治家。所佩服章，亦無改異，不立館寺，不領門人，處柱下以全真，隱龍德而養性，智者見之謂之智，愚者見之謂之愚，非魯司寇莫之能識。今之道士，不遵其法，所著冠服，並是黃巾之餘，本非老君之裔，行三張之穢術，棄五千之妙門，反同張禹，漫行章句，從漢魏已來，常以鬼道化於浮俗，妄託老君之後，實是左道之苗，若位在僧尼之上，誠恐真偽同流，有損國化。」〔註23〕智實等人雖然承認尊崇老君作為一項國家制度的合理性，但在他們看來，老君乃上古之隱君子，絕非創立宗教的宗師，唐初的道士並不懂得《道德經》的玄妙，他們或如漢儒尋章摘句地解釋文句，或以裝神弄鬼的方式教化浮俗，不過是一些旁門左道的東西而已。表聞於上，敕書批駁，智實等人堅持己見，遂受杖責，但比起法琳的流徙而死，這自然算是比較輕的處分了。

三藏法師玄奘持論亦頗同智實。貞觀二十一年（647），玄奘奉詔與道士成玄英等將《道德經》譯為梵文，正文譯訖，成玄英要求將河上公的序文一併譯出，玄奘不同意：「觀老存身存國之文，文詞具矣。叩齒咽液之序，序實驚人，同巫覡之淫哇，等禽獸之淺術，將恐西關異國，有愧卿邦。」〔註24〕在玄奘看來，《道德經》的精華在於「存身存國」，是一種養生治國的學說，河上公雖是道教所崇拜的古之列仙，但在玄奘看來，其叩齒咽津之說，實為一

〔註23〕道宣：《集古今佛道論衡丙》，《大正藏》第 52 冊，第 382 頁下～383 頁上。
〔註24〕道宣：《集古今佛道論衡丙》，《大正藏》第 52 冊，第 387 頁上。

種淺薄至極的巫術，若傳到西域，不惟不能宣我王化，恐亦有損國威。成玄英對此大為不滿，遂訴之於朝宰。中書馬周為此詢問玄奘：「西域有道如李莊不？」玄奘答云：「彼土尚道，九十六家，並厭形骸為桎梏，指神我為聖本，莫不淪滯情有，致使不拔我根，故其陶練精靈，不能出俗，上極非想，終墜無間，至如順俗四大之術，冥初六諦之宗，東夏老莊所未言也。若翻老序，彼必以為笑林。」〔註25〕易言之，在玄奘的心目中，老莊之術尚不及西域九十六種外道，這就那麼遠遜於老莊的道教方術自然更是無法與佛教相比了。

　　唐高宗朝及以後的佛道論衡，逐漸演變為一種宮廷娛樂，其意義已遠不如武德、貞觀時期那麼重要了，但將老莊與道教實行剝離仍是僧人常用的一種辯論策略。如顯慶五年（660）八月十八日，洛邑僧靜泰在與道士李榮的論辯中就稱：「老子二篇，莊生內外，或以虛無為主，或以自然為宗，固與佛教有殊，然是一家恬素。降茲以外，制自下愚，靈寶創起張陵，吳時始盛；上清肇端葛氏，齊代方行。亦有鮑靜，謬作三皇被誅，具明晉史。」〔註26〕靜泰在一定程度上肯定了老莊，但卻在根本上否定了道教各派，他攻訐道教，「無知鬼卒，可笑顛狂，或灰獄圍身，或牛糞塗體，或背擎水器，或背負楊枝，或解髮卻拘，交繩反繫，以廁溷而為神主，將井灶而作靈師，自臣奴僕之辭，又引頑愚之稱，醮祭多陳酒脯，求恩唯索金銀，禮天曹而請福，拜北斗而祈壽，淫祀之黨充斥未亡，衒惑之徒置罔綱紀，加又扣頭搏頰，銜板纏緋，三點九閡之方，丹門玉柱之術，既無慚於父子，寧有愧於弟兄，並是汝天師之法，豈非汝之教耶？」〔註27〕靜泰之言雖為辯論中的攻訐之語，為了受到雄辯之效，或不免有言過其實之處，但也反映出道教未能脫離巫術迷信、其方術不免於駁雜和混亂的特點來。

　　佛教高僧在佛道論衡中將老莊與道教實行剝離，實是一種非常高明的論辯策略。佛教方面承認老子之高明，是對李唐皇室以老子為祖宗的迎合，可以避免觸忌犯諱，而將老莊理解為治身治國的世間之道，則為佛教的出世間法預留了廣闊的發展空間。而否定了道教是老子思想的繼承者，就意味著既抽空了對方的思想靈魂，又撤去了對方的政治依賴，以己方在思辨和修行上優勢彰顯對方在方術上的迷信和混亂，自亦收到入壘破軍、摧枯拉朽之效，

〔註25〕道宣：《集古今佛道論衡丙》，《大正藏》第52冊，第387頁上。

〔註26〕道宣：《集古今佛道論衡丁》，《大正藏》第52冊，第391頁中。

〔註27〕道宣：《集古今佛道論衡丁》，《大正藏》第52冊，第392頁中～下。

這就難怪佛教在佛道論衡中要屢占上風了。

三、不許以佛解道

唐初初期佛道二教都非常興盛。就佛教來說，慈恩一宗因受到皇家支持而如日中天，此前開宗的天台與三論亦為時宗仰，彌陀淨土信仰漸有普及之勢，而南山律宗亦由此一時期發軔，禪宗與華嚴亦於此時潛滋暗長而成待發之勢。就道教而言，李唐皇室尊老子為祖宗，加封為太上玄元皇帝，李榮、成玄英等人將道教玄學發展為重玄學。我們說，唐初佛道的繁榮發展實得益於二教之間的相互吸收和融合，如佛教借助於道家的虛無、恬淡、玄覽、清靜等而得到廣泛的理解，道教借助於佛教的空亦復空、究竟無得等提升了自家的義理思辨。但在佛道論衡中，唐初高僧如玄奘、靈辯等人卻極力反對道教方面的以佛解道，大有將老莊思想從當時的具體語境中剝離出來之勢。

玄奘在將《老子》譯漢為梵文時堅決反對以佛教義理詮釋道家經典。受詔參與譯事的道士有蔡晃、成玄英等三十餘人，玄奘與他們在理解上發生了一些分歧，道士們往往引佛經及《中論》、《百論》來會通老子玄旨，玄奘對此極為不滿，他說，「佛教道教，理致天乖，安用佛理，通明道義。（中略）向說四諦四果，道經不明，何因喪本，虛談《老子》，且據四諦一門，門有多義，義理難曉，作論辯之，佛教如是，不可陷倫，向問四諦，但答其名，諦別廣義，尋問莫識，如何以此欲相抗乎。道經明道，但是一義，又無別論用以通辯，不得引佛義宗，用解老子，斯理定也。」〔註28〕在玄奘看來，佛道二教的義理差別非常大，因此他反對把道家的「道」解釋為佛教四諦的「道」。蔡晃依據自己對佛教的《維摩詰經》及三論之學的研究，提出道佛二教在文字上雖然不同，但在旨趣上卻極一致，而且佛教也有高僧如僧肇等引用道教經典解釋佛經的成例。玄奘解釋說，「佛教初開，深經尚擁，老談玄理，微附虛懷，盡照落筌，滯而未解，故《肇論》序致，聯類喻之，非謂比擬，便同涯極。今佛經正論繁富，人謀各有司南，兩不諧會。然老之《道德》，文止五千，無論解之，但有群注。自餘千卷，事雜符圖，蓋張葛之耳附，非老君之氣葉，又《道德》兩卷，詞旨沉深，漢景重之，誠不虛及，至如何晏、王弼、嚴遵、鍾會、顧歡、蕭繹、盧景裕、韋處玄之流，數十餘家，注解老經，指歸非一，皆推步俗理，莫引佛言，如何棄置舊蹤，越津釋府，將非探賾過度，同夫混沌

〔註28〕道宣：《集古今佛道論衡丙》，《大正藏》第 52 冊，第 386 頁下。

之竅耶！」〔註29〕意謂僧肇之時人們尚無法理解佛教經典，故而不得不借助於有些類似的道家經典，到了他們生活的時代佛教經典非常豐富了，也就無須藉重道家經典了，從歷史上看，解釋《道德經》的有數十家之多，尚沒有援引佛教經典的先例，如果強要援引佛義以解道的話，就會造成過度解釋，反而會傷害到《老子》的本義。正是在這個意義上，玄奘堅持將老子之「道」譯成梵語的「末伽」（意為道路），而不同意譯成佛教的「菩提」（意為覺悟）。

玄奘不許以佛解道家的原則亦為後學所墨守。唐高宗龍朔三年（663）六月十二日，大慈恩寺僧靈辯與道士李榮在蓬萊宮御前論義，李榮舉「道玄不可以言象詮」立義，靈辯則以「求魚兔者必藉於筌蹄，尋玄旨者要資於言象」以駁斥，李榮以偈答曰：「玄道實絕言，假言以詮玄。玄道或有說，玄道或無說。微妙至道中，無說無不說。」靈辯當即指出，「此是《中論》龍樹菩薩偈。偈云：『諸佛或說我，或說於無我。諸法實相中，無我無非我。』安得影茲正偈，為彼邪言，竊菩薩之詞，作監齋之語！」並以「熒光日光不可一，邪法正法安得齊」為理由，堅決反對以佛教的名相概念理解道家經典中的有關詞語。〔註30〕實際上，這場辯論既無太宗朝政策諮詢的實用性，亦無玄奘譯老經為梵語的嚴肅性，不過是以雙方的相互嘲諷和譏笑來博得皇上的「垂恩欣笑」而已，但佛教思辨的優勢及道教欲借助佛教義理以促使自身發展的努力都得到了充分的體現。

我們對唐初儒道論衡的具體分析依據的資料是佛教史家道宣的記錄，道宣本人曾參與玄奘譯場，充綴文大德，並且接受了玄奘的唯識學思想，因此其立場預設對道教方面自然是不利的。站在我們今天的立場上來看，唐初的高僧不許以道齊佛，不許道教承老，不許以佛解道，其對老莊的理解，僅限於作為諸子之學的老莊文本上，最多只能算作一種辯論的策略。我們必須承認，無論在任何時代裏，信仰都是一種最為私密的生活領域，信仰對象自然要處於這一精神空間的最高位置，就像佛教信眾將佛祖堅信「天上天下無如佛」一樣，道教信眾亦有充分的理由相信老莊的至玄至妙。作為文本的老莊與作為宗教的道教之間固然有一定的差距，但《老子》與《莊子》都是道教崇奉的基本經典也是一個不爭的事實，道教法術並不都源自於老莊，但卻不能否定道教可以從老莊經典之中尋找義理發展的增長點。追逐新鮮詞語、解答

〔註29〕道宣：《集古今佛道論衡丙》，《大正藏》第 52 冊，第 386 頁下。
〔註30〕道宣：《集古今佛道論衡丁》，《大正藏》第 52 冊，第 394 頁上。

時代問題是思想獲得發展的基本方式，時至唐初，佛教的輸入已使中國思想界的語境大不同於先秦兩漢時期，就像佛教不借助於老莊的詞語無法盛行於中國一樣，那時的老莊等道家經典不借助於佛教名相也就無法獲得當時人的理解。因此，我們說，唐初高僧對老莊的理解頗有些仗勢欺人的味道，即依仗佛教思辨優勢來欺弄、玩侮道教的駁雜混亂。我想這一點是值得道教方面深思的。也許正是在這種致思傾向引導下，唐初成立的唯識宗過度強調信仰的唯尊我佛而無法與其他文化信仰和平共處，過分追求文本的純粹而無法適應複雜變動的文化環境，故而不數傳即告衰歇，實乃人類思想史上的一大遺憾。

第四節　遊心法界任與奪——華嚴宗的莊子觀

中國佛教華嚴宗開創於初唐。三祖賢首法藏大師（643～712）在女皇武則天的支持下，華嚴宗曾取得如日中天的盛況。四祖清涼澄觀大師（736～837）身歷九朝，為七帝門師，僧家榮寵，於斯臻於極致，華嚴宗亦由此得以長盛不衰。五祖圭峰宗密大師（780～841）將華嚴教理與南宗禪法融合起來，與朝士大夫如裴休、白居易等為摯友，使華嚴宗繼續保持著勃勃奮進的無限生機。賢首之時，道教雖因李唐皇室與老子聯宗而獲得了豐厚的政治資源，但其思想義理的發展尚處於潛滋暗長之中，因此賢首大師於著述中專意於自家思想義理的闡發，對於老莊未嘗有若何關注。賢首之後，道教吸收和融合佛教中觀思想因素發展而成的重玄學頗著聲彩，《老子》與《莊子》之微言，朝野諷誦，以至於清涼、圭峰於著述中，亦不得不時常論及。清涼雖聲稱「借語用之，取義則別」〔註31〕，但既用其語，便會在不知覺間吸收、融會其義，縱其廣立十條以辨佛道之異，客觀上亦難以阻止佛道二家的思想融會。其徒圭峰對於老莊則或破斥或會通，自覺地將其納入到自己的思想體系之中。需要說明的是，此二大師或與或奪，雖將儒道同論，但由於儒家形而上思維的薄弱，故其所論，重點仍在於老莊道家。

清涼大師廣列十條，論證佛教相對於老莊道家的優越性。在清涼看來，道家以「道」或「無」生養萬物，以「自然」為最高準則，乃是主張一因多果，故為「邪因論」或「無因論」，其為善止於一身，「縱有終身之喪，而無他

〔註31〕澄觀：《大方廣佛華嚴經隨疏演義鈔》卷1，《大正藏》第36冊，第3頁中。

世之慮」，「歸無物為至道」，〔註32〕故不能與佛教相提並論。兩家之異，甚為
昭彰：其一，始、無始異。佛教以生滅起於因緣，故稱「無始」；而道家則執
「太初」或「泰始」為始。其二，氣、非氣異。佛教以「心」為諸法本原，一
切心行借緣而有；道家以氣化為神奇，主張無為自化，絕聖棄智。其三，三世
有無異。佛教以諸法三世遷流，隨緣起滅，道家主張生為氣聚，死為氣散，只
是一生，不知三世。其四，習、非習異。佛教以善惡定於前業，愚智由於宿
習；而道家則以善惡、愚智由乎天分，稟於氣質。其五，稟緣稟氣異。佛教以
森羅世間因緣而生，道家則以貧富、吉凶定於稟氣。其六，內、非內異。佛教
眾生由內在靈識變化生成，道家則主張人物由外在的地變化而成。其七，緣、
非緣異。佛教主張事物生、住、異、滅，由於因業，道家認為天地變化，日月
推移皆屬自然。其八，天、非天異。佛教將人之果報因緣歸結為「苦集」與
「滅道」，道家則將世間吉凶禍福歸結為「天」、「地」。其九，染、非染異。佛
教以行善獲人天福報，作惡受地獄沉淪，慈悲為無害之路，欲望乃生苦之源，
故絕欲則苦除，行慈則壽延；道家則主張順乎天道，因於自然，不求而自得，
不為而自成，故不能出離欲染。其十，歸、非歸異。佛教主張止息妄想，放棄
虛假，服膺一乘，修習六度，超生死苦海，出煩惱牢籠，登智慧之臺，入涅槃
之苑；道家則主張安時處順，澹然玄寂，泊爾無為，從而獲得長生久視。清涼
指出，以上十異，乃運用小乘因緣論以破斥外宗，至於華嚴宗一乘圓教真空
妙有，事理圓融，染淨該羅，一多無礙，重重交映，則絕非道家者所能比。
〔註33〕換言之，在佛道比較中，清涼堅持佛教的絕對優越論。

　　圭峰宗密大師從一真靈性為人之本原的角度上對老莊道家既有破斥也有
會通。在圭峰看來，老莊將人之本原歸結為「大道」、「自然」、「元氣」、「天
命」等，雖然可以為人們建立日常行為規範，但卻無法推究出人的本原。如
謂生死、賢愚、吉凶、禍福等現象皆從虛無大道生成養育，而虛無大道又是
永恆長存的，那麼這就意味著禍、亂、凶、愚等現象無法剪除，福、慶、賢、
善等現象無法增加，如此則老莊之教也就沒有什麼意義了，而且虛無大道還
養育了虎狼這類兇猛的動物，夭折了顏淵、冉耕這樣的聖賢，禍害了伯夷、
叔齊這樣的君子，其尊貴性又體現在什麼地方呢？老莊主張世間萬物都是自
然而然的，不必有什麼原因（因）和條件（緣）。圭峰指出，若如此論，則石

〔註32〕澄觀：《大方廣佛華嚴經隨疏演義鈔》卷14，《大正藏》第36冊，第106頁上。
〔註33〕澄觀：《大方廣佛華嚴經隨疏演義鈔》卷14，《大正藏》第36冊，第107頁上。

應生草，草應生人，人應生畜，推而廣之，也可以說成仙不必煉丹合藥，太平不必賢良治理，仁義之風不必教化和修習，那麼人們又何必遵從老莊之道呢？老莊認為萬物從元氣生成。圭峰反問，瞬間形成之精神既然未曾有過習慮，那麼嬰孩何以有愛惡之情、驕恣之性呢？〔註34〕在圭峰看來，老莊將人性本原歸結為大道、自然、元氣等，實是未能找出人的本原，因而應當破斥。圭峰以「無始以來，常住清淨，昭昭不昧，了了常知」的「佛性」或「如來藏」作為人的本原〔註35〕，他從此出發，認為眾生無始以來迷睡不覺，「一真靈性」被隱覆起來，故稱「如來藏」。眾生依如來藏而起生滅妄想，故大乘破相教謂空為人之本原。不生不滅的真心與生滅不已的妄想和合而成阿賴耶識，依其不覺，起心造業，不知本性空無，形成法執和我執，故大乘法相教謂阿賴耶識為人之本原。在我執的驅使下，眾生貪愛使那些自我獲得潤澤的順境而瞋恨損壞惱亂自我的逆境，故小乘教以色心二法及貪瞋癡為人之本原。眾生造殺、盜等惡業，生於地獄、餓鬼、畜生道中，或畏懼惡道而修行布施、持戒等善業，得以入母胎中，故人天教以業為人之本原。老莊不知前生，不明因果，故謂人之本原為元氣、自然、天命、大道。這也就是說，在世俗意義上，圭峰認為老莊的相關說法有其自身的價值與合理性。

與天台宗、三論宗相比，華嚴宗對老莊的批駁涉及的問題更為廣泛和深入，這是中國佛教進一步發展和成熟的體現，也是中國佛教與中土固有思想文化相互交流更加深入的結果。與天台宗以本為迦葉、跡現老君這樣的方式對老莊思想予以一定的肯定不同，圭峰大師是將老莊道家作為獨立的思想形態予以肯定的。而且華嚴宗也不再像天台宗、三論宗那樣強調釋迦牟尼出身的高貴，這則是世家大族在中晚唐時期勢力衰微、英才俊傑通過科舉入仕成為時尚在宗教思想上的反映。

第五節　無心自然融老莊──禪宗對《莊子》的融會

禪宗與老莊的關係比較複雜一些。禪宗雖溯源於菩提達摩，但真正在佛教界有些影響，則要到初唐時期的五祖弘忍，至其慧能、神秀等分頭弘化於南北各地，方始彰著聲彩，會昌法難之後，不僅天台、唯識、華嚴等以講經說

〔註34〕宗密：《原人論·斥迷執第一》，《大正藏》第 45 冊，第 708 頁下。
〔註35〕宗密：《原人論·直顯真源第三》，《大正藏》第 45 冊，第 710 頁上。

法著稱的宗派衰歇不振，即便是神秀派下的北宗禪法亦失其統系，唯慧能門下的南宗禪法一花五葉，最為繁盛。南宗本來就不太重視經教文字，後來更是標榜直指人心，教外別傳，對於不屬於佛教的老莊經典更談不上有什麼重視了。但禪宗倡導教外別傳的本意在教人不要執著文字，而是透過文字領會其中所蘊含的精神本質，老莊思想在佛教漢譯之初及格義時期既已融入佛教經典之中，禪宗自然也會浸潤在這種蘊含老莊思想的佛教義理之中，在機鋒棒喝之中將其轉化為自心內在的思想覺悟。而且禪宗不重視文字經教，也就在無形中撤除了佛教與老莊相互區分的藩籬，使老莊思想得以更加自如地融會到禪宗之中來。雖然我們無法像分析天台、三論、唯識、華嚴那樣尋繹禪宗的老莊觀，但仍可以從祖師們的機鋒問答中感受到他們對融入本宗之中的老莊思想的欣賞來。這方面的例子非常多，此處無法備舉，僅就道家自然和逍遙二義略窺一斑。

自然可以說是老莊道家最高的思想原則。老子一則說：「功成事遂，百姓皆謂我自然。」（十七章）再則云：「希言自然。」（二十三章）三則曰：「道法自然。」（二十五章）四則謂：「以輔萬物之自然而不敢為。」（六十五章）莊子亦主張「常因自然而不益生」（《德充符》），這些語句無不展示著自然這一範疇在道家思想中的重要性。而佛教講到事物的發展，則多說因緣。有人以此諮詢六祖慧能大師門下弟子菏澤神會禪師，神會禪師指出，僧人只說因緣與道士只論自然一樣，都是一種「愚過」，在他看來，僧家亦有自然之義，道家亦有因緣之義，他對此解釋說：「僧家自然者，眾生本性也。又經文所說眾生有自然智、無師智，此是自然義。道士家因緣者，道德稱自然者。道生一，一生二，二生三，三生萬物。從道以下，並屬因緣。若其無道，一從何生？今言一者，因道而立。若其無道，萬物不生。今言萬物者，為有道故，始有萬物。若其無道，亦無萬物。今言萬物者，並屬因緣。」〔註36〕也就是說，神會禪師將道家的自然與佛教的因緣在某種程度上做了等同，無形中為佛道兩家建立了一條相互溝通的渠道。自此以後，禪師以自然義講說禪法的多了起來。如大珠慧海禪師說：「學人若心無所染，妄心不生，我所心滅，自然清淨。」〔註37〕百丈懷海禪師說：「但歇一切攀緣、貪嗔愛取，垢淨情盡，對五欲八風

〔註36〕神會：《南陽和尚問答雜徵義》，楊曾文編校：《神會和尚禪話錄》，北京：中華書局，1996年，第91頁。
〔註37〕慧海：《頓悟入道要門論》卷上，《卍新續藏》第63冊，第18頁中。

不動，不被見聞覺知所閡，不被諸法所惑，自然具足一切功德，具足一切神通妙用，是解脫人。」〔註38〕黃檗希運禪師說：「汝若不生心動念，自然無妄。所以云：心生則種種法生。心滅則種種法滅。」〔註39〕很顯然，禪宗祖師對自然觀念的運用，強化了對自心內在的淨化，弱化了歷劫修治的本意。當時著名的文人劉禹錫如此評價南宗禪法云：「無修而修，無得而得。能使學者還其天識，如黑而迷，仰見斗極。得之自然，竟不可傳。」〔註40〕劉禹錫作為當時禪學思想的觀察者，也敏銳地意識到了南宗禪法中所蘊含的自然特徵。晚唐以降，自然一詞更是為禪宗祖師所習用，禪宗內部已經沒有人考慮其道家思想的淵源了。

　　逍遙是道家，特別是莊子理想的境界。莊子不僅塑造了一隻翼若垂天之雲、扶搖直上九萬里、海運將徙南溟的逍遙大鵬形象，提出了「御天地之正，乘六氣之辨，以遊無窮」的逍遙狀態，而且還設想出「無何有之鄉、廣漠之野」的逍遙境域，逍遙自此成為道家的精神追求。佛經翻譯之時，雖然也大量運用逍遙一詞，但其意多為放蕩不羈、行為失檢之意。如《雜阿含經》謂：「時有丈夫與婦相隨，度河住於岸邊，彈琴嬉戲，而說偈言：『愛念而放逸，逍遙青樹間。』」〔註41〕《六度集經》云：「男女攜手，逍遙歌舞。」〔註42〕《賢愚經》云：「此園茂盛，當用遊戲，逍遙散志。」〔註43〕皆含有批評世俗快樂的意味。後來禪宗南宗興起，在禪宗南宗的禪話中，「逍遙」二字彷彿又回到了道家莊子的語境之中，重新成為表述理想境界的詞語。如黃檗禪師云：「實無一法可得名坐道場。道場者，只是不起諸見，悟法本空，喚作空如來藏。本來無一物，何處有塵埃。若得此中意，逍遙何所論。」〔註44〕玄覺大師云：「若能妙識玄宗，虛心冥契，動靜常短，語默恒規，寂爾有歸，恬然無間，如是則乃可逍遙山谷，放曠郊野，遊逸形儀，寂怕心腑；恬澹息於內，蕭散揚於外；其身兮若拘，其心兮若泰；現形容於寰宇，潛幽靈於法界。如是則應機有感，適然無準矣。」〔註45〕很顯然，這兩處引語中，「逍遙」都意味著

〔註38〕懷海：《百丈廣錄》卷3，《卍新續藏》第69冊，第7頁下。
〔註39〕希運：《黃檗斷際禪師宛陵錄》，《大正藏》第48冊，第385頁下。
〔註40〕劉禹錫：《曹溪六祖大鑒禪師第二碑》，《大正藏》第48冊，第364頁上。
〔註41〕求那跋陀羅譯：《雜阿含經》卷50，《大正藏》第2冊，第373頁上。
〔註42〕康僧會譯：《六度集經》卷5，《大正藏》第3冊，第29頁下。
〔註43〕慧覺等譯：《賢愚經》卷10，《大正藏》第4冊，第419頁下。
〔註44〕希運：《黃檗斷際禪師宛陵錄》，《大正藏》第48冊，第385頁中。
〔註45〕玄覺：《禪宗永嘉集·大師答朗禪師書》，《大正藏》第48冊，第394頁下。

領悟禪門宗旨之後的解脫與自在狀態。有一篇繫名於三祖僧璨大師的《信心銘》中有云：「放之自然，體無去住。任性合道，逍遙絕惱。」〔註46〕也是將沒有煩惱的逍遙狀態視為契合禪宗之道的體現。當時的文人士大夫對此也有很切身的體會，如柳宗元在評論六祖慧能大師的禪法時說：「陰翊王度，俾人逍遙。」〔註47〕也就是說，在柳宗元看來，禪宗具有輔佐國家政令、協助人們獲得逍遙解脫的功能，柳宗元此處也將禪宗的悟道與道家的逍遙等同起來。與「自然」二字一樣，五代以後，宋元以來，「隨緣放曠，任性逍遙」就成為禪宗師僧慣用的禪語，人人習以為常，「逍遙」可以說已經成為禪宗的一個常用詞彙了。

如果說唐代禪師對老莊的欣賞還屬於「芳心暗許」的話，那麼宋代以後的禪師們則屬於公開的「明言」了。在宋代以後禪師們的文辭中，老莊彷彿變身為參禪悟道的禪師了。如汾陽善沼《老子贊》云：「覿面是條青牛，四蹄蹋地。覿面是個老子，鬚髮皓然。我記得你生於李樹下，母腹曾經八十年。惱釋迦涅槃太早，吐玄津混沌之先。而今渾化成團去，顛倒人間永遠傳。」〔註48〕石門慧洪頌《莊子・大宗師》「藏天下於天下」句云：「天下心知不可藏，紛紛嗅跡但尋香。端能百尺竿頭步，始見林梢掛角羊。」〔註49〕老莊真是有幸，不僅在道教中找到了繼承人，還在禪宗中覓得了知音。

第六節　南華意象禪家詩——淺談皎然詩中的莊子意象

中唐時期的高僧、詩人、詩歌理論家皎然非常喜歡《莊子》，因此他在詩歌創作中運用了大量來自於《莊子》的意象。

皎然，俗姓謝，名晝（又說名清晝、如晝），東晉詩人謝靈運十世孫，湖州長城（今長興）人，出家後從守直律師受具足戒，聽講戒律，並開始留心於詩歌創作。後來遊歷京師（長安）與地方諸郡，詩文深得當朝公卿及地方官員的欣賞和重視。中年之後曾參訪禪宗祖師，究明心地法門。晚年居湖州杼山，所著詩文多有亡佚，今尚有《詩集》七卷、《詩式》五卷存世。其所唱和

〔註46〕僧璨：《信心銘》，《大正藏》第48冊，第376頁下。
〔註47〕柳宗元：《賜諡大鑒禪師碑》，《大正藏》第48冊，第363頁下。
〔註48〕善沼：《汾陽無德禪師歌頌》卷下，《大正藏》第47冊，第627頁上。
〔註49〕慧洪：《林間錄》卷上，《卍新續藏》第87冊，第254頁上。

者，如顏真卿、韋應物、陸鴻漸等，皆有聲於當代，垂名於後世，故而時人有「釋門偉器」之譽。皎然嘗於詩中自述其學行云：「我祖傳六經，精義思朝徹。方舟頗周覽，逸書亦備閱。墨家傷刻薄，儒氏知優劣。……中年慕仙術，永願傳其訣。歲駐若木景，日餐瓊禾屑。嬋娟羨門子，斯語豈徒設。天上生白榆，崴蕤信好折。實可返柔顏，花堪養玄髮。求之性分外，業棄金亦竭。藥化成白雲，形彫辭蕭穴。一聞西天旨，初禪已無熱。涓子非我宗，然公有真訣，卻尋丘壑趣，始與縹緲別。野飯敵膏粱，山楹代藻梲。……境清覺神王，道勝知機滅。」〔註50〕這裡皎然將儒家的六經視為祖傳家學，自謂對之有非常深入的研究和理解，已能夠把握其精髓，對於儒墨百家之書，也是無所不讀；步入中年之後，開始修學神仙養生之術，為此不惜拋家捨業；後來接觸到佛教，為佛教的修行及境界所折服，遂辭捨世榮，出家為僧。皎然這裡雖然沒有提到《莊子》，但既已「周覽」、「備閱」各種逸書，又於中年修學道家，而且此處「朝徹」一詞也來自《莊子·大宗師》，其為精於《莊子》者，自是不待贅言。

意象也者，寓有某種特定含義之具體形象也。莊子首先用之，後世奉以為則，我們因此稱之為「莊子意象」。如逍遙、無名、虛舟、郢人、驪珠等，皆為莊子所營造，也是皎然經常運用的意象。

一、逍遙

逍遙是《莊子·逍遙遊》所極力塑造的一種意象，集中體現了莊子和道家對自由境界的追求和嚮往。皎然將這一意象運用於對佛教僧人生活狀況的描述中，展現了出家僧人超然世外的瀟灑和自在。

與官員忙於公務相比，出家為僧的生活確實要顯得逍遙很多。在某個春天的夜裏，皎然與一位叫裴濟的朋友約定集會於某座寺院，但是這位朋友由於公務在身，不能如約而至，在經過漫長而徒勞的等待後，皎然吟詠道：「東林期隱吏，日月為虛盈。遠望浮雲隔，空戀定水清。逍遙方外侶，荏苒府中情。漸聽寒鞸發，淵淵在郡城。」〔註51〕東林，即廬山東林寺，乃東晉高僧慧遠所居之處，皎然用以指代他與裴濟約集的地方，兼有讚譽寺主之意。皎

〔註50〕皎然：《妙喜寺達公禪齋寄李司直公孫房都曹德裕從事方舟顏武康士聘四十二韻》，《皎然詩集》，揚州：廣陵書社，丙申（2016）春日據清康熙四十六年（1707）揚州詩局刻本影印，卷一，第5頁。

〔註51〕皎然：《春夜期裴都曹濟集心上人院不至》，《皎然詩集》卷二，第8頁。

然就在這樣一座住有高僧大德的著名寺院裏，等待著他的朋友裴濟相會。裴濟雖然出仕為官吏，但不過是以當官吏作為一種歸隱的方式罷了，因此皎然稱他為「隱吏」，即隱於吏者也。皎然從金烏西墜，一直等到玉兔東升，都不見這位朋友的蹤影。皎然遠望從郡城進山的來路，視野卻被片片浮雲阻隔，只能看到那一汪可愛的非常平靜的水面。由此我們也可以體會到皎然的心中對於朋友的到來雖然充滿了期盼，但仍然還是非常平靜的。皎然及在座的僧人，既已削髮出家，自然都屬方外之侶，而那位朋友還必須在官府中以處理公務的名義消磨時間。想到這裡，皎然似乎聽到了在郡城的寒風中傳來的蓬蓬鼓聲，那可是約束著官員們按時上下班的號令啊！從這幾句詩文中，我們可以看到，皎然實際上是以一種得大自在的心情在悲憫著在世俗中勞碌不已的這位當官的朋友。

在皎然看來，逍遙並不是僧道的專利，那些能力超群、志趣高雅的官吏們，在處理完自己承擔的公務之後，也是可以享受到逍遙的樂趣的。皎然在一首和詩中稱讚一位叫袁高的地方官員說：「置亭隱城堞，事簡跡易幽。公性崇儉素，雅才非廣求。傍簷竹雨清，拂案杉風秋。不移府中步，登茲如遠遊。坐覺詩思高，俯知物役休。虛寂偶禪子，逍遙親道流。更聞臨川作，下節安能酬。」〔註52〕這位官員在城牆邊建築了一座亭子，不僅造型十分簡潔，而且還比較幽靜，屬於人跡罕至之處。推崇節儉樸素本來就是這位官員的特性，因此對所謂的雅致並不刻意地加以營求。靠近亭簷的竹葉上滴瀝的雨水清澈透明，從杉林中吹拂過來的輕風帶來了秋天的感覺。這裡離官署很近，因此從官署出來，走不了幾步，就能登上此亭，遠眺美景，如同到很遠的地方遊覽一般。坐在亭中，可以感覺到詩思靈感極為活躍；俯視亭下，可以體會到世間塵勞的休止。在此陪同那些禪僧釋子，可以共同領悟清虛寂靜的滋味；在此親近道冠羽客，可以一起欣賞逍遙放達的美妙。而且這位官員還能像謝靈運那樣吟詠出美妙的詩篇，這就更不是那些隨從們所能附和應酬的了。此處皎然以虛寂屬禪子，以逍遙歸道流，固宜，但從修辭上講，卻為互文，其意謂政府大吏於公務之暇，如肯親近禪子道流，亦可享受到虛寂逍遙的那種樂趣，從而與一般俗吏區別開來。事實上講，這也是歷代士大夫親近禪子道流的根本原因，我們於此還可以隱然看出皎然思想中有一種以出家為高尚其事

〔註52〕皎然：《奉和袁使君高郡中新亭會張煉師晝會二上人》，《皎然詩集》卷三，第3頁。

的自得之心和自足之意。

那些喜歡親近禪子道流的政府官員們,在思想言行上逐漸具有了逍遙放達的旨趣,因而也使他們主持的官署變得雅致起來。皎然曾經參與過這些官員們的聚會活動,他曾在詩中記錄了自己參加這種集會的感受:「府中自清遠,六月高梧間。寥亮泛雅瑟,逍遙扣玄關。嶺雲與人淨,庭鶴隨公閒。動息諒兼遂,茲情即東山。」〔註53〕陰曆的六月,正是酷暑時節,在高大而茂盛的梧桐樹掩映之下,高大寬敞的官署顯得非常的清靜幽遠,一陣陣寥亮優雅的琴瑟之聲泛起其間,到此集會的士大夫們都在探討著玄言妙理的關鍵,無不顯得逍遙自在。從山嶺上飄來的白雲給人一種極其潔淨的感覺,而在庭院裏的仙鶴也跟隨太守一起過著悠閒自在的生活。在這裡工作和休息都獲得了充分的實現,詩人推想,這大概就是當年謝安石居住於東山時的情形吧。玄關,此處既可以理解為進入玄妙境界的門戶,也可以理解為玄妙義理的關鍵之處,本來是道家的術語,但是隋唐佛教諸宗的祖師,也將佛教經典所闡發的思想義理所稱之為為「玄」。如天台宗的智者大師有《法華玄義》和《維摩詰經玄疏》,章安灌頂有《涅槃玄疏》等注疏;華嚴宗的至相智儼有《華嚴經搜玄記》,賢首法藏有《華嚴經探玄記》等著述,並以「十玄無礙」作為本宗的最高境界;而禪宗也將參悟禪理稱之為「參玄」。因此我們認為,結合當時的語境,作為出家僧人的皎然所說的「逍遙扣玄關」,就是自由自在地探討佛道兩家的經典義理,體味佛道兩家的思想境界。也就是說,皎然此處所說的逍遙,其主體雖然是供職於官府的士大夫,但其獲得,卻仍然需要通過探索佛道兩家的玄言妙理。

古來釋逍遙之義者多矣,而皎然最佩服的,則是東晉時期隱居於浙東剡溪沃洲山中的支道林了。皎然除了多次在不同詩作中表達自己對支道林的敬仰之情外,還有專門讚頌支道林的詩作:「支公養馬復養鶴,率性無機多脫略。天生支公與凡異,凡情不到支公地。得道由來天上仙,為僧卻下人間寺(一作世)。道家諸子論自然,此公唯許逍遙篇。山陰詩友喧四座,佳句縱橫不廢禪。」〔註54〕支公,即東晉高僧支遁,字道林。道林隱居於剡溪山水之間,重馬之神駿,喜鶴之衝舉,因而過著放馬養鶴的生活。道林性情真率,毫無心機,脫略於名利之表。在皎然看來,這正是道林天生不同於凡夫俗子的地

〔註53〕皎然:《夏日奉陪陸使君長源公堂集》,《皎然詩集》卷三,第3頁。
〔註54〕皎然:《支公詩》,《皎然詩集》卷六,第10~11頁。

方，而凡夫俗子也根本體會不到道林的思想和境界。道林精通老莊，本有仙風道骨，如果修道的話，本可以成仙而上天的，但他偏偏出家為僧，來到人世間，居住在簡陋的佛寺之中。道家諸子，如老子、列子、莊子等，都非常推崇自然，而道林精通道家典籍，最為推崇的卻是《莊子・逍遙遊》。向秀、郭象等以注解《莊子》出名，他們以適性為逍遙，道林不許此意，而以至人解脫塵勞所達到的心靈境界為逍遙，時人皆以其說為「拔理於向郭之外」。道林深受名士們的喜愛，經常以詩文會友，但仍然保持了僧人的特色，並沒有廢棄禪定修行。在這首詩中，皎然充分表達了他對支道林的傾慕和推崇，其中特別提到道林對《莊子・逍遙遊》的欣賞和贊許。

我們說，作為具有深厚文化學養的佛教高僧，皎然喜歡《莊子》，推崇將逍遙理解成佛菩薩超脫凡俗塵勞狀態的支道林，因此可以對《莊子》中的逍遙意象有深刻的理解和切身的體驗，這也是那些在名利中奔忙的士大夫們非常願意與他接近的主要原因。

二、無名

無名是老莊道家對天然之道的描摹，包含對修道的強調和悟道的體會。《莊子・逍遙遊》云：「至人無己，神人無功，聖人無名。」這就是說，只有達到了無己、無功、無名的得道狀態，才能像至人、神人、聖人那樣於天地之間實現真正的逍遙遊。皎然在自己的詩作中運用這一意象，既展現了得道高人的境界，又指示出修道入門的關鍵所在。

自古以來，大凡得道的高人，都已打破世俗名利的束縛，其行事往往超越人們的意料，因此無不處於一種「無名」的狀態。正如皎然在一首詩中所說的那樣：「不住東林寺，雲泉處處行。近臣那得識，禪客本無名。」〔註55〕東林寺因東晉高僧慧遠的駐錫而名聞天下，成為高僧得道的淵藪，因此之故，為僧而出於東林寺者，莫不受到天下的崇重。但盛名之下，往往是其實難副，多有欺世之徒盜其名而用之，以求名聞廣大與供養豐饒。李紓官居補闕，職雖卑微，但由於是天子近侍之臣，因而在官場上很受重視。皎然則明確告訴他，自己並不住在東林寺那樣的名山大剎中，而是像天上的雲彩和地上的泉水一般，隨順各種因緣，到處遊方行腳，作為一心追求參禪悟道的人，也就難怪象閣下這樣的近侍之臣不認識了。此處雖然只有寥寥數語，但卻生動而

〔註55〕皎然：《酬李補闕紓》，《皎然詩集》卷一，第14頁。

鮮明刻畫出一位世外高人遠塵離俗的形象來，其中「禪客本無名」一語正是
作者以道自居的體現，故而包含著某種矜持和自信的情愫。

　　無名既然是得道的體現，那麼不近名或者避名，自然也就成了修道的捷
徑。皎然在寫給自己的好友鄭方回的詩中說：「思君處虛空，一操不可更。時
美城北徐，家承谷口鄭。軒車未有轍，蒿蘭且同徑。莊生誠近名，夫子罕言
命。是以耕楚田，曠然殊獨行。……逸翮思冥冥，潛鱗樂游泳。」〔註56〕皎
然非常思念這位朋友，他雖然獨自生活在遠離城市的空曠之地，但卻依然保
持著高尚節操而無所改變。他不僅體貌像古人稱讚的城北徐公一樣英俊偉岸，
而且還門第高貴，家世顯赫，出身於滎陽谷口的鄭氏大族。他不肯俯首結交
達官，因此門前沒有車馬通過的轍跡，經行的小路也長滿了蒿草和蘭花。他
遵從莊子的告誡，為善無近名；他也信守孔夫子的格言，從來不覺得命運對
自己有什麼不公平。因此他耕種在長滿荊棘的瘠田上，行走在孤獨的曠野
中。……而在皎然的心目中，這位鄭姓朋友就是飛翔在高空的鴻鵠，就是潛
泳在深水的遊魚，過的是一種逍遙自在的生活。在這裡，皎然揭示出自己這
位好友修行的關鍵就是不近名。

　　不近名，所以無名。無名，也就意味著不受名聞利養的干擾，可以保持
自己獨特的性格和節操，保留事物自身的天然狀態。皎然的另一位姓鄭的朋
友得到一段帶著枝椏的木頭，他沒有做任何的加工，就直接拿過來當木機（茶
几一類的桌案）用。皎然對此極為欣賞，特地寫詩歌讚揚他：「萬物貴天然，
天然不可得。渾樸無勞剖厥工，幽姿自可蛟龍質。欲騰未去何翩翩，揚袂爭
前誰敢拂。可中風雨一朝至，還應不是池中物。蒼山萬重採一枝，形如器車
生意奇。風號雨噴心不折，眾木千叢君獨知。高人心，多越格。有時就月吟春
風，持來座右驚神客。愛君開合江之濱，白雲黃鶴長相親。南郭子綦我不識，
非君獨是是何人。」〔註57〕皎然認為，萬物的可貴，就在於其保留了極其難
得的天然狀態。很顯然，皎然的這一觀點來自於道家特別是《莊子》，此處且
不細論。皎然指出，這段帶著枝椏的木頭，渾然樸拙，用不著任何的加工雕
刻，就可以呈現出一副騰雲欲飛的蛟龍姿態來，人們雖然爭相前來觀看，但
卻不敢加以拂拭。皎然甚至突發奇想，覺得這段像蛟龍一樣的木頭絕不是池
中之物，萬一哪天風雨降臨，它就會衝天飛走。這位朋友從萬重大山之中採

〔註56〕皎然：《答鄭方回》，《皎然詩集》卷一，第4～5頁。
〔註57〕皎然：《鄭容全成蛟形木機歌》，《皎然詩集》卷七，第5頁。

來這段木頭，其外形如同車輛一樣，可謂是出乎意料的奇特，這段木頭雖然經歷過無數次的風吹雨淋，但其內心依然是無比的堅硬，只有這位朋友，從千萬叢木料中發現了這段木頭的獨特性，這也正是他作為高人見地時常迥出常人的突出體現。就在這條利用天然木頭做成的木機旁邊，這位朋友吟詠風月之詩並與朋友們一起玩味，使大家都驚訝讚歎他的神來之筆。皎然對這位朋友隱居在江邊的生活本來就非常欣賞，對他長時間親近大自然中的白雲黃鶴充滿了羨慕之情。如今看到這位朋友的天然木機，使他想起了《莊子·齊物論》開篇所說的得道高人南郭子綦。皎然承認自己並沒有見過南郭子綦，但卻覺得這位鄭姓朋友就是南郭子綦一樣的人。皎然尊敬和讚歎這位鄭姓朋友，是因為在他身上感受到了天然無名的樸實之美，於此我們也可以看出皎然對於《莊子》中這一意象所懷有的無比喜好之情。

皎然對於無名的推崇，還來自他對突破名利限制之後自由境界的嚮往和追求。他在詩中說：「乞我百萬金，封我異姓王。不如獨悟時，大笑放清狂。」〔註58〕在皎然看來，獲得百萬金的富有，受封異姓王的尊崇，還不如獨自悟道的時候，可以縱聲大笑，自由地展現自己的清高和狂放姿態。《莊子·秋水》載有莊子卻聘之事：「莊子釣於秋水。楚王使大夫二人往先焉，曰：『願以境內累矣。』莊子持竿不顧，曰：『吾聞楚國有神龜，死已三千歲矣。王巾笥而藏之廟堂之上。此龜者，寧其死為留骨而貴乎？寧其生而曳尾於塗中乎？』二大夫曰：『寧生而曳尾塗中。』莊子曰：『往矣，吾將曳尾於塗中。』」《莊子·列禦寇》也記有此事，只是說法稍有不同：「或聘於莊子，莊子應其使曰：『子見夫犧牛乎？衣以文繡，食以芻菽。及其牽而入於太廟，雖欲為孤犢，其可得乎！』」而《史記·莊子列傳》將此事坐實為楚威王所使。莊子有受聘之事，自然是為聲名所累。但他畢竟是得道之人，故而在名利面前仍能保持其塊然復樸的狀態。皎然的這首詩無疑是受到了莊子卻聘的啟發，也是他對自己出家之後過著無名樸素的生活感到滿意和自足的體現。

從皎然對無名天然的推崇中，我們可以非常明顯地感受到，莊子道家對他的思想觀念所產生的深刻影響。因此我們說，皎然作為謝靈運的後裔和一代詩僧，其藝術思想和創作風格既深受儒道等中國固有傳統文化影響，也久為佛教所浸染，是儒道佛三家的思想文化在唐朝中期的歷史形勢下綜合創新的結果。

〔註58〕皎然：《戲作》，《皎然詩集》卷六，第13頁。

三、虛舟

在《莊子・山木》中，市南宜僚對魯侯說：「吾願去君之累，除君之憂，而獨與道遊於大莫之國。方舟而濟於河，有虛船來觸舟，雖有偏心之人不怒。有一人在其上，則呼張歙之。一呼而不聞，再呼而不聞，於是三呼邪，則必以惡聲隨之。向也不怒而今也怒，向也虛而今也實。人能虛己以遊世，其孰能害之！」市南子從虛船觸舟而人不怒的現象中受到啟發，提出虛己以遊世的主張，由此形成了「虛舟」的意象。虛舟泛於湖海之上，既無人操作，又無所繫屬，因此又稱為隨波逐流的「不繫舟」。皎然運用這一意象，表達了一位禪僧無所用心、無所追求、隨緣任運的人生態度。

在皎然看來，作為禪僧，既可以隱於深山，又可以遊於市朝，但當隨緣，不必拘執。他在一首詩中，明確表示了自己「反招隱」的態度：「禪子方外期，夢想山中路。艱難親稼穡，晨夕苦煙霧。曷若孟嘗門，日榮國士遇。鏗鏘聆綺瑟，攀折遍瓊樹。幽踐隨鹿麛，久期怨蟾兔。情同不繫舟，有跡道所惡。」〔註59〕出家為僧，涉身方外，希望與二三同道好友隱身於山林之中，以便於悟道參禪。殊不知自耕自食極其艱難，自炊自飲也是非常勞苦。從修道的方便上考慮，還不如找一個像孟嘗君那樣熱情好客的功德主或者供養人，每天都享受著國士，即士大夫的待遇，可以聆聽著鏗鏘悅耳的琴瑟之音，可以隨手攀折近在身邊的玉樹瓊枝，可以在放養著麛鹿的幽靜園林裏經行散步，可以在明亮的月光下與好友聚會。真正的修行就應該像沒有纜繩繫屬的船兒一樣，如果執著於山林，執著於某一種方式，反為不美。這裡皎然以不繫舟的意象表達了自己反對執著隱修山林的立場和觀點。比皎然稍早一些的禪宗僧人永嘉玄覺，在回覆好友左溪玄朗招他同隱山林的回信中，也表達了大致相同的觀點，提出修行的關鍵在於自心，而不在都市或者山林。由此可見，皎然運用莊子意象所表達的這一主張還是非常符合禪宗的思想傳統的。

皎然雖然主張隨緣修道，不拘泥於山林和市朝，但他畢竟是出家僧人，而且在天性上也厭喧喜靜，因此有時還是禁不住表達出對歸隱於山林的羨慕和嚮往來。如他在寫給友僧的詩中說：「未到無為岸，空戀不繫舟。東山白雲意，歲晚尚悠悠。」〔註60〕無為岸，即涅槃岸、彼岸之意，早期譯經，找不

〔註59〕皎然：《奉和薛員外誼贈湯評事衡反招隱之跡（一作「作」）兼見寄十二韻》，《皎然詩集》卷一，第 3 頁。
〔註60〕皎然：《湖南蘭若示大乘諸公》，《皎然詩集》卷一，第 14 頁。

到涅槃在漢語中的對應詞，就用道家的無為這一範疇表達涅槃之意。東山，即東晉謝安石未出仕時的隱居之所，後世以之為高才碩德隱居地的象徵。皎然坦承自己還在修行的路上，還沒有到達涅槃的彼岸，因而對那艘「不繫舟」，即隨緣任運的修行方式，還有著萬分的留戀。雖然如此，每當想起白雲飄蕩的東山，那是他先祖歸隱之所，都不禁要心馳神往，此心此意，即便是到了他的晚歲，都沒有絲毫的改變。隨緣任運，說起來雖然非常好聽，也很符合佛教特別是禪宗自覺覺他、隨方利物的思想觀念，特別是那些修行已經達到很高境界的人，確實能夠起到弘揚佛法、利益眾生的目標，但是如果本人修行不足，也就成了某些資佛自活之輩貪戀城市繁華的藉口而已。因此，那些有道高僧在表示要隨緣利物的同時，無不特別強調要努力加強自身的修行，提高自己的造詣。皎然晚年放棄詩歌創作和理論探討的主要原因，也是基於佛法修行一定要逮得己利方面的考慮。因此我們也可以這樣講，在皎然的思想意識中，真實的佛法修行是實現像不繫舟泛乎江海那樣隨緣利物的基礎和前提。

皎然還用江湖虛舟的意象解釋了自己的居所。皎然長期居住的草堂，在南池之中充滿詩情畫意的一座小島上，「左右雲山滿目，一坐遂有終焉之志。」〔註61〕不僅景色幽美，而且具有豐富的人文內涵，當年吳興刺史柳惲就在這座小島上寫下過「汀州採白蘋」的名句。皎然很喜歡這裡，在這裡詠有《南池雜詠五首》，其三即以「虛舟」為題，其詩云：「虛舟動又靜，忽似去逢時。觸物知無忤，為梁幸見遺。因風到此岸，非有濟川期。」〔註62〕江湖上飄浮著一艘虛舟，無所繫屬，無人操作，動了動，又靜了下來，想要離開，又好像逢到了適宜的得風順水的好時機。即便是觸碰了什麼，對方也知道不是有意的要來衝撞和冒犯的。令這艘虛舟備感幸運的是當年造橋的時候，把它給落下了。它只是順風來到這裡而已，並不是有目標地穿過江河來到這裡。皎然將自己隨順世間的因緣，很自然地生活修行在一個風景幽美、文化資源豐富的場所，比喻為虛舟無所用心的隨緣停泊，對於像他這樣深受士大夫敬重的出家高僧來講，應當說還是非常貼切的。

莊子所說的虛舟，更多強調的是「虛己以遊世」，從而獲得與物無忤的效果。皎然將其借用過來，轉化成了佛教特別是禪宗的隨緣任運。就其破除主

〔註61〕皎然：《南池雜詠五首·序》，《皎然詩集》卷六，第5頁。
〔註62〕皎然：《南池雜詠五首·其三·虛舟》，《皎然詩集》卷六，第6頁。

體自心的某種執著而言，二者確實具有相當的一致性。但莊子本意不過在苟合取容而已，皎然所強調的則是隨緣任運之後的弘法利物。如此來看，皎然借用莊子虛舟這一意象的同時也將其改造得更富有主動精神和建設意義。

四、郢客

郢客這一意象出自《莊子・徐無鬼》：「郢人堊漫其鼻端若蠅翼，使匠石斫之。匠石運斤成風，聽而斫之，盡堊而鼻不傷，郢人立不失容。」從此之後，郢人或者郢客，就成為能夠虛心接受別人批評和指正的高明作家的代名詞。皎然將這一意象運用在朋友創作的評說之中，同時也使自己的相關詩作具有了運斤成風的意義。

如裴刺史在聽陳山人彈奏白雪之曲後，很是欣賞，為之作詩稱讚，同集之人都紛紛作詩相和，皎然也和了一首：「春宵凝麗思，閒坐開南圍。郢客彈白雪，紛綸發金徽。散從天上至，集向瓊臺飛。弦上疑颯颯，虛中想霏霏。通幽鬼神駭，合道精鑒稀。變態風更入，含情月初歸，方知阮太守，一聽識其微。」〔註63〕春天的夜晚，大家閒坐在南堂之內，凝神靜思，聽一位陳山人彈奏白雪之曲，那紛紜整齊的音節發出金屬鳴擊的聲音。大家彷彿看到了散亂的白雪從天上紛紛飄下，飛落集合在潔白無瑕的瓊臺之上。分明是弦上彈奏出的颯颯之聲，卻被聽眾想像成了空中雪落的霏霏之音。這位陳山人真是彈奏的高手，他的音聲不僅能夠通向幽暗的地府，使鬼神感到驚慌害怕，而且還能夠直接與道相合，很少有人能夠欣賞其精微神妙。其聲調變換就像風卷雪入，其脈脈含情就如同新月初升。聽眾們更從裴刺史的贊詩之中，體會到他像西晉的阮咸一樣非常精通音律。皎然這裡運用「郢客」這一意象，既表揚了陳山人彈奏白雪之曲的美妙，又稱讚了裴刺史贊詩的貼切恰當。

又如袁刺史到鵾鵒峰蘭若春遊，在所寫詩中表達了對皎然的思念之情，這令皎然非常感動，因此特地作詩致謝：「鵾鵒中峰近，高奇古人遺。常欲乞此地，養松掛藤絲。昨聞雙旌出，一川花滿時。恨無翔雲步，遠赴關山期。躋險與誰賞，折芳應自怡。遙知忘歸趣，喜得春景遲。已見郢人唱，新題石門詩。」〔註64〕鵾鵒中峰雖然離郡城很近，但卻高峻、奇險，有很多古人的遺跡。皎然早就想向有關部門提出申請，想在這裡結庵隱修，種植松樹和絲藤。

〔註63〕皎然：《奉和裴使君青春夜南堂聽陳山人彈白雪》，《皎然詩集》卷一，第 13 頁。
〔註64〕皎然：《奉酬袁使君高春遊鵾鵒峰蘭若見懷》，《皎然詩集》卷二，第 1 頁。

昨天我聽說袁刺史出來遊玩，這可正是滿山谷中鮮花盛開的好時節啊！皎然深恨自己沒有騰雲駕霧的本領，不能飛過關山趕到鷦鷯中峰陪同袁刺史，不知袁刺史與哪位一道攀越險峻的山峰，他猜想著並無人與袁刺史一起欣賞折來的還帶著春天芬芳的山花。他想像著袁刺史春遊的興趣盎然，留戀忘返，盡情欣賞著山上遲來的春色和美景。皎然看到了袁刺史為此所寫的紀遊之詩，他感到很有自己先祖謝靈運《遊石門詩》的清新旨趣。皎然將袁刺史的詩作稱為「郢人唱」，顯然是一種極高的推崇和讚譽。

再如他寫曾詩表達自己閱讀張九齡文集的感受：「體正力已全，理精識何妙。昔年歌陽春，徒推郢中調。今朝聽鸞鳳，豈獨羨門嘯。」〔註65〕張九齡是皎然比較佩服的一位政治家，因此讀他文集時肯定是充滿了敬仰之情的。在皎然看來，張九齡的詩文不但文體很正，力道很足，而且說理精微，見識高妙。這是張九齡，皎然以地望尊之為張曲江，所留下的陽春之歌，他推崇為「郢中調」，即郢人所創的高雅之作，這自然屬於對張九齡詩文的讚揚之辭。今朝再讀，如聽鸞鳳的鳴叫一樣悅耳動聽，作者對《張曲江集》是懷有深深的敬意的，因此他在這首詩稱其為「郢中調」，其中很顯然蘊含著郢客或郢人的意象，不僅是表達自己的羨慕而已。

被皎然推許為郢客或者郢人的，雖然也有工匠，如其詩中有「楚山有石郢人琢，琢成長枕知是玉」〔註66〕的說法，但主要還是指那些擅長作詩的士大夫們。眾所周知，唐朝是中國詩歌的全盛時期，許多士大夫都是因擅詩而得第，皎然推許他們為郢客或者郢人，實際上也是他具有卓越的文藝鑒賞能力的反映。

五、驪珠

驪珠這一意象出自《莊子·列禦寇》：「河上有家貧恃緯蕭而食者，其子沒於淵，得千金之珠。其父謂其子曰：『取石來鍛之！夫千金之珠，必在九重之淵而驪龍頷下。自能得珠者，必遭其睡也。使驪龍而寤，子尚奚微之有哉！』」驪珠至貴，而貧子之父竟取而鍛之，此亦遵守道家「不貴難得之貨」之所致也。後世之用此典者，則多反莊子之意，必就其奇其貴其難得而為言，皎然也是如此。

〔註65〕皎然：《讀張曲江集》，《皎然詩集》卷五，第6頁。
〔註66〕皎然：《花石長枕歌答章居士贈》，《皎然詩集》卷七，第10頁。

　　皎然曾以驪珠的意象誇獎朝廷大吏于頔的詩作。于頔身為朝廷重臣，以御史中丞刺史湖州，不意罹患疾病，靜養署齋，閒中賦詩一首，舉示皎然。皎然酬詩中有云：「比聞朝端名，今貽郡齋作。真思凝瑤瑟，高情屬雲鶴。抉得驪龍珠，光彩耀掌握。若作詩中友，君為謝康樂。」〔註67〕皎然首先大力讚揚于頔的佛學造詣，然後表示自己很早就聽說過中丞的大名，而今竟然獲得了中丞從郡齋寄來的大作。皎然拜讀之後，覺得這首詩真情凝聚，如聆瑤琴玉瑟，像衝天飛起的仙鶴一般將讀者的心情帶入高高的雲端。他捧讀之際，如撿到了一顆驪龍寶珠，在他的手掌上放出了耀眼的光彩。皎然認為，如果在詩人之中尋找可以與于頔不相上下的人物的話，那麼只有他的十世祖康樂公謝靈運可以相比了。我們知道，謝靈運自晉宋以來詩名甚盛，李白、杜甫等都對他極為佩服，皎然因為與之有血脈傳承的關係更是敬重萬分，因此他將于頔比之於謝靈運，自然是一種高度的推崇。而于頔對皎然也是非常欣賞，後來他入朝拜相，將皎然詩文集奏上，遂得敕入秘閣，成為那個時代的榮寵。

　　皎然曾以驪珠的意象鼓勵年輕人的詩賦創作。一位叫裴集的年輕人和另一位叫陽伯明的年輕人，二人也許是久慕皎然的大名，分別將自己的詩作呈上這位詩僧，皎然作了一首詩，同時回覆他們兩人，其中有云：「知音如瓊枝，天生為予有。攀折若無階，何殊天上柳。裴生清通嗣，陽子盛德後。詩名比元長（二子詩比王融，為俱少年著名），賦體凌延壽（賦如文考亦俱盛年）。珠生驪龍頷，或生靈蛇口。何似雙瓊章，英英耀吾手。」〔註68〕這兩位年輕人的詩中，可能對皎然的詩作有所稱譽，因此皎然將他們視為知音，認為他們像上天恩賜對自己的玉樹瓊枝一樣。皎然表示非常樂意與他們結交，只是他們出身高貴，自己苦於缺少臺階，因而只能像仰望天上的柳樹一樣無緣攀折。因為裴生先世多位居清通顯要之職，陽生先人也有盛德於國家，而且二人擅長詩賦，以至當世比之於晉代竹林七賢之一的王融和漢代弱年即能作賦的王延壽。皎然認為，他們呈給自己的詩文就像驪龍頷下或者靈蛇所銜的寶珠一樣珍貴，因此他們那兩篇如美玉一樣的詩篇，在自己的手中散發出耀眼的光輝。作為詩名甚盛的前輩，對後世有如此的讚揚，自然可以對他們產生無窮的精神激勵作用。

〔註67〕皎然：《奉酬於中丞使君郡齋臥病見示一首》，《皎然詩集》卷一，第1頁。
〔註68〕皎然：《答裴集陽伯明二賢各垂贈二十韻今以一章用酬兩作》，《皎然詩集》卷二，第4頁。

　　如果說皎然運用郢客或郢人的意象稱讚的是詩文創作主體的話，那麼他運用驪珠的意象所表揚的主要就是詩文作品。這既是他作為詩人具有豐富創作體驗的體現，是他作為《詩式》的作者，具有極高的詩文鑒賞水平和理論概括能力的反映，同時也是他作為一代高僧非常注重廣結善緣的表現。

　　皎然雖然在自己的詩文創作中大量運用了逍遙、無名、虛舟、郢客、驪珠等來自於《莊子》的意象，對道家的思想也有所接受和欣賞，但他畢竟是佛教的高僧，因而有時也會站在佛教的立場上對道家的思想觀念提出不同的看法。

　　皎然對道家將無或者道作為天地根源的說法深為不滿。他在《禪詩》中說：「萬法出無門，紛紛使智昏。徒稱誰氏子，獨立天地元。實際且何有，物先安可存！須知不動念，照出萬重源。」〔註69〕道家認為，萬物都是來源於無，以無為門，從無而生。皎然認為這種說法會讓人的心智產生混亂，因為萬物眾多，各有因緣，不可能從一個原因產生和形成。因此老子所說的「不知誰氏之子，在象帝之先」的道，在皎然看來實際上就是不可能存在的東西。皎然指出，主體自我只有在無思無念的寂然狀態下，才可以照見，或者說直觀地感受到萬事萬物的根源。眾所周知，道家非常重視對世界事物產生根源和發展規律的探討，而皎然的這種思考，則將人們的思路拉回到對主體自心的關注上，體現的是非常強烈的中國佛教特別是禪宗的思想特點。

　　皎然對道家將事物的發展變化視為自然運行的結果也很不滿意。他在《禪思》中說：「真我性無主，誰為塵識昏？奈何求其本，若拔大木根。妄以一念東，勢如千波翻。傷哉子桑扈，蟲臂徒虛言。神威興外論，宗邪生異源。空何妨色在，妙豈廢身存。寂滅本非寂，喧嘩曾未喧。嗟嗟世上禪，不共智者論。」〔註70〕真我即自性，空無所主，因此外界的事物並不能昏蔽人們的認識。人們一旦認識到了這一點，就等於拔出了無明的根本。但是妄念不守自性，隨境流轉，其勢如同江河東流一般，波濤翻滾，滔滔不絕。《莊子・大宗師》中的子桑戶等人自稱無論是變成鼠肝，還是化為蟲臂，他們都會順從自然的運行和變化。皎然認為他們的這種觀念非常可悲，將某種事物奉為神威是外道的標誌，而對外道的尊崇就是各種邪門歪道的來源。皎然站在佛教的立場上指出，空不妨礙事物的存在，妙也不廢棄人身的存在，寂滅並不是消除各種

〔註69〕皎然：《禪詩》，《皎然詩集》卷六，第9頁。
〔註70〕皎然：《禪思》，《皎然詩集》卷六，第10頁。

聲響，喧嘩也不是產生各種噪音。世間所謂的各種禪定，是沒有辦法獲得智者的欣賞和贊同的。很顯然，在皎然看來，道家特別是《莊子》中的那些隨順自然的觀點就是一種不足與論的世間禪，是佛教所要批判的外道之論。

皎然雖然對道家和莊子的思想觀點並不完全認同，但他在詩作中大量運用了來自《莊子》的意象，從而使他的詩作在某種程度上展現出一定的莊子道家色彩來。

第七節　寒山詩裏南華影——淺談寒山子詩的佛道融合意蘊

我們在寒山子的詩中，很容易感受到莊子的影響，因此寒山子的詩在思想情感上具有佛道融合的意蘊。寒山子不是創宗立派的祖師，並沒有明確的宗派歸屬，正因為如此，他的詩歌才成為我們考察唐代一般僧眾或信徒的思想與《莊子》關聯性的最好資料。

目前研究寒山子最可靠的資料仍然是寒山子詩。據錢穆先生研究，寒山子籍貫何地，出身何族，今已不可考知。從其詩來看，他應出身於大家族，有兄弟而異居，有田產及妻子兒女，本業儒學，早年亦曾應科舉，但屢試不售。後棄文從軍，退伍後隱居，喜道家言，治老子書，尤喜神仙長生修煉之術。其晚年則捨道奉佛，於天台山國清寺出家為僧，以詩、禪自娛，與豐干、拾得為方外交，年七十餘猶吟誦不輟。〔註71〕

寒山子融合佛道，將《莊子》文意融合貫通到自己的心理和情感之中，使自己的詩歌表現出一種強烈的隨遇而安、隨性逍遙和隨緣利物的思想傾向。

一、隨遇而安

對於人生在世的生死、窮通、貧富、榮辱、壽夭、賢愚等際遇問題，《莊子·德充符》中有「知不可奈何而安之若命」的說法。寒山子熟知《莊子》，對《莊子》的融會貫通，使其詩充滿了隨遇而安的基調。今試為析之。

譬如：

> 琴書須自隨，祿位用何為！

〔註71〕參見錢穆：《讀寒山詩》，《中國學術思想史論叢（四）》，北京：九州出版社，2011年，第227～252頁。

投輦從賢婦，巾車有孝兒。

風吹曝麥地，水溢沃魚池。

常念鷦鷯鳥，安身在一枝。〔註72〕

此詩中的「常念鷦鷯鳥，安身在一枝」，乃是化用《莊子·逍遙遊》中「鷦鷯巢於深林，不過一枝」的說法而來。

此詩極有可能是寒山子科舉落第回歸故里之後用以自我安慰的詩。寒山子在這首詩中表達了一種知足逍遙的思想境界。他經常將琴書帶在身邊，既然彈琴讀書，足以自娛，那麼俸祿和官位對於自己又有什麼用呢！雖然未能登上州郡運送當地士人入京參加應試的公車，但身旁有賢惠之妻；平常出門雖然只能乘坐巾車，但輓車的是孝順之子。有風從曝曬麥子的場地上吹過，有水從養肥了魚兒的池塘中溢出。此情此景，寒山子想起了《莊子·逍遙遊》中有「鷦鷯巢於深林，不過一枝」的說法，這裡不就是他用以安身的一枝麼？

古之賢士大夫，達則以儒術兼濟天下，窮則以道家獨善其身。寒山子此詩所說，並未出此藩籬，但他以通俗的語言，形象地描述了落第之後家庭田園的美好生活，頗能給人一種身臨其境的感覺。我們亦可由此推知，道家經典特別是《莊子》在寒山子處於人生低谷時發揮了非常有力的精神撫慰作用，並為他後來的出家奉佛搭設了橋樑。

再如：

吾家好隱淪，居處絕囂塵。

踐草成三徑，瞻雲作四鄰。

助歌聲有鳥，問法語無人。

今日娑婆樹，幾年為一春。〔註73〕

此詩中的「今日娑婆樹，幾年為一春」，乃是化用《莊子·逍遙遊》中冥靈以五百歲為春、大椿以八千歲為春的典故而來。

此詩亦當是寒山子落第之後展現其攜家隱居狀況的詩。寒山子自謂其全家都是非常喜歡沒有聲名的隱居生活的，他們所居之處非常安靜，沒有喧囂往來的車馬激蕩起的塵土。由於人跡罕至，以至於院子裡長滿了荒草，他們自家人的出入都是踩著這些荒草。他們居住的地方也沒有鄰居，抬頭看到天上一片片飄浮的白雲，那就算是他們的芳鄰了。為他們唱歌助興的只有飛來

〔註72〕寒山子：《景宋本寒山子詩集》，蘇州：寒山寺，2017 年，第 4 頁。

〔註73〕寒山子：《景宋本寒山子詩集》，第 4 頁。

飛去的鳥兒，如果要討論佛法大義的話則是一個人也沒有。《莊子‧逍遙遊》中有云：「楚之南有冥靈者，以五百歲為春，五百歲為秋；上古有大椿者，以八千歲為春，八千歲為秋。」莊子所說的這些都是無何有之鄉的情況，如今我們人間這些的樹木，又是以幾年為春、幾年為秋呢？其言下之意，由於他們家隱居的地方人跡罕至，交遊乏絕，他已經幾乎要忘了世俗的時間觀念，快要達到莊子所說的「楚之南」、「上古」那樣的狀況了。

我們說，寒山子的這種感受是非常真實的。人們在官運亨通、春風得意的時候，人際交往自然是很頻繁的，這時候就會感到時間過得飛快。而在失意低落之時，門庭冷落，人跡罕至，交往乏絕，信息閉塞，這時候難免會有時光停滯之感，從而使寒山子對莊子「五百歲為春」、「八千歲為春」的說法有了切身的體會。另外，我們從「問法語無人」一句上也可以判斷出，寒山子在隱居期間雖然喜歡老莊道家之學，但已經開始接觸佛教，只是由於無人與之討論商量，所涉還不夠深入罷了，不過其後來出家為僧的人生路向無疑已由此開啟。

又如：

> 莊子說送終，天地為棺槨。
> 吾歸此有時，唯須一番箔。
> 死將喂青蠅，弔不勞白鶴。
> 餓著首陽山，生廉死亦樂。〔註74〕

此詩中的「莊子說送終，天地為棺槨」，乃是化用《莊子‧列禦寇》中「莊子將死，弟子欲厚葬之」一節而來。

在《莊子‧列禦寇》的末尾，講了這樣一個故事，說莊子就要死了，他的弟子們商量著想要厚葬他，他對弟子們說：「吾以天地為棺槨，以日月為連璧，星辰為珠璣，萬物為齎送。吾葬具豈不備邪？何以加此！」弟子們說：「吾恐烏鳶之食夫子也。」莊子說：「在上則為烏鳶食，在下為螻蟻食，奪彼與此，何其偏也。」莊子臨終之際以天地為棺槨的達觀態度，贏得了寒山子的欣賞。寒山子意識到，自己有一天也會走到人生的盡頭，他提出自己只須按照佛教亡僧荼毗的慣例，火燒焚化一下就是了。死後焚化的骨灰可以作為蒼蠅的食物，也無須勞煩那些白鶴們前來弔唁。伯夷與叔齊恥食周粟，最終因餓死在首陽山上而名著萬古，生前做到了廉潔不貪，死後也有無窮的快樂。

〔註74〕寒山子：《景宋本寒山子詩集》，第 5 頁。

莊子並不認為自己的貧窮生活有什麼缺少的，因此臨終之際不願接受弟子們的厚葬。這種有道者的風度和胸襟為同樣貧窮終生的寒山子提供了榜樣，使他徹底擺脫了對死亡的恐懼，可以非常坦然地面對那不可避免的人生結局。

寒山子雖然飽學，但卻屢試不第，他沒有怨天尤人，而是從《莊子》那裡獲得了精神的安慰，從而使自己安於現狀，甘於寂寞，具有一種勘破生死窮通的從容和豁達，也為深入佛法禪境搭設了橋樑。

二、隨性逍遙

逍遙遊既是莊子追求的境界，也是寒山子景慕的理想。但是寒山子既已由道入佛，那麼他對逍遙的理解自然具有濃鬱的隨性逍遙的特點。茲舉數詩為例。

其一：

> 鸚鵡宅西國，虞羅捕得歸。
>
> 美人朝夕弄，出入在庭幃。
>
> 賜以金籠貯，扃哉損羽衣。
>
> 不如鴻與鶴，颻飂入雲飛。〔註75〕

不願被籠養，嚮往自由，這首詩的立意很有可能取自《莊子》中的《養生主》及《至樂》。《養生主》云：「澤雉十步一啄，百步一飲，不蘄畜乎樊中。神雖王，不善也。」《至樂》云：「昔者海鳥止於魯郊，魯侯御而觴之於廟，奏九韶以為樂，具太牢以為膳。鳥乃眩視憂悲，不敢食一臠，不敢飲一杯，三日而死。此以己養養鳥也，非以鳥養養鳥也。夫以鳥養養鳥者，宜棲之深林，遊之壇陸，浮之江湖，食之鰍鰷，隨行列而止，委蛇而處。」鳥有鳥的本性，養鳥不顧及其本性，便是對鳥的戕害。

鸚鵡是原產於西方國家（在古代中國主要是指印度）的一種鳥，獵人們通過張起巨大的羅網，將其捕獲，捉回來售賣。而那些富豪之家，往往到市場上購買這些鸚鵡當作寵物。富豪之家的美女們從早到晚地餵養侍候著捉回來的鸚鵡，有時將其放在房間之內，有時將其帶到庭院之中。用珍貴的黃金做成籠子，終日將鸚鵡畜養其中，卻損壞了鸚鵡漂亮的羽毛。這隻（些）鸚鵡被籠養的待遇看起來雖然非常優越，但卻遠不如鴻雁與野鶴，可以自由自在地颻飂飛入雲端之中。

〔註75〕寒山子：《景宋本寒山子詩集》，第5頁。

　　鳥兒是喜歡自由自在的，將其捕而養之於籠中，無論待遇多麼優越，都不可避免地要在憂悲和恐懼中死去。莊子的這一思想在佛教經典中得到了印證，與佛陀重視的對機說法的思想具有很強的一致性。我們正是在這個意義上講，道家經典，特別是《莊子》，為原本以儒為業的寒山子進入佛門做了非常好的鋪墊。

　　其二：

> 夫物有所用，用之各有宜。
> 用之若失所，一缺復一虧。
> 圓鑿而方柄，悲哉空爾為。
> 驊騮將捕鼠，不及跛貓兒。〔註76〕

　　物之是否有用並不在物，而在於對物的運用。《莊子・逍遙遊》云：「今夫犛牛，其大若垂天之雲。此其能為大也，而不能執鼠。」寒山子此詩顯然是對莊子此論的詮釋和發揮，而又符合佛教的隨宜說法之義。

　　事物各有其用，在運用時也各有其宜。只有認識到這一點，才能物盡其用。如果用非其宜的話，那麼就會形成無物可以利用和有物不得其用的缺失和虧損。用非其宜，就好像用方鑿去開鑿圓柄一樣非常彆扭，難以勝任，其可悲之處，就在白白地做出許多無用功。這就好像讓一匹可以馳騁千里的驊騮寶馬去捉老鼠一樣，恐怕遠不如一隻瘸腿的貓兒那麼有用啊！

　　在大乘佛教看來，一切法皆空，以破斥眾生對財富、名位等世間法的留戀，使其發出離之心。既出離已，復須利物，故應從空入假，知諸法及眾生之種種相、性、體、力、作、因、緣、果、報、本末究竟等。寒山子此詩強調運用事物各當其分，正是大乘本義之體現。

　　其三：

> 天生百尺樹，剪作長條木。
> 可惜棟樑材，拋之在幽谷。
> 年多心尚勁，日久皮漸禿。
> 識者取將來，猶堪柱馬屋。〔註77〕

　　莊子喜言大樹，《逍遙遊》、《齊物論》、《人間世》及《山木》等諸篇多有其文，莊子且從大樹無用而得以終其天年悟到了無用之為大用的道理。寒山

〔註76〕寒山子：《景宋本寒山子詩集》，第10頁。
〔註77〕寒山子：《景宋本寒山子詩集》，第5頁。

子此篇亦言大樹，當是莊子影響的結果，但卻與莊子具有不同的價值取向。

這是一棵天生的大樹，足足有一百尺那麼高，被砍伐放到，修剪成長長的木條。非常可惜的是，這根長條木是可以作為殿堂的棟樑的，但如今卻被拋棄在深山谷中，任憑風吹日曬，雨淋水澆。雖然這根長木條由於生長年代悠久的緣故，木心還是非常堅勁的，但由於被砍伐也有很長時間了，外皮也漸漸脫落下來，變得光禿禿的。如果遇到那些識貨的人，想方設法將這根長條木取回村鎮都邑之中，至少還可以在建造馬廄時作為頂樑柱來使用。

寒山子早年業儒，儒家追求兼濟天下、經世致用的理想也許已經深入其骨髓之中。因此對於山中大樹，他還是熱切地期盼著為世人所用的。莊子希望以無用成其大用，在中國佛教看來此類自私自利之小乘，智不窮源，恩不及物，終不能成就自覺覺他、自利利他、自度度他之功德，最終獲證圓滿佛果，故非菩薩行。寒山子雖然明顯地受到莊子的影響，但在價值取向上卻與之截然相反，這也可以解釋中國為什麼盛行大乘佛教以及寒山子為什麼最終捨道奉佛、出家為僧。

其四：

> 快哉混沌身，不飯復不尿。
> 遭得誰鑽鑿，因茲立九竅。
> 朝朝為衣食，歲歲愁租調，
> 千個爭一錢，聚頭亡命叫。〔註78〕

寒山子既重視本分，就十分反對對本分的修改及破壞，他認為對本分的修改和破壞有似於對混沌的穿鑿。《莊子·應帝王》有云：「南海之帝為儵，北海之帝為忽，中央之帝為混沌。儵與忽時相遇於混沌之地，混沌待之甚善。儵與忽謀報混沌之德，曰：『人皆有七竅以視聽食息。此獨無有，嘗試鑿之。』日鑿一竅，七日而混沌死。」南北二帝的鑿竅，名為報德，實為對本分的破壞，因此直接導致了混沌的死亡。

在寒山子看來，沒有七竅的混沌之身是多麼的快活啊，不用吃飯，也不用撒尿。此在佛教中，簡直可以作為佛身為無漏之身的譬喻。但是碰上了一些不明事理的人們，他們根據自己的情況，頑固地堅持給混沌開鑿出視聽食息的竅道。結果呢？有了九竅的混沌非但沒有因此幸福起來，反而每天都要為了獲致衣食而奔忙，歲歲都要為了繳納租調而發愁。世上那麼多的人們為

〔註78〕寒山子：《景宋本寒山子詩集》，第13頁。

了爭取一個錢的蠅頭小利，整天聚集在一起，沒命一般地奔突叫喚，那樣子真是苦不堪言！

混沌的煩惱，來自於妄人對其本性的破壞，為他開鑿九竅，使他由快活的逍遙境界降落到紛紜的塵世生活之中。

其五：

> 有鳥五色翅，棲桐食竹實。
>
> 徐動合禮儀，和鳴中音律。
>
> 昨來何以至，為我暫時出。
>
> 倘聞絃歌聲，作舞欣今日。〔註79〕

這首詩對五色鳥的描述顯然受到了《莊子》中鵷鶵形象的影響。《莊子·秋水》將鵷鶵描述為：「發於南海而飛於北海，非梧桐不止，非練實不食，非醴泉不飲。」顯然是一種非常高潔的鳥兒，非凡鳥可匹，莊子引以自喻。寒山子筆下的這隻五色鳥也是他引以自喻的高潔之物。

有一種鳥兒長著五色的翅膀，它棲居的是高大茂密、乾淨清潔的梧桐樹，吃的是直節虛心的竹子所結的果實。它的舉止動作穩重從容，符合禮節的規範，它的鳴叫聲和諧動聽，符合優美的音律。這樣美麗的鳥兒，它昨天為什麼到來呢？原來是為了我的緣故，他暫時出現了一下。如果聽到了絃歌之聲，它就會跳起舞來，非常欣賞和受用今日的好時光。

寒山子明確表示此五色鳥是為他而來，其以高潔自許自不待言。而中國古代又有所謂「有鳳來儀」的說法，是吉祥有慶之意。中國佛教特別是禪宗非常強調現法樂住，當下明本心，見自本性。也許寒山子是想用這隻五色鳥兒，來表達他參禪有悟的法喜之意吧。寒山子還有一首詠鹿的五言詩，亦同此義：「鹿生深林中，飲水而食草。伸腳樹下眠，可憐無煩惱。繫之在華堂，看膳極肥好。終日不肯嘗，形容轉枯槁。」〔註80〕詩義顯豁，此處不煩細釋。

其六：

> 余家本住在天台，雲路煙深絕客來。
>
> 千仞岩巒深可遁，萬重溪澗石樓臺。
>
> 樺巾木屐沿流步，布裘藜杖繞山回。

〔註79〕寒山子：《景宋本寒山子詩集》，第 7 頁。

〔註80〕寒山子：《景宋本寒山子詩集》，第 45～46 頁。

自覺浮生幻化事，逍遙快樂實善哉。〔註81〕

寒山子出家為僧，領悟了人的本性，最終將自己讀《莊子》時對逍遙遊的追求建立在了隨性的基礎之上。

寒山子既在國清寺出家為僧，就以天台山作為自己的常住之家。通向天台的山路高入雲端，煙霧繚繞，阻止和杜絕了客人的前來參訪。岩巒千仞，深不可測，但可以作為遁身之所，溪澗重重，就像石頭砌成的樓臺一樣。寒山子頂著頭巾，跋著木屐，披著布袍子、拄著木拐杖，沿著溪流，繞過山巒散步歸來。他已經覺悟到人生似浮漚泡沫一般的如幻如化，可以體味逍遙快樂的美好境界。

由於保全了自己的本性，因此寒山子可以隨性逍遙。中國佛教認為，心性本淨，真心本覺，眾生因無明蓋覆，不守自性，起貪嗔癡，造作諸業，追逐外境，流轉生死，不得解脫。寒山子從反面和正面證明了隨性逍遙的思想觀念，實具有將《莊子》和佛教兩種思想加以融會貫通的意味。

三、隨緣利物

無論是隱居在俗，還是出家為僧，寒山子都生活在貧窮之中，有時不免陷入依靠借貸度日的困境之中。從佛教立場上說，人生世間，貪心最重。因此我們也可以將寒山子的借貸行為，視為菩薩隨緣度脫眾生慳貪之心的忍辱之行，將他對為富而不知助人的譏諷和勸誡視為菩薩說法教化的苦口婆心。

《莊子·列禦寇》中記載莊子家貧，曾經往貸於監河侯，遭到委婉拒絕。寒山子也不富裕，因此看慣了富人的白眼。他感受到，富人的貪婪之心較之窮人尤為嚴重。他說：

富兒多鞅掌，觸事難祇承。

倉米已赫赤，不貸人斗升。

轉懷鈎距意，買絹先擁綾。

若至臨終日，弔客有蒼蠅。〔註82〕

富人們事務眾多，終日裏紛紜繁忙，碰到什麼事情一概難以應承，他家高大的倉庫裝得滿滿登登的，但卻連一斗一升都不肯借給別人。反過來還想著大撈一把，因此他們買絹的時候總是挑選上好的綾子。寒山子看到這裡，

〔註81〕寒山子：《景宋本寒山子詩集》，第 32 頁。

〔註82〕寒山子：《景宋本寒山子詩集》，第 6～7 頁。

不失時機地警告他們說，等到你們命終時，來給你們弔喪的客人，恐怕只有那些蒼蠅了。意謂其貪吝成性，無德於人，身死之日，無人相弔，財富至此，又有何用！

監河侯不肯貸糧給莊子，卻許諾得邑金後將貸給莊子三百金。莊子忿然作色，講述了一個涸轍之魚的故事。我們說，正是由於富家貪吝成性，又升豆不肯貸人，遂致貧者為衣食所苦，甚至弄到家破人亡、妻離子散的悲慘下場：

> 少小帶經鋤，本將兄共居。
> 緣遭他輩責，剩被自妻疏。
> 拋絕紅塵境，常遊好閱書。
> 誰能借斗水，活取轍中魚。〔註83〕

我們可以將這首詩看作寒山子的夫子自道，但在當時肯定是具有非常廣泛代表性的。少年時代的寒山子且耕且讀，時常攜帶著經卷去耘鋤莊稼，他本來與自己的兄長共同居住在一起，不過後來受到了他人的非難，又為自己的妻子所疏遠。其間原因，寒山子雖未明言，但是聯繫上下文，我們大致可以猜測到，可能是他無力解決家庭的經濟困難，遂導致他拋棄了世俗的紅塵境界，離開了家庭，浪遊各地，依然保持著喜歡讀書的習慣。陷入人生困頓之中的寒山子，是多麼希望有人能借給他斗水之資，使他從暫時的困難中解脫出來！但是沒有，他最終只能走向晨鐘暮鼓的寺院。這種如泣如訴的現身說法，既然是出自於僧人之口，無疑具有勸發菩提心的意味。

寒山子閱書既多，閱世亦久，除了譏諷富家的不肯布施助人，還經常勸慰窮人們服從和接受命運的安排：

> 二儀既開闢，人乃居其中。
> 迷汝即吐霧，醒汝即吹風。
> 惜汝即富貴，奪汝即貧窮。
> 碌碌群漢子，萬事由天公。〔註84〕

陰陽開闢，天地相分，人類居於其間，所有的安排，莫不來自於各人的命運。想讓你迷惑了，就噴吐出氤氳的霧氣；想讓你清醒了，就刮起凜冽的寒風；愛惜你，就讓你獲得富貴之身；剝奪你，就讓你成為貧窮之人。你們這

〔註83〕寒山子：《景宋本寒山子詩集》，第6～7頁。
〔註84〕寒山子：《景宋本寒山子詩集》，第40頁。

群終日勞碌、不得休息的漢子啊，不要再怨這怨那了，一切都是上天的安排。寒山子這樣說，意在勸勉世俗之人隨順因緣，減緩憂悲苦惱，正是其慈悲心重的體現。

但是我們讀這首詩，卻有一種非常強烈的似曾相識的感覺。原來《莊子》中有這麼一段話，無論在語法上，還是在命義上都與此極為一致。《莊子・大宗師》云：「父母於子，東西南北，唯命之從。陰陽於人，不啻於父母。彼近吾死而我不聽，我則悍矣，彼何罪焉？夫大塊載我以形，勞我以生，佚我以老，息我以死。故善吾生者，乃所以善吾死也。」從寒山子對《莊子》非常熟悉來說，莊子此論當是寒山子這首詩的思想來源。

寒山子將《莊子》融會貫通於自己的詩歌創作之中，展現出隨遇而安、隨性逍遙、隨緣利物的思想和情感取向，取得了重大成就，影響深遠。與深奧的《莊子》文言散文相比，寒山子的詩是非常通俗、易懂、易記的白話韻文，自然較之《莊子》更容易被普通民眾欣賞和接受；由於寒山子還是佛教的出家僧，佛教義理自然也就成了寒山子觀察和思考的出發點和歸宿地，其詩較之《莊子》也會具有更為豐富的思想內涵。因此我們可以說，寒山子的詩歌既是中國道家思想與佛教文化相互融會貫通的成果，也是中晚唐時期佛教中國化的重大成就。

考察過隋唐佛教各宗派的老莊觀之後，我們還必須探討一下，這些祖師們為什麼要評判老莊？他們的老莊觀對佛教的發展產生了什麼影響？

對於各宗祖師們評判老莊的深刻原因，我們可以從下幾個方面進行理解。

首先是為了突出佛教相對於道教的殊勝性和優越性。道教產於本土，影響深廣。佛教雖係外來，但經過六七百年的弘傳，也已基本立定足根。佛道二教之間因為有著重大利益衝突，時常會發生關於高下優劣的爭論，佛教如不能在這種爭論中突出自身的殊勝性和優越性，也就失去了行化中國的必要，甚至有可能會被各種盲目排外的「逐還印度」。所以各宗祖師們的評判老莊，實際上就是對南北朝以來的佛道二教論爭的繼續和延伸。各宗祖師們雖然不否認老莊思想在修身寡欲方面可以發揮較好的作用，但將其視為一種世間法，無法獲得究竟解脫，而將佛教視為出世間法，可以從生死輪迴中獲得圓滿解脫，最終出離三界苦海。各宗祖師們藉此突出了佛教在宗教慰藉和心靈歸宿上的優越性和殊勝性，在傳統文化結構中確定了佛教的位置，故而也是佛教進一步中國化的深刻體現。

其次是為了在堅持佛教優越性的前提下融合老莊道家的一些積極因素。各宗祖師們既以解脫自相期許，就等於承認了對老莊道家和道教世間利益的尊重。這一方面表現為將老莊道家作為佛法流佈中國的先導，從而引導僧徒以大乘菩薩廣學無邊無量法門的情懷去熟悉老莊道家和道教，大大豐富佛教的思想資料，實現自身形態的中國化。另一方面就表現為以老莊道家與道教比附佛教，並以一種勇猛精進、積極入世的精神，努力擴大佛教對老莊道家與道教的影響，把佛法觀念滲透到思想世界的各個角落。通過評判老莊道家與道教，各宗祖師們希望能夠在以佛教為終極的基礎上，融合佛道實現佛道二教之間的共存與互補。

再次是為了佛教的發展而與老莊道家和道教加以區分。隋唐時期，隨著佛教的中國化，中國文化基本結構由儒道二家對立互補變而為儒道佛三教並立共存。其中儒教是官方意識形態的主流，佛教則在於脫離生死煩惱。佛教自覺地將世間範圍讓度於儒教，而自居於出世間之域，與儒教劃地分治，既為佛教存在的合理性找到了依據，也為與王權結緣消除了理論上的衝突，而不依國主則法事難立的經驗總結，則是自道安以來中國僧人的真切感受。各宗祖師們對儒教的欣賞和讚許，正是佛教這種發展趨勢的集中體現。而道教運用佛教的示範作用大力改進自身的宗教形象，與佛教爭奪信眾與宗教資源。隋唐之前的二武滅佛，皆有道教的陰影在背後作祟，這不能不給僧人留下深刻的印象以致難以釋然於懷，所以各宗祖師們在揚儒的同時集中力量進行抑道，以鞏固和突顯自家的宗教優勢。

各宗祖師們在評判老莊道家和道教上所表現出來的差異性，對各宗在中國的發展產生重大影響。天台、華嚴、禪宗對老莊道家和道教給予了比較積極、正面的評價，甚至將其吸收和融會到自家思想體系之中，因而獲得了廣闊的發展空間，最終成為中國文化的重要組成部分。而三論宗、唯識宗由於強調佛教的優越性，拒絕與老莊道家和道教具有任何形式的可協調性，難以與本土文化實現相互的容納和接受，也就意味著這兩個宗派無法從本土思想文化中獲得營養和滋潤，故而日漸枯竭，最終從中國文化視野中消失殆盡。

第三章　宋金居士的莊子觀

入宋之後，隨著政治、經濟形勢發生了重大變化，儒學逐步復興起來，佛教雖然不能保持隋唐時期的興盛，但對其影響力和吸引力卻有增無減。不少士大夫，如晁迥、王安石、蘇軾、李光、李純甫等，皆長期浸潤在佛教的經典和義理之中，平素以居士自居，又非常喜歡《莊子》，故而在他們的作品中，會經常出現一些以佛解莊或以莊解佛的內容，從而使佛教和《莊子》由隋唐時期的互爭高下逐漸走向宋金以降的深度融合。

第一節　南華亦是藏中金——《法藏碎金錄》的莊子觀

北宋前期的朝廷重臣晁迥不僅耽心於禪悅，而且非常喜好《莊子》，在記述其晚年學佛心得的《法藏碎金錄》〔註1〕中，他時常提及《莊子》，將《莊子》的許多義理當作「碎金」納入了佛教的「法藏」之中。

晁迥（951～1034），字明遠，世為澶州清豐（今屬河南）人，其父佺始徙家彭城（今江蘇徐州）；太平興國五年（980）中進士第，太宗朝歷官大理評事、知岳州錄事參軍、將作監丞、殿中丞、監徐婺二州稅、太常丞；真宗朝累遷至工部尚書、集賢院學士、判西京留司御史臺；仁宗時遷禮部尚書，以太子少保致仕，卒年八十四歲，贈太子太保，諡文元。〔註2〕史載晁迥善吐納養

〔註1〕《欽定四庫全書》將此書列為「子部十三」，歸入「釋家類」中。
〔註2〕有關晁迥的生平研究，可參閱脫脫等：《宋史》第 29 冊，卷 305，中華書局，1977 年，第 10085～10087 頁；彭際清：《居士傳》卷 21，《卍新續藏》第 88 冊，第 219 頁；李朝軍：《晁迥年譜簡編》，《樂山師範學院學報》2005 年第 8 期。

生之術，通經傳佛老之學。他晚年回顧平生，曾不無自豪地說：「見為太子少保致仕，今歲七十有九，自覺康寧，而資用粗充。即今子孫十七人，並有肯堂之材：子四人，並升朝列；諸孫十三人，十人已為京官；延蔭及弟侄侄孫，不遑具載，超於晉張澄遠矣，於今之世，亦無有其比者。自身及族，各奉名教，而積善之報，未易可量，其天幸也如此，云何不樂！」〔註3〕思維三教的義理，關注自己的身心健康，是他晚年生活的主要內容：「吾今八十一歲矣，而獨雍容優游，熙怡逍遙，日涉藝文之芳潤，益耽道味之甘腴，而又於法句禪心，深入深深之處，何樂如之！」〔註4〕他自述云：「予自引退就第，久於佚老，闔扉宴息，交遊殆絕，門闃室靜，身端心虛，餌藥扶衰，讀書廣智。味老莊之語，體真素而不雜；究宗雷之學，增觀練而匪懈。凡有所述，率由自規。感悟福緣，放懷私喜而已！」〔註5〕這份恬淡保全了他的晚節清白，也保證了他的身心健康：「予年八十有二矣，未嘗以針艾攻肌膚，未嘗以几杖扶坐起，老健同者，幾何人哉！」〔註6〕深厚的文化素養，成就了他的安富尊榮，而以他為表率，也孕育了他的奕世家風，其子孫中代有聞人，幾與兩宋相始終，這在歷史上是很少見的。

晁迥對《莊子》的理解和體會極為深刻。作為一名佛教的大居士，他認為《莊子》自有其高妙之處，與佛典相比，雖然淺深有別，但閱讀《莊子》能夠旁通佛典，可以作為深入佛教，特別是禪學的階梯。這些觀點和看法開啟了後世對《莊子》進行佛學化解讀的先河。

一、自有妙處

晁迥仕宦久，享壽高，閱歷多，見識廣，他以自己豐富的人生經歷和深刻的人生體驗為依據，證成《莊子》自有其高明之處。

晁迥以自己的人生體驗和生活經歷為《莊子》中的一些觀點提供了翔實的注腳。如，《莊子·則陽》有「舊國舊都，望之暢然」之句，令晁迥想起了大中祥符元年（1008）自己出使契丹的事情：「往歲使於龍荒，回及疆場，遠望雄州喬樹，目明心喜，故行程詩中有『橋過涿水心先喜，路入雄州眼更明』之句，並經進御，並降手詔優答焉。是知望鄉歸國，猶得暢然喜悅，而況還源

〔註3〕晁迥：《法藏碎金錄》卷7。
〔註4〕晁迥：《法藏碎金錄》卷10。
〔註5〕晁迥：《法藏碎金錄》卷10。
〔註6〕晁迥：《法藏碎金錄》卷10。

復性，合何如哉！」〔註7〕《莊子》以遊子還鄉比喻回歸本性之後的歡暢，晁迥以自己望見故國時的歡欣印證《莊子》之喻的貼切，同時也體會到《莊子》還原復性論的合理性。《莊子·讓王》有「兩臂重於天下」之說，晁迥久歷官場，見慣賣身求榮之事，他對此發揮說：「予謂一身即可知也，而有貪虛榮冗利，據權門畏途，恃力固守，卒致覆族之禍者，較其輕重何如哉！斯為智乎？」〔註8〕為了滿足自己的虛榮心，為了獲得某些不必要的利益，甚至付出了身家性命乃至滅門誅族的沉重代價，真不知這樣的人有何智慧之可言。《莊子·至樂》謂無道則富貴壽皆不免失之於苦，晁迥結合自己的人生體驗，對此加以推理：「富者之失，其蔽也吝，妄保餘財而不得成周急之仁；貴者之失，其蔽也貪，妄認虛名而不得遂無虞之安；壽者之失，其蔽也愚，妄歷多憂而不得享永年之樂。能反是者，幾何人哉！」〔註9〕富者吝、貴者貪而壽者憂，此世人之常見，由此也激發了晁迥對有道者難得的無限感慨。諸如此類的例子在《法藏碎金錄》中所在多有，反映了這位慈祥和善的老人在閱讀《莊子》時務求有切於身心的思維取向。

　　晁迥對《莊子》中的許多主張都非常推崇。死亡是人類關切的一個永恆話題，如東漢初年的向上（字子平）就曾提出：「吾已知富不如貧，貴不如賤，但未知死何如生耳。」對於這個問題，晁迥從《莊子》與《列子》等道家典籍中獲得了啟發，他說：「予因思《莊子》云：『以生為附贅懸疣，以死為潰疣決癰。』《列子》云：『善哉，古之有死也，仁者息焉，而不仁者伏矣。』斯亦可知矣。」〔註10〕這就意味著晁迥認同了道家死亡是從生存痛苦中解脫出來的觀點。在長期的仕宦生涯中，晁迥見慣了世人追名逐利的伎倆，貪生畏死的醜態，他對此感歎不已：「莊子云：『百里奚爵祿不入於心，故飯牛而牛肥，使秦穆公忘其賤，與之政也；有虞氏死生不入於心，故足以動人。』吾因思之，若或即今有人，二者不入於心，吾當推而尊之，曰至人真人道人也。」〔註11〕超然於名利之外，遊心於生死之上，自然也是晁迥極為推崇的逍遙境界。晁迥曾經寫過這樣兩句話：「古今無始終，虛空無邊際。」後來閱讀道家之書，他看到《老子》中有「迎之不見其首，隨之不見其後」的說

〔註 7〕晁迥：《法藏碎金錄》卷 4。
〔註 8〕晁迥：《法藏碎金錄》卷 6。
〔註 9〕晁迥：《法藏碎金錄》卷 7。
〔註 10〕晁迥：《法藏碎金錄》卷 1。
〔註 11〕晁迥：《法藏碎金錄》卷 2。

法，感到此語與自己所說的「古今無始終」相似；他看到《莊子》中有「至精無形，至大不可圍」的說法，感到此語與自己所說的「虛空無邊際」頗為一致。他將老莊之論與自己的說法進行了深入思考，最後指出：「予之語但謂時代方所無以窮也，經文之語蓋謂妙道體用不能詰也。」〔註12〕晁迥認識到自己的說法僅僅是對時空的描述，而老莊的經文則是對妙道的闡釋，其敬服之意，溢於言表。晁迥在《法藏碎金錄》中所讚歎的莊子義理，基本上都是那些勸導人們脫略生死名利、遊心恬淡無為的觀點，非常符合這位耄耋老人安享晚年的心態。

晁迥並非官場失意之人，亦非頹廢狂放之徒，他在垂暮之年欣賞和推崇《莊子》，意味著《莊子》不僅可以幫助失意者排解內心的孤獨和愁悶，而且還可以提示得意者繼續保持清醒和冷靜，不要被一時的順遂沖昏了頭腦。這也是《莊子》的高妙之處。

二、融會淺深

晁迥深通儒學，喜好佛老，因此他習慣於在儒道佛三教融會與比較的語境之中體會《莊子》思想的基本特徵，理解《莊子》義理的高下淺深。

在儒道兩家的融會中，晁迥充分彰顯了《莊子》重視虛靜淳樸本性、主張恬淡逍遙境界的思想特徵。晁迥晚年判西京留司御史臺六年，他自謂為「吏隱洛中」，以讀書自娛，「詳《周易》之樂天知命，暨《莊子》之安時處順，省躬契理，庶乎得其少分焉。」〔註13〕儒道兩家的思想為他克服投閒置散的失落感提供了精神支持，使他意識到，「純動者，躁人也；純靜者，道人也；動靜相濟者，吉人也。夫人在仕宦之途，固難純靜，即須動中息以靜，故白氏有《動靜交相養賦》，莊子有『恬智交相養』言。《論語》云：『文質彬彬，然後君子。』予擬之而成句云：『動靜均均，然後吉人。』」〔註14〕他融儒道兩家的思想為一體，引孔子與莊子為同調，在他看來，「孔子以不義富貴視如浮雲，莊子謂真性之外皆為塵垢，夫如是，則悠悠之事，何足介意。」〔註15〕儒道兩家的相互攻訐，可以遠溯戰國時期；儒道兩家的融會，則是魏晉以降的事情，但也多侷限在儒家名教與道家自然的相互補充上，罕見有人在儒道兩家

〔註12〕晁迥：《法藏碎金錄》卷4。
〔註13〕晁迥：《法藏碎金錄》卷3。
〔註14〕晁迥：《法藏碎金錄》卷3。
〔註15〕晁迥：《法藏碎金錄》卷7。

的理想境界上尋求一致，晁迥此處對儒道兩家的融會，反映出入宋之後士大夫嚮往的理想人格較之魏晉至隋唐時期發生了非常顯著的變化。

對儒道的融通，使晁迥具有了重本性而輕利祿的思想傾向，而對佛道的融會，則使這一傾向得到了進一步的強化，晁迥深切地感受到，佛道兩家的經典，給他帶來了廣闊的思想空間，「自顧晚年，信道彌篤。南華經髓，遊道遙之虛；西聖書心，泛寂滅之海。盡攝大千沙界，無蒂芥於胸中；深入不二法門，非剖析於言下。所好如此，誰為同人！」〔註16〕在他看來，《莊子》的「逍遙遊」幾乎與佛教的「涅槃寂靜」都是心靈棲息的最高境界，二者似乎沒有什麼區別。「善入無為，西域先生之妙道也；能體純素，南華真人之格言也。予愛之重之，混而為一，潛資日用，於何弗臧！」〔註17〕其言下之意，如果將佛教的妙道與道家的格言融會起來，就可以在任何情況下都能夠應付裕如。「《楞嚴經》有說圓融清淨覺，《南華經》有說放曠逍遙遊。此二者貫心達性，表裏相應，禪機道用，何煩別求！」〔註18〕《楞嚴經》與《莊子》都以文辭優美而深得士大夫的喜愛，晁迥認為二者如果能內外相資為用，就足以罄盡一切經典的奧妙。「釋氏書說如來之心起相而性不動，道家書說至人之心順緣而真不失，得意忘言，其歸一揆！」〔註19〕為了實現佛道經典的融通，人們應將注意力放在二者最終目標的一致性上，大可不必拘執於兩家言句上的某些差異。也就是說，在晁迥看來，儒與道通，道與佛通，儒道佛三教雖各有特點但卻能相互融通，此說是在以混一華夏為目標的北宋初期對三教合一思想的進一步深化和發展。

晁迥雖然認為儒道佛三教思想可以相互融會，但又堅信儒道佛三教義理淺深有別。他以榮啟期為榜樣，「榮啟期有三樂，則嘗聞之矣，予又別愛二樂。以儒家言之，予愛顏氏子簞瓢陋巷，不改其樂；以道家言之，予愛莊氏子棲遲一丘，天下不易其樂；以佛家言之，予愛釋氏子生滅滅已，寂滅為樂。是三者，由外以及內，自淺而至深矣。」〔註20〕也就是說，在晁迥的心目中，儒道佛三教的淺深次第井然有序。包括《莊子》在內的道家處在儒佛之間，「佛書立法本乎性，儒書立法本乎情。道書立法，該涉二書，該涉佛書不盡復性

〔註16〕晁迥：《法藏碎金錄》卷2。
〔註17〕晁迥：《法藏碎金錄》卷7。
〔註18〕晁迥：《法藏碎金錄》卷10。
〔註19〕晁迥：《法藏碎金錄》卷10。
〔註20〕晁迥：《法藏碎金錄》卷1。

之理，該涉儒書不取飾情之容。」〔註21〕其較之儒家經典之重視人情，固有殊勝之處，但較之佛教經典之重視眾生的本性，則明顯有所不及。無獨有偶，他的這一看法在閱讀《高僧傳》時獲得了印證：「姚秦時釋僧肇初以莊老為心要，後見古《維摩經》，歡喜曰：『始知所歸矣。』予今信以為然。予初讀南華真人之書，因齊物之理，自得一法，目之曰逍遙大同觀，且無一事可爭；後讀西方聖人之書，又得一法，目之曰平等大空觀，兼無一物可齊。由是省己之所學有增長，二家之書有淺深矣。」〔註22〕晁迥自謂初讀《莊子》，很有心得，繼而學習佛典，學問有所增長，境界也得到了提升。晁迥的這些體會充分表明，在他的心目中，《莊子》雖然高於儒家經典。但卻不及佛教經典之深刻全面。

晁迥認為《莊子》可以融合儒佛兩家，這是他讀書時非常善於進行思想會通的體現，也是入宋之後中國思想發展的基本趨勢；但晁迥認為《莊子》雖高於儒家經典但卻不如佛教經典深刻而全面，這顯然是他歸心佛教的反映，也是儒佛兩家在北宋初期思想界地位和影響有所不同的表徵。

三、旁通佛典

佛典譯自梵文，名相繁富，義理深刻，修行方式獨特，對於中土之人來說，索解實屬不易。在晁迥看來，《莊子》雖不及佛典那麼深刻全面，但其術語和觀念可以旁通佛典，使那些無法讀懂佛典的人豁然開朗。

佛教中的許多名相概念，中土之人驟然視之，極為陌生，可能會產生一些不明所云的感覺，晁迥對之熟加思維，認為其義與《莊子》中的某些術語大致相同。如「菩提」、「涅槃」，古之譯經家為了凸顯其莊重性，以音譯而未以意譯，晁迥認為其義與《莊子》中所說「大覺」、「至樂」頗為一致，他說：「佛書之言『菩提』，如道書之言『大覺』，《莊子》云『有大覺而後知此其大夢』是也；佛書之言『涅槃』，如道書之言至樂，《莊子》云『至樂無樂，至譽無譽』是也。」〔註23〕對於「觀音法門」、「定光佛」等，中土之人亦難有親切的體會，晁迥亦以《莊子》旁通之，他說：「《莊子》云：『至德之人，無聲之中獨聞和焉。』非觀音佛之法門乎！又云：『宇泰定者，發乎天光。』豈非

〔註21〕晁迥：《法藏碎金錄》卷4。
〔註22〕晁迥：《法藏碎金錄》卷1。
〔註23〕晁迥：《法藏碎金錄》卷1。

定光佛之名相乎！」〔註24〕將觀音法門視為至德之人所具有的特異功能，將定光佛視為由於達到了最高定境而可以使自身發揮光明的人，雖然義出《莊子》，但是理合佛典。中土之人對佛教所說的「神通」充滿了好奇和困惑，那麼什麼是「神通」呢？晁迥引《莊子》對其解釋說：「佛書《華嚴經》中說六通，謂天眼、天耳、他心智、宿命念、神足通、漏盡智；道書《南華真經》中說六徹，謂目徹為明，耳徹為聰，鼻徹為顫，口徹為甘，心徹為知，知徹為德。徹即通也。佛書則無以加矣，道書之文，予因更增其二云：情徹為聖，聖徹為神。聖屬於外，外為世間之法也；神屬於內，內為出世之法也。」〔註25〕以《莊子》所謂「六徹」詮釋佛教的「六通」，表明神通就是人體器官的功能都得到了充分、完全的發揮，其義亦合於佛理。中土之人大多比較熟悉《莊子》，經晁迥如此點撥，很容易對佛教的相關名相產生比較親切的認同感。

　　佛教中的某些思想觀念，對於中土之人來說，也是十分的不好理解，晁迥引《莊子》義理以為詮解，使其曉然明白。如，佛教經典中提到的理性真常之道到底是什麼意思呢？晁迥的體會是：「《莊子》所說，有以死生為小變，我與變俱而無失為大常，此則深契佛書所明理性真常之道。」〔註26〕一切人我與事物都處在變化之中，未嘗有片刻停留，此理永恆，人們可以據以觀察世界萬物，故謂之理性真常之道。佛教為了防止眾生執身為我，謂此身乃四大和合的產物，不知給當時的中土之人造成了多大的思想困惑，晁迥對此解釋說：「釋梵之書謂人屬地水火風，終非堅久，故破之耳，本為破虛幻之身而歸於實相也；老莊之書謂人稱聖智仁義，終非純一，亦破之耳，本為破小善之名而歸於大道也。方內之士，多駭其言，以為破毀身名，蓋局見一隅，不能會通至理矣。」〔註27〕晁迥認識到佛教以四大和合為幻妄與道家以聖智仁義非真道一樣，都是為了破除眾生的執著，使其歸向大道。《金剛經》有離相之說，晁迥引《莊子》以明其宗旨：「《金剛經》云：『離一切相，則名諸佛。』《南華真經》云：『能體純素，謂之真人。』學法者合此二經四句足矣，何必廣求經論，妄分教門哉！」〔註28〕在晁迥看來，佛教的離相之說與道家的體真之論異曲而同工。事實也是如此，西天佛國的許多思想觀念就是通過老莊

〔註24〕晁迥：《法藏碎金錄》卷2。
〔註25〕晁迥：《法藏碎金錄》卷4。
〔註26〕晁迥：《法藏碎金錄》卷2。
〔註27〕晁迥：《法藏碎金錄》卷3。
〔註28〕晁迥：《法藏碎金錄》卷5。

的津梁進入中國人的心田之中。

　　佛教中的一些修行方式，對於中土文士來說，也是非常的陌生的，晁迥就以《莊子》中提到的修養方法與之相互比附。如：「《金剛三昧經》云：『無住菩薩，聞佛所說，一味真實，不可思議，專念諦聽，入清白處，身心不動。』所謂『清』者，得非《老子》云『孰能濁以靜之徐清』乎！所謂『白』者，得非《莊子》云『瞻彼闋者，虛室生白』乎！但能到此徐清虛白之地，亦可謂之『入清白處』矣。予又思宜作水月觀、水月定，令其心如水之澄清，月之潔白，亦可謂之清白處矣。」〔註29〕經文所謂的「清白處」，顯然是菩薩修行金剛三昧所達到的最高境界，晁迥援老莊之言配解清白二字，巧妙展現了金剛三昧澄心滌慮的基本特徵。禪修是佛教的基本方式，中土古無此說，晁迥引《莊子》以釋其意：「《圓覺經注》中有八字云：『心息相依，息調心淨。』予以為此正是禪那入道之門，遂引別書加以演潤，重其事也。『心』字引《莊子》云『至人之心若鏡』，取其寂而照，不將迎於物。『息』字又引《莊子》云『至人之息以踵』，取其深而細從根本中來其後耳。」〔註30〕晁迥引用《莊子》文義，對佛教禪修的基本內涵進行詮釋。

　　晁迥援引《莊子》旁通佛教經典，無形中拉近了佛教與中土士大夫之間的心理距離，為佛教徹底融入中國文化之中打開了方便之門。他似乎在有意無意地提示佛教界，高僧大德們如果能精通道家的經典，那麼必然會為他們的弘揚佛法帶來極大的方便。

四、入佛階梯

　　晁迥推崇佛教的境界在三教中最為高妙，又充分肯定《莊子》具有融會三教、旁通佛典的重要作用，那麼《莊子》在他心目中就成為進入佛教境界的階梯。

　　晁迥先讀老莊，後學佛教，境界逐步得到提升：「余初讀老莊之書，入大觀之理，見世間夢幻，蕩胸中蒂芥。後讀釋梵之書，得上乘之法，啟我明徹之智，無窮而不昧，銳我堅利之志，無窮而不壞。」〔註31〕很顯然，老莊之書為他深入佛教堂奧奠定了基礎。從老莊思想進入佛教境界，使他獲得了終極

〔註29〕晁迥：《法藏碎金錄》卷4。
〔註30〕晁迥：《法藏碎金錄》卷5。
〔註31〕晁迥：《法藏碎金錄》卷2。

歸宿：「予初觀老莊之書，其心豁然，包太虛而不礙；次觀釋梵之書，其心膠然，貫微塵而深入，所以安貧佚老，蔚然為羲然上人也。」〔註32〕正是因為有了如此深切的體驗，所以晁迥的閱讀《莊子》，就與普通的讀者有了重大不同：「莊周之書，雅士多讀，而其所取，不過潤彩毫之華藻，資玉柄之清談而已。予則不然，別有所得。詳其書中所述，聞和見曉，超老氏之希夷；神靜心明，契釋宗之定慧。與予同者，復何人哉！」〔註33〕晁迥從《莊子》中獲得的體會超越了老子所說的希夷之境，但卻契合了佛教的定慧之說，表明在他心目中，《莊子》雖然不及佛教但是卻高於《老子》。晁迥明確表示，他閱讀《莊子》的目的，就是為了獲得佛教的解脫服務的：「南華之書有說逍遙遊，蓋明大小雖殊，而能隨己自足，不越涯分而過貪；西域之書有說解脫門，蓋明次第皆空，而能見理無著，免罹虛幻之所縛。誓將乘逍遙遊入解脫門，予苟能然，豈有不當？二教參用，有何相違！」〔註34〕晁迥雖然對《莊子》所說的逍遙遊非常欣賞，也充滿了嚮往，但其欣賞和嚮往逍遙遊的主要目的還是由此而進入解脫門，其以《莊子》為入佛階梯的思想至為明顯。晁迥最為憧憬的，就是「能逍遙於莊子無何有之鄉，又能遊戲於如來大寂滅之海，憂深快樂，無礙自在。」〔註35〕在晁迥看來，真正到此地步的人並不多見。

　　總之，《莊子》為晚年晁迥帶來了極大的精神享受，為他融會儒道、旁通佛典提供了方便，也為他進入佛之境界提供了階梯。晁迥所撰《法藏碎金錄》也成為後人考察《莊子》北宋初期影響文人士大夫的重要文本。

第二節　參禪始悟南華意——王安石與蘇軾的莊子觀

　　偶翻謝詳晧、李思樂二先生所輯校之《莊子序跋論評輯要》，見其中有王安石的《莊子論》及蘇軾的《莊子祠堂記》。王安石與蘇軾雖然在政治上是一對宿敵，但在有關莊子的看法上卻不謀而合，都認為莊子貌似詆毀儒家而實則推尊孔子。此一見解在北宋時期頗有些驚世駭俗，筆者以為，此與他們二人具有豐富的參禪經歷不無關係。由此可以看出，佛教的輸入，不僅極大地豐富和拓展了中國人的思想世界，而且還使中國人在理解固有的文化經典中

〔註32〕晁迥：《法藏碎金錄》卷2。
〔註33〕晁迥：《法藏碎金錄》卷4。
〔註34〕晁迥：《法藏碎金錄》卷8。
〔註35〕晁迥：《法藏碎金錄》卷9。

獲得了一個完整的參照體系。

一、王安石的《莊子論》

王安石（1021～1086）是北宋中期著名的政治家、文章家，熙寧變法的主持者，以好立異論著稱。他曾著《上仁宗皇帝萬言書》，提出了「天變不足畏，祖宗不足法，人言不足恤」的觀點，一時使朝野側目。他注意到，當時的儒家學者普遍認為「《莊子》務詆孔子，以信其邪說」，因而主張不必問是非曲直而「焚其書，廢其徒」，在物質形態上取消《莊子》的存在，從而為儒家的發展掃清道路；而喜好《莊子》的學者則認為，「莊子之德，不以萬物干其慮，而能信其道者也。彼非不知仁義也，以為仁義小而不足行已；彼非不知禮樂也，以為禮樂薄而不足化天下。」〔註36〕對儒家學說頗為鄙夷不屑。王安石認為，上述儒道兩家學者所說的話雖然各有道理，但都沒有去深入地瞭解、求取莊子的本意。

王安石指出莊子絕非是孔子的詆毀者，《莊子》一書中那些指斥儒家的話，都是為時勢所激發的有為之辭。王安石以知人論世的方式探討了《莊子》一書的本意之所在，他指出，「昔先王之澤，至莊子之時竭矣，天下之俗，諛詐大作，質樸並散，雖世之學士大夫，未有知貴己賤物之道也，於是棄絕乎禮樂之緒，奪攘乎利害之際，趨利而不以為辱，殞身而不以為怨，漸漬陷溺以至乎不可救已。莊子病之，思其說以矯天下之弊，而歸之於正也。其心過慮，以為仁義禮樂皆不足以正之，故同是非，齊彼我，一利害，則以足乎心為得，此其所矯天下之弊者也。」〔註37〕這就是說，王安石將莊子剽剝仁義禮樂的言語都視為是針對各種弊端而提出的矯枉過正之論。莊子在《天下篇》中論列儒家六經云：「《詩》以道志，《書》以道事，《禮》以道行，《樂》以道和，《易》以道陰陽，《春秋》以道名分。」評議其他諸子學說，「譬如耳目鼻口，皆有所明，不能相通；猶百家眾技，皆有所長，時有所用。」在王安石看來，莊子此處明確以儒家的六經為「天地之大全」，而將宋鈃、慎到、墨翟、老聃之徒俱列為「不該不遍」的「一曲之士」，而自附於其末，不正表明莊子深知聖人之道而以己言乃「有為而作，非大道之全」自處嗎？！〔註38〕

〔註36〕王安石：《莊子論上》，《莊子序跋論評輯要》，湖北教育出版社，2001 年，第241 頁。

〔註37〕王安石：《莊子論上》，《莊子序跋論評輯要》，第 241 頁。

〔註38〕王安石：《莊子論上》，《莊子序跋論評輯要》，第 242 頁。

　　王安石在探明了莊子本意後，又分析了莊子的言論被列為邪說的原因。王安石指出，莊子用心的本意，與伯夷之清、柳下惠之和，固無二致，但莊子不免矯枉過正，「夫矯枉者欲其直也，矯之過則歸於枉矣。」〔註39〕《天下篇》曾謂：「墨子之心則是也，墨子之行則非也。」王安石認為此語也是對莊子的最好的評價，因此善於讀《莊子》的人應當「善其為書之心，非其為書之說」，王安石非常自信地指出，「此亦莊子之所願於後世之讀其書者也。」〔註40〕因此王安石既不同意儒家學者認為莊子詆毀孔子的觀點，也不同意道家學者主張莊子之道大過於孔子的論調。在《莊子論下》中，王安石除了繼續強調莊子「其書特有所寓而言」、莊子其人「處昏王亂相之間，故窮而無所見其材」之外，還進一步指出，「周之說，其於道即反之，宜其得罪於聖人之徒也。夫中人之所及者，聖人詳說而謹行之。說之不詳，行之不謹，則天下弊。中人之所不及者，聖人藏乎其心而言之略。不略而詳，則天下惑。且夫諄諄而後喻，曉曉而後服者，豈所謂可以語上哉？惜乎周之能言而不通乎此也！」〔註41〕也就是說，在王安石看來，莊子之所以獲罪於聖門，是由於他將自己的矯枉之論說給了那些「中人之所不及者」。這無異於說，現實中那些持莊子詆毀孔子或莊子道大於儒家的人都是根機不太高的人。

　　王安石把莊子放到戰國時期的環境之中，將其用心本意與具體言論區分開來，這既是人們對《莊子》解讀的一種深化，也是在禪宗盛行、儒家話語復興、理學即將崛起的思想文化形勢中對儒道二家關係的重新思考，因而其思想史的意義極為重大。

二、蘇軾的《莊子祠堂記》

　　蘇軾（1037～1101）是北宋中期的大文豪和文壇領袖，他非常喜歡《莊子》，故而在他的詩賦詞章之中時時有莊子的瑰瑋和奇逸。據《史記》，莊子為蒙人，嘗為蒙之漆園吏。元豐元年（1078）蒙縣縣令、秘書丞王競為之作祠，並請蘇軾作文以紀其事。蘇軾遂撰《莊子祠堂記》，對傳統的以莊子詆訾孔子的看法進行了檢討，提出莊子為孔子之助的新觀點。

　　首先，蘇軾認為，《莊子》中那些看似詆訾孔子的言論，實際上都是正話

〔註39〕 王安石：《莊子論上》，《莊子序跋論評輯要》，第 242 頁。
〔註40〕 王安石：《莊子論上》，《莊子序跋論評輯要》，第 242 頁。
〔註41〕 王安石：《莊子論下》，《莊子序跋論評輯要》，第 243 頁。

反說。蘇軾舉了一個例子：「楚公子微服出亡，而門者難之。其僕揉棰罵曰：『隸也，不力！』門者出之。——事固有倒行而逆施者。以僕為不愛公子，則不可；以為事公子之法，亦不可。故莊子之言皆實予而文不予，陽擠而陰助之。」〔註42〕僕人為了不暴露楚公子的身份，暫時將楚公子當作自己的胥吏，並且當眾捶打辱罵他，嫌他做事不賣力，最終瞞過了城門守衛的盤查，使公子脫離了危險的境地。在蘇軾看來，僕人此時對楚公子的打罵，就是一種倒行逆施，表面上的粗暴，正是他鍾愛公子的反映，莊子對孔子的所謂詆訾，有類於此，莊子表面對孔子的主張上不贊成，持排斥的態度，而實際上是非常同意的，這就是「正言若反」，即文中所說的「倒行逆施」，這在某種程度上卻促成孔子學說的廣為人知。蘇軾也認為，莊子極其尊崇孔子的本意在《天下篇》中有所顯示。莊子「論天下道術，自墨翟、禽滑釐、彭蒙、慎到、田駢、關尹、老聃之徒，以至於其身，皆以為一家，而孔子不與，其尊之也至也！」〔註43〕與王安石一樣，蘇軾將《天下篇》論道術而不列孔子視為是對孔子的最高尊崇。

其次，蘇軾指出，《莊子》中的一些篇章，如《盜跖》、《漁父》、《讓王》、《說劍》等，其中充斥的詆訾孔子的文字，實際上都是後人摻入的讕言。蘇軾感覺到，《盜跖》、《漁父》兩篇就如真正詆訾孔子之作，而《讓王》、《說劍》兩篇則過於淺陋，他對此進行了深入的思索，最後發現，在《寓言》一篇的末尾，「陽子居西遊於秦遇老子，老子曰：『而睢睢，而盱盱，而誰與居？大白若辱，盛德若不足。』陽子居蹴然變容。其往也，舍者將迎，其家公執席，妻執巾櫛，舍者避席，煬者避灶。其反也，舍者與之爭席矣。」此與《列禦寇》一篇的開頭，即「列禦寇之齊，中道而反，……曰：『吾驚焉。』『吾食於十漿而五漿先饋。』」正好銜接，他意識到這本來就是一章，「莊子之言未終，而昧者剿之以入其言」，因此他主張，「凡分章、名篇，皆出於世俗，非莊子之本意。」〔註44〕就這樣，《莊子》中對孔子最具有批判意味的幾篇作品，被蘇軾判定為偽作，逐出了《莊子》的文本。經此一番淨化之後，蘇軾提出的「莊子蓋助孔子者」的主張也就不再具有多大的阻力了。

可以看出，與王安石在棄絕禮義的戰國語境中分析《莊子》尊孔的本意

〔註42〕蘇軾：《莊子祠堂記》，《莊子序跋論評輯要》，第250頁。
〔註43〕蘇軾：《莊子祠堂記》，《莊子序跋論評輯要》，第250頁。
〔註44〕蘇軾：《莊子祠堂記》，《莊子序跋論評輯要》，第251頁。

不同，蘇軾就自己所理解的《莊子》內在理路得出了大致相同的結論。為了使自己的觀點獲得文本的充分支持，蘇軾甚至不惜將文本中不合己意的篇章判定為偽作，予以割截，其強古人以從己的勇氣實較王安石有過之而無不及。

三、王蘇二人的參禪經歷

對於王安石與蘇軾二人提出的莊子尊孔之論，我們不必執以為實，認定其為學術的最後結論。但也不能如一些學者所主張的那樣，認為這是王蘇二人的以儒解莊，事實上，問題沒有那麼簡單。王安石與蘇軾都有非常豐富的學佛參禪經歷，可以說，佛教特別是禪宗思想的摻入，是二人莊子觀得以形成的關鍵因素。

王安石與蘇軾都好讀佛經，喜歡結交禪宗僧侶。據冰蓮道人夏樹芳所輯《名公法喜志》卷三載，安石罷相之後，退居江寧，與蔣山元禪師相友善，受其啟導，遂專精禪坐。蔣山元禪師曾對他說：「公於般若有障者三，其近道一耳。公受氣剛大，於世緣深，以剛大器遭世緣深，必以身任天下之重，懷經世之志。用志不純，則心未平，以未平之心，持經世之志，何時能一念萬年哉！又多怒，則與物多競。此其三也。特視名利如脫髮，甘淡泊如頭陀，此為近道，當以教乘滋茂之可也。」安石以為然，晚居金陵，請以其宅為寺，即半山寺。〔註45〕而蘇軾則因參東林常聰而有省，賦偈二首以呈證，其一云：「溪聲便是廣長舌，山色豈非清淨身。夜來八萬四千偈，他日如何舉似人。」其二云：「橫看成嶺側成峰，遠近高低各不同。不識此山真面目，只緣身在此山中。」蘇軾本人及師友都認定他是五祖戒禪師之轉世再來，其與當時禪僧如佛印了元、真淨克文、參寥子道潛、石門惠洪等往來酬唱，交情深厚。紹聖間貶謫儋耳，攜阿彌陀佛一軸，以為往生西方之公據。卒之時，錢濟明侍傍，問曰：「公平生學佛，此日如何？」他回答說：「此語亦不受。」徑山琳禪師問疾云：「學士生平踐履，至此更須著力。」他應聲答：「著力便差。」語罷氣絕。〔註46〕由此可見，於宦海浮沉之際，王安石與蘇軾感觸世間空幻不實，轉而從禪宗中尋求解脫，佛教禪宗就成為他們安頓自己身心的精神家園。

在參禪訪道過程中，王安石與蘇軾不可避免地會受到禪宗思維方式的影響。禪宗有激於佛教經典解釋的日漸繁瑣和支離，以「教外別傳」相標榜，通

〔註45〕夏樹芳：《名公法喜志》卷三，《卍新纂續藏經》第 88 冊，第 342 頁中。
〔註46〕夏樹芳：《名公法喜志》卷三，《卍新纂續藏經》第 88 冊，第 342 頁下。

過否定經教的方式引導指示人們關切自己的心靈解脫，因此禪師們往往以峻烈的棒喝斬斷學者們的向外思索，促使學者們返觀心源，為此他們甚至於不惜「呵佛罵祖」，如禪師們有時會以「麻三斤」、「乾屎橛」、「老騷胡」、「庭前柏樹子」等語回答「什麼是佛」的提問，提倡「逢佛殺佛，逢祖殺祖，逢父母殺父母」式的自尊自信。從表面上看，這些禪師們似乎對佛菩薩及歷代祖師不太尊敬，但事實上正是通過這種看似不太尊敬的特殊方式，使學者們得以自作主宰，擺脫了一切外在的束縛，從而證明了他們才是佛祖的嫡傳。禪和子的「呵佛罵祖」既然不是對佛的不尊重，同樣道理，《莊子》中所謂的詆訾孔子之語也就談不上是對孔子的冒瀆。在熟知禪宗機鋒的王安石和蘇軾看來，《莊子》中的那些詆訾之語作為有為而發的正話反說，反而是孔子精神的自然流露，這才是真正的尊崇孔子。

從王安石與蘇軾的莊子觀中，我們可以體會到，佛教的輸入及中國化，一方面使中國傳統的文化結構由儒道兩家對立互補變而為儒道佛三家並立共存，使中國人在關注家國天下及追求身心逍遙之外，進一步去尋求那一種解脫煩惱和出離苦海的澄明淨潔的涅槃境界，這無疑會極大地拓展中國人的思想世界；另一方面，也使中國人在理解固有文化經典，如本文所重點分析的《莊子》的時候，獲得一個完整的思想參照體系，如同攬鏡自照有助於自見形容一樣，對不同思想體系的參照自然也會促成對固有經典理解水平的提高。

第三節　莊義佛理相交映──淺談李光詩的莊禪融合色彩

南宋初年的名臣李光既熟悉佛教經典，又非常喜歡《莊子》，因此他的詩歌中表現出非常強烈的《莊子》義理與佛教思想相互融合的色彩來。

據《宋史》卷 363 所載，李光（1078～1159），字泰發，越州上虞人，徽宗崇寧五年（1106）進士，歷知開化、常熟、陽朔縣，靖康元年擢右司諫，遷侍御史，力主抗金，高宗即位，知江州、宣州、臨安府，於干戈擾攘之際，保境安民，安輯流亡，懲叛除奸，幹練果決，膽識過人，累遷至吏部尚書，紹興八年（1138）參知政事，以面斥秦檜懷奸誤國，出知紹興府，改提舉臨安府洞霄宮，紹興十一年（1141），万俟卨論其陰懷怨望，責授建寧軍節度副使，藤州安置。越四年，移瓊州。居瓊州八年，李光次子孟堅坐陸升之誣，以私撰國

史獄成；呂願中又告李光與胡銓詩賦唱和，譏訕朝政，移昌化軍。李光雖屢遭貶謫，顛沛流徙，居無定所，但論文考史，怡然自適，年逾八十而筆力精健，直至秦檜死後，始得復左朝奉大夫，任便居住，至江州而卒。孝宗即位，追復李光為資政殿學士，賜謚莊簡。

李光大義凜然，辭采激昂，所作詩文每為後人稱賞。《儒藏・宋集珍本叢刊》所收《莊簡集》18 卷，乃據清乾隆年翰林院抄本影印。李光詩的莊禪融合色彩在《不出》、《玄珠吟》及《坐忘吟》中體現的尤為充分。

一、《不出》

> 老氏不出牖，莊生務內遊。
> 猿猴猶習定，雞犬放須收。
> 俯仰超三際，翱翔隘九州。
> 坐忘師正一，辟穀慕留侯。
> 客至酒三酌，睡餘茶一甌。
> 蕭然方丈內，卒歲更何求。〔註47〕

從此詩之意境超然、恬淡來看，當作於李光謫居瓊州之時。「老氏不出牖」：語出《道德經》第四十七章，「不出戶，知天下；不窺牖，見天道。其出彌遠，其知彌少。是以聖人不行而知，不見而明，不為而成。」意謂聖人得道，不在於向外奔走馳騖，而在向內省察身心自我。「莊生務內遊」：《莊子・內篇》首標「逍遙遊」，郭慶藩釋曰：「逍遙遊者，篇名，義取閒放不拘，怡適自得。」〔註48〕就是說莊子所追求者，唯在內心的逍遙自在而已。「猿猴猶習定」：猿猴為易動難靜之物，佛教常以之喻心，故有「心猿意馬」之說；又佛經中曾提到猿猴習定而使仙人得道事，如《俱舍論》云：「由本事中說，一山處總有五百苦行外仙。有一獼猴，曾與獨覺相近而住，見彼威儀，展轉遊行，至外仙所，現先所見獨覺威儀，諸仙覩之，咸生敬慕，須臾皆證獨覺菩提。」〔註49〕無論如何好動之物，總有停息之時，李光以之證成自己應於庵中安定下來。「雞犬放須收」：《孟子・告子上》曰：「仁，人心也；義，人路也。捨其路而弗由，放其心而不知求，哀哉！人有雞犬放，則知求之；有放心而不知求。學

〔註47〕李光：《莊簡集》卷 2，《儒藏・宋集珍本叢刊》，線裝書局，2004 年，第 33 冊，第 720 頁。
〔註48〕郭慶藩：《莊子集解》，中華書局，1985 年，第 2 頁。
〔註49〕玄奘譯：《俱舍論》卷 12，《大正藏》第 29 冊，第 64 頁中。

問之道無他，求其放心而已矣。」李光取意於此，謂當像收回放養的雞犬一樣將向外馳騖的心收回來。「俯仰超三際，翱翔隘九州」：「三際」當指過去、現在、未來三時，「翱翔」指心的靈動，謂人心至靈至動，俯仰之間，即可超越於一切時空。「坐忘師正一」：「坐忘」出《莊子·大宗師》，「墮肢體，黜聰明，離形去知，同於大通，此為坐忘。」唐代高道司馬承禎著《坐忘論》，對莊子的「坐忘」之說進行發揮，而「正一」是對南北朝以來上清派道法的一種尊稱，此句表明李光欲向高道們潛心學習莊子的坐忘之法。「辟穀」為道教修煉的法術之一，即不食五穀雜糧之意，西漢初年的張良，封留侯，即行此術，李光欲從而傚之，亦行辟穀之法。「客至酒三酌，睡餘茶一甌」：有客來訪，小酌而已，睡夢醒來，清茶一杯，可以想見其淡泊。「蕭然方丈內，卒歲更何求」：維摩詰所居之室，不過一丈見方，此處引用，極言其居室之仄陋，但能於此逍遙卒歲，其餘更有何求！

　　李光這首詩並用儒道佛三教之典，但其中心思想顯然是道家的。他對自己的晚年被貶逐南荒不僅無所怨尤，處之泰然，而且還努力營造良好的心理狀態，為終老於此地做好了充分的思想準備。這種在艱難時刻對生活進行的簡化是一種智慧，是其內心境界高遠的體現。

二、《玄珠吟》

> 黃帝曾遊赤水北，遺了玄珠無處覓。
> 我今偶到海南村，煩惱泥中親拾得。
> 珠體圓滿光滴瀝，流轉根塵人不識。
> 只在尋常動用中，未見爭知吾不失。
> 吁嗟世人空費力，欲見此珠須目擊。
> 要令心空每相依，密密護持防六賊。〔註50〕

　　詩前小序云：「予十年間，重履憂患，自藤而瓊，自瓊而儋。一日忽悟，笑曰：『此造物知其頑礦難化，故以此其之爾。』偶讀莊周書，言黃帝遺玄珠，而罔象得之。又讀《維摩經》云：『高原陸地，不生蓮花。』因成《玄珠吟》。」從這則小序中我們大致可以瞭解他在貶逐之中以佛道經典自娛的心理狀況，這也是他寫這首詩的思想背景。

〔註50〕李光：《莊簡集》卷2，《儒藏·宋集珍本叢刊》，第33冊，第722頁。

　　「黃帝曾遊赤水北，遺了玄珠無處覓」：黃帝失其玄珠的寓言出自《莊子·天地》，謂黃帝遊乎赤水之北，登乎崑崙之丘，遺其玄珠，使知、離朱、喫詬索之，皆不能得，使象罔乃得之，黃帝歎曰：「異哉，象罔乃可以得之乎？」此處玄珠喻真性，以象罔喻無心，置身可畏之地，最易迷失真性，知之善於用心，離朱之明察秋毫，喫詬之辭辯縱橫，皆不能得，而象罔得之，此與《莊子》得魚忘筌之意及佛教真諦絕相之論甚相契合。

　　「我今偶到海南村，煩惱泥中親拾得」：今之海南，已經是繁榮富庶的經濟特區，然而在兩宋之際，彼地尚為瘴煙蠻荒之地，李光忠義遭貶，正直被逐，來此窮荒，自然會如處泥途之中一樣煩惱不已。《莊子》本謂象罔得珠，李光謂由自己「親拾得」，乃自居為象罔，意謂無心於煩惱，自可復其光明充滿之真性。

　　「珠體圓滿光滴瀝，流轉根塵人不識」：人之自性，圓滿光明。禪宗有一首偈語曰：「在胎為身，處世名人，在眼曰見，在耳曰聞，在鼻辨香，在口談論，在手執捉，在足運奔，遍現俱該沙界，收攝在一微塵，識者知是佛性，不識喚作精魂。」〔註51〕自性即是佛性，就表現在六根之能知六塵上，但人們雖能因六根而見六塵，但卻不能返觀自性，往往是流轉於根塵之境，無所底止。

　　「只在尋常動用中，未見爭知吾不失」：正如上引禪宗的偈語所說，自性的玄珠並不是遠在天邊，它就在日常動用之中，人們雖然與之時刻不離，但如果未能充分地意識到自性的存在，其實與已經丟失也就沒有什麼兩樣。因此，要想把握住自己本有的這顆「玄珠」，就必須「見性」。

　　「吁嗟世人空費力，欲見此珠須目擊」：可歎的是，世人雖然也知道自性玄珠的無比珍貴，但往往索之於外，因此用盡了思量推度之伎倆，都不過是空費力氣而已。禪宗每謂「擬議則差，思量即乖」，即是說「見性」工夫是與自心本性的「覿體相逢」，其間不容有任何的猶豫、遲疑、思考和商量。

　　「要令心空每相依，密密護持防六賊」：心以空為體，空以心為用，故而心依於空而得體，空依於心而成用。佛教許多經典都以眼耳鼻舌身意貪著外境，因此喻為六賊，謂其能劫奪功德法財，而人們的自性玄珠亦因此而丟失，所以必須令心於空緊緊相依，則六賊無所用其智謀，自性玄珠可長保無失！

〔註51〕道元：《景德傳燈錄》卷3，《大正藏》第51冊，第218頁中。

　　李光這首詩用典雖然出於《莊子》，但詮釋卻基本上是運用了佛教的義理，從中可以看出李光重視內心修養、不為外物所動的思想追求。

三、《坐忘吟》

> 我聞天台坐忘仙，清虛石壁留真詮。
> 長生要妙止一篇，林間宴坐心超然。
> 壁觀無異達摩禪，繫念一處離葛纏。
> 真人秘語豈浪傳，谷神玄牝常綿綿。
> 咽津納息歸丹田，溯流直上朝泥丸，
> 下落舌底生玉泉，輕超脫身如蛻蟬。
> 御風騎氣追偓佺，神遊八極俯仰間，
> 度人濟物功行圓，要看白日上青天。〔註52〕

　　詩前小序云：「李季言以《觀海圖詩》見寄，其言蓋寓養生之意，因作《坐忘吟》以答之。」李光既貶居海南，地處海濱，可以日日觀賞大海，故朋友賦《觀海圖詩》贈他，其中有勸他養生之意，他就寫了這首《坐忘吟》，詳述自己的養生之道，以回答朋友的美意。

　　「我聞天台坐忘仙，清虛石壁留真詮，長生要妙止一篇，林間宴坐心超然。」天台坐忘仙，當指唐代高道司馬承禎。承禎（647～735），字子微，法號道隱，晉彭城王權之後，祖晟仕隋為親侍大都督，父仁最曾為唐之襄、滑二州長史，承禎厭仕宦，依潘師正習符籙及辟穀導引服食之術，深受賞識，後遊名山，隱於天台山玉霄峰，自號白雲子或白雲道士，著有《坐忘論》、《修真養氣訣》及《服氣精義論》等，武則天、睿宗、玄宗皆曾召至宮中，詢問道妙，卒諡貞一先生。其於清虛石壁所留之真詮，當指《坐忘論》，而李光視之為「長生要妙」，該論所重，即在斷絕諸緣、簡除諸事、深居靜室，超然塵外，遺形忘我。

　　「壁觀無異達摩禪，繫念一處離葛纏，真人秘語豈浪傳，谷神玄牝常綿綿。」在李光看來，司馬承禎所傳授的坐忘之法，與禪宗初祖菩提達摩所倡導的「凝住壁觀」無所差別，即都非常強調「置心一處，外息諸緣」，使自己的心靈從各種瑣事的牽纏之中解脫出來，從而達到像谷神玄牝那樣綿綿不絕的狀態。李光以此為「真人秘語」，真實可信，絕不是虛聲浪傳的蠱惑人

心之事。

「咽津納息歸丹田，溯流直上朝泥丸，下落舌底生玉泉，輕超脫身如蛻蟬。」李光所行之法，即咽津，深呼吸，意念引導下沉丹田，沿尾閭上朝泥丸穴，然後再回落到舌底，促生津液，再咽津，如此循環不已，自可使身體輕健，或者使自己的心神如金蟬脫殼一樣從沉重的軀體之中脫離出來。

「御風騎氣追偓佺，神遊八極俯仰間，度人濟物功行圓，要看白日上青天。」道家的仙人都能御風騎氣，如《莊子‧逍遙遊》謂「列子御風而行」；偓佺為傳說中的古仙人，據《列仙傳》載：偓佺採藥於槐山，好食松實，形體生毛，可飛逐奔馬，曾以松實遺堯，堯不暇服，受而服食者皆至二三百歲云云。得道之人度人濟物，功行圓滿，可於俯仰之間神遊八極，可以白日上升青天而成仙。李光此處以偓佺自期，而對通過養生修煉而成就仙道充滿了期待和自信，以此向關心自己的朋友證明他不僅十分注意養生，而且在養生方面已經收到很好的效果，並期望能成就仙道的極致。

李光這首詩雖參以佛語，但主要講的還是道家的修煉之術，就其實際效果來看，他雖飽經憂患，歷遭貶謫，但能壽至八十餘歲，而且即便在晚年還能表現出非常豁達和健康的心態，這與他的如法修煉養生之術當有極大的關係。因此，我們完全可以將這首詩當作李光晚年生活的真實寫照。

四、宗杲的稱賞

從以上三首詩的分析中，我們可以看出，李光精神生活的底蘊是道家式的，同時還吸收了非常多的佛教思想，他的思想由此也就呈現出佛道二家交相輝映的光彩。李光除了推崇司馬承禎這樣的高道之外，亦喜結交大慧宗杲這樣的高僧。我從大慧宗杲的語錄中發現了兩條有關他的資料，頗可補正史之闕，故附論於此。而於這兩則資料中，我們也可以體會出當時最著名的禪師對他的讚賞有加。

大慧語錄中有一篇偈頌，題為《李參政轉物庵》。頌前有引，其文曰：「江月老人，牓所居之室曰『轉物』，蓋取《首楞嚴》『若能轉物，即同如來』之義，書來索銘，妙喜宗杲為之銘曰：若能轉物，即同如來。咄哉瞿曇，誑唬癡呆。物無自性，我亦非有。轉者為誰？徒勞心手。知無自性，復是何物？瞥起情塵，捫空搰骨。此庵無作，住者何人？具頂門眼，試辨疏親。」〔註53〕由

〔註53〕宗杲：《大慧普覺禪師語錄》卷11，《大正藏》第47冊，第856頁下。

此我們可知，李光曾自號「江月老人」，並以「轉物庵」命名自居之室，這些都是正史所未載的，但對於人們理解李光的志趣卻具有非常重要的參考價值。宗杲認為此號取自《首楞嚴》的「若能轉物，即同如來」之義，並鼓勵他在勘破外物非有的同時，努力參究「轉者為誰」與「住者何人」的問題，進一步體會到「我亦非有」的佛法勝義。聯繫到李光對佛經的特別喜愛，他的「轉物」之義取自當時非常流行的《楞嚴經》是完全有可能的，然從他的整體思想來看，其中也應具有《莊子》所說「物物而不物於物」之意。或者說，李光所居住的「轉物庵」，就是將《莊子》的「物物而不物於物」與《楞嚴》的「心能轉物」相互理解和融合的產物。

大慧語錄中還有一篇《答李參政》的回函。李光在給大慧的書信中提到，「華嚴重重法界，斷非虛語。既非虛語，必有分付處，必有自肯處。」大慧對此感慨良多，嗟歎不已。在大慧看來，「士大夫平昔所學，臨死生禍福之際，手足俱露者，十常八九。考其行事，不如三家村裏省事漢，富貴貧賤不能汨其心。以是較之，智不如愚，貴不如賤者多矣。何以故？生死禍福現前，那時不容偽故也。」生死患難正是檢驗人之所學的好時機，許多人自謂勘破了生死，一旦臨小利害，於是便手忙腳亂，惶惶然不知所措，由此可知其所謂勘破者，皆不過玩弄光景而已。李光在患難面前非常坦然，大慧認為這是他對於所學有真正收穫的一種表現，「大參相公平昔所學，已見於行事，臨禍福之際，如精金入火，愈見明耀。又決定知華嚴重重法界斷非虛語，則定不作他物想矣。其餘七顛八倒，或逆或順，或正或邪，亦非他物。願公常作此觀，妙喜亦在其中，異日相從於寂寞之濱，結來世香火因緣，成就重重法界，以實其事，豈小補哉。更須下個注腳，即今這一絡索，切忌作寓言指物會！」〔註54〕大慧對李光的見地給予了充分肯定，認為由此可以修成佛法的正果，達到涅槃的境界。

李光出身於儒學，雖仕至參政，位列中樞，建樹頗多，但遭時艱虞，仗義執言，因而觸犯權奸，至身不能容於朝廷，被貶謫於邊遠之地，受流離於蠻荒之域，正所謂無處安身之時，這種禪學化的《莊子》，或者說莊子化的禪學反而為他提供了一個廣闊的天地，成為他心靈的庇護所。我們說，這也正是佛道融合思想的價值所在——為忠誠和正直的人們提供安身立命的精神空間。

〔註54〕宗杲：《大慧普覺禪師語錄》卷28，《大正藏》第47冊，第934頁上。

第四節　亦為南華鳴不平——李屏山居士的護莊論

宋儒闢佛，兼斥老莊。高僧高道各據其道，各護其教，起而反駁，不免為門戶之見，猶難脫前代儒佛交涉或佛道論衡之矩鑊。李屏山居士融儒道佛三家於一爐，以孔孟老莊與佛同為聖人，不僅為釋迦辯護，亦為老子莊子鳴不平。

據《中州集傳・屏山李先生純甫》、《金史・列傳第六十四》及《佛法金湯編》卷十五等資料所載，李之純，字純甫，自號屏山居士，弘州人，金章宗承安年間進士，為人聰敏，少負才氣，以諸葛孔明、王景略自擬，曾三入翰林，仕至尚書右司都事，中年自度不能為時所用，遂棄官歸隱，卒年四十七歲。[註55] 屏山好讀《莊子》、《列子》、《左傳》、《戰國策》，自謂兒時不喜佛老，嘗著《排佛》、《辨莊》等論，二十九歲稍讀佛經，「始知天地之所以成壞，人物之所以生死，因果之根源，聖凡之階級，明白徑直，如指諸掌，孔子之所謂性近而習遠，亢倉子之所謂耳視而目聽，列子之所謂有生生者，莊子之所謂真君存焉，孟子之所謂心莫知其向，《周易》之所謂神寂然不動，盡在是矣。」[註56] 佛教經典成了他理解深入儒道思想的參照系。在佛教義理的映照下，他體會到儒道佛並無界限，「舉足而入道場，低頭而成佛道。灑掃應對，得君子之傳；飲食日用，知中庸之味。孰為儒者？孰為佛者？孰為老者？又孰能辨之哉！」[註57] 屏山歸隱之後，縱酒自放，日與禪僧士子游，酒酣面熱之際，高論佛法，隨機引導，如傾江湖。他不滿宋儒闢佛老之論，乃撮取其語，分章條辨，名曰《鳴道集說》，藏之篋底，臨終時付託敬鼎臣，經萬松行秀禪師薦於耶律楚材（自號湛然居士）。楚材讀而愛之，以為著其先鞭，乃為製序，遂傳於世。

《鳴道集說》今存駁斥宋儒之論一百八十一條，涉及莊子者有三十多條，其中《心說》更是發揮《莊子》而成。屏山或闡莊子之義以明宋儒之誣，或引莊子之言以斥宋儒之非，既充分展現了其思想與《莊子》之間的緊密關聯，又顯示了他對《莊子》的獨特理解。

一、推尊莊子之聖

道教尊莊子為南華真人，尊其書為《南華真經》，莊子之為聖人，自不待

[註55] 《中州集傳・屏山李先生純甫》，《大藏經補編》第 26 冊，第 807 頁。
[註56] 李之純：《鳴道集說・集說》，《大藏經補編》第 26 冊，第 881 頁。
[註57] 李之純：《鳴道集說・集說》，《大藏經補編》第 26 冊，第 882 頁。

言。屏山雖為信奉佛教的儒者，但其推尊莊子之聖，能深入《莊子》之堂奧，亦有不讓於道教徒眾者。

屏山三教同尊，認為老、孔、莊、孟與佛皆為聖人。他認為，《周易》體現了伏羲、神農、黃帝的思想，《詩經》、《尚書》則展示了堯、舜、禹、湯、文、武的精神，他們都是得道的聖人，同時又都是執掌政權的王者，但後世得道的聖人不再具有王者的地位，因而造成了道術的分裂，「有老子者，遊方之外，恐後世之人，塞而無所入，高談天地未生之前，而洗之以道德。有孔子者，遊方之內，恐後世之人，眩而無所歸，切論天地既生之後，而封之以仁義。故其言無不有少相齟齬者。雖然，或噓或吹，或挽或推，一首一尾，一東一西，玄聖素王之志，亦皆有所歸矣。其門弟子，恐其不合，而遂至於支離也。莊周氏沿流而下，自大人至於聖人；孟軻氏溯流而上，自善人至於神人，如左右券，內聖外王之說備矣。（中略）浮屠氏之書，從西方來，蓋距中國數千萬里，證之文字，詰曲侏離，重譯而得之，至言妙理，與吾古聖人之心，魄然而合。」〔註 58〕在他看來，老子高談道德，為方外之論，孔子揭櫫仁義，為方內之論，二人看似有異，而實則相輔相成，莊子延續了老子的思想，而孟子推衍了孔子的義理，兩家和合一致，使內聖外王之學得以完備；可惜的是，四聖沒後，其道不傳，而自遙遠的西方印度傳來的佛教卻與他們的觀點非常吻合，充分顯示了聖人之道具有超越時空的普遍性和永恆性。

屏山深入南華堂奧，使《莊子》一書成為自家學說最為重要的思想來源。《鳴道集說・心說上下》集中展現了他所自證的思想境界，是他認定的終極真理，其意象聯翩，許多說法顯然都來自《莊子》。如他謂「心」為「真宰」，為「真君」，「其形化」而「心與之然」，「百骸九竅六藏」，又「賅而存」，出自《莊子・齊物論》；他認為此真心具有永恆的意義和超越的特徵，「今一犯人之形，而曰人耳。若人之形者，萬化而未始有極，而無損益乎其真也。不離於真，謂之至人。彼至人者神矣。挾日月，旁宇宙，河漢沍而不寒，金石流而不熱，疾雷破山而不驚」，故而「可得不可見」、「可得而不可受」，出自《莊子・大宗師》；保持真心而勿失之，「夫若然者，綽約若處子，肌膚若冰雪」，「騎飛龍而遊乎四海」，出自《莊子・逍遙遊》；此真心即道，無法表述以言語，「言之則齮齕，三問而三不知，四問而四不說也！」出自《莊子・知北遊》與《莊子・應帝王》。屏山《說心》之用語，幾乎皆為莊子之陳言，然一經其重新組

〔註 58〕李之純：《鳴道集說序》，《大藏經補編》第 26 冊，第 805 頁。

織，就能很貼切地表達出他自己的思想觀念，這一方面可以看出《莊子》對他的影響非常大，另一方面也顯示出他對《莊子》的理解非常精當，已經達到了受我驅遣為我所用的地步。〔註59〕

在屏山之前，儒佛二家之視莊子，或以之為異端，或以之為外道，即便是對莊子抱持欣賞態度和同情理解的鴻儒和高僧，也不過是將莊子看作能夠潔身自好、自然放達的隱士，其道不過全性葆真、淡定安閒，所獲果報也不出人天之善，如此而已。推尊莊子為聖人，使其躋身老子、孔子、孟子、佛陀之列，這無疑是屏山居士獨特的思想見地。

二、闡明宋儒之誣

《莊子》思若飄風，意如野馬，汪洋恣肆，恢詭譎怪，對士大夫們具有非常強大的吸引力和影響力。宋儒立足於道學，每視之為異端之尤，詆排攘斥，不稍假借。屏山既推尊莊子之聖，故而在他看來，宋儒之論《莊子》，多為曲解其意，難免有厚誣古人之嫌。此處略舉數例，以概其餘。

北宋名臣司馬光自號迂叟，素有醇儒之稱。迂叟認為，黃老學者所謂的「無為」，不過是「以心既如死灰、形如槁木」而已。屏山駁之曰：「顏子黜聰明，墮肢體，入道之門耳，豈在道耶！列子知黃帝書者，其言曰：積塵聚塊，雖無為而非理也。莊子學老子者，其言曰：若羽之旋，若磨石之墜，乃死人之行，非生人之理也。聖人之得道者，尸居而龍見，淵默而雷聲，神運而天隨，豈心如死灰槁木！」〔註60〕屏山言下之意，實際上莊子是反對死灰土塊式的無所作為的。司馬光認為《莊子》文辭雖美，但空洞無物，他說，「莊子文勝而道不及，君子惡諸。是猶朽屋而塗丹雘，不可處也；眢井而席綺繢，不可履也；烏喙而漬飴糖，不可嘗也。堯之所畏，舜之所難，孔子之所惡。是青蠅之變白黑者也。」屏山對此論極為不滿，「莊周氏豈有意於文哉！其一噓也，隱然如迅雷之驚蟄蟲；其一吹也，颺然如長風之振槁木。糠秕二典而示堯舜之神，四子不離於陰陽；糟粕六經而掃仲尼之語，一人方出於魯國。大抵如達摩倒用如來印耳。至音太古，逆笙歌之耳；良藥太苦，蟄鋜鏃之舌。儒者不談，千五百年矣。比之青蠅，不亦厚誣乎！」〔註61〕在屏山看來，莊周並無

〔註59〕李之純：《鳴道集說・心說上》，《大藏經補編》第 26 冊，第 890 頁。
〔註60〕李之純：《鳴道集說》卷之一，《大藏經補編》第 26 冊，第 813 頁。
〔註61〕李之純：《鳴道集說》卷之一，《大藏經補編》第 26 冊，第 813 頁。

意於文字之工，而其文自然具有一種警醒世俗的感染力；從表面上看，莊子似乎對儒家經典不大尊重，但這不過如禪宗僧人的「呵佛罵祖」一樣，是一種獨特的尊崇方式，而司馬光比之為「青蠅」，真是「厚誣」古人了。

張載因居關西橫渠，學者遂以橫渠先生稱之，為宋代理學的奠基人。橫渠以「聖不可知為神」，謂莊子「有神人焉」之說為「謬妄」。但在屏山居士看來，「莊子所謂有天人、至人、神人，皆聖人之別稱耳。大抵居帝王天子之德，謂之聖人，言素王玄聖之道，謂之神人。（中略）豈有二人哉。莊子寓言，而學者惑之，是對癡兒不得說夢。迨佛書至，有法身、報身、化身之說，其理甚明。禪者又分五位，至於體用交參，正偏回互之際，區區章句之學，未嘗曾見此事，宜其譏笑以為謬妄也歟！」〔註62〕換言之，莊子所說的聖人、神人本是一人，橫渠譏笑莊子為謬妄，實是橫渠未能理解莊子寓言，如癡兒執夢為真，如果參照佛教法報化三身之說及禪宗五位君臣之論的話，莊子以神人、聖人體一而用異之意就更加顯然了。橫渠認為人死之後歸於空無，佛教所謂輪迴之事，「實無所取」，莊子亦言及死後之事，如骷髏現夢等，「實是畏死」。屏山認為，正是由於奴僕灶間、王侯將相共知死後是空，因而貪生畏死，「強者至於弒君篡國，弱者止於偷生避罪，養成天下腐肋疽根」，而佛教的傳入，使人們認識到，「此革囊不足甚惜，一念蹉跌，千劫淪落」，對儒家的綱常名教起到了很大的補充作用，自然也證明了莊子死後之說的正確性，橫渠「笑莊周畏死，何等語耶？周果畏死，亦將三聖人之後，別著一書，為此無忌憚人矣。」〔註63〕屏山認為，若定執死後為空，就會削弱道德的教化功能，使小人肆無忌憚，乃至於墮落到無所不為的地步。

程顥號明道，程頤號伊川，兄弟二人同為理學的創立者。明道不滿莊子的方內方外之說，認為這會使「道有間隔」。屏山認為，「禪者之心跡，即莊周之方內方外也。如聖人以此洗心，退藏於密，而吉凶與民同患者是也。雖聖人之神固無方所，其心跡豈無內外乎？」〔註64〕莊子所謂的方內方外，不過是真實內心與外在表現而已。明道以天地之間，陰陽變化，遂有事物的千差萬別，「莊周強要齊物，然而物終不齊也。」屏山指出，明道「謂莊子齊目前之物」，只說明他沒有讀過《齊物論》，「彼知天地與我並生，故彭祖、殤子無

〔註62〕李之純：《鳴道集說》卷之一，《大藏經補編》第 26 冊，第 817～818 頁。
〔註63〕李之純：《鳴道集說》卷之二，《大藏經補編》第 26 冊，第 826 頁。
〔註64〕李之純：《鳴道集說》卷之二，《大藏經補編》第 26 冊，第 831 頁。

壽夭矣；萬物與我為一，故泰山、秋毫無大小矣；修之以胡蝶之夢，所以忘物我而齊死生也；證心地法門，豈惠施堅白、鄧析兩可之說乎？」〔註65〕屏山將《齊物論》當作「心地法門」，就意味著莊子所「齊」的不是外在之物，而是內心的好惡是非。伊川舉晉代玄學為例，認為「學者後來多耽《莊子》」，是對「謹禮者膠固纏縛」的一種反動，身心在長久受到外在的嚴格拘束之後，「須覓個放曠出身處」，因而「其勢必然」。屏山指出，「悟《楞嚴》之妙理而後可以言戒，達莊周之玄學而後可以談禮。彼阮籍之徒，謂禮豈為我輩設，真狂言耳！蓋小人之中庸無忌憚者，如近世之無礙禪也，何等物耶？」〔註66〕在反對破壞禮教方面，屏山與二程若不有異，但在詮釋禮教被破壞的原因方面，屏山則追溯到未能悟達《楞嚴》妙理與《莊子》玄學，可以說與二程認定的佛老盛行所致大異其趣。

　　朱熹號晦庵，為理學之集大成者。晦庵嘗謂，「皇極之無偏無陂，不以私言有所去就耳。無作好惡，不以私意自為憎愛耳。豈但包容，漫無分別，流於老莊依阿無心之說。」屏山認為，晦庵對「皇極」的分辨雖然很好，但將「包容漫無分別」認作「老莊依阿無心之說」卻是極大的疏漏，他反駁道，「老子曰：上德為之而無以為，下德為之而有以為。莊子曰：人之君子，天之小人；天之小人，人之君子。不曰上仁不仁，不曰人之小人天之君子，其明白委曲如此，豈漫無分別乎？又曰：澤及萬世而不為仁，濟萬物而不為義，豈依阿乎？又曰：禍莫大於德有心，而心有眼，所謂無心於無心者，天之天也；有心於無心者，人之天也。如老莊者，豈有心於無心乎？朱子之誣人，亦太厚矣！」〔註67〕在屏山看來，老莊之學既非「漫無區別」，亦非無原則的依阿取容，更非有意追求無心，晦庵以之為「漫無分別」的「依阿」之論，實屬厚誣。晦庵對莊子「為善無近名，為惡無近刑，緣督以為經」之論尤為不滿，他訓「督」為「中」，認為莊子此論乃是「不論義理之當否，但欲依阿於其間」的「全身避害之計」，在他看來，「為善無近名，語或似是。為惡無近刑，則尤悖理。擇其不至於犯刑者而竊為之，巧其途以避禍，小人而無忌憚，甚矣！」〔註68〕屏山駁之曰：「下士聞道大笑之，若朱子者幾罵矣。『督』非『中』也，當訓

〔註65〕李之純：《鳴道集說》卷之二，《大藏經補編》第 26 冊，第 835 頁。
〔註66〕李之純：《鳴道集說》卷之三，《大藏經補編》第 26 冊，第 851 頁。
〔註67〕李之純：《鳴道集說》卷之五，《大藏經補編》第 26 冊，第 879 頁。
〔註68〕李之純：《鳴道集說》卷之五，《大藏經補編》第 26 冊，第 879 頁。

『督』為『迫』耳。莊子之言曰：『迫而後動，感而後應，不得已而後起，當而不自得，過而不悔。』其理然也。雖或以為善而遠於名，或以為惡而遠於刑，不以偽喪其真耳。」〔註69〕屏山認為，莊子此論不過是教人全性葆真而已，而朱子竟然詆之為「小人」，真不知他自己主張的到底是什麼。

屏山注意到，宋儒亦有能善解《莊子》者。如楊時（學者稱龜山先生）云：「聖人以為尋常事者，莊周則誇言之，乃禪家呵佛罵祖之類。如《逍遙遊》乃子思之所謂無入而不自得，《養生主》乃孟子所謂行其所無事而已，曲譬廣喻，此張大其說耳。」〔註70〕屏山對此非常贊尚，他說，「楊子見處甚高，知禪者有力於佛，即知莊子有力於聖人矣。曲譬廣喻張大儒者之說，儒者反疾之，何也？」〔註71〕換言之，莊子譏抨孔子，表面上看是對孔子的否定，實則為正話反說，其有功於儒家者甚大，因此儒家學者不應誤解和仇視莊子。屏山此論意味著他在批駁宋儒詆排佛老之時，也非常重視宋儒對佛老二家的同情理解。

三、指斥宋儒之剿

宋儒不僅曲解《南華》，厚誣莊子，有時還陰襲其說而陽擠之。湛然居士耶律楚材斥之云：「食我園椹，不見好音，竊香掩鼻於聖言，助長揠苗於世典，飾遊辭稱『語錄』，教禪慧如敬誠，誣謗聖人，聾瞽後學。」〔註72〕屏山通過對宋儒詆排莊子之言論的深入分析，指出其與《莊子》之文的思想淵源，可以說抓住了宋儒剿襲莊子的真贓實據。

橫渠是中國古代氣論的集大成者，他提出「太虛即氣」，建立了一套宇宙論哲學。橫渠曰：「氣塊然太虛，升降飛揚，未嘗少息；易所謂絪縕，莊子所謂生物之以息相吹，野馬者歟。此虛實動靜之機，陰陽剛柔之始，浮而上者陽之清，降而下者陰之濁，其感遇聚散，為風雨，為霜雪，萬品之流形，山川之融結，糟粕煨燼，無非教也。」屏山認為，橫渠此處不僅引用了《莊子·逍遙遊》中的文字，而且其立論方式也是模仿了《莊子》。他對橫渠此語評論道：「張子略取佛老之語，力為此說，正《首楞嚴》五十種魔第三十二，『行陰未盡，見諸十方，十二眾生，畢殫其類，雖未通其各命由緒，見同生基，猶如野

〔註69〕李之純：《鳴道集說》卷之五，《大藏經補編》第 26 冊，第 880 頁。
〔註70〕李之純：《鳴道集說》卷之四，《大藏經補編》第 26 冊，第 867 頁。
〔註71〕李之純：《鳴道集說》卷之四，《大藏經補編》第 26 冊，第 868 頁。
〔註72〕耶律楚材：《鳴道集說·序》，《大藏經補編》第 26 冊，第 802 頁。

馬，熠熠清擾，為浮塵根究竟樞穴。』張子誤認此言，以為至理；而又摹影佛答富樓那大地山川生起之說，莊周矢溺瓦礫之說，而不甚明，可付一笑！」〔註73〕也就是說，橫渠認定的至理，實是佛所反對的一種觀點，他對風雨霜雪糟粕煨燼的解釋看似是對莊子道在瓦礫的模仿，但卻缺乏對形而上之謂道的追尋，剿襲莊子而未盡其妙，故而「可付一笑」。

　　伊川主張「性即理」，即人性是天理之在於人者，但人有喜怒哀樂等情緒，人性與這些情緒的關係就成為理學家們經常討論的核心問題。伊川認為：「喜怒出於性，感於外而發於中，猶水之有波也。湛然平靜，水之性也。或遇沙石與風為波濤，豈水之性哉！人性中只有四端，豈有許多不善事耶？然無水安得波浪，無性安得有情也？」伊川以仁義禮智，即所謂的四端，為人性中之所固有，人性感於外界事物，四端遂發而為喜怒哀樂。伊川此處並沒有將仁義禮智等同於喜怒哀樂之意，但他既以仁義禮智為性，以性接於外物而生喜怒哀樂之情，若至於聖人之境界，那麼仁義禮智之性就會發而為喜怒哀樂皆中節之情。也就是說，伊川之說在理論上就蘊含著某種性情一致的可能性。屏山雖亦尊信孔孟，但非理學中人，故不肯苟同於伊川之論。他指出，「此說出於《莊子》。曰：『聖人有人之形，無人之情，不以好惡傷其生。』蓋出怒不怒，則怒出於不怒矣。（中略）有喜有怒，而後有仁義，有哀有樂，而後有禮樂，豈以喜怒哀樂為仁義禮樂哉！」〔註74〕屏山認為，仁義禮樂之性就體現在對喜怒哀樂等情緒的控制上，沒有喜怒哀樂也就無所謂仁義禮樂，因此，絕不能將喜怒哀樂之情與仁義禮樂等同起來。

　　楊龜山為伊川高弟，但較之乃師，他對佛教老莊似乎有較多的同情理解，於宋儒中，亦對佛老略不加斥，且多有融通儒道佛三家之論，故而屏山對龜山獨有偏愛。龜山嘗云：「知微之顯，只是戒慎乎其所不睹，恐懼乎其所不聞。有僧自堂不言而出，或曰：『莫道無言，其聲如雷。』莊子亦曰：『尸居而龍見，淵默而雷聲。』可謂善言者也。」龜山此處明確引用禪宗公案及莊子之語來證成儒家戒慎恐懼的修養工夫。屏山則對龜山此語作了進一步的引申：「戒慎恐懼，猶是聖人門外事，此與子欲無言相類。」〔註75〕換言之，在屏山看來，莊子所謂「尸居而龍見，淵默而雷聲」，不僅是知微之顯、戒慎恐懼的聖

〔註73〕李之純：《鳴道集說》卷之一，《大藏經補編》第 26 冊，第 814 頁。
〔註74〕李之純：《鳴道集說》卷之三，《大藏經補編》第 26 冊，第 851 頁。
〔註75〕李之純：《鳴道集說》卷之五，《大藏經補編》第 26 冊，第 868～869 頁。

門工夫，而且已經入於孔子「余欲無言」的聖人境界了。很顯然，李屏山居士對莊子的評價之高是拘於理學立場的楊龜山所無法比擬的。

總而言之，在屏山看來，宋儒對於孔孟義理雖然多有廣大，但囿於成見，拘於派性，不能發明莊子之聖，不免誣枉莊子，批駁先哲，乃至有陰襲其說而陽排其論之齷齪。而屏山之批駁宋儒，衛護莊子，實際上就是將《莊子》置入佛教的解讀結構中，利用豐富而深刻的佛教思想來彰顯《莊子》的魅力，這既是他融通三教的學術嘗試，也是他在新的思想背景之中對莊子學說的一種發展。

第五節　以佛解莊還譏佛——林希逸對《莊子》的佛學解讀

南宋末年的理學家林希逸著有《莊子口義》一書，在當時及後世頗受重視，堪稱莊子學史上的名篇。

林希逸，字肅翁，一字淵翁，號竹溪，又號鬳齋，獻機，南宋福建路福清縣漁溪人，紹熙四年（1193）生，理宗端平元年（1234）解試第一，次年省試第一，殿試中甲科第四人，歷官平海軍節度推官、秘書正字、樞密院編修官、翰林權直學士兼崇政殿說書、直秘閣知興化軍、考功員外郎、饒州太守、司農少卿、太常少卿等，所至以清白聞名於當世。此後閒居七年，度宗咸淳七年（1271）奉詔入京掌辭翰，屢辭不允，遂起赴命，卒於當年。林希逸一生著述宏富，今尚存者有《考功記解》二卷、《老子口義》二卷、《列子口義》八卷、《莊子口義》十卷（又稱《莊子鬳齋口義》、《南華真經口義》）、《鬳齋續集》三十卷、《竹溪十一稿詩選》一卷、《山遊摘稿序》一卷等。師從林光朝（艾軒）、林亦之（綱山）、陳藻（樂軒）一系理學家，為艾軒一派末代名儒。〔註76〕

從《莊子口義》可以看出，林希逸將深諳佛學，特別是熟知禪理，視為準確理解《莊子》的基礎，他有時以佛解莊，有時又以莊譏佛，從而展現出一幅奇異的思想圖景。

〔註76〕 參見周啟成：《莊子鬳齋口義校注・前言》，北京：中華書局，1997 年，第 1
　　～2 頁；《老子鬳齋口義・整理弁言》，上海：華東師範大學出版社，2010 年，
　　第 1 頁。

一、知莊須佛

林希逸將深明佛理，特別是熟悉禪宗意趣，作為當世學者閱讀和理解《莊子》的基礎和前提，這一觀念就體現在他所撰寫的帶有自序性質的《發題》之中。

林希逸首先指出，《莊子》應是儒士大夫的必讀書。他說：「若《莊子》者，其書雖為不經，實天下所不可無者。郭子玄謂其不經而為天下冠，此語甚公。然此書不可不讀，亦最難讀。東坡一生文字只從此悟入，《大藏經》五百四十函皆自此中繹出，左丘明、司馬子長諸人筆力未易敵此，是豈可不讀！」〔註77〕林希逸謂《莊子》之書為「不經」，自是理學家對佛道經典所持的一種偏見，但他也承認郭象謂《莊子》為天下諸書之冠冕確實是公平之論，這則是他超越一般理學家以攘斥佛老為己任的地方。在林希逸看來，大文豪蘇軾一生所有的作品都深受《莊子》的啟發，佛教全部經典所闡發的義理都可以從《莊子》中推導出來，就是儒士大夫最為推崇的史學家左丘明、司馬遷的文筆也無法與《莊子》相匹敵，因此儒士大夫必須下力氣閱讀《莊子》，這可能是《莊子》在理學家之中所能獲得的最高評價。

林希逸接著從五個方面分析了《莊子》的難讀性。「蓋以其語震動而見易搖也。況此書所言仁義性命之類，字義皆與吾書不同，一難也；其意欲與吾夫子爭衡，故其言多過當，二難也；鄙略中下之人，如佛書所謂最上乘者說，故其言每每過高，三難也；又其筆端鼓舞變化，皆不可以尋常文字蹊徑求之，四難也；況語脈機鋒，多如禪家頓宗所謂劍刃上事，吾儒書中未嘗有此，五難也。」〔註78〕其言下之意，謂《莊子》所用仁義性命之類等字眼與儒家經典完全一樣，但所表達的思想卻截然不同，而且《莊子》語多誇飾，很容易聳動人心，使讀者的見解發生動搖；《莊子》中有很多批評堯、舜、孔子和儒家的地方，自然都是一些不適當的言論；《莊子》思維的跳躍性很強，不能用一般的思路進行理解和把握；《莊子》很是瞧不起智力水平在中下檔次的人，因此其發為議論多有過高之嫌；《莊子》語言的變化性很大，無法以正常的方式對之加以理解；《莊子》所使用的語言如禪宗的機鋒一般，很多時候理解起來也很不容易。也就是說，林希逸既想通過閱讀《莊子》來提升自己的思維水

〔註77〕林希逸著、周啟成校注：《莊子鬳齋口義校注》，北京：中華書局，1997年，第1頁。

〔註78〕林希逸著、周啟成校注：《莊子鬳齋口義校注》，第1頁。

平、理論能力和語言表達能力，又想同時維護和保持住理學思想信仰的純正性和堅定性，因而也就不可避免地產生了如上所說的各種困難。

林希逸最後指出，要想閱讀《莊子》，就必須具備相當精深的佛學特別是禪學基礎。他說：「是必精於語孟中庸大學等書，見理素定，識文字血脈，知禪宗解數，具此眼目而後知其言意一一有所歸著，未嘗不跌盪，未嘗不戲劇，而大綱領、大宗旨未嘗與聖人異也。若此眼未明，強生意見，非以異端邪說鄙之，必為其所恐動，或資以誕放，或流而空虛，則伊川淫聲美色之喻，誠不可不懼。」〔註79〕林希逸的意思是說，要閱讀《莊子》，就必須精於語孟中庸大學等儒家經典，因為這樣可以保證讀者們儒家立場的堅定性；同時還要求讀者們認清《莊子》語言文字的脈絡，瞭解禪宗表達意旨的方式，因為這是閱讀《莊子》的基本要求；從《莊子》跌宕多姿、嬉笑怒罵的語言之中，看出其與儒家聖賢的一致性來，正是林希逸所特別期望達到的《莊子》閱讀效果。在林希逸看來，如果無法實現這一目標的話，那麼對《莊子》的閱讀就極有可能可能趨向兩個極端：要麼將《莊子》視為異端邪說，要麼像《莊子》那樣流入放誕和虛無的泥淖之中，這兩者就像程頤所說的淫聲美色一樣極其可怕。

在《發題》中，我們既可以看到林希逸對佛教義理特別是禪宗旨趣的重視，同時又可以感受他對佛教特別是禪宗所懷有的高度警覺，這種矛盾心理是他作為理學家的基本立場決定的，也直接導致他在疏釋《莊子》文義時對佛教既運用又批評的矛盾現象。

二、以佛解莊

林希逸在疏釋《莊子》文句時，時常運用佛教特別是禪宗的一些說法，以便將其含義清晰而明顯地呈現出來。

對於《逍遙遊》「堯治天下之民，平海內之政，往見四子藐姑射之山、汾水之陽」的說法，林希逸對此解釋云：「汾陽，堯都也，在堯之都而見藐姑射之神，即堯心也。一本，二跡，三非本非跡，四非非本跡也。如此推尋，轉見迂誕，不知此正《莊子》滑稽處，如今人所謂斷頭話，正要學者如此揣摸。前後解者正落其圈襀中，何足以讀《莊子》？其實皆寓言也。大抵謂人各局於所見而不自知其迷者，必有大見識，方能自照破也。」〔註80〕以汾水之陽為

〔註79〕林希逸著、周啟成校注：《莊子鬳齋口義校注》，第1～2頁。
〔註80〕林希逸著、周啟成校注：《莊子鬳齋口義校注》，第10頁。

堯心，並牒出佛教的本跡之論，其言下之意，顯然是以堯心為本，以治天下之民、平海內之政為從本所垂之跡，而堯往見四子藐姑射之山、汾水之陽也就成了發跡顯本；此處林希逸又拈出「斷頭話」和「照破」的說法，則使堯往見四子於藐姑射之山、汾水之陽獲得了看話頭和參禪開悟的意味。

對於《齊物論》「吾喪我」和「莊周夢蝶」的說法，林希逸極為欣賞。其釋前者云：「不曰我喪我，而曰吾喪我，言人身中才有一毫私心未化，則吾我之間亦有分別矣。吾喪我三字下得極好！洞山曰：渠今不是我，我今正是渠。便是此等關竅。」〔註 81〕將「吾喪我」解釋為對自心的省察，即與佛教「觀心」意同，而對洞山之語的引用，則使吾、我二字意義的區分更形顯著。其釋後者說：「在莊周則以夜來之為蝴蝶夢也，恐蝴蝶在彼，又以我今者之覺為夢，故曰不知周之夢為蝴蝶與？蝴蝶之夢為周與？這個夢覺須有個分別處，故曰周與蝴蝶必有分矣。此一句似結不結，卻不說破，正要人就此參究，便是禪家做話頭相似。此之謂物化者，言此謂萬物變化之理也。」〔註 82〕此處表明他還真將《莊子》之文當成話頭進行參究了。

對於《人間世》中「心齋」之說，林希逸更是以禪宗頓悟釋之。顏回欲見衛君，在孔子的一再否決和詰問之下，只得坦承「吾無以進矣」，林希逸謂其「更無向上著也」〔註 83〕。及受孔子心齋之傳，復求證於孔子：「回之未始得使，實自回也；得使之也，未始有回也；可謂虛乎」林希逸謂「此為顏子頓悟之言」〔註 84〕。孔子形容心齋，有所謂「虛室生白，吉祥止止」之說，林希逸解釋說：「唯止則虛，唯虛則明，便是戒生定，定生慧之意。」〔註 85〕禪家將不歷漸次直接悟道稱為「頓悟」，將頓悟得旨稱為「向上一著」，至於「戒生定，定生慧」更是佛教常談，經過林希逸的這一番解釋，本屬道家的淨心之論於此也就具有了禪宗頓悟的意味。

對於《德充符》的一些說法，林希逸亦以禪宗之語釋之。如其釋「且不知耳目之所宜，而遊心乎德之和」云：「耳於聽，宜也；目於視，宜也。彼能如此，則不獨以耳聽，不獨以目視，此禪家所謂六用一原也。音豈可觀，而曰

〔註 81〕林希逸著、周啟成校注：《莊子鬳齋口義校注》，第 13 頁。
〔註 82〕林希逸著、周啟成校注：《莊子鬳齋口義校注》，第 44～45 頁。
〔註 83〕林希逸著、周啟成校注：《莊子鬳齋口義校注》，第 62 頁。
〔註 84〕林希逸著、周啟成校注：《莊子鬳齋口義校注》，第 63 頁。
〔註 85〕林希逸著、周啟成校注：《莊子鬳齋口義校注》，第 65 頁。

觀世音，此雖異端之言，而皆有深意。」〔註86〕此處運用了《楞嚴經》觀音圓通法門可以六根互用之義。其釋「人莫鑒於流水而鑒於止水，唯止能止眾止」說：「此一句蓋言未能安其心之人而求教於彼，彼乃能教之而使之安。卻如此下六字，豈不奇哉！禪家所謂『將心來，與汝安』。學者曰：『求心了不可得。』其師曰：『與汝安心竟。』便是此一段話。」〔註87〕此處運用了禪宗初祖為二祖安心的典故。

對於《大宗師》，林希逸在解釋中運用佛教和禪宗的地方尤為常見。如其釋「不忘其所始，不求其所終」云：「或問趙州曰：和尚百歲後向哪裏去？州云：火燒過後，成一株茅葦。是不求其所終也。」〔註88〕道家的真人由此成為趙州禪師那樣的解脫者。其釋「與其譽堯而非桀也，不如兩忘而化其道」云：「譽堯非桀一句，雖若不經，此其獨見自得處。無桀亦無堯，無廢亦無興，無善亦無惡，無毀亦無譽，毀譽、廢興、善惡，皆相待而生，與其分別與此，不若兩忘而付之自然，付之自然，是化之以道也。佛家曰：『是法平等，無有高下。』又曰：『有無俱遣。』又曰：『大道無難，唯嫌揀擇。』皆此意也。『兩個泥牛斗入海，直到如今無消息』一語最佳。」〔註89〕道家的是非兩忘與佛教的隨緣任運取得了同等的意義。

對於《應帝王》，林希逸亦以佛義釋之。如其謂：「四問而四以不知答之，即《維摩經》以不言為不二法門之意。」〔註90〕由此《莊子》所說的「不知」，也就成了最大的「真知」。而壺子所說的「地文」、「杜德機」「天壤」「太沖莫勝」等，都是佛教所修的觀名。「鯢桓、止水、流水，皆是觀名，今佛家以為觀，而古人以為淵，淵有九名，猶今觀音十二觀也。」〔註91〕而猶有進於此者，「未始出吾宗，亦是觀名。」〔註92〕林希逸將壺子與巫咸之間的激烈鬥法，解釋為壺子修習的觀法實踐，由於佛教知識在宋代已具有相當程度的普及性，此說顯然更易於為一般讀者所理解。

《莊子》中如此之類的說法所在多有，此處不遑多舉。林希逸的以佛解

〔註86〕林希逸著、周啟成校注：《莊子鬳齋口義校注》，第 84 頁。
〔註87〕林希逸著、周啟成校注：《莊子鬳齋口義校注》，第 85 頁。
〔註88〕林希逸著、周啟成校注：《莊子鬳齋口義校注》，第 100～101 頁。
〔註89〕林希逸著、周啟成校注：《莊子鬳齋口義校注》，第 107 頁。
〔註90〕林希逸著、周啟成校注：《莊子鬳齋口義校注》，第 125 頁。
〔註91〕林希逸著、周啟成校注：《莊子鬳齋口義校注》，第 132 頁。
〔註92〕林希逸著、周啟成校注：《莊子鬳齋口義校注》，第 133 頁。

莊，一方面說明宋代佛教在社會上非常普及，已經可以成為人們理解古籍的前解讀結構，另一方面也表明佛教可以與《莊子》做進一步的會通和融合，從而使佛教體現出更加濃鬱的本地風光來。

三、以莊譏佛

林希逸對《莊子》的注疏雖然運用了大量的佛學概念，但他畢竟不是佛教的信徒，因此又不時會以《莊子》的思想觀念去壓制或者譏訕佛教。

林希逸有時會說《莊子》中的某一句話包含了佛教一大藏經的思想義理。如《德充符》中有「死生亦大矣」的感歎，林希逸指出，「此五字，乃《莊子》一大條貫。釋氏一大藏經，只從此五字中出，所謂『死生事大，如救頭然』是也。……儒家闢以為異端者，謂其於他事皆不講明，而終身只學此一件，其說甚正。然釋氏之學，正以下愚之人貪著昏沉而不可化，故以此恐懼之，而使之為善耳。其教雖非，其救世之心亦切，為吾儒者，不容不闢其說，而亦不可不知其心也。彼以人無貴賤，所畏者死耳，故欲以此脅持之，使入於道。或謂釋氏畏死而為此學，失其心矣。」〔註93〕林希逸謂死生問題是《莊子》和佛教都特別關注的一個核心問題，倒也符合《莊子》和佛教的思想實際，但若謂佛教全部的經典和義理都是在為這五字作注腳，則不免成故作驚人之語，有些言過其實了。但其要求人們對佛教以生死恐動人心的做法給予正面的瞭解，倒也不失為對待佛教應有的正確態度，顯然還是高出當時一般理學家不少的。其釋《駢拇》中一段云：「此數語中，如所謂聽者，非謂其聞彼也，自聞而已矣，所謂明者，非謂其見彼也，自見而已矣。一大藏經不過此意，安得此語！」〔註94〕其意全部佛教經典所說的思想和義理，皆已涵蓋於《莊子》此數語之中，且遠不如此數語精粹和簡明。林希逸在《莊子口義·發題》中既已說過：「《大藏經》五百四十函皆自此中繹出。」〔註95〕如此等處可算是對這一句總說的進一步發揮和證實。

林希逸有時會將《莊子》的某些文字說成是佛教思想的來源。如《大宗師》中描述子桑戶死後，其友孟子反、子琴張臨屍而歌，林希逸解釋說：「我猶為人猗，便是『忽聽上方鍾鼓動，又添一日在浮生』。此等皆其文奇處。禮

〔註93〕林希逸著、周啟成校注：《莊子鬳齋口義校注》，第 82 頁。
〔註94〕林希逸著、周啟成校注：《莊子鬳齋口義校注》，第 143 頁。
〔註95〕林希逸著、周啟成校注：《莊子鬳齋口義校注》，第 1 頁。

意，猶言禮之本也。《莊子》雖為寓言，而《禮記》所載原壞《埋首》之歌，則知天地之間，自古以來，有此一等離世絕俗之學。今人但云：佛至明帝時始入中國。不知此等人不待學佛而自有也。」〔註96〕佛教視此生如夢幻泡影，故謂之為浮生。林希逸以此類思想為中國所固有，即帶有佛教中有許多觀念起源於中國的意味，只是說得比較委婉含蓄而已。其釋《莊子·天運》「烏鵲孺，魚傳沫，細要者化」云：「佛經所言胎生、卵生、化生、濕生，其原必出於此。」〔註97〕印度佛教本來就有四生之說，謂其源於《莊子》，顯然是對佛教的誤解。其釋《至樂》「生者，假借也；假之而生生者，塵垢也」云：「假借者，言此身乃外物假合而成也。塵垢者，言在造化之中，至微而不足貴也。釋氏所謂『四緣假合』，『今者妄身，當在何處』，其意實原於此。」〔註98〕因緣和合而成此如幻如化之身，是佛教般若學的基本觀點，與《莊子》以生為假借的觀點雖有相似性，但在本質上卻分屬於兩種不同的思想體系。林希逸的這種誤解，來源於他僅僅重視了思想形式的相似性，而未能對相關思想的形成和發展進行歷史的考察和研究。

　　林希逸有時會在解釋《莊子》的名義下有意無意地批判一下佛教。其釋《在宥》「賤而不可不任者，物也」一段云：「觀此一段，莊子依舊是理會事底人，非止談說虛無而已。伊川言釋氏『有上達而無下學』，此語極好，但如此數語中，又有近於下學處，又有精粗不相離之意。以道為貴，則物為賤矣，人豈能遺物哉！故曰賤而不可不任者，物也。」〔註99〕此處之所以引用並讚賞小程子批判佛教的話，大概是有感《莊子》與佛教都具有重視理想而忽視現實的共同點，但《莊子》於此明確表達了必須對物給予相當關注之意，那麼其批判的矛頭明顯地單純指向了佛教。在此篇注釋的末尾，他再次指出：「樂軒云：『儒者悟道，則其心愈細；禪家悟道，則其心愈粗。』此看得儒釋骨髓出，前此所未有也。如《莊子》此段，把許多世間事，喚作卑，喚作粗，中間又著個不得不三字，似此手腳更粗了，便無『惟精惟一，允執厥中』氣象。若分別得這粗細氣象出，方知樂軒是悟道來，是具大手眼者。他人闢佛，只說得皮毛，他既名作出世法，又以絕人類、去倫紀之說闢之，何由得

〔註96〕林希逸著、周啟成校注：《莊子鬳齋口義校注》，第115～116頁。
〔註97〕林希逸著、周啟成校注：《莊子鬳齋口義校注》，第244頁。
〔註98〕林希逸著、周啟成校注：《莊子鬳齋口義校注》，第280頁。
〔註99〕林希逸著、周啟成校注：《莊子鬳齋口義校注》，第179頁。

他服！」〔註100〕林希逸之意雖然主要在於批評《莊子》中的相關說法，但論述的重點，卻放在了對佛教的批判上。其釋《繕性》「恬養知，知養恬」云：「此六字最妙，釋氏有曰『戒生定，定生慧』，卻未說慧能生定也。」〔註101〕則是謂佛教說理不如《莊子》全面而透徹，這顯然是要通過讚揚和欣賞《莊子》來批判佛教了。

　　林希逸雖然對《老子》、《莊子》、佛教和禪宗具有非常深刻的理解，但他畢竟是一位理學家，他運用佛教和禪宗的概念和思想詮釋《莊子》的主要目的，是想證明《莊子》雖然在表面上給人一種詆排孔子的感覺，但在「大宗旨」和「大綱領」上卻與孔子是一致的，這應當算是理學家以儒家思想改造《莊子》的一種嘗試。他認為《莊子》的某種具體說法可以涵攝佛教一大藏經，或者是佛教某種思想的起源，雖然並不符合思想發展的歷史實際，但卻表明他敏銳地意識到中國佛教特別是禪宗在形成和發展中吸收和汲取了老莊道家的思想資源。他將熟悉佛教和禪宗的思想義理視為準確理解《莊子》的思想前提，時常運用佛教的概念和術語注解《莊子》的文句，極大地開拓了人們理解和詮釋《莊子》的視野，將《莊子》詮釋學提高到一個新的發展階段，但是他在注疏《莊子》時不時對佛教和禪宗做出的略帶譏訕意味的涵攝和概括，則對後來的高僧大德們產生了強烈的刺激，促使他們更多地運用佛教思想、義理乃至思維方式對《莊子》做出更加精準的詮釋和理解。

　　上文論述的晁迥、王安石、蘇軾、李光、李純甫、林希逸等人，或為宋室重臣，或為金邦名士，雖皆以居士自命，而實則首先是儒家士大夫。他們或以佛解莊，或以莊釋佛，或在自己的著作中融會莊子與佛教，在促成儒道佛三教關係走向深度融合的同時，也與當時方興未艾的理學一道，將中土的思想文化推向一個新的境界。

〔註100〕林希逸著、周啟成校注：《莊子鬳齋口義校注》，第 182 頁。
〔註101〕林希逸著、周啟成校注：《莊子鬳齋口義校注》，第 253 頁。

第四章　晚明高僧的以佛解莊

　　經過隋唐時期的創宗立派和宋金元時期與儒道兩家相互的深度融合，至明代中後期，佛教已經演變為中國傳統文化的重要組成部分，若固有之。由於宋代儒學的復興、宋明王朝的壓制以及頻繁戰亂的影響，佛道兩家都經歷了長期的困頓與衰頹，但自明代中葉以來，在陽明心學的激蕩之下，佛道兩家都有所振作。不少高僧為了與道教爭奪思想文化領域的優勢地位，為了增強佛教對儒家士大夫的吸引力，為了在欣賞《莊子》的同時對其進行佛教化的改造，紛紛加入了注解和疏釋《莊子》的行列，於是佛教界湧現出一大批運用佛教思想和義理詮釋和注疏《莊子》的著作。

第一節　毋謂南華勝儒佛——蓮池大師雲棲袾宏的莊子觀

　　明中葉後，在陽明心學的鼓蕩下，佛道二家都呈現出振興之勢。道家之學中，尤以《莊子》最受世人青睞，常有人謂南華妙義遠勝佛經。時風所染，甚至有些僧人也開始研讀《莊子》，這不能不引起一些高僧大德的擔憂。最先代表佛教界對此做出回應的，則是蓮池大師雲棲袾宏。

　　雲棲袾宏（1535～1615），字佛慧，自號蓮池。俗姓沈氏，浙江仁和（今杭州）人，十七歲補邑庠，歷試冠諸生，後信奉淨土宗，志在出世。三十一歲投性天理和尚出家，既而於杭州昭慶寺受具，學教參禪，歷遊諸方。三十七歲返回杭州，結茅安居於古雲棲寺舊址，日久漸成叢林，同門尊之為雲棲大師。雲棲袾宏住持雲棲寺四十餘年，期間他嚴持毗尼，制定規約，披閱三藏，

注釋經典，著有《戒疏發隱》、《彌陀疏鈔》、《具戒便蒙》、《禪關策進》、《竹窗隨筆》、《竹窗二筆》、《竹窗三筆》等二十多種行世，後來編成《雲棲法彙》。雲棲袾宏教崇華嚴，但同時主張各宗並進，戒律為基礎，彌陀淨土為歸宿，後世尊之為華嚴圭峰下第二十二世，蓮宗第八祖。〔註1〕

《竹窗隨筆》中有三篇題為《莊子》的短文，這是雲棲袾宏《莊子》觀的集中體現。為了行文上的便利，本文就以這三篇短文作為最基本的分析文本。

一、崇莊者不過俗士村學

蓮池雲棲袾宏身為一代高僧，他近乎本能地將《莊子》勝於佛教經典的言論斥為「俗士村學」。其《莊子（一）》云：

> 有俗士，聚諸年少沙彌講《莊子》，大言曰：「《南華》義勝《首楞嚴》。」一時緇流及居士輩無斥其非者。夫《南華》，於世書誠為高妙，而謂勝《楞嚴》，何可笑之甚也！士固村學究，其品猥細，不足較，其言亦無旨趣，不足辨，獨恐誤諸沙彌耳。然諸沙彌稍明敏者，久當自知。如言鍮勝黃金，以誑小兒，小兒既長，必唾其面矣。〔註2〕

中晚明時期，出家僧眾的素質良莠不齊。一些經濟比較富裕的寺院為了提高本寺僧眾的素質，往往會延聘塾師，向年輕的沙彌講授一些五經四書以及《老子》《莊子》之類的儒道經典。當時，宋代儒生林希夷的《莊子口義》及明代道士陸西星的《南華副墨》在讀書人中比較盛行，有些塾師們就將其作為講授《莊子》的重要參考書目。但由於這兩部著作的作者均非佛教信徒，書中不免帶有一些《莊子》的思想義理勝過佛教經典的言論，不經意間引起了佛道之間孰優孰劣的辯論，由此也引起了雲棲袾宏的不滿。上揭之文基本就是這種不滿情緒的體現。不過在這裡，雲棲袾宏對於《莊子》優越於當時非常流行的佛教經典《楞嚴經》的說法所作的反駁完全是信仰主義的，缺乏必要的學理分析；如果站在今天的立場來看的話，不加分析地將持不同思想觀點的人直斥為「俗士」、「村學究」，謂「其品猥細」，即人品猥瑣、不值得重

〔註1〕有關雲棲袾宏生平，可參閱明河：《補續高僧傳》卷5，《卍新續藏》第77冊，第401頁上～402頁上。

〔註2〕雲棲袾宏：《竹窗隨筆》，《嘉興藏》第33冊，第26頁中～下。

視等,似乎有些人身攻擊的嫌疑;而謂「其言亦無旨趣,不足辨」,這種不屑一辯的態度也缺乏詳細解說的耐心和興趣;最後以「必唾其面」相威脅,更是有失學者和一代祖師大德應當具有的雍容器度。如果單純地從佛道兩家學理辯論的角度來說,雲棲袾宏如此的武斷和蠻橫,基本上意味著佛教的徹底失敗。但是,雲棲袾宏曾經參過禪,深知禪師家善於運用棒喝的方式打斷學者向外尋求的路子。由此我們也可以說,如果從參禪悟道的角度而言,雲棲袾宏此法頗得禪宗棒喝截流之妙,直接將那些在《莊子》玄風中迷醉不已的沙彌們的思路拉回到佛經之中,不與對方較論彼短此長,為此確實可以省卻許多不必要的口舌之辨。

但有些辯論還是必要的,因此云棲袾宏還有《莊子(二)》的寫作,如上所論,也就僅為首先的開宗明義而已。

二、莊子義劣於六經四子

在《莊子(二)》中,雲棲袾宏不僅不同意《莊子》相對於佛教經典具有任何的優越性,而且還明確表示,即便是相對於儒家的六經四子,即通常所說的五經四書,那些儒士大夫平素習為業的功利之書,《莊子》也沒有任何的優勢可言。他說:

> 或曰:「《莊子》義則劣矣,其文玄曠疏逸,可喜可愕,佛經所未有也。諸為古文辭及舉子業者咸靡然宗之,則何如?」曰:「佛經者,所謂至辭無文者也,而與世人較文,是陽春與百卉爭顏色也,置勿論。子欲論文,不有六經四子在乎?而大成於孔子。吾試喻之。孔子之文,正大而光明,日月也;彼《南華》,佳者如繁星掣電,劣者如野燒也。孔子之文,渟蓄而汪洋,河海也;彼《南華》,佳者如瀑泉驚濤,劣者如亂流也。孔子之文,融粹而溫潤,良玉也;彼《南華》,佳者如水晶琉璃,劣者如玟珂碔砆也。孔子之文,切近而精實,五穀也;彼《南華》,佳者如安南之荔,大宛之葡萄,劣者如未熟之梨與柿也。此其大較也,業文者宜何師也?而況乎為僧者之不以文為業也。」〔註3〕

如上所說,雲棲袾宏對於《莊子》義勝佛典的否定和駁斥未經任何的分析和辯解,完全是一種信仰主義的權威獨斷論。也許是懾服於其高僧大德的

〔註3〕雲棲袾宏:《竹窗隨筆》,《嘉興藏》第33冊,第26頁下。

身份和威望，主張《莊子》勝於佛經者於是又後退了一步，對雲棲袾宏所說的《莊子》的思想義理遠較佛典為低劣的斷言表示接受和認可，但對方同時也表示，《莊子》的辭藻非常美妙，行文極為流暢，熟讀其文，對於學習撰寫文章和參加科舉考試的人來說，還是很有用處、很有必要的。

雲棲袾宏繼續運用「奪饑者之食，驅耕夫之牛」的禪師作略，決計對任何有利於《莊子》或為《莊子》留有任何餘地的說法都予以徹底剿絕，以使對方對《莊子》徹底灰心，直至完全放棄。雲棲袾宏指出，佛教經典是「至辭無文」，即不需要任何文飾的最好的文章，猶如陽春一般；《莊子》雖然文采絢爛至極，但無論如何都不過是諸多花卉中的一種，花卉中的一種怎能與陽春相媲美呢！也就是說，雲棲袾宏從來就沒有把佛教經典與《莊子》放在相互對等的地位上，因此斷然拒絕將二者加以比較。

在雲棲袾宏看來，學習撰寫文章，為參加科舉考試做些準備，這不過是些世俗的利祿之事罷了，因此，如果非要以某些經典文本與《莊子》進行相互對比的話，也只能是與那些世俗的儒家經典相比。不過，即便是退到世俗論文的地步上，雲棲袾宏也不認可《莊子》有多大的意義和價值。他指出，就算是僅僅為了世俗的目的學習撰寫文章，那些儒家的經典，即以六經四子為主要內容的所謂「孔子之文」，也比《莊子》要強得多。為了證明自己的觀點，他對儒道兩家的經典進行了簡單的相互比較，他指出「孔子之文」如日月一般「正大而光明」，如河海一般「渟蓄而汪洋」，如良玉一般「融粹而溫潤」，如五穀一般「切近而精實」。相對而言，《莊子》則優劣互見，良莠不齊，如繁星掣電中參雜著野火，如瀑泉驚濤中充斥著亂流，如水晶玻璃中混入些玫珂砆砅，如荔枝、葡萄中裝了些未熟的梨子與柿子。總之，與五經四書等「孔子之文」相比，《莊子》實在是差得太遠了，因此他堅定主張，即便是撰寫文章，還是應該向孔子和儒家經典學習，何況出家為僧又不用撰寫文章，因此就更沒有必要學習《莊子》了。

很顯然，與評定佛教經典所蘊含的思想義理優於《莊子》一樣，雲棲袾宏運用諸多的譬喻和對比，得出了五經四書等「孔子之文」遠勝於《莊子》的結論，仍然是非常缺乏學理的思辨和分析的獨斷論，完全是在憑自己的感覺說話，因此談不上有多少的客觀性，但是他聯合儒家對抗道家特別是《莊子》的致思傾向卻是非常明顯的。這是因為，儒家作為當時居於主流地位的意識形態，對國家政令與社會風俗具有主導的作用，無論是在政治上所具的優越

性還是社會生活中所發揮的影響力，都是任何宗教和思想流派所無法比擬的，而佛道兩家則在一定程度上處於相互競爭之中，因此儒家就成為佛道兩家爭相援引和傾訴的對象，雲棲袾宏的聯儒抗道就是佛教在這種文化環境中經常運用的一種思想鬥爭策略。

雲棲袾宏希望人們，入世求名求利時，就去學習儒家的經典；出世希望得到解脫時，就要遵循佛經的教誨。但是在事實上，卻還有為數不少的一批人，既對世俗的人們沉醉其中的功名利祿懷有深惡痛絕之心，又不願沉入到青燈古佛的寂靜和孤獨之中，他們更願意追求人間世的逍遙和徜徉，這是《莊子》在歷代都能得到風行影從的基礎。雲棲袾宏似乎沒有意識到這一部分人們和這一種心理現象的存在，故而要求人們出入於儒佛之中，殊不知儒道佛三家並立和共存為人們提供心靈翱翔的思想空間更為廣闊。後來的高僧大德們，如憨山德清、吹萬廣真、覺浪道盛等人，都意識到了這點，因此走上了對《莊子》進行同情理解的思想道路，其思想器度顯然要比雲棲袾宏更為開闊、疏朗和通達得多。

三、引莊語僅是彷彿而已

雲棲袾宏對《莊子》的評價既然這麼低，那麼他便面臨著這樣一個問題，即古代的祖師大德們在疏解佛教經典、撰述佛學著作的時候，為什麼卻頻頻地引用《莊子》呢？其《莊子（三）》就是解答這個問題的。

> 曰：「古尊宿疏經造論，有引《莊子》語者，何也？」曰：「震旦之書，周孔老莊為最矣。佛經來自五天，欲藉此間語而發明，不是之引，而將誰引？然多用其言，不盡用其義，彷彿而已矣，蓋稍似而非真是也。南人之北，北人不知舟，指其車而曉之曰：『吾舟之載物而致遠，猶此方之車也。』借車明舟，而非以車為舟也。」〔註4〕

這就是說，在雲棲袾宏看來，《莊子》在義理上雖然遠不及佛教經典那麼高深，那麼殊勝，在文辭、內容和作用等方面也不如儒家經典那麼純粹，但是，《莊子》畢竟還可以算得上是中國最為優秀的著作之一。而佛教經典作為一種從印度異域傳來的翻譯文本，要想在中土獲得理解、認同和信仰，就必須要借助於人們所熟知的中土固有經典中的詞語、概念和範疇，才能將自身

〔註4〕雲棲袾宏：《竹窗隨筆》，《嘉興藏》第33冊，第26頁下。

蘊含的深刻思想和豐富義理展現出來。《莊子》既然是中土最為優秀、最為流行同時也廣受歡迎的經典之一，其情趣、文風和辭采深得中土士大夫之喜愛，可謂是早已浹肌淪髓，那麼自然也就成為古代祖師大德們疏解佛教經典、撰寫佛教著述經常引用的重要典籍了。不過雲棲袾宏同時還指出，古代的祖師大德們對《莊子》的引用，只是引用其語言和辭藻而已，對於其語言辭藻之中的思想內涵，還是有所保留的，其與佛教經典只是具有一定程度上的相似性而已，在本質上還是有著重大區別的。為了進一步闡明這個道理，他打比方說，一個南方人到北方去，北方人不知道船是什麼樣子，這位南方人就以北方人司空見慣的車作為比喻，向北方人說明船的乘載功能，但這並不意味著船就是車，或者船和車就是完全一樣的。雲棲袾宏認為，祖師大德們在翻譯佛教經典和撰寫佛教論著時引用《莊子》的情況就與此相似，只是為了方便那些不懂佛教的人產生理解而已。我們說，雲棲袾宏雖然極力批駁《莊子》相對於佛教具有任何優越性的言論，但在此處，他仍然不得不承認《莊子》是中國最重要和最優秀的經典文本之一，不得不承認《莊子》對於理解佛教經典具有不可替代的重要作用。

　　雲棲袾宏修行艱苦卓絕，真切實落，而且又知識淵博，因此成為當時僧俗兩界都非常景仰的大善知識，受到人們的無比尊崇，晚明佛教也因為他的住持而為之一振，開始呈現出某種程度的復興態勢來。在紛紜複雜的中晚明思想界，面對僧俗兩界紛紛為《莊子》所吸引的思想狀況，雲棲袾宏非常希望通過聯合儒家，將《莊子》拒斥於佛門之外，既可以減輕佛門所受到的競爭壓力，又能夠純潔和淨化佛教信眾的信仰。我們對雲棲袾宏如此評論《莊子》的出發點和目的雖然可以理解，但是卻不得不說，雲棲袾宏對《莊子》的看法是有其狹隘性的，這樣做不僅無法將《莊子》拒之於門外，反而很有可能使佛教與當時的思想潮流隔離開來，倒不如憨山德清、吹萬廣真、覺浪道盛等人以佛解莊，使佛教與《莊子》實現深度融合，使《莊子》為能夠佛教所用，更有利於佛教的發展。但在晚明佛教界中，雲棲袾宏最早意識到《莊子》的興起必將對佛教的發展產生深刻的影響，這充分表明他的思想還是很具有前瞻性和敏銳性的，後來諸多高僧的以佛解莊，在某種程度上也是在雲棲袾宏式的拒斥之外，對這一問題的另一種回應而已，這也是雲棲袾宏這三篇討論《莊子》的短論在中國莊學史的意義之所在。

第二節　高僧能知南華意──憨山德清的《莊子內篇注》

中國佛教歷來與老莊道家有很深的因緣，這不僅表現在佛教初傳時期的佛老同祠，或者佛教般若學因老莊玄風而盛行東土，還體現於許多高僧都以精通老莊著稱，早期如慧遠、支遁、僧肇等，皆其翹楚，降至於晚明，憨山大師所著《莊子內篇注》（文中略稱《內篇注》）亦為世所重。

釋德清（1546～1623），俗姓蔡氏，金陵全椒（今安徽全椒）人，年十二禮金陵大報恩寺西林禪師出家，西林為延師，教以四書、《周易》、時藝及古文辭詩賦等，「一時童子，推無過者。」〔註5〕年十九披剃，並受具戒，慕清涼澄觀之為人，因以澄印為自字。後大報恩寺毀於火災，立志興復，乃歷游吉安、揚州、北京、五臺山等地，慕五臺山北臺憨山之奇秀，遂取憨山為自號，故世稱憨山大師。憨山曾禪隱於五臺山北臺之龍門，因修道場為國祈儲而深得皇太后的歸敬。三十八歲，「以台山虛聲，謂大名之下，難以久居，遂蹈東海之上。」〔註6〕結廬於東海牢山（即今山東崂山）那羅延窟，皇太后賜金為造海印寺。五十歲，受宮廷矛盾的牽連被逮入京，他不無自豪地對送行的信眾說：「今東海蔑戾車地，素不聞三寶名，今予教化十二年，三歲赤子，皆知念佛，至若捨邪歸正者，比鄉比戶也，予願足矣，死復何憾！」〔註7〕最後以「私創寺院」的罪名遣戍雷州。他以待罪之身，著囚服而說法，創開嶺南佛教之風氣，振興禪宗六祖之古曹溪道場。至六十九歲時，始得重新披剃，還其僧服。天啟三年（1623），憨山以七十八歲高齡坐化於曹溪，其肉身至今仍供養於廣東韶關南華禪寺。憨山著作眾多，由門人輯為《憨山老人夢遊集》40卷（現流通本為55卷），收入明方冊本《續藏經》中。憨山學問廣博，不拘門戶，雖為禪門宗匠，但卻致意於《華嚴》經教，服膺清涼澄觀學行，大力倡導禪、淨一致，儒、道、釋調和，一時法化甚盛，與雲棲袾宏、紫柏真可、蕅益智旭齊名，並稱為明末四大高僧。

〔註5〕《憨山老人自序年譜實錄》，《憨山老人夢遊集》卷53，《卍新纂續藏經》第73冊，第832頁上。

〔註6〕《憨山老人自序年譜實錄》，《憨山老人夢遊集》卷53，《卍新纂續藏經》第73冊，第837頁下。

〔註7〕《憨山老人自序年譜實錄》，《憨山老人夢遊集》卷53，《卍新纂續藏經》第73冊，第840頁中。

　　《莊子》是道家和道教要籍之一。自西晉向、郭以來，歷代注家不乏其人。唐代皇室以老子後裔自居，定道教為國教，敕封《老子》為《道德真經》，《莊子》為《南華真經》。憨山於明萬曆四十八（1620）年七十五歲時為弟子述《內篇注》，〔註8〕要言不煩、平正通達，在諸多的《莊子》注釋中頗有特色，可為研讀《莊子》者所藉資，而作者深湛的佛學素養也使該書具有了佛道二教視界融合的意味。

一、總論《莊子》

　　憨山以《莊子》一書為《老子》的最好注解，老之有莊，正如孔之有孟，而《莊子》雖有內、外、雜諸篇，但其精華主要集中在《內篇》之中，《外篇》與《雜篇》不過是對《內篇》的引申、發揮和解說而已。按照佛教講經說法的慣例，在正式講解經文之前，必有一大篇「玄義」（天台宗）或「懸談」（華嚴宗），以便聽眾能從宏觀的思想背景中來理解所講經典的獨特性和重要性，把握該經典的核心思想。《內篇注》云：「其學問源頭，《影響論》發明已透，讀者參之。」〔註9〕這無異於說，讀者可將他早年所著的《觀老莊影響論》當作「莊子懸談」來看，於此瞭解他對《莊子》的總體看法。

　　《觀老莊影響論》，一名《三教源流異同論》，〔註10〕作於明萬曆十八（1590）年憨山四十五歲時，〔註11〕由「敘意」及「論教源」、「論心法」、「論去取」、「論學問」、「論教乘」、「論工夫」、「論行本」、「論宗趣」等八篇短文組成。於此論中，我們可以概括出憨山大師注解《莊子》的原因、《莊子》的殊勝以及佛教對《莊子》之學的考量等。

　　憨山注解《莊子》的原因約略有二：一者引導學僧熟悉佛教以外的各家學說。佛教作為一種外來文化，經過千餘年的消化、吸收和轉化，至宋明時期，已成為中國傳統文化的重要組成部分。但在古代中國，儒家思想長期居於意識形態的主流地位，是歷代王朝政令教化的依據，土生土長的道教在社會生活的各個層面都具有廣泛而深入的影響力，經常攀儒以攻佛，與佛教爭奪宗教資源和發展空間，而一些僧人對諸子經史卻甚為生疏，且惰於傳習，

〔註 8〕釋福善、福徵：《憨山大師年譜疏》，第 124 頁，《憨山大師法彙初集》（九），香港佛經流通處，1997 年。

〔註 9〕釋德清：《莊子內篇注》，華東師範大學出版社，2009 年，第 1 頁。

〔註 10〕釋德清：《道德經解》，華東師範大學出版社，2009 年，第 1 頁。

〔註 11〕釋福善、福徵：《憨山大師年譜疏》，第 60 頁。

在知識和思想的競爭上不知不覺就處於劣勢地位。憨山指出,「學佛而不通百氏,不惟不知世法,而亦不知佛法。」〔註12〕為了在各種形式的三教論衡中保持佛教的優勢,憨山大師要求門下弟子「須善自他宗」,即對自他雙方的觀點和主張都非常熟悉,故而就有了深入研讀老莊思想、注釋《莊子》本文的必要。二者批駁某些《莊子》注家們以莊抑佛的錯誤見解。當時流行的《莊子》注釋,如《莊子口義》、《莊子副墨》等,「深引佛經,每一言有當,且謂一大藏經皆從此出,而惑者以為必當」〔註13〕,憨山對這種以佛解莊、以莊抑佛的做法大為感慨,自然引起他的非常不滿,認為「解莊而謂盡佛經,不但不知佛意,而亦不知莊意」〔註14〕。他試圖通過注釋《莊子》的方式對此正本清源。

《莊子》思想超絕,語言美妙,其文汪洋恣肆,對僧俗士夫具有巨大的吸引力。憨山指出,「中國聖人載道之言,除五經束於世教,此外載道之言,唯老一書而已,然老言古簡,深隱難明,發揮老氏之道者,唯莊一書而已。……間嘗私謂中國去聖人,即上下千古負超世之見者,去老唯莊一人而已。載道之言,廣大自在,除佛教,即諸子百氏究天人之學者,唯莊一書而已。藉令中國無此人,萬世之下,不知有真人;中國無此書,萬世之下,不知有妙論。」〔註15〕憨山將《老子》與《莊子》視為中國固有思想和學說的最高峰,實為佛教的義學高僧對莊子其人其書所能給出的最高評價。他認為,中國佛教譯籍之中,鳩摩羅什所譯最為流行,就是得力於羅什門下弟子中有道生、僧肇、僧融、僧叡等這樣的精通老莊的高僧。他曾自我勸勉:「不知《春秋》,不能涉世;不知老莊,不能忘世;不參禪,不能出世。」〔註16〕老子之學既藉莊子而得以顯發,則《老子》忘世之用概由《莊子》而成就之。這無異於說,學僧研讀《莊子》不僅可以提高自己的思想見解和精神境界,還可以架起儒道佛三家思想交流的橋樑,增加弘法的方便。

作為高僧,憨山的注解自然會將《莊子》置於佛教義理的框架之中。憨山立人、天、二乘、菩薩、佛五乘判教,攝一切教化。他以孔子為「人乘之聖」,老子為「天乘之聖」,聲聞、緣覺為「超人天之聖」,菩薩為「超二乘之聖」,佛則為「能聖能凡」、「無往而不入」的「超聖凡之聖」。憨山指出,「據

〔註12〕釋德清:《道德經解》,第 6 頁。
〔註13〕釋德清:《道德經解》,第 1 頁。
〔註14〕釋德清:《道德經解》,第 6 頁。
〔註15〕釋德清:《道德經解》,第 5 頁。
〔註16〕釋德清:《道德經解》,第 7 頁。

實而觀，則三教無非聖人。」〔註17〕但隨緣設教，三教不能無淺深。孔子「說治世之法」，老子「以靜定持心」〔註18〕。孔由孟大行，老則因莊發揚。莊子「精研世故，曲盡人情，破我執之牢關，去生人之大累，寓言曼衍，比事類辭，精切著明，微妙玄通，深不可識，此其說人天法，而具無礙之辯者也。…粃糠塵世，幻化死生，解脫物累，逍遙自在，其超世之量何如哉？…況當群雄吞噬之劇，舉世顛暝，亡生於物慾，火馳而不返者眾矣。若非此老崛起，攘臂其間，後世縱有高潔之士，將亦不知軒冕為桎梏也。」〔註19〕莊子的工夫，如心齋等，都以「釋形去智，離欲清淨」為宗旨，屬於「捨欲界而生初禪」的「天乘止觀」。〔註20〕世俗以為莊子誹堯舜、薄湯武、詆訾孔子，正如佛的訶斥二乘一樣，不過是勸人絕聖棄智而已。

需要指出的是，憨山雖然對《莊子》稱歎不已，讚賞備至，但他畢竟是一位高僧，因此其終極的思想歸趣仍然是佛教。他曾經說：「以餘生人道，不越人，故幼師孔子。以知人慾為諸苦本，志離欲行，故少師老莊。以觀三界唯心，萬法唯識，知十界唯心之影響也，故皈命佛。」〔註21〕在憨山看來，只有深入佛法，才能真正理解老莊的精華所在，而在佛法的映照之下，老莊思想明顯具有「未打破生死窠窟」、「墮自然」、「未離識性」等侷限；老莊深窮造化，工夫精進，雖足以讚歎，但實際上也僅是佛法破執的先導，只有佛法，才是「徹一心之源」的究竟之道。

二、詳注《內篇》

憨山大師對老莊之學，特別是對《莊子》的這種同情的理解，是他的《內篇注》獲得成功的思想基礎。《莊子》全書內、外、雜三部分共有 33 篇，但歷代學者最為重視的是《內篇》中的七篇，認為是莊子親筆，外、雜諸篇為其後學之作。憨山亦然。他說：「一部全書，三十三篇，只內七篇，已盡其意，其外篇皆曼衍之說耳。學者但精透內篇，得無窮快活，便非世上俗人矣。」〔註22〕憨山對內七篇進行了詳盡的注解，他對莊子思想精髓的把握，在內七

〔註17〕釋德清：《道德經解》，第 8 頁。
〔註18〕釋德清：《道德經解》，第 9 頁。
〔註19〕釋德清：《道德經解》，第 10 頁。
〔註20〕釋德清：《道德經解》，第 11 頁。
〔註21〕釋德清：《道德經解》，第 15 頁。
〔註22〕釋德清：《莊子內篇注》，第 1 頁。

篇的解題中有非常集中的體現。

　　憨山以《逍遙遊》為《莊子》一書的宗旨所在。在他看來，莊子的「逍遙」，就如同佛經中的「無礙解脫」一樣；佛經上所說的解脫為斷盡煩惱，而莊子所說的解脫則是「超脫形骸、泯絕智巧、不以生人一身功名為累」的「虛無自然」，這種「逍遙之境」只存在於「無何有之鄉」、「廣漠之野」。世人無不為一個「我」字所拘，終日裏不是忙於求「功」就是忙於求「名」，結果是「苦了一生，何曾有一息快活哉？」只有「大宗師」、「大聖人」，才能暢「遊」於這種「廣大自在之場」中，「得無窮廣大自在，逍遙快活」。因此他斷定，文中所說的「至人無己，聖人無功，神人無名」，就是《逍遙遊》全篇的「立意」的「骨子」，明乎此，「則一書之旨了然矣。」〔註23〕憨山以佛教的「解脫」理解莊子所說的「逍遙」，這就使「逍遙遊」具有了終極目標和最高境界的意義。

　　憨山將《齊物論》視為對《老子》「天地之間，其猶橐籥乎。虛而不屈，動而欲出。多言數窮，不如守中」的注疏。〔註24〕他認為，由於世界上缺少具有「真知大覺」的大聖，議論紛紜，是非不定，都是因不能「自明」所致。他指出，「以真知真悟，了無人我之分，相忘於大道，如此則物論不必要齊而是非自泯，了無人我是非之相」，就是「齊物」的「大旨」；不執著於「我見我是」，而「必須了悟自己本有之真宰，脫卻肉質之假我」，是「齊物」的「工夫」；而文中的夢蝶之喻，則是達到了「物我兩忘」，是「齊物」的「實證」。憨山所說的「齊物」，並不是杜絕人們的言論，而是主張人們的言論應當突破「機心」的主宰，純粹「出於天機之妙」，而成為「無所不可」的沒有「彼此之是非」的「忘機之言」。從憨山的論述可知，他理解的「齊物」的關鍵，就是破除對「我」的執著，這自然是對《齊物論》的佛學解讀。

　　在憨山看來，《逍遙遊》所稱揚的聖人，由於能忘己、忘功、忘名，故超然物外，而《齊物論》所譏刺的愚夫，則是兢兢於功名，逐逐於利祿，聖凡之辨何其昭然！那麼，如何轉凡成聖呢？憨山認為，《養生主》就是開示入聖工夫的妙論：「此篇教人養性全生，以性乃生之主也。意謂世人為一身口體之謀，以為養生之策；殘生傷性，終身役役而不知止，即所謂迷失真宰，與物相刃相靡，其形盡如馳而不知歸者，可不謂之大哀耶？故教人安時處順，不必貪

〔註23〕釋德清：《莊子內篇注》，第2頁。
〔註24〕釋德清：《莊子內篇注》，第20頁。

求以養形，但以清淨離欲以養性。此示入道之工夫也。」〔註25〕憨山理解的「生主」，就是人的本性，因此「養生主」也就是「養性」，其主要方式就是「緣督為經」，「苟安命適時，順乎天理之自然，則遇物忘懷，絕無意於人世，則若己若功若名，不待忘而自忘矣。此所以為養生主之妙術也。」〔註26〕他很欣賞文中的「庖丁解牛」，認為是在佛經之外世典中絕無僅有的精彩譬喻。

憨山認為，《人間世》乃「聖人處世之道」；正如庖丁解牛的絕妙在於目無全牛、遊刃有餘一樣，養生主的高超則是經歷塵世的風波而不受傷害，因此《人間世》與《養生主》可以「互相發明」。憨山解釋說：「養生主乃不以世務傷生者，而其所以養生之工夫，又從經涉世故以體驗之。謂果能自有所養，即處世自無伐才求名、無事強行之過；其於輔君奉命，自無誇功溢美之嫌。」〔註27〕所謂「心齋」、「坐忘」，都是莊子給出的「虛而待物」、以求「涉世無患」的工夫。《莊子》並不崇尚忠孝，而以之為沽名釣譽之具、喪失天真之舉，但在《人間世》中卻「極盡其忠孝之實」。〔註28〕在憨山看來，為學有「方內」與「方外」之分：「在方外，必以放曠為高，特要歸大道也；若方內，則於君臣、父子之分，一毫不敢假借者，以世之大經大法不可犯也。」因此，他並不認為莊子不通世故，也不認為莊子有侮聖之處，「此所謂世出世間之道，無不包羅，無不盡理，豈可以一概目之哉？」〔註29〕

憨山指出，《德充符》意在闡明，只要內在的道德非常充實，就可以超越外在形骸對人們的限制和束縛。自老子以來，道家都以身體的存在為人生患害的根本，因而並不從事於物慾的滿足，從而使內持著內心的平和、自然和純潔，與他們接觸的人往往為他們這種充實的心靈境界所折服，在不知不覺間就與他們產生了「神符心會，忘形釋智」交往效果。憨山認為，此篇舉了幾個相貌極其醜陋卻受到崇敬的人為例子，實則為對老子「處眾人之所惡，故幾於道」的解釋。〔註30〕而所謂「忘形骸、一心知」，就是佛教所說的「破分別我障」；能破這種分別我障，也就能成就了阿羅漢的果位，超脫了世間的一切煩惱，用莊子的話說，就是達到了「至人忘己」的境界。文中所謂「寓六

〔註25〕釋德清：《莊子內篇注》，第62頁。
〔註26〕釋德清：《莊子內篇注》，第63頁。
〔註27〕釋德清：《莊子內篇注》，第71頁。
〔註28〕釋德清：《莊子內篇注》，第82頁。
〔註29〕釋德清：《莊子內篇注》，第83頁。
〔註30〕釋德清：《莊子內篇注》，第94頁。

骸，象耳目，一知之所知」，這在一位高僧的心目中，實際上就是「即世間出生死之妙訣」，因此他目之為「修離欲禪」。〔註31〕

在《莊子・內篇》中，憨山似乎最為看重《大宗師》。他認為，莊子之學乃內聖外王之道，有體有用，只有那些「道全德備、渾然大化」的「至人、神人、聖人」，才能真正做到「忘己、忘功、忘名」，從而成為「萬世之所宗而師之」的「大宗師」。憨山解釋說：「內聖之學，必至此為極則，所謂得其體也。若迫不得已而應世，則可為帝為王矣。」〔註32〕憨山以《大宗師》開篇「知天之所為，知人之所為」之「知」字為全篇「眼目」。禪宗中或視「知」為「眾妙之門」，或視「知」為「眾禍之門」。憨山對此會通云：「蓋妙悟後，方是真知；有真知者，乃稱真人，即可宗而師之也。然知天知人，即眾妙之門也。……強不知以為知，恃強知而妄作，則反以知為害矣。此舉世聰明之通病也。」〔註33〕獲得真知，可以成為真人或大宗師，此「知」即為「眾妙之門」；世俗的強不知以為知，只會因之而造作惡業，此「知」自然也就是「眾禍之門」。真人或大宗師是莊子思想的人格化，也是莊子思想的實踐者，憨山以「真知」視之，使其具有了禪僧的某些特色。

憨山認為，上述六篇，即《逍遙遊》、《齊物論》、《養生主》、《人間世》、《德充符》、《大宗師》等，重在發揮「大道之妙」，顯示「聖人之全體」，而最後一篇，即《應帝王》，則主要在於開顯「大道之用」。憨山對此解釋說：「若聖人時運將出，迫不得已而應命，則為聖帝明王；推其緒餘，則無為而化，絕無有意而作為也。」〔註34〕莊子謂「道之真以治身」，本無意於用世，故以「無用」為「大用」；若迫不得已必須治理天下國家，僅以「無為大道」之「緒餘」或「塵垢秕糠」，就足以使天下和順矣。憨山此釋，頗能得莊子斯旨。

應該說，憨山對《莊子・內篇》的註釋是嚴謹的，具有非常高的學術水準。他雖然不時引用一些佛教的名詞、概念和術語，但並沒有給人造成牽強附會的感覺，而更多的是使人在無法理解的困境中，獲得了一種非常巧妙而恰當的參照系統。而在佛教義理的映照下，《內篇注》使《莊子》一書的宗旨和理趣獲得了更加清晰的表達和展現。

〔註31〕釋德清：《莊子內篇注》，第 97 頁。
〔註32〕釋德清：《莊子內篇注》，第 110 頁。
〔註33〕釋德清：《莊子內篇注》，第 112 頁。
〔註34〕釋德清：《莊子內篇注》，第 119 頁。

三、學術貢獻

憨山德清評儒論道，解老釋莊，自然是出於他對儒道經典的強烈興趣和積累有素的深厚學養。但作為明末四大高僧之一，憨山的《內篇注》自有其獨特的學術貢獻。

其一，憨山對莊子之學的貢獻。《莊子》以其瑰麗華美的辭采，汪洋恣肆的文風，豐富奇特的想像，犀利深刻的議論，對中國人的思想世界產生了重大而深遠的影響，自魏晉以來注疏者代不乏人。憨山為佛門龍象，精通佛教義理，並有隱修於深山海陬、親證開悟境界的經歷，因此他對《莊子》的理解，不可避免地具有以佛教理論闡釋《莊子》思想的意味。如他將莊子的「逍遙遊」理解為「無礙解脫」，將「齊物論」解釋為「破執」，將「德充符」視為「破分別我執」、「修離欲禪」的境界，將「大宗師」視為「妙悟真知」的人，將壺子之示神巫季咸比於佛教之「止觀」等。我們雖不能說憨山的理解超出諸家，但由於年代邈遠，時移世易，在準確理解《莊子》的原意已不可能的情況下，憨山的佛學解讀則為人們理解《莊子》提供了一個獨特的參照體系，從而將人們對《莊子》的研讀、理解和把握置入佛道思想比較的語境之中，使莊子之學獲得了豐富、積累和發展，也為人們研究佛道兩種異質文化的視界融合提供了一部經典性的分析文本。

其二，憨山對佛教思想的貢獻。佛教自兩漢之際輸入中國，經過五六百年的消化、吸收和積累，至隋唐時期而盛極一時，如日中天，形成了天台、華嚴、禪、淨土等幾個中國化的宗派。但晚唐以降，隨著世家大族的消亡、帝王崇信的衰減、印度佛教的衰落以及譯經活動的消歇，佛教在獲得草根性的同時也失去了執思想界牛耳的優勢，對社會精英的影響呈現出逐漸弱化的發展態勢。宋明時期的高僧對此有清醒的認識，如何砥柱中流、力挽狂瀾，重新振興佛教，就成為他們的文化自覺。人們時常稱揚的明末四大高僧如雲棲袾宏、紫柏真可、憨山德清、蕅益智旭等，就是在抑制佛教頹勢方面出力甚大而稍有起色者。四位大師皆博通三藏，嚴持淨戒，弘宗演教，著書立說，對佛教內部主張融合禪、淨、教、律諸宗，對外主張會通儒、道、佛三教，並且積極入世行化，為廣大信眾所推崇，一時成為佛教的代表。憨山之著《內篇注》，實際上就是他主張融會三教的具體體現，不僅提升了他個人的宗教魅力，同時也具有將《莊子》納入佛教經典範圍的意味，無形中增強了佛教思想對雅愛老莊、崇尚自然的士大夫的影響力，成為明末佛教復興的重要因素。

　　其三，憨山對佛道關係的貢獻。自李唐王朝敕封《莊子》為《南華真經》後，莊子逐漸被神化為真人、羽客、仙士，因此除士大夫注解《莊子》之外，歷代高道也紛紛加入《南華真經》疏釋者的行列。如成玄英著有《南華真經注疏》35卷，司馬承禎著有《坐忘論》1卷，陳景元著有《南華真經章句音義》14卷，褚伯秀著有《南華真經義海纂微》106卷等，都是道士注疏《莊子》中的傳世佳作。在佛教極盛的隋唐時期，為了爭取政權的支持和徒眾的信奉，佛教與道教之間形成激烈的競爭關係。道教每挾其本土優勢攻訐佛教有違於中國嚴持的華夷之辨、忠孝之道，而佛教則以道教的虛無大道、自然無為、氣化萬物等學說為一因論、異因論或無因論等外道邪說。入宋之後，佛道二教同時轉衰，雙方互為唇齒的關係日益明顯。因此，憨山德清著《內篇注》於明末，從佛教的立場上將莊子視為善權示現的大菩薩，將道家和道教的學說視為佛教東來的前奏，對道家和道教的重要經典《老子》、《莊子》等給予同情的理解，也就具有重新審視、考量和協調佛道二教關係的重大意義。

第三節　一貫別傳南華經——吹萬廣真對《莊子》的禪學解讀

　　晚明時期巴蜀地區忠州聚雲寺的高僧吹萬廣真在所著《一貫別傳》一書中，站在儒道佛三教一貫的立場上，運用「明心見性，教外別傳」的方式，以禪學的思維解讀《莊子》，在禪宗思想的參照體系中充分展現了《莊子》的獨特風貌。

　　據至善所撰《吹萬禪師行狀》云，吹萬廣真（1582～1639），俗家為宜賓李氏，少好參禪，十五歲時曾登少峨峰參浩山老禪師，問以了脫生死之方，返里後刻苦鑽研《大慧宗杲語錄》、《正法眼藏》等禪宗著作，時時參究「生從何處來死向何處去」的話頭，並受到遊方禪僧及本郡月明老和尚啟發，為祖母服喪兩年之後，見兩位胞弟已長大成人，遂於萬曆四十一年（1613）癸丑七月初一日，禮本郡月明老和尚出家並受具足戒，月明老和尚教其參究「不用音聲與色身，將何喚作本來人」。廣真拂袖而出，獨自於佛子山結茅苦參，三年後下山諮稟，月明老和尚拉起廣真之手，還掩廣真之口。廣真於是乎豁然大悟道：「縱是奇特，終亦尋常。」月明老和尚付之以臨濟正宗，記其為大

慧宗杲下十四世裔孫。廣真對《華嚴經》非常感興趣，特別是讀到毗目仙人執善財手一須臾間歷過佛剎微塵數世界時，對事事無礙法界之義獲得了真切的體驗，由此得以深入五宗堂奧，透悟諸祖公案。本郡翠屏寺請其為知藏師，廣真隨宜說法，授徒四人。他返回故里，為母說法之後，雲遊於吳越閩粵等地，於萬曆四十六年（1618）戊午春，曾說法於瀟湘湖東禪院，未幾溯江而上，住持蜀渝忠州（今屬重慶市忠縣）聚雲寺，道望雅著，法席甚盛，於崇禎十二年（1639）己卯秋七月三十日入滅，世壽五十八歲，僧臘三十。廣真著作等身，有《一貫別傳》5 卷、《文字禪那》5 卷、《楞嚴夢釋》20 卷、《正錄》20 卷等。〔註35〕

廣真雖為一代高僧，但非常喜歡《莊子》，其以「吹萬」自號，就是取自《莊子‧齊物論》中的「夫吹萬不同，而使其自己也，咸其自取，怒者其誰邪」一語。於此亦可見他具有容納不同思想和信仰的雅量，所以他主張儒道佛一以貫之，教雖分三，其間差別「特教化若祖公賦芋耳！」〔註36〕廣真對《莊子》的禪學解讀，不同於一般的注疏，而是拈出關鍵語句，將其置入禪宗語境中進行禪學化的評論。

一、何不樹之於無何有之鄉，廣莫之野

《逍遙遊》是莊子理想境界的展現。但如何達到這一境界呢？廣真拈出其中「何不樹之於無何有之鄉，廣莫之野」，作為對其進行禪學解讀的關鍵語句。他指出，「菩薩有不思議解脫門，能大能小，能升能降，能有能無，能圓能方，非執一者之所可入，亦非邊見者之所可到也。」〔註37〕廣真將莊子的「逍遙遊」解釋成破除執著與邊見的「菩薩不思議解脫門」，由此實現了《莊子》與禪宗之間的語境置換。

從菩薩入解脫門的角度來看，蜩鳩時控於地，蟪蛄不知春秋，皆是能小不能大，固無可論，縱使高飛萬里的鯤鵬，以八千歲為春八千歲為秋的大椿，也是能大不能小，同樣受限而不得自在。就人世而言，廣真認為，有些人能「知效一官，行被一鄉」，此不過「凡夫禪」境界；有些人能「定乎內外之分，辯乎榮辱之境」，此則達到「聲聞禪」的水平；即便能「御風而行，旬有五日

〔註35〕參見至善：《吹萬禪師行狀》，《嘉興藏》（新文豐版）第 29 冊，第 554～555頁。

〔註36〕廣真：《一貫別傳‧自序》，《嘉興藏》第 40 冊，第 151 頁上。

〔註37〕廣真：《一貫別傳》卷 2，《嘉興藏》第 40 冊，第 160 頁下。

而後反」的列子，因其「猶有所待」，故也只是「二乘之禪」。廣真雖以「獨看積素凝清禁」形容許由之不受天下，以「已覺輕寒讓太陽」擬議堯之讓天下，似有稱讚之意，但在實際上，他認為無論是堯之讓，還是許由之不受，其實都是對名相的執著，只有那些「御六氣之辯，以遊無窮」的人，及那些不肯以物甚至天下為事、肌膚若冰雪、淖約若處子的藐姑射山之神，才真正獲得了「事事無礙之法界」，達到了「常處於無何有之鄉，廣莫之野」的「無為而無不為」之境界，始可稱得上「真逍遙」。〔註38〕廣真將《逍遙遊》的各則寓言理解為從世間事物向逍遙境界的遞次陞進，其思路簡潔明瞭，很有啟發意義。

　　需要指出的是，廣真雖然認為逍遙解脫者不肯弊弊焉以物甚至天下為事，但這並不意味著他對天下事物持否定態度，他只是強調不執著於天下事物而已，這種思想在他的《法界逍遙歌》中體現的非常充分。他以慈悲心觀視世間，但只見「法界茫茫洪水赤，四大能裝青雀舶，予師獨來主柁根，隨流倒駕如飛梭」，他設想自己無論是飄入「老焰魔」、「羅剎國」、「飛走行」，還是「阿修羅」、「蝶蟲裏」、「碧雲層」，甚至「四諦中」、「十二緣」、「薩埵林」、「毘盧頂」，都能以「落花啼鳥任君瞞，白雪陽春在我歌」的姿態，隨緣度世，實現「法界猶如酪一杯」式的自在逍遙。〔註39〕也可以說，廣真的「菩薩不思議解脫門」，就是擺脫了對外界事物有所依賴的無待逍遙之境，莊子的話語方式成為他在中國文化語境中闡釋自己佛教理想的絕妙工具。

二、吾喪我

　　《齊物論》一向被認為是莊子方法論的闡述。吹萬廣真拈出其中「吾喪我」，並按照佛教破除我法二執的「無我」思想對之進行了禪學解讀。

　　世界上的一切人物，莫不認為有一個永恆的自我，乃至人我山積，遂有此疆彼界，相互隔礙，難以融通。因此《楞嚴經》云：「一人發真歸元，十方虛空悉皆銷殞。」將「發真歸元」作為展現法界實相、實現自在逍遙的基本途徑。但如何才能「發真歸元」呢？吹萬廣真指出，只有實現了「喪我」才能夠「發真歸元」，只有實現了「無我」才可以銷除此彼的對立；只有破除了對自我的執著，才能忘懷世界的存在；只有忘懷了世界的存在，才可以達到「無物」的境界。內而無我，外而無物，始可以「斂萬有於一息，無有一物可役吾

〔註38〕廣真：《一貫別傳》卷2，《嘉興藏》第40冊，第160頁下。
〔註39〕參見廣真：《吹萬禪師語錄》卷13，《嘉興藏》第29冊，第523頁。

之明徹；散一息於萬有，無有一物可間吾之營為！」元卓《夢蝶論》云：「靈源湛寂，觸處皆知；變化代興，隨遇無擇。所以篇立子綦之喪我，齊物之端已開；言寓莊周之夢蝶，無我之意竟顯。」廣真對前賢的這一番議論極為認同，他不無感慨地說：「噫，舉世皆夢，天下一蝶也，孰為我，孰為物！」〔註40〕廣真之言自然說的是「吾喪我」之後無所分別的「無我」境界。

　　廣真雖然以佛教的「無我」詮釋莊子的「吾喪我」，但從他的論述中，我們可以體會到二者之間的差異：「吾喪我」是因，「無我」是果，這就如同通過道家「吾喪我」的門徑進入佛教的殿堂一樣。很顯然，廣真詮釋的雖是《莊子》，但其佛教的立場卻是始終如一的。

三、庖丁為文惠君解牛

　　《養生主》以「庖丁解牛」為喻演說養生之理，吹萬廣真站在佛教的立場上對之加以解說，遂使道家的「養生主」一變而為禪宗的「明心法」。

　　吹萬廣真將「庖丁解牛」所涉及的諸多文學意象置入佛教的語境之中，使這則寓言呈現出嶄新的意義形態來。佛教中多有以牛說法之處，如南嶽懷讓曾以「牛若不行，打牛還是打車」的提問啟發馬祖道一，溈山靈祐曾有「老僧遷化後，去山下檀越家，作一頭水牯牛」的宏願，懶安自述在溈山三十年「只看一頭水牯牛」，後世還有人「牧牛圖」作為工具講述心識轉染成淨的過程；佛經中所說的屠戶，以《涅槃經》中那位「放下屠刀，立地成佛」的廣額屠兒最為知名；佛教以刀劍喻智慧的說法更是在在多有，盡人皆知，無煩例舉。廣真以此解讀「庖丁解牛」，將「能奏之刀」視為「幻智」，將「可解之畜」比作「妄情」，將「目無全牛」、「遊刃有餘」看成能所俱泯、物我同虛的逍遙境界，因此他說：「刀潛生殺之機，目絕有無之境，正所謂離心冥物，未嘗見牛，乘虛原理，未嘗遊刃者也。」〔註41〕此與以無念、無相、無住為基本特徵的南宗頓悟禪法若合符節。

　　懶安禪師曾說：「予亦守欄二十年，始得見牛。」廣真由此發問：「第今之解牛者，且問能解此欄中牛也麼？」〔註42〕這可以說是吹萬廣真對當時的禪修者能夠破除煩惱、獲得身心自在所寄予的一種厚望。

〔註40〕參見廣真：《一貫別傳》卷2，《嘉興藏》第40冊，第161頁上。
〔註41〕參見廣真：《一貫別傳》卷2，《嘉興藏》第40冊，第161頁上。
〔註42〕參見廣真：《一貫別傳》卷2，《嘉興藏》第40冊，第161頁上。

四、心齋

《人間世》將「心齋」視為獲得至道的前提。莊子假孔子之口述其要領：「若一志，無聽之以耳而聽之以心，無聽之以心而聽之以氣。聽止於耳，心止於符。氣也者，虛而待物者也，唯道集虛。虛者，心齋也。」換言之，只有破除一切前見，使自心達到空虛無染的清淨狀態，才能得道。

吹萬廣真認為莊子所說的「心齋」就是佛教所說的禪定。他認為，修行者通過坐禪，就可以破除各種事物對自心的染污，息滅胡思亂想，使自心歸於寂靜，由此實現對眼耳鼻舌身意六根的正確運用，從而達到真（空）俗（有）二諦的融會貫通。也就是說，在廣真看來，心齋就是禪定，通過「心齋」所達到的空虛與通過禪定所達到的寂靜是相同的，都可以形容為「江天一色，潮連海平」。

不過，吹萬廣真畢竟是一代大禪師，因而不免將「心齋」當作話頭禪進行參究。他說：「是心亦無，齋個甚麼？霜林夜動，響傳落葉之聲；天籟曉聞，靜發清機之竅。謂心可也，非心亦可也；謂齋非也，不齋亦非也。復有個昏荒顛倒不為醉、濫誤疑混不為殺的出來，又作麼生？」〔註43〕意謂無論是心齋，還是禪定，均非向外求索，而是迴光返照，讓自家的本來面目呈現出來。

五、坐忘

《大宗師》假顏回之口述「坐忘」云：「墮肢體，黜聰明，離形去智，同於大通，此謂坐忘。」這就是說，人們只要突破了自我形體的侷限，擺脫了個體意識的束縛，就可以達到與道為一的境界。

吹萬廣真將「坐忘」視為破除執著之後所獲得的解脫與自在。一說到「坐」，佛教中人自然會想到「坐禪」，廣真也是如此。在他看來，組成人們個體自我的地、水、火、風本來就是空無自性的，因此根本上就不存在什麼「能坐之人」；而人們一旦破除了法、我二種執著，就會使法身、報身、化身「三身現前」，完全擺脫對各種事物的依賴，因此也就不需要什麼「可忘之坐」。在廣真看來，只有「坐無所坐，忘無所忘」，才稱得上是「真坐」。廣真此論，意在使修行者在任何情況下都能保持內心的寧靜，與六祖慧能所謂「外於一切善惡境界心念不起名為坐，內見自性不動名為禪」若合符節。因此他不滿於一些對仁義禮樂與智慧的執著，批判他們說：「仁義無體，滯之者妄為仁義；

〔註43〕參見廣真：《一貫別傳》卷 2，《嘉興藏》第 40 冊，第 161 頁上。

禮樂無名，執之者幻成禮樂；況復智慧愚癡咸般若，黜的阿誰？幻化空身即法身，鑒個甚麼？」〔註44〕無滯於仁義，不執於禮樂，無所去取於智愚真俗，何適而非道，就意味著無行而非禪。

北宋禪師佛印了元有一首非常著名的偈頌：「趙州昔日少謙光，不出山門見趙王。怎似金山無量相，大千盡是一禪床！」將「不於三界見身意」的禪門宗旨生動地體現了出來。廣真對此讚歎不已，認為「坐的忘的，總出這一著不得」，視之為「椰栗擔挑華藏界，維摩掌上未為多」〔註45〕。這無異於宣布莊子的「坐忘」就是禪師得道的境界。

六、壺子

《應帝王》載列子之師壺子與鄭之神巫季咸鬥法事，謂季咸初見壺子而斷其必死，再見壺子而幸其可生，三見壺子而無得相之，四見壺子則「立未定，自失而走」。莊子試圖證明壺子之道遠高季咸，不過歲月綿渺，對於壺子、季咸之術，後人終究是莫知其詳。佛教輸入，謂甚深禪定可以引發他心通、宿命通、神足通等各種神通，人們遂以彼例此，將其視為二大師之間的神通競賽。

在吹萬廣真看來，西天大耳三藏與南陽慧忠國師驗證他心通就是壺子季咸故事在唐代的重演。史載西天大耳三藏得他心通，唐代宗令慧忠國師對他進行驗證。慧忠國師三次發問：「汝道老僧（心）即今在甚麼處？」大耳三藏初答：「西川看競渡。」再答：「天津橋上看弄猢猻。」但對第三次詢問大耳三藏卻良久難以回答。慧忠國師叱之曰：「這野狐精，他心通在甚麼處！」仰山慧寂認為，慧忠國師前二度是涉境心，故而有跡可求，後入自受用三昧，所以大耳三藏難窺其所在。廣真認為，壺子對神巫季咸的驗證，前三次都是有心而為，因此必定會有前兆的產生，有事相上的顯現，季咸可據而窺測其奧秘，及至後來壺子「示之以未始出吾宗」，「與之虛而委蛇」，季咸也就「不知其誰何」，最後只好逃之夭夭。廣真指出，此時壺子之心已成為「空明妙湛，總持萬有」的太虛，所以季咸是無法測知的。廣真以禪師的口吻自設問答云：「然則慧忠國師與壺子是同是別？若曰同，斷雲將野鶴俱飛，竹響共雨聲相亂；若曰別，是處峨眉峰頂現，千紅萬紫鬥芳妍。」〔註46〕其言下之意，是

〔註44〕參見廣真：《一貫別傳》卷2，《嘉興藏》第40冊，第161頁上～中。
〔註45〕參見廣真：《一貫別傳》卷2，《嘉興藏》第40冊，第161頁中。
〔註46〕參見廣真：《一貫別傳》卷2，《嘉興藏》第40冊，第161頁中。

說二者同中有異、異中有同,雖然同異互見,但到底異不勝同。

壺子季咸的故事向稱難解。我認為,壺子是莊子推崇的真人,「未始出吾宗」而「與之虛而委蛇」是莊子主張的生存方式,世人「不知其誰何」則是一種理想的人生境界。吹萬廣真將壺子與季咸之間的比試視為神通競賽,雖然未必符合莊子的原意,但卻為人們理解這則寓言提供了非常好的啟發。

七、玄珠

《天地》謂黃帝遊乎赤水之北,登乎崑崙之丘而南望,還歸,遺其玄珠,使知、離朱、喫詬索之而不得,乃使象罔,象罔得之。黃帝曰:「異哉,象罔乃可以得之乎?」

吹萬廣真將這則寓言中的象罔得珠視為對如何得道的表述。具體來說,「玄珠」象徵著道,「象罔」(有的版本也作「象罔」)則表示著得道的方法或途徑。黃帝遺其玄珠,意味著人對道的偏離和遺棄。廣真認為,道本來是非常切近人們自身的,但人們向外遊覽與向上攀登,破壞了道原始的寂靜狀態,由此產生了各種知覺(「知」),形成了精明的分別(「離朱」),培養了辯才(「喫詬」),從而使人們遺失了道這顆「玄珠」。廣真指出,「罔象」就是「無象之象」,其所以能夠得道的原因在於,「養其無象象故長存,守其無體體故全真,正能使之而能得之也。」〔註47〕他以引導讀者參禪的口吻說:「本自無失,得個甚麼?本自無用,使個甚麼?風飄律呂相和切,日傍關山幾處明,焉有遊北登丘,南望還歸之想!」〔註48〕以無得為得,以無用為用,一切隨緣任運,此正是禪者得道的氣象。

莊老道家主張無為而無不為,此正是黃帝失而復得的那顆「玄珠」;一經吹萬廣真的詮釋,這顆「玄珠」似乎就是禪者的隨緣任運。於此我們可以體會到莊老道家在中國禪宗形成過程中所起到的重大作用。

八、濠梁之上

《秋水》謂莊子與惠子(惠施)遊於濠梁之上,莊子曰:「鯈魚出遊從容,是魚之樂也。」惠子曰:「子非魚,安知魚之樂?」莊子曰:「子非我,安知我不知魚之樂?」惠子曰:「我非子,固不知子矣;子固非魚也,子之不知魚之

〔註47〕參見廣真:《一貫別傳》卷2,《嘉興藏》第40冊,第161頁中。
〔註48〕參見廣真:《一貫別傳》卷2,《嘉興藏》第40冊,第161頁中～下。

樂，全矣！」莊子曰：「請循其本。子曰『汝安知魚樂』云者，既已知吾知之而問我。我知之濠上矣。」這就是莊子與惠施之間著名的濠上之辯。

吹萬廣真從消除物我分別的角度上闡明了莊子濠上之辯的正確性。在他看來，莊子的快樂並不在魚，而在於發現自己的見解真實自然（「見見之至真」）；魚的快樂也不在於水，而在於能夠以「出遊從容」的方式遊戲於水中（「遊遊之一致」）。莊子的見解並非來自於主觀的預期，魚的快樂也不是來自刻意的追求，因而這種快樂是無法改變的。惠子以莊子「非魚」而試圖否定莊子的見解，同樣道理，惠子也不是莊子，那麼惠子關於莊子不知魚樂的斷言就無法保證其正確，這反而說明了物我之間具有某種同一性。從另一角度來說，既然莊子認為惠子不是自己而無法知曉自己的見解，那麼莊子不是惠子也就意味著莊子無法瞭解惠子的觀點，這也為彼我無異提供了佐證——既然彼我都無法瞭解對方，那麼也就無所謂差別了。在廣真的眼中，莊子已經破除了物我相待和彼我對立，其所謂「請循其本」，就是引導惠子進入「世界一水」、「彼我一魚」的自然境界。〔註49〕

莊子與惠施的濠上之辯本來就與後世禪宗的機鋒相鬥非常相似，而吹萬廣真將這則寓言的詮釋重點又放在了破除物我彼此的差別與對立上，無形中為之塗抹上非常濃重的禪學色彩。廣真對莊子濠上之思的「請循其本」，實際上就是對「看話禪」技巧的運用和發展。

九、墜車

《達生》講到醉者從車上墜落下來，即便是車子開得非常快，也不至於被摔死。莊子認為，醉者骨節與清醒者相同，而所受危害卻不大，就在於醉者的精神狀態保持了充分的完整性（「其神全」），沒有分神關注自己是乘車還是墜車，分神去考慮墜車後是死是生，因此毫無驚懼。因此莊子提出，「彼得全於酒而猶若是，而況得全於天乎？聖人藏於天，故莫之能傷也。」這種隨順自然、任運無為的觀點是道家一貫的主張。

吹萬廣真將醉者乘車墜而不傷理解為禪宗的「無所分別」。廣真指出，酒使人們泯滅了乘車與墜車的差別，道則使人們破除了身心內外物我的區分。在這則寓言中，車象徵著人的精神魂魄，路代表著人的動靜行藏，墜地則意味著二者的融合統一，人們對這三者都非常關注，若能就其為實有而主

〔註49〕參見廣真：《一貫別傳》卷2，《嘉興藏》第40冊，第161頁下。

宰之，就其為虛無而運用之，自然就會感覺到法界的寬廣與世路的平坦，並在其中獲得充分的自由和自在。為了將人們引入此境，廣真設問道：「假如世界未成時，眾生未有時，佛未說法時，汝等以為車乘者誰耶？墜者又誰耶？」這無疑是引導人們放棄對外界的執著與分別，去追尋自我「父母未生前」的「本來面目」。對於自己這種單提向上的做略，廣真自知曲高和寡，因而在良久的沉吟之後，不免有「太湖三萬六千頃，月在波中說向誰」的孤寂之感。〔註50〕

　　酒為佛教五戒之一，吹萬廣真作為一代高僧，是不可能提倡飲酒的，他只是借用醉者乘車墜而不傷闡明無所分別的利益而已。覈實而論，醉者的無所分別是分別能力的喪失，而禪宗提倡的無所分別，則是破除人們虛妄分別之後所獲得的自由和自在，二者的不同也是非常顯然的。我們說，禪宗語錄中的各種迅捷的機鋒和峻烈的手段，其目標都是為了破除人們對物我彼此的虛妄分別，使各種事物都恢復或回復到自己的本然狀態。

十、道術

　　《天下》將「古之所謂道術者」視為一個「無乎不在」的整體，但由於「天下大亂，賢聖不明，道德不一」，後世學者「多得一察焉以自好」，諸子「聞其風而悅之」，遂有「百家往而不反」，從而造成了「道術將為天下裂」的局面。

　　吹萬廣真將各種道術都視為禪宗所說的「標月指」。假如有人不知月之所在，禪師以手指天，其手指固然非月，但順著其手指卻可以發現月在中天；禪師機鋒棒喝，評唱公案，拈提古則，都不是道，但由此可以悟道，這些做略也因之被視為「標月指」。廣真將各種道術都視為標月指，無疑擴大了這一禪語的應有範圍，也展現出他具有非常廣闊的視野。在他看來，饑餐倦眠，熱舉扇，冷加衣，是道家的道術；周旋應對，曲體折腰，講究賓主之禮，少長之別，是儒家的道術；揚眉瞬目，叫即應，打即痛，是佛教，特別是禪宗的道術。廣真指出，這三家道術雖然都是「與生不生，即滅不滅，亙古不磨之儀式」，但其禮樂文章與道德仁義，也都只是「標月之指」而已，人們應該借助這些標示物找到門徑，並最終由此證悟大道，這就是「聞其風而悅之」的意義。對於由道術而悟道，廣真沒有遽斷其難易，他引唐代居士龐蘊一家偈頌說：「龐公曰：難，難，十擔油麻樹上攤；龐婆曰：易，易，百草頭邊祖師意；

靈照曰：也不難，也不易，饑來吃飯困來睡。向上者當於此薦取。」〔註51〕其言下之意，是希望學道者既不畏難，也不圖易，一切隨緣任運，自然會有悟道之日。

莊子論道術，是在慨歎「後世之學者不幸不見天地之純，古人之大體」，話語中透露出一種無法自抑的文化悲情。吹萬廣真將道術視為「標月指」，充分肯定儒道佛三家都具有向道的功能，反倒彰顯出一種由各種道術都可以悟道的樂觀和自信。

吹萬廣真在儒道佛三家一貫的視域內對《莊子》進行的教外別傳式的解讀，將詮釋的重點放在破除自心對物我的執著和對是非的分別上，既展示出將禪宗義理融入道家經典的致思傾向，又體現了在道家語境中尋求佛教經典真義的價值訴求。《吹萬禪師塔銘》謂其為大慧宗杲第十四世法孫。〔註52〕我們說，從廣真非常重視佛法與各種學問思想的融合無間上來講，他確實繼承和發揚了大慧宗杲的禪風。

第四節　誰知莊子是真儒——覺浪道盛的《莊子提正》

古來老莊並稱，以莊子為老子之嫡系，老之有莊，亦猶孔之有孟。而明末清初的高僧覺浪道盛禪師所著《莊子提正》一文則一反常論，提出「莊子託孤」之說。他認為，莊子雖然託身於道家，而實為「堯孔真孤」，其「內七篇」中所流淌的，乃是「儒宗血脈」。覺浪道盛之論在《莊子》詮釋史上確實是獨樹一幟，令人耳目一新。

道盛（1592～1659），字覺浪，號杖人，俗家張氏，籍隸福建柘浦。道盛少年時曾習科舉之業，但性好禪寂，年十九，有感於祖父坐亡，遂依端嚴識和尚出家，從博山來和尚受具足戒，參東苑元鏡禪師，「言下投機，遂折節過冬。一病瀕死，鏡親調藥，療之有間，鏡究其生平參悟，及五家堂奧之旨。大驚曰：『不期子深入此秘密法門，吾宗慧命，囑子流佈去也。』因付源流法偈。」〔註53〕道盛既嗣其法，為曹洞宗三十三世，曾開法於福船寺、廬山圓通寺、金陵天界寺、博山能仁寺等名山勝刹，最後入滅於金陵天界寺。

<hr>

〔註51〕參見廣真：《一貫別傳》卷2，《嘉興藏》第40冊，第161頁下。
〔註52〕田華國：《吹萬禪師塔銘》，《嘉興藏》第29冊，第553頁中。
〔註53〕紀蔭：《宗統編年》卷32，《卍新纂續藏經》第86冊，第304頁中。

道盛前後坐道場五十餘處，說法四十餘年，法席之盛，影響遍及於大江南北，明清易代之後，在明末遺民中擁有眾多的追隨者，名士如倪嘉慶、方以智等，皆相繼從之出家。

　　覺浪道盛著述宏富，《嘉興藏》第 34 冊收有《天界覺浪盛禪師全錄》33 卷及《天界覺浪盛禪師嘉禾語錄》1 卷。本文所據的《莊子提正》就收在《天界覺浪盛禪師全錄》卷 30 中。

一、堯孔真孤

　　在覺浪道盛看來，莊子乃「堯孔真孤」，即孔子的真傳、儒家的嫡系，但上既無孔子這樣的聖師可資依賴，左右又無顏回這樣的賢友可資輔助，孤獨無依，孤立無援，孤光自照，孤危難安，滿懷一腔對儒家的孤忠，不得已而託身於老子之門，以道家的面目著書立說，輔助六經，此即道盛的「莊子託孤」說。誠可謂振聾發聵，發前人所未發，其中斷定莊子為「堯孔真孤」，乃是此說的關鍵。

　　覺浪道盛之所以認定莊子為「堯孔真孤」、「儒宗別傳」，主要依據於他對《莊子》一書宗旨的體會。道盛指出，莊子乃是戰國時期一位不甘流俗而能以道自任的隱士，由於悲憫當時的世道喪亂而著書立說。在道盛看來，《莊子》的宗旨「不外於慎獨致中和而冥聲臭」，這也是儒家的宗旨，並無所謂奇特處，而莊子的奇特處就在於他能「先任天真之自然而同人物冥於自然之天真」〔註54〕，即自然而然地引導人們在不知不覺中恢復自己的自然本性。在道盛看來，莊子時代的世儒和方士不能把握本性，無法樹立宗旨，一味地沉迷於概念的區別、名相的分析與功利的追逐，甚至相互殘殺，其勢如江流日下，不可挽回。莊子有感於此，決意引導眾生回歸自己天然的道德本性，挽救儒家的頹勢，經過深刻反省和艱辛探索，他一方面堅信「伏羲神農黃帝堯舜禹湯文武孔顏若而人，能知大道之原，天地之化，與能因人物之自然，而為民生日用制做法度，為道治之宗，使之各安身世性命」，另一方面也意識到儒家發展中的弊端「不生於簡易而生於支離，不生於無為而生於生事，不生於無識而生於多知」。〔註55〕為除此弊，莊子不得已假借伏羲黃帝堯舜孔顏與老聃許由壺

〔註54〕道盛：《莊子提正》，《天界覺浪盛禪師全錄》卷 30，《嘉興大藏經》第 34 冊，第 768 頁中。

〔註55〕道盛：《莊子提正》，《天界覺浪盛禪師全錄》卷 30，《嘉興大藏經》第 34 冊，第 768 頁中。

列楊墨惠施等諸子之間的互相辯難，著書立說，「其中蓋有主有賓，有權有實，至於縱橫殺活，隱顯正奇，放肆詭誕，喜笑怒罵，有以直指其天真，有以曲示其密意，其為移出人心之天而成其自然之性者，不可以常情臆見領略！」也就難怪有些人根本不知所云了。道盛認為，「內七篇抑揚錯綜，要不過正打傍敲，以闡發其神化自然之旨，而歸應帝王於堯舜，歸大宗師於孔顏也。」莊子實際上非常尊崇堯舜孔顏，但他為了破除人們對習見習聞的名相功利的執著，故意詆毀堯舜孔顏，意在於引起人們的疑情，使人們在內心驚異與思慮焚亂中放棄平日所執著的那些道理，在不知所從的困惑和愚暗中達到「神與天冥，同乎大通」的境地。道盛對「冥」特別重視，他不無激越地指出，「冥則幾於無所待，而天為之道遙矣；冥則幾於喪我對耦，而物自為之齊矣；冥則幾於內不見我外不見物，而恢恢乎遊刃有餘地，中心之生可養而有主矣；冥則人物相忘於道術，而無加損於治化，則人間世可適矣；人間世之可遊，則德自充符，與天地變化為一，而為大宗師以應帝王，雖則渾沌為倏忽所鑿，亦無死地，而常超超乎天地生死之外，為天地萬物之宗矣。莊生移人心之天以冥乎自然之性，真神化哉！」〔註56〕換言之，「冥」意味著進入精神思慮與天然本性相互冥合的狀態，意味著內七篇宗旨的實現，正是莊子善於教化的表現。

覺浪道盛之所以斷定莊子為「堯孔真孤」、「儒宗別傳」，還依據於他對莊子、老子與儒家《六經》所作的比較。道盛認為，莊子處戰國之世，當時的儒者不知堯孔之宗旨，只是追逐名相功利，不至殺奪而不止，而治方術者則攘竊儒家的仁義禮樂以殺奪，這些都從根本上喪失和破壞了儒家的統緒和宗旨，「使堯舜危微精一、孔顏至誠天命之道，並歸於殺奪，即有一二真儒，亦未深究性命之極，冥才識智慮仁義禮樂而復其初，遂使後世不復有窮神知化之事，而天下脊脊，不能安性命之情，則所學皆滯跡耳，而此嫡血之正脈，孤而不存，天下萬世下有為內聖外王之道者，無所宗承。」〔註57〕莊子有優於此，不得已託孤老子之門，但他以孔顏為大宗師、以堯舜為應帝王、應帝王之學即大宗師之道的觀念，實際上就是在內七篇中所存下的儒家血脈，即莊子所託於道家的「真孤」，也是道盛矜為創獲的千古不傳之密。而儒宗孤危之憂不

〔註56〕道盛：《莊子提正》，《天界覺浪盛禪師全錄》卷30，《嘉興大藏經》第34冊，第768頁下。

〔註57〕道盛：《莊子提正》，《天界覺浪盛禪師全錄》卷30，《嘉興大藏經》第34冊，第769頁中。

僅莊子有之，即孔子亦思託寄於狂狷，顏子死有喪予之慟，實已深為危之矣。在道盛看來，莊子目空萬古，只有孔子曾經問禮並屢次稱道的老子堪為其託孤之家，人們即便不瞭解真相，以莊子為老子嫡嗣，也不算委屈莊子；但如真的以莊子為老子嫡嗣的話，就會使「此一副真骨血真氣脈之為大宗師應帝王者」無所歸屬。有人主張將老子也歸為儒家，道盛不同意，他說，「老子道德五千言雖亦可羽翼五經，但如齊太公之夾輔王室則可，若以比魯之周公為文武之嫡嗣，則不可也。老聃亦未曾有一言及於堯舜文武周公及推孔子之賢，何足以嗣堯舜，亦何必為堯舜之嗣！老聃之語渾雄簡樸，真足為天地無為自然之宗，然而闡揚內聖外王之旨曲盡天人一貫之微，其縱橫抑揚，奇倔痛快，能以神化移人心之天而歸於自然處，即老子之文亦有所未逮也。」〔註58〕這就是說，老子雖有其奇偉處，但儒之與道，終究有別，老之與莊，也有諸多不同，故莊子只是託孤於道家的堯孔真孤，而不能是老子的嫡嗣。

　　覺浪道盛雖然極力主張莊子為「堯孔真孤」，但並不反對「老莊」並稱。在他看來，「老莊」並稱與「儒佛」並稱一樣，並不表示二者宗旨相同，只是說明兩家可以會通。他認為《論語》所說「道不同不相為謀」之語並非教人相互隔絕，「實教人必須以道大同於天下，使天下之不同者皆相謀於大同之道，始不使異端之終為異端也。」〔註59〕換言之，他主張莊子為堯舜真孤，對儒道老莊作出區分，其最終目的並不是在儒道之間製造對立，而是在尋求儒道會通的方式和途徑。這與其為學重視三教會通而主張集其大成的思想是一致的。

二、儒宗血脈

　　覺浪道盛既以莊子為「堯孔真孤」，那麼在他看來，《莊子》中自然流淌著儒家的血脈。眾所周知，《莊子》善於運用寓言以闡釋義理，無論是儒家所尊崇的堯舜孔顏，還是道家所推重的羲黃聃列，皆時不時地受其驅遣，或為其代言，或受其奚落，從而使其觀點在一抑一揚中得到充分的發揮。道盛認為，莊子對伏羲、神農、黃帝、老聃、壺子、列子等人雖然多有稱述，但羲黃事屬上古，實為荒唐，而聃壺跡涉方外，亦終歸渺茫，莊子稱述他們不過是借客形主、託權明實，以其「虛理虛事虛功虛用」扶助《六經》「實理實事實

〔註58〕道盛：《莊子提正》，《天界覺浪盛禪師全錄》卷30，《嘉興大藏經》第34冊，第769頁下。

〔註59〕道盛：《莊子提正》，《天界覺浪盛禪師全錄》卷30，《嘉興大藏經》第34冊，第769頁下。

功實用」之旨，以便於「推尊堯舜孔顏為天地中和之主」罷了。〔註60〕為了充分展現《莊子》主於儒家的「內聖外王之道」，顯示《莊子》具有「經濟天人之全機大用」，道盛對《莊子》內七篇的命名及內容進行了鉤玄提要，疏出了含藏其中的「儒宗血脈」。

覺浪道盛提出《逍遙遊》一篇的主旨為「各無所待故得逍遙」。他認為，莊子拈出鯤鵬、斥鷃、宋榮子、列子等，其目的在於打破人們對平常見聞與名相功利的黏滯，以展現「乘天地之正，而御六氣之辨，以遊無窮」的境界，闡發「聖人無己，神人無功，至人無名」的道理。此境此理，莊子「以藐姑射之神人表之」，而「堯讓天下與許由庶幾似之」，〔註61〕至於「堯往見四子藐姑射之山，窅然喪其天下」，則表明堯能夠順應自然，超越功利，已經達到了這種境界。莊子又以大瓠、不龜手之藥、斄牛、大樹等為例，意在告訴人們，如果人們能夠不去計較事物的大小，不拘泥於人情所謂的有用無用，順從自然的變化，那麼各種各樣的事物，無論大小、短長、動靜、有無等，便都能以適合自己天性的方式「逍遙遊」了。道盛指出，「各無所待故得逍遙」雖為《逍遙遊》一篇之旨，但已將七篇全部含攝在內：「如鵬鷃之大小，菌椿之短長，彭殤之壽夭，皆各自相忘，即『齊物』也；冰雪之處子，乘雲氣，御飛龍，其神凝，使物不疵癘，即『養生主』也；宋榮子定乎內外之分，辨乎榮辱之境，後其於世，未數數然，即『人間世』也；許由之不治天下有治天下之德，寧為其實，不為其名，即『德充符』也；之人也，物莫之傷，大浸稽天而不溺，大旱金石流而不熱，是其塵垢秕糠，猶將陶鑄堯舜，即『大宗師』也；堯治天下，天下既已治，而窅喪其天下，冥於自然，即『應帝王』也。」道盛的這種解讀，正是他主張的「八面受敵而能直應曲當」的「活句活法」。〔註62〕

覺浪道盛提出《齊物論》一篇的宗旨為「吾喪我」。道盛以「吾」為佛性「真我」，而以「我」為「我愛」、「我見」之類的「我執」，真我不會喪失，而我執必須破除。他指出，「莊子以自然為宗，而功在無為，其所立言，不外乎此。是《齊物論》，蓋踵前聖人無己而無所待，任萬物之自然，非有使之，更

〔註60〕道盛：《莊子提正》，《天界覺浪盛禪師全錄》卷30，《嘉興大藏經》第34冊，第770頁上。

〔註61〕道盛：《莊子提正》，《天界覺浪盛禪師全錄》卷30，《嘉興大藏經》第34冊，第770頁中。

〔註62〕道盛：《莊子提正》，《天界覺浪盛禪師全錄》卷30，《嘉興大藏經》第34冊，第770頁下。

不以生死、彼我、是非、得失為同異，故渾然各相忘於無對待之大道也。」
〔註63〕世人以執著於自我之故，為物所累，不能超脫塵垢，出離生死，而「真
吾」是無我的，故而能不為外物所累。莊子以子綦隱几為此篇之始，以莊周
夢蝶為此篇之終，而以能體現聖人無己的「吾喪我」貫徹始終。在道盛看來，
世間所謂物我，皆是對待而生，「我見」本空，「物」亦非有，世俗之人不能因
順自然，了達物我本空，心盡如馳，妄念紛飛，與形俱化，鮮有不喪其天真者
矣。道盛認為，莊子以沉痛的筆觸為人們提撕起此一關係生死性命的大事，
「是發六經所未發之秘旨也」。〔註64〕意謂儒家六經既期在成聖成賢，故而破
除我執乃其題中應有之義，但隱而未發，得莊子而發此千載之覆，於此益可
見莊子旨在輔成六經也。

　　覺浪道盛提出《養生主》一篇的主旨為「緣督以為經」。道盛認為，莊子
所說的「緣督以為經」就是《中庸》所謂的「率性之謂道」。世俗之人，在有
限之生中為各種欲望扭結，在無盡之慮中又為各種知見和執著纏縛，內外交
攻，故而「真我」常處危殆之中，也就難免不能保身全生養親盡年了。如果世
人能像庖丁解牛那樣，「能內不見有己有功有名有待，則吾天真之神無我見之
厚，官知止而神行矣；外不見彼此善惡是非名刑，則吾自然之生無物慾之閡，
而依乎天理，以無厚入有間，恢恢乎遊刃有餘地矣。」〔註65〕在他看來，庖
丁之刀「十九年如新發於硎」，正是君子能夠「慎獨於莫見莫顯之中」的表現，
而庖丁解牛時的謹慎與輕鬆，則「於此足見孔子用行捨藏之所慎處，惟顏子
拳拳服膺者是與，若子路之雄心壯氣、無所忌憚者，痛誡之為暴虎馮河，必
也好謀懼事，是則已全乎知仁勇之妙，其所謂保身全生養親盡年者，不由此
可以見乎！」〔註66〕在道盛的思想中，能否如《中庸》所說的那樣「慎獨」，
就成為「養生主」的關鍵了。

　　覺浪道盛提出《人間世》一篇的主旨為「以無用寄其大用」。他指出：「人
知莊子以無為自然為宗，無用為用作主，不知彼獨將極難為、極不然、極要

〔註63〕道盛：《莊子提正》，《天界覺浪盛禪師全錄》卷30，《嘉興大藏經》第34冊，
　　　　第770頁下。
〔註64〕道盛：《莊子提正》，《天界覺浪盛禪師全錄》卷30，《嘉興大藏經》第34冊，
　　　　第771頁上。
〔註65〕道盛：《莊子提正》，《天界覺浪盛禪師全錄》卷30，《嘉興大藏經》第34冊，
　　　　第771頁中。
〔註66〕道盛：《莊子提正》，《天界覺浪盛禪師全錄》卷30，《嘉興大藏經》第34冊，
　　　　第771頁下。

用之事，與仲尼顏回二師弟子，以苦心密行，周旋盤錯，以曲盡其處人間世之妙，於斯始見無為而能無所不為，自然而能無自不然，無用而能無所不用。」〔註67〕生逢亂世，人君無道，剛愎自用，臣下者如欲一展其才，難免不遭殺身之禍，於是乎，無用其聰明才智就具有了保全自身的大用。「心齋」者，持心虛靈明淨，無用其才能與智慧之謂也。但忠臣事君，孝子事親，無所逃於天地之間，只好安之若命，因此孔子說，「為人臣子者，固有所不得已，行事之情而忘其身，何暇至於悅生而惡死。」道盛對此極為稱賞，「此決斷為臣子之心與事，心之不踰矩處，如斬釘截鐵，真孔子萬古不易之正論！」〔註68〕有人以篇末楚狂接輿的鳳歌為譏諷孔子，道盛認為這不過是憤激語罷了，「首尾皆以孔子事述之，正表道德與志行之盛如孔子，周流列國，以求用於時君，竟不能少展其一二，此深於痛世而垂戒於為人君、為人臣、為人師及無此才此德者，不可強試於世，莫若如不材之木、支離之人，自寓於社、自寓於疾以自全，正莊子之自道也！」〔註69〕就是說，莊子「以無用寄其大用」正是對孔子教導的一種實踐。

覺浪道盛提出《德充符》一篇「以德為主」。在道盛看來，莊子請出王駘、兀者申屠嘉、兀者叔山無趾、惡人哀駘它、闉跂支離無脤等具有極端殘疾的人來與老聃、仲尼、子產及衛靈公、魯哀公等君主高談闊論，占盡上風，顯示出極高的道德境界，此正是莊子的高妙之處，其間別有深意在焉。道盛指出，善讀《莊子》者應於此起疑，「莊子憤憤，無乃以己生不逢時，不得於君相，而不能見用於世，故為是耶？是傷感聖人之道不能行於世，只可如此敗缺之輩以自全為自得耶？是真欲譏聖人不知時務，徒求行道於世，終不能行，不如兀者之安分為德自充符耶？是見天地之道，從來愈降愈下，聖人少，愚人多，善人少，惡人多，吉事少，凶事多，治世少，亂世多，故拈此可驚、可畏、可痛、可恨、是是非非、虛虛實實、聊寓宗旨於萬世下，或得一二能疑疑悟悟知其解者，使此幾希之脈不致斷絕耶？」〔註70〕事實上，讀者們若真能

〔註67〕道盛：《莊子提正》，《天界覺浪盛禪師全錄》卷30，《嘉興大藏經》第34冊，第772頁上。

〔註68〕道盛：《莊子提正》，《天界覺浪盛禪師全錄》卷30，《嘉興大藏經》第34冊，第772頁中。

〔註69〕道盛：《莊子提正》，《天界覺浪盛禪師全錄》卷30，《嘉興大藏經》第34冊，第772頁中。

〔註70〕道盛：《莊子提正》，《天界覺浪盛禪師全錄》卷30，《嘉興大藏經》第34冊，第772頁下。

透得如此數問，《德充符》一篇能事畢矣。道盛提及魯哀公以師友視孔子，認為這是「莊子痛惜不自忍，於此提出孔子為德友，是《德充符》之大主意也，深於為人君為人師處，可謂箭上復加尖矣！」〔註71〕也就是說，在道盛看來，孔子才是莊子真正推崇的可以充符於國家天下的全德之人。

覺浪道盛提出《大宗師》旨在「尊尚孔顏」。道盛認為，孔子雖有盛德，但生逢亂世，只能與顏回等盤桓自樂，莊子遂以寓言推尊其道，垂諸將來，或間有知之者，即可為群雄之首而有天下。道盛認定莊子以孔顏為大宗師，以其道足以應帝王，故其疏理《莊子》，多用儒家義理。在他看來，莊子所說的真人，即儒家所謂致中和、參天地、誠明不二、遯世無悶、盡性知天的聖人。道盛對女偊之教卜梁倚非常重視，認為「只此可會通內七篇旨趣：外天下可通《逍遙》之堯讓許由，外物外生可通《齊物》之喪我，朝徹見獨而無古今可通《養生主》之薪盡火傳，無古今而後能入不死不生可通《人間世》之無用為用，殺生者不死、生生者不生可通《大宗師》之知天知人，其為物無不將、無不迎、無不毀、無不成、其為攖寧可通《應帝王》之虛而委蛇而未始出吾宗。」〔註72〕篇末借許由之口，謂堯之服仁義明是非為黥劓，道盛指出，對此不可執著於文字，仁義禮樂與道相通，是孔顏恃以教詔天下的萬世不易之法，堯孔說仁道義，不過是入泥入水之談，乃化他之方便，許由自了漢，何足知此。「蓋任天下萬世之大功者，乃能任天下萬世之大過也。此莊子平生學問，全在此中能翻弄變化，使攝末歸本，推本於末也。不然，又何足以此為大宗師之本旨哉！」〔註73〕莊子引述許由之言，看似對堯孔的批評，實則為推崇和尊尚。

覺浪道盛提出《應帝王》一篇的主旨在於闡明「明王之治」。《應帝王》載老聃語子居之言曰：「胥易技係，勞形怵心者也。明王之治，功蓋天下而似不自己，化貸萬物而民弗恃，有莫舉名，使物自喜，立乎不測，而遊於無有者也。」道盛認為，「即此便是《應帝王》之大宗旨也，與不見而章、不動而變、無為而成，其為物不貳則其生物不測，及不顯惟德，百辟其刑之，篤恭而天

〔註71〕道盛：《莊子提正》，《天界覺浪盛禪師全錄》卷30，《嘉興大藏經》第34冊，第773頁中。

〔註72〕道盛：《莊子提正》，《天界覺浪盛禪師全錄》卷30，《嘉興大藏經》第34冊，第774頁中。

〔註73〕道盛：《莊子提正》，《天界覺浪盛禪師全錄》卷30，《嘉興大藏經》第34冊，第775頁上。

下平又何異乎！」〔註74〕意謂老子所說的「明王」就是堯舜文武等儒家所推崇的上古聖王。道盛引《中庸》釋神巫相壺子、儵忽鑿混沌說：「天命之性，即『未始出吾宗』也；率性之道，即『神動而天隨』也；至於修率工夫而莫顯莫見，即『淵默龍見，機發於踵』也；故君子必慎其獨以致中和，正『虛而委蛇、無不藏、無不應也』；所謂『予懷明德，不大聲以色』，『其上天之載，無聲無臭』，非渾沌而何！若能於此透過晦昧為空，始可冥合天命之性；於此不知儵忽一念，迷己逐物，為聲色所轉，不亦鑿破渾沌之德，而失其天命之宗哉！」〔註75〕也就是說，壺子、渾沌之高妙，其所體現者，皆為儒家孔顏內聖外王之道耳。

覺浪道盛提出《莊子》內七篇中的儒家宗旨，理出莊子思想中的儒家血脈，希望以此為他認定的莊子乃堯孔之真孤提供堅實的依據。

三、覺浪旨趣

身為一代學修兼重的佛門高僧，覺浪道盛將莊子提正為堯孔之真孤，絕不是故作譁眾取寵之語以聳人聽聞。細繹其思想旨趣，我們可以發現，這其中既有學術的原因，又有現實的關切，還有對宗教慧命的憂思。

就學術而言，《莊子提正》集中體現了覺浪道盛會通三教而集其大成的學術旨趣。《莊子提正》看似對《莊子》的儒學釋讀，實則是對《莊子》的一種禪化的理解。《莊子》中凡藉重孔顏闡說道家思想的地方，道盛均將其作為信史予以接受；而對其中譏貶堯孔的內容，道盛則視之如禪門的「呵佛罵祖」。那些敢於呵佛罵祖的禪僧大德，其實是對佛最具信心、最能體現佛陀本懷的人，他們之所以呵佛罵祖，是因為不滿於對佛的信仰和膜拜流於形式化、外在化和功利化，希圖以這種極端方式回歸佛教的基本精神。覺浪身為禪門高僧，自然熟知其中奧妙。在他看來，莊子的詆毀堯孔，剽剝仁義，訶斥禮樂，不過是對那些假堯孔之名、以仁義禮樂為獵取名利之資和殺害戕賊之具的世儒俗士的一種撻伐，與禪宗高僧的「呵佛罵祖」毫無二致，因此他將《莊子》正位為「儒宗別傳」。他認為《莊子》有多處類似於禪宗的機鋒相鬥，如《德充符》中兀者王駘初見孔子，後又到老聃處說孔子未為至人，道盛便比之於

〔註74〕道盛：《莊子提正》，《天界覺浪盛禪師全錄》卷30，《嘉興大藏經》第34冊，第775頁中。
〔註75〕道盛：《莊子提正》，《天界覺浪盛禪師全錄》卷30，《嘉興大藏經》第34冊，第775頁下。

禪宗叢林的參訪善知識。〔註76〕《大宗師》中女偊之教卜梁倚「疑始而攖寧」，道盛便直接理解為參禪中的「頓發疑情」，並以「不疑則不悟，大疑則大悟」釋之。〔註77〕他說：「設使莊子生於摩騰入漢之時，必能破冥諦神我之計，揮鞭於生肇融叡之先，以開拓聖諦第一義矣；生於達磨來梁之後，必能破委蛇渾沌之疑，脫穎於磨磚垂足之表，如馬駒之踏殺天下人、石頭之滑殺天下人也。雖然，安知莊生非以權教示現，故先於戰國為佛法之前矛，復於唐宋而出世，為馬石輩之以全機大用振吾宗哉！」〔註78〕在此道盛幾乎毫不懷疑地將禪宗祖師視為莊子的轉世再來。我們說，道盛在為我們理解《莊子》提供一個獨特的視角的同時，也為我們理解中國禪宗的形成和發展提供了一個合理的註腳，那就是《莊子》對佛教的重大影響。

　　就現實關切來說，《莊子提正》實際上為明清鼎革之際那些既不願降清又未及殉明的士大夫們指明了一條出路。滿洲貴族借著明末農民起義的有利形勢入主中原，造成明清王朝的更替，由於缺乏必要的文化認同，在當時許多士大夫看來，此一事件無疑於神州陸沉，中原丘墟，是天崩地解的大變局。他們或未來得及殉節盡忠於故明，但又不願降服外族，臣事新朝，在屢次起事失敗之後，不得已而隱逸於民間。而清王朝的統治者在完成軍事征服之後，即著手思想文化建設。這些在民間有著重大影響力的故明遺民，如非具名於被徵召之列，就是處於被通緝之境，甚而處於人人可殺的艱危之中。有些人最終被迫出山，成為新貴，但最終還是有些人不肯苟事新朝，如此其忠孝名節與身家性命不免均處於孤獨憂危之中。佛門淨土，不僅為這些遺民們洗滌亡國遺恨提供了精神安慰劑，也為他們躲避人世間的是非糾葛提供了避難所。道盛自幼出家，與明王朝無所瓜葛，但他同情故國，因而在遺民士大夫中具有非常大的影響。其莊子託孤之論，無異於提醒那些無所投託的明朝遺民士大夫們，與其彷徨於無地，不如易服剃髮，將一腔孤憤託之於青燈，將滿懷孤忠託之黃卷，將四海難容之孤身託之於佛門。倪嘉慶、方以智、錢澄之等故明士大夫受其影響，相繼出家，成為託孤之論的實踐者。他們心折口服於

〔註76〕道盛：《莊子提正》，《天界覺浪盛禪師全錄》卷30，《嘉興大藏經》第34冊，第773頁中。

〔註77〕道盛：《莊子提正》，《天界覺浪盛禪師全錄》卷30，《嘉興大藏經》第34冊，第774頁中。

〔註78〕道盛：《莊子提正》，《天界覺浪盛禪師全錄》卷30，《嘉興大藏經》第34冊，第770頁中。

道盛的《莊子提正》，實則是以之為自己心跡的最好表白。

　　此外，《莊子提正》還當寓有覺浪道盛對他所傳承的曹洞宗慧命延續的憂思。歷代高僧大德面對著不可避免的人事代謝，都不願作「最後斷佛種人」，因此非常留心挑選合適的傳法弟子。我們知道，佛教在長期的發展過程之中，形成了非常深厚的思想義理和文化傳統的積存，又處於與本土儒道鼎足而立的複雜環境之中，主持佛法者若無卓越的文化素質和經營能力，是無法承擔起弘揚大任的。因此，「見與師齊，減師半德，智過於師，方堪傳授」，就成為中國佛教，特別是禪宗付法傳衣中的共識。然自宋以降，佛教日漸衰敗沒落，佛門罕遇龍象，而出家避役、飽飯充饑者卻比比皆是，以經懺赴應、超生薦亡為佛事，迷信盛行，義學不振，僧眾由隋唐時期的社會精英漸降而為社會的弱勢群體。天台、華嚴，僅能維持智者、賢首餘緒於不墜；禪門五宗，溈仰、雲門、法眼等三宗相繼衰歇，元明以來，臨濟亦大不如前，道盛所嗣法的曹洞宗雖不絕如縷，也只是僅存而已。道盛這樣的高僧舉目叢林，就不免有佛法「真孤」的感慨！明末諸多遺民士大夫的託孤佛門，似乎使道盛意識到佛法獲得了可託之人。因此，道盛的莊子託孤之說，也當寓有付託宗教慧命之意，即將自己所承傳的佛法，特別是曹洞一宗，囑託於遁入佛門的遺民，希望通過這些文化素質非常優越的士大夫們傳續下去。

　　《莊子》本屬道家和道教的經典，因其文風汪洋恣肆、文辭奇偉瑰麗、思想深刻洞徹而受到歷代文士的喜愛。高僧大德的以佛解莊，不僅將道教可以倚重的經典改造成為一部宣說佛教義理尤其是禪宗思想的寶典，使佛教在與道教的競爭中保持了思想義理方面的優勢，而且還拓寬了歷代注釋和疏解《莊子》的思路，在展現中國佛教思想穿透力的同時，也極大地豐富了中國佛教的文化內涵。明清鼎革之際，儒家士大夫多有天崩地解之感，他們聚攏在覺浪道盛禪師那樣的高僧周圍，以各種方式表達他們對故國的懷念，以佛解莊作為僧俗之間的共同話語，無形中為儒家士大夫架起了一座進入佛門的橋樑。

第五章　晚明居士的以佛解莊

　　中國文人士大夫喜愛《莊子》，可以說是自古而然。當他們借助《莊子》的視野理解了自異邦傳入中土的佛教時，紛紛以居士自處，並在他們思想和作品中呈現出莊義與佛理交相輝映的效果。在諸家競相注《莊子》的晚明時期，不少精通佛教思想和義理的居士也通過各種方式表達了自己對《莊子》的理解和看法。與高僧們注釋和疏解《莊子》時處處要維護佛教的優越和高妙有所不同，晚明居士則較少這方面的禁忌，故而更能在佛教義理，特別是禪宗思想的視域中展現出《莊子》的豐富內涵和多姿多彩來。

第一節　借助佛智翼南華——焦竑對《莊子》的佛學解讀

　　作為晚明時期著名的《莊子》注疏家，焦竑學問淵博，融貫三教，他在閱讀《莊子》時撰寫了大量的讀書劄記，從中可以看出佛教思想對他理解《莊子》發揮了重大影響。

　　焦竑（1540～1619），字弱侯，號漪園，又號澹園，先世為山東日照人，四世祖焦朔從大將軍徐達征戰有功，被明太祖賜名焦庸，進秩上都尉，世襲南京旗手衛副千戶職，因而著籍南京。焦竑自幼聰慧，讀書勤奮，十六歲應童子試，獲第一，入應天府學。巡按御史耿定向督理南京學政，創辦崇正書院，選拔江南十四郡名士，而以焦竑為學長，代其主持講習事。焦竑二十四歲舉應天府鄉試，但直至萬曆十七年（1589）他五十初度，才以會試第三廷試一甲一名大魁天下，授翰林院修撰，二十二年（1594）受命與修國史，出任

東宮講官。萬曆二十五年（1597），焦竑被欽點為順天府鄉試副主考，因蒙受讒言，被貶為福建福寧州同知，次年考評，受「鐫秩」處分，遂辭官，隱居於金陵，以著述講學為務，於萬曆四十七年（1619）無疾而終，壽八十歲。焦竑所師事者，除耿定向外，尚有王畿（龍溪）、王襞（東崖）、羅汝芳（近溪）等人，所交遊者有管志道（東溟）、鄒元標（爾瞻）、周汝登（海門）、陶望齡（周望）、李贄（卓吾）以及公安三袁等，其著作傳世者有《澹園集》、《老子翼》、《莊子翼》、《易荃》、《焦氏筆乘》、《類林》、《玉堂叢話》、《國朝獻徵錄》、《國史經籍志》、《俗書刊誤》等，可謂著作等身，對研究明代思想史、文化史、學術史、文學史、政治史，都有重要的文獻價值。〔註1〕焦竑在思想上屬於泰州王學的後勁，在文學上對以三袁為代表的公安派有開道之功，在學術上則上承心學之餘緒、下啟實學之開端，是明清間學術風氣轉換的嚆矢。

焦竑的《莊子》劄記主要收錄在《焦氏筆乘》。他採擷諸家注評匯解《莊子》，編成《莊子翼》一書，其中有四十條即採自《焦氏筆乘》。今人李劍雄點校《焦氏筆乘》時發現，《莊子翼》所引焦氏之文與傳世本《焦氏筆乘》相比，僅一條略似，餘皆不同，由此認定《莊子翼》所錄之《焦氏筆乘》與傳世本不屬同一版本，他依據四庫全書本《莊子翼》，將其中所存的焦氏劄記悉數輯出，編入〈焦氏筆乘別集〉，為學者瞭解焦竑對莊子的理解提供了極大的方便。本文即據李劍雄所輯出者寫成。

一、對破除執著的讚賞

佛教作為一種解脫道，十分重視對各種執著的破除。在焦竑的理解中，《莊子》中的許多思想和見解，如認為人們的是非觀念來自於「成心」、「俗學不可以復性」、「俗思不可以求明」等，就是在強調對執著的破除，這也是他非常欣賞《莊子》的一個重要原因。

焦竑運用佛教的無執之說解讀莊子的「未成乎心」。莊子生活的戰國之世，在思想上是一個諸子爭鳴的歷史時期，當時活躍的儒墨兩家，號為顯學，其相互之間是非紛紜，聚訟不已。莊子對此極為反感，認為這些糾葛都產生於人們的「成心」。他說：「未成乎心而有是非，是今日適越而夕至也。」（《莊子・齊物論》）在莊子看來，如果沒有「成心」作祟的話，人世間也就不會有這麼多的是非糾葛了。究竟什麼是「成心」呢？焦竑解釋說：「成心，有見而

不虛之謂。未成心則真性虛圓，天地同量；成心是已離於性，有善有惡矣。今處世應誶，有未免乎成心，則當思而求之未成之前，則善惡皆冥，是非無朕，何所不齊哉？」〔註2〕這就是說，所謂「成心」，就是指人們所懷有的先入之見，表明人們對待事物和處理問題不夠虛心。在焦竑看來，對待事物無先入之見，就意味著本真之性的清淨和圓滿；而一旦有了先入之見，就意味著對本真之性的偏離，有了善惡之間的比較和對立。人生在世，必須進行各種各樣的應誶活動，不可避免地會產生成心，這時候如能努力回復到成心未形成以前的情形，自然就會消除善惡，排除是非，實現「天地與我並生，萬物與我為一」的狀態。經過焦竑的這一番詮釋，莊子「天地與我並生，萬物與我為一」的「齊物論」，就與佛教的破除法我二執，泯滅是非善惡，實現真性圓明，在某種程度上獲得了一致。

　　焦竑運用禪宗的「泯絕無寄」論詮釋莊子的「恬知交相養」說。莊子的時代，人們「繕性於俗學，以求復其初；滑欲於俗思，以求致其明」。莊子對此極為反感，認為這些人都是「蔽蒙之民」。在莊子看來，「恬與知交相養」，自然就會「和理出其性」。（《莊子・繕性》）焦竑認為，人們要回復自己的本性，雖然必須借助學習，但世俗之學卻不能實現這一目標；內心的清明雖然必須依賴於致思，但世俗之思卻無法達到這一目的。在焦竑看來，俗學、俗思所以謂之俗，是「對真而言」的。從真理的層面上講，「動念即乖」、「擬心即差」，無論是「繕」也好，還是「思」也罷，「非惟無以徹其覆，而秖益以蔽」。因此，「以恬養知」才是「復性」與「致明」的關鍵。所謂「知」，就是指人們的覺性，可以通過恬淡虛無來養護，但卻不能通過學習和修繕來擾亂。所謂「恬」，就是對無為自然的表述。實際上，「知體虛玄，泯絕無寄，蓋有知而實無以知為者」，因此又可以將「以恬養知」說成「以知養恬」。「恬即禪家所謂無知者也，知即禪家所謂知無者也。即恬之時知在恬，即知之時恬在知，故曰知與恬交相養也。」〔註3〕佛教以迷真為俗，焦竑謂之「俗學」、「俗思」；佛教以破執顯真，焦竑謂之「復其初」、「致其明」。如此以來，莊子的「恬知交相養」就與佛教的「泯絕無寄」，在某種程度上實現了等同。

　　佛教的破執論之所以能夠扮演焦竑理解《莊子》的前解讀結構並不是偶然的。莊子有見於世間的「成心」所導致的是非不明、善惡無定，有見於「俗

〔註2〕焦竑：《焦氏筆乘》卷2，第53頁。
〔註3〕參見焦竑：《焦氏筆乘》卷2，第585頁。

學」、「俗思」對人的本真之性的傷害，不免有些憤世嫉俗，必欲破之而後快；佛教也看到各種執著對人本性的扭曲，因此極力否定各種執著。莊子與佛教的這種相似性為焦竑架起了一座將兩者融通互釋的橋樑。

二、對解脫生死的嚮往

從佛教中觀派的立場上來看，破除了法我二執，就意味著解脫了世間煩惱，出離了生死苦海，實現了由俗入真、破迷開悟、捨染歸淨、轉凡成聖的偉大飛躍。焦竑將他對解脫生死的無限嚮往，時時貫注於對《莊子》的理解之中。

焦竑對《齊物論》的「齊物我」雖無異詞，但對其「同夢覺」卻頗有不滿。他指出，「《齊物論》始之以無彼我、同是非、合成毀、一多少、均大小而已；及其言之至，則次之以參古今、一死生、同夢覺，千變萬化而歸於一致，所謂明達而無礙者也。然而物我，齊之則可也；至於夢覺，則何以同之歟？」〔註4〕在焦竑看來，人們白天處於覺醒中，夜間處於昏昧中，二者之間雖然小有不同，但經過長時間的積澱，形成了俗話所說的「日有所思，夜有所夢」的情形，二者之間具有了某種相通性，也就茫然無所分別了。但是，二者之間也有著不小的區別。如，人們在覺醒時能夠感知到夢中的情形，在夢中卻無法感知到覺醒時的各種狀況；人們覺醒時的所作所為，往往都是策劃好的，因而僅能存在於思慮之中，這表明覺醒比睡夢具有更多的現實性；不過人們有時候可以在夢中預見到未來，而覺醒時的思慮對此卻無法企及，這又意味著夢中有時會比現實具有更多的靈異；人們在覺醒中的言語行為都會遵守一定的倫理規範，而在夢境中的各種所見所聞經常毫無連續性可言。焦竑認為，夢覺不過須臾之間，其差殊尚且如此，更何況「死生為去來之大變，苟非其人，欲無淪溺於造化，得乎哉？」〔註5〕夢覺既不可「同」，生死自然也不能「一」。在焦竑看來，一夕夢覺，就如同是一場小的生死，「苟能早悟於夢覺，則死生之去來，亦不足道也。」〔註6〕人們如果能夠悟透夢覺的話，那麼自然也就能看破紅塵，從生死流轉中解脫出來。焦竑對莊子「同夢覺」的這番批評，從某種程度上說也凸顯了佛教破執論與莊子齊物論之間的差異。

〔註4〕焦竑：《焦氏筆乘》卷2，第559頁。
〔註5〕焦竑：《焦氏筆乘》卷2，第559頁。
〔註6〕焦竑：《焦氏筆乘》卷2，第559頁。

　　焦竑認為《養生主》中的「薪火之喻」是意在說明「死生如一」的道理。他指出，佛典中亦有對這段話的解釋：「火之傳於薪，猶神之傳於形。火之傳異薪，猶神之傳異形。前薪非後薪，則知指窮之術妙；前形非後形，則悟情數之感深。惑者見形朽於一生，便謂神情共喪，猶睹火窮於一木，便謂終期都盡，可乎？」這段話出自東晉慧遠的《沙門不敬王者論》，本意是論述「形盡神不滅」的，焦竑謂其為解莊之語，似有不確，但焦竑以「未盡生死」批評之，卻頗為有見。他說：「此其說亦甚精矣。然舍生趨生，則猶未了之談也。竊意以指計薪，薪多而指有窮。及火相傳燒，不知其即時盡矣。蓋躍金不出乎爐，浮漚必還之海，以見其無死生，一也。前言生之當養，此言死生如一，豈故相反哉？知死生之一者，乃為善養生者耳。」〔註7〕意謂這段話雖然非常精妙，但捨棄此一段生死而趨向於另一段生死，依舊處於生死流轉之中，沒有獲得解脫，因此仍然屬於未了之談，而非究竟終極之論。在焦竑看來，燃燒的木材有限，可以燃燒的木材卻是無窮，當火從一塊木材向另一塊木材延燒時，實際上就意味著薪和火在當時就已經燃燒完畢，如同跳躍的金子跳不出熔爐、浮動的海漚仍歸於大海一樣，這個譬喻展現了萬物本無死生或死生為一的真相；具體到《養生主》本文，前說養生，後講死生如一，這決不是故作相反之論，而是意味著只有領悟了死生為一的道理，才是真正的善於養生。很顯然，焦竑將薪火相傳視為即生死而解脫生死的譬喻，是運用了佛教煩惱即菩提、生死即涅槃的圓教思維，雖然同樣屬於以佛解莊，但其圓融性和徹底性自然是東晉時期的慧遠所無法企及的。

　　焦竑將《知北遊》中的「言」與「不言」均視為解脫生死的「不二法門」。他認為，《莊子・知北遊》以無為謂為「真是」，是因為無為謂的不言，以黃帝為「不近」，是因為黃帝的「言之」，其實黃帝之與道，並不遜於無為謂，而二人一為不言，一為言之，「此特相與激揚此一大事耳」。〔註8〕《維摩詰經》中三十二位大菩薩共說「不二法門」，而維摩詰默然無言，意在表示「無言」為不二法門的極致。但天女卻對舍利弗的「默然」很不以為然，她說：「解脫者，不內不外，不在兩間；言語文字，亦不內不外，不在兩間。是故無離言語文字說解脫相也。」維摩詰與天女都是解脫者，所以焦竑說：「知此則言默一如，知不知一體；有思有知，亦可以知道；有處有服，亦可以安道；有從有道，亦

〔註7〕焦竑：《焦氏筆乘》卷2，第561頁。
〔註8〕焦竑：《焦氏筆乘》卷2，第589頁。

可以得道。何以故？思慮盡空，處服無所，從亦無從，道實非道故耳。」〔註9〕意謂真正的解脫雖然超越相待和對立，但也體現在相待和對立之中。焦竑的理解與《莊子》文本具有明顯的不相吻合之處，這種不相吻合實際上就是焦竑對《莊子》採取佛學化解讀的必然結果。

解脫生死，就意味著於諸法而得自在，所以焦竑對解脫生死懷有無限的嚮往之心。從以上分疏中可以看出，焦竑所理解的解脫生死，實際上就是將無所執著的理念貫注於生活的各個方面，無論是道也好，還是非道也好，都不要執著。無所執著，就不會受到煩惱和生死的繫縛，這自然是對南宗禪法「無念為宗，無相為體，無住為本」的運用和發展。

三、對出世而後能住世的肯定

焦竑宣稱，「《養生主》是出世法，《人間世》是住世法。余謂出世而後能住世，老子所謂執古之道，以御今之有也。」〔註10〕也就是說，在焦竑看來，不能出世即不能入世，只有那些破除了各種執著、解脫了生死煩惱的至人、神人、聖人、真人，得以「執古之道」，才能夠實現真正的住世，「以御今之有」。這實際上是以佛教的悟道者來詮釋《莊子》理想中證真者的人生境界。

在焦竑的理解中，《逍遙遊》所說的「至人無己，神人無功，聖人無名」自然就是對「出世而後能住世」的形象表述。他解釋說：「至人知道，內冥諸心，而泯絕無寄，故曰『無己』；神人盡道，成遂萬物，而妙用深藏，故曰『無功』；聖人忘道，神化蕩蕩，而了不可測，故曰『無名』。」〔註11〕在焦竑的理解中，「至人」就如同證得諸法空性一切智的聲聞，「神人」就如同證得通達諸法無量差別道種智的大菩薩，「聖人」就如同雙觀空有、化道斷惑、成就一切種智的佛陀。焦竑對「無己」、「無功」、「無名」的佛學詮釋，無形中為《莊子》中的理想人格披上了大乘佛教的法衣。

在焦竑的理解中，《大宗師》稱讚的「真人」就是「出入造化，遊戲死生」而不住涅槃的大菩薩。《莊子·大宗師》云：「古之真人，不知悅生，不知惡死；其出不訢，其入不距；倏然而往，倏然而來而已矣。不忘其所始，不求其所終。受而喜之，忘而復之。是之謂不以心捐道，不以人助天，是之謂真人。」

〔註 9〕焦竑：《焦氏筆乘》卷2，第589頁。
〔註10〕焦竑：《焦氏筆乘》卷2，第568頁。
〔註11〕焦竑：《焦氏筆乘》卷2，第551頁。

焦竑認為，此處「其出不訴」的「出」字，就是佛教中「出世」的意思，即產生、到來、開始、接受等意；而「其入不距」的「入」字，就是返歸於造化的意思，即死亡、前往、終結、回復等意。如果能瞭解到事物永遠處於無始無終的運動之中，那麼就不會忘掉事物的開始，也不會去追究其最終的結局。這樣就可以出入造化之內，遊戲死生之間，既無所喜好，又無所憎惡，自始至終都保持著內心的清靜本然狀態。「心捐道者，心一有所變，即捐道矣。道無死生，而人有二心，非棄道而何？人助天者，即《老子》狹其所居，厭其所生，求益於有生之外者也。而真人不然，則知怖死生，求出離，猶為第二義也。」〔註12〕也就是說，《莊子》所謂的「不以心捐道，不以人助天」，就是「不怖死生，不求出離」。換言之，在焦竑的語境中，「真人」與「菩薩」僅僅是稱謂的不同而已。

　　在焦竑的理解中，《徐無鬼》所說的「真人」的認識就是對事物的直接觀照。《莊子・徐無鬼》說「古之真人」，「以目視目，以耳聽耳，以心復心。若然者，其平也繩，其變也循。」焦竑認為，所謂「以目視目」，就是指「不以我視」，即觀看時要徹底排除主觀的偏見；所謂「以耳聽耳」，就是聆聽時要不帶任何主觀的色彩；所謂「以心復心」，就是在意識中讓事物自然呈現，而不是陷於主觀的空想。人們在認識事物時過分重視自己的主觀想法，不能按照事物的本性去認識事物，因而無法得到公平和正確的看法。相反，如果充分尊重耳、目與心的功能，完全擺脫主觀的偏見和成見，就像《列子》所謂的「廢心而用形」那樣，對事物的認識自然就會非常平正，而且會完全符合事物的變化。此處莊子將「心與耳目並言」，與「釋典以意與眼耳鼻舌身為六根同意。」〔註13〕焦竑對真人認識論的理解，部分地運用了唯識學轉第六識為妙觀察智、轉前五識為成所作智的理論。

　　焦竑運用佛菩薩的境界詮釋《莊子》理想人格的內涵，為道家的至人、神人、聖人、真人戴上了佛菩薩的光環。

　　需要指出的是，焦竑作為那個時代最為淵博的學者，不僅追求佛道二家的融合，而且還試圖實現儒道佛三教之間的會通。宋代蘇軾在《莊子祠堂記》中提出的尊孔子無如莊子者的觀點，焦竑對此非常欣賞，認為蘇軾此論「得其髓矣」。在他看來，世儒所尊崇的，不過是執著於孔子之跡而已，此實乃孔

〔註12〕焦竑：《焦氏筆乘》卷2，第572頁。
〔註13〕焦竑：《焦氏筆乘》卷2，第591頁。

子的糟粕；而莊子的論述，則是孔子的精華。他舉譬說，名醫扁鵲為人診病，能夠看透人的五臟，平生制定了很多處方。假設有二人同時隨從扁鵲學醫：一人不能見五臟之病，但執守扁鵲的處方而已；一人能像扁鵲那樣看透五臟的病症，因此依據自己的理解制定處方，而不一定是完全按照扁鵲的處方。在焦竑看來，扁鵲自然不會賞識那位株守成方的學生，只能是欣賞那樣應病而自為處方的學生。其言下之意，孔子作為儒家的至聖先師，也不會賞識那些拘泥其跡的世儒，而只能欣賞那些得其精華的思想家。焦竑又以禪宗的訶佛罵祖為證：「釋氏之論詶恩者，必訶佛罵祖之人。夫以訶佛罵祖為詶恩，則皈依讚歎者為倍德矣！又孰知夫訶與罵也！不然，秦佚之弔，嘗非老聃矣；栗林之遊，又嘗自非矣，而亦謂詆訾聃、周也，可乎？」〔註14〕這無異於說，禪宗的思想實踐為儒道之間的會通和融合提供了方法論上的支持。

第二節　直指禪髓認前茅──袁中道對《莊子·內篇》的佛學解讀

晚明時期的文學家、公安三袁之一的袁中道將《莊子》視為佛教傳入中國的前導，他運用自己掌握的佛教義理，對《莊子》進行了佛教化的理解，著成《導莊》一書，具有引導《莊子》進入佛法智慧大海的意味。

袁中道（1570～1626），字小修，湖北公安人，早年受長兄宗道（字伯修）、次兄宏道（字中郎）影響，以豪傑自命，喜交遊，好讀老莊與佛教之書。中道與二位兄長少年即得志於科場不同，他幾經落第，方於萬曆四十四年（1616）考中進士，歷仕徽州府學教授、國子監博士等，最後官至南京吏部郎中。中道與二位兄長宗道、宏道並有文名，時稱「三袁」，其為文反對復古、擬古，主張獨抒性靈，晚年兼重格調，所作遊記、日記、尺牘、詩文等各具特色，有《珂雪齋集》20 卷及《遊居柿錄》20 卷行於世。錢伯城先生對中道的著作進行了詳細的點校，合為《珂雪齋集》一書，由上海古籍出版社於 1989 年出版發行，成為今天學者們瞭解中道思想觀點和文學成就的主要依據。〔註15〕

袁中道《導莊》作於萬曆二十六年戊戌（1598）。〔註16〕中道於文前小序

〔註14〕焦竑：《讀莊子七則》，《澹園集》卷 22，中華書局，1999 年，第 293 頁。
〔註15〕有關袁中道的生平及思想概況，可參閱錢伯城：《珂雪齋集·前言》，上海古籍出版社，1989 年，第 1～13 頁。
〔註16〕錢伯城：《袁宏道集箋校》，上海古籍出版社，1981 年，第 796～797 頁。

中云：「莊生內篇，為貝葉前茅，暇日取其與西方旨合者，以意箋之，覺此老牙頰，自具禪髓，故知南華仙人，的是大士分身入流者也，作《導莊》。」[註17] 中道明確提出《莊子》中具有禪宗思想的精髓，將莊子視為佛教菩薩的分身，視為佛教在中國得到弘揚和傳播的先導。這種觀點在他運用佛教義理對《莊子‧內篇》各篇宗旨的解讀中得到了更為充分的詮釋和發揮。

一、三界之外逍遙遊

袁中道認為，《逍遙遊》具有引導眾生出離三界的思想傾向。在他看來，「逍遙」就是「自由」和「自在」的意思。但人所生活的三界，卻正是「百苦交煎」之場，故而有「愁海」之稱。人們普遍受到見識的束縛：見識越小，束縛越大；見識越大，束縛越小。俗儒拘執，不自知其識見鄙陋，反而以此自矜其高明，就像莊子所說的蜩與鶯鳩嘲笑鯤鵬一樣，這自然是典型的「小者」。而那位「卓然高視，超然遠覽，蟬脫塵埃之中，置身雲霞之表」[註18]、可以御風而行的列子，則是典型的「大者」。二者差別顯然，不能等量齊觀，但不可否認，即便是鯤鵬與列子之大，亦必待風方能飛行，這表明他們都受到客觀條件的限制，是不自由的，不自在的，因而也是不逍遙的。在中道看來，那些「乘天地而御六龍者，縱心所欲，脫然自在」、「乘雲御風，不生不死」的「神人」，才是真正獲得「逍遙」和「自由」的人。[註19] 很顯然，中道此論意味著「神人」已經出離「三界」「愁海」，成為解脫者和自在者。在中道看來，這實為莊子對人類的巨大貢獻。他說：「古初以後，代有文字，皆詳於世相，略於玄理。仲尼隱而不發，老氏發而未暢，兼之貝葉未來，大雄之消息尚隱。人滯有海，家弊塵封，而大仙崛起，縱談出世，視古今為一息，目死生如夢幻，模寫物外之神人，糠秕域內之事業。沉沉界有，始獲出頭之路；營營世法，都涉有為之跡。積迷為之呼回，長夜從此而旦。」[註20] 最令中道氣憤的是，世人囿於耳聞目見，對於莊子的微言，只能懷有驚詫莫名的恐懼，根本就無法信受，因此他只能寄希望於那些「離其執情，疏之格外」的「大心眾生」了。在這裡，我們似乎可以看到中道自視甚高、期待被理解但又孤獨寂寞、侘傺失意的樣子。

〔註17〕袁中道：《導莊》，《珂雪齋集》卷22，第935頁。
〔註18〕袁中道：《導莊》，《珂雪齋集》卷22，第935頁。
〔註19〕袁中道：《導莊》，《珂雪齋集》卷22，第936頁。
〔註20〕袁中道：《導莊》，《珂雪齋集》卷22，第936頁。

二、華嚴界裏齊物論

袁中道所理解的《齊物論》，就是運用華嚴義理泯除萬物的差異。在中道看來，世間萬物本無所謂差異，是故孔子有「無言」之欲，釋迦有「忘言」之論，但這不免啟人以槁木死灰之疑，因此莊子以籟為喻，闡明語言沒有確定不移含義。但人們無不因此產生分別，形成各種議論。如果瞭解議論都是虛妄的話，那麼是非又何自而起呢？中道「細味玄旨」，覺得「妙合圓頓之教」，他不禁反問：「誰謂無礙至理，獨出西方聖人乎哉！」〔註21〕在中道看來，凡存在於天地之間者，包括人們的身與心，無非物而已，從感覺的角度看是千差萬別，從智慧的立場觀察則可以體會到其一致性。他指出，凡認為事物存在大小、延促、人我、有情無情、淨穢、去來、生死、語默、聖凡、一多等差異的說法，都屬戲論。為證成此說，中道廣引《華嚴》，如以「毛孔藏剎海，芥子包須彌」證明「小大齊矣」，〔註22〕以「以一念頃，三世畢現，過去未來諸佛悉詣道場」證明「延促齊矣」，以「佛轉法輪於一眾生身內，而眾生現有為於諸佛身內」證明「人我齊矣」，以「世間牆壁瓦礫，皆說法要成佛道」等證明「有情無情齊矣」，以「諸佛出現，所有威力無差別，為眾生劣見，說有淨土」證明「淨穢齊矣」，以「隨緣赴感，常處菩提之座」證明「去來齊矣」，以「未出母胎，度人已畢」等證明「生死齊矣」，以「語時默，默時說」證明「語默齊矣」，以「善財童子，一念成佛」等證明「凡聖齊矣」，以「一成一切成，一壞一切壞，一多交徹」證明「一多齊矣」。〔註23〕中道對此總結說：「此非獨實有是理，亦實有是事。故在莊則曰『齊物』，在華嚴則曰『事事無礙』，其實無礙即齊也。如此則天下之物皆齊矣。」〔註24〕中道將莊子的齊物論等同於華嚴宗的事事無礙，從而得出了天下萬物齊一的結論。中道認為，莊子所說的「莫若以明」，即佛所說的「圓覺」、達摩單提的「悟門」，就是「知止其所不知」，讓自己的知覺超出於感覺之外，才是莊子所謂的「天均」、「天倪」等，才能真正從迷夢中覺醒過來，獲得一「棲泊依靠處」。也就是說，中道將莊子齊物論等同於華嚴宗事事無礙的同時，也將達到萬物齊一的「莫若以明」等同於禪宗的悟門，而最終歸結到「知止其所不知」，即本心上。

〔註21〕袁中道：《導莊》，《珂雪齋集》卷22，第 937 頁。
〔註22〕袁中道：《導莊》，《珂雪齋集》卷22，第 937 頁。
〔註23〕袁中道：《導莊》，《珂雪齋集》卷22，第 938 頁。
〔註24〕袁中道：《導莊》，《珂雪齋集》卷22，第 938 頁。

三、緣督為經養生主

　　袁中道指出，《養生主》所說的「緣督以為經」就是養生的妙訣。中道認為，「督」就是人身之中實施養生活動的主宰者，人所從事的種種禍福利害生死等活動，都是在「督」的管控下進行的。因此，「善養生者，知督之權甚重，只得拱手聽命，緣之以為常，即是養生盡年之妙訣也。蓋自其若詔令然，一定而不可移，則曰命；自其非人之所能為，則曰天；自其處置已定，而物不能用力，則曰造物；自其極尊無二，無所逃於天地之間，則曰主；自其管我攝我，若士卒之與主帥，則曰督。」〔註25〕在中道看來，真正的養生不是與「督」對立起來，而是聽從「督」的處置與管攝，無所用心於其間，超脫於名利的束縛，如此就能像庖丁那樣遊刃有餘，像右師那樣安於其介，像澤雉那樣飲啄於野。因此中道對於古往今來那些「巖居谷飲之士」、「挫廉毀方之夫」、「棲隱放達之夫」極為佩服，稱讚他們「多通老、易、莊、列，其於養生緣督之旨，亦微有見。使不知督之當緣，則馳求競起，亦不能滅其名利之火，而享寂寞之樂也。」〔註26〕中道對追求長生極為反感，將求長生者斥為「不緣督之尤者」。他指出：「若於死生之情狀少有所知，則知本未嘗生也，生何戀？本未嘗死也，死何悲？幻薪雖有盡，而真火實無窮。火本自永，何必求永於薪？知此則悟人人長生，人人不死。尚不見有去來之相，而哀樂何從而生？古之達人，委運大化，符到奉行，豈不由此哉！故秦失曰帝之懸解，曰安時處順，皆此之意也。」〔註27〕中道此處雖未明確推崇佛教，但要將莊子的「緣督養生」導入佛教「隨緣解脫」的意圖至為顯豁，而他所理解的「督」，也隨處晃動著禪宗本心或佛性的影子。

四、退藏心齋人間世

　　袁中道認為，《人間世》所說的「心齋」就是破除名根、退藏不用的度世良方。在中道看來，人們學習聖賢，修養道德，乃至冒死諫諍於暴君之前，無非出於好名之心，他謂之為「名根深重」。〔註28〕這不僅於事無補，而且有害其身，因此必須破除這種好名之心。而破除這種好名之心的方法，就是莊子假借顏回之口說出的「心齋」之法。在中道的心目中，莊子的心齋與佛教的

〔註25〕袁中道：《導莊》，《珂雪齋集》卷22，第940頁。
〔註26〕袁中道：《導莊》，《珂雪齋集》卷22，第941頁。
〔註27〕袁中道：《導莊》，《珂雪齋集》卷22，第942頁。
〔註28〕袁中道：《導莊》，《珂雪齋集》卷22，第942頁。

「破我執」或「無我相」極為類似。他指出：「惟心齋，則無一物葷腥其內。無意，無必，無固，無我，無可無不可，空空洞洞，一無所有。聽之以心，心猶有意。聽之以氣，虛之極也，是未始有回也，是心齋也。」〔註29〕運用心齋的方法，顏回破除了對自我的執著，達到「意識不用」的境界，「不獨山林可隱也，朝市亦可引也；不獨朝市可隱也，暴王之前亦可隱也。行而無蹊，真而無偽，則掃蹤絕跡，無翼而飛，無知而知。」〔註30〕從這種隱居中，中道真切地體會到：「夫人間世之道，莫妙於退藏矣。退藏非不用也，有可用，則莫能用，故退藏不用，正所以用也。」〔註31〕如果說得再明白一些的話，退藏不用可以幫助人們在險惡的政治環境中保全身家性命，免於各種災害。有人提出，老莊以退藏為處世之道似有鄉愿之嫌。中道則以為老莊與鄉愿不唯不類，且正好相反。他辯解說，老莊以退藏為主，雖顯亦隱，自適自得，追求無名、不材，齋心、至真，為雌、守黑，處眾人之所惡；而鄉愿則以表暴為主，雖隱亦顯，適人得人，希望有名、成材，葷心、至假，為雄、守白，處眾人之所好，「處人間世之內，一生惟掩護遮飾，心勞日拙，已為世間第一不便宜人，所謂天刑之，安可解也！」〔註32〕鄉愿執著自我，實不足與言人間世之大道。中道由此認定鄉愿們不如狂狷更接近老莊之道一些，從反面進一步證明了心齋無我和退藏不用的重要性。

五、身藏至寶德充符

袁中道理解的《德充符》，就是將忽略外在形體作為證明內在道德充實的符驗。中道指出，人們對自己的形體非常在意，將其認取為自我，對之不肯有任何的虧欠，「至於此身中身藏至寶，乃君形者，乃尊足者，乃狳子之母之使其形者，百般戕害，好惡滑之，喜怒擾之，日銷月礫，敗壞已極。」〔註33〕不免給人一種修繕房屋而虐待主人的荒唐滑稽感。中道認為，這都是由於人們認取形體為自我造成的，而這個紛繁複雜的世界和煩惱充滿的人生，實際上就是這種認取達到了極致的結果。他對此論證說：「認取極，故妄，而有天地界有生矣。認取極，故紛，而有人我同業聚矣。認取極，故雜，而有眼耳鼻

〔註29〕袁中道：《導莊》，《珂雪齋集》卷22，第943頁。
〔註30〕袁中道：《導莊》，《珂雪齋集》卷22，第943頁。
〔註31〕袁中道：《導莊》，《珂雪齋集》卷22，第943頁。
〔註32〕袁中道：《導莊》，《珂雪齋集》卷22，第944頁。
〔註33〕袁中道：《導莊》，《珂雪齋集》卷22，第944頁。

舌身意，眼露孤光，耳奔聲響，鼻司香臭，舌了甘苦，身能運動，意解巧思，妄情四出矣。」〔註34〕在中道看來，人生世間，本無可樂，因此應當遠離色身，不再認取此身為我，這樣就能夠不起嗜好而絕貪，不起惱觸而絕瞋，不起無明而絕癡。「貪絕，則戒德充矣；瞋絕，則定德充矣；癡絕，則慧德充矣。全其形者德虧，則虧其形者德全。德全不可見，而形虧可見。故大仙借形虧以驗德全，而相形虧者為德全之符驗也。故通篇皆因形虧之人，如兀者、支離之流是也。若便作兀者、支離會，是癡人前說夢矣，烏乎可！」〔註35〕中道言下之意，莊子只是借兀者、支離等人的形虧來彰顯他們的德充，並非在強調形虧；與德充相比，形體的虧或全可以說是微不足道的事情。

六、真人真知大宗師

　　袁中道所說的《大宗師》，是指那些徹悟生死的真人。從佛教立場看，世間存在的任何事物皆無永恆不變的自性，都是虛幻不實的假相，故而一切皆空，但人們執著於假相，因此只有真人才能獲得有關世間事物的真知。「真人者，超於一切諸假之外者也，大宗師也。不計假多寡，不問假成虧，不設假謀慮，不畏假水火，不作假夢，不狥假嗜欲，不逐假往來，不立假喜怒，不執假仁義，不成假名節，不道假語言。」〔註36〕世間最大的變化，就是生死。人們於此無法獲得透徹瞭解，對死亡充滿了恐懼。在中道看來，真人之所以不忻生惡死，並不是因為他們具有強大的氣魄，而是由於他們徹悟了生死的真相。「生生死死，千變萬化，常在一氣內，更無尋覓不得之處，是將天下藏於天下也，無所遁者也，更不得失卻者也。一生尚可喜，況千生乎？去壞敝之軀殼，就新成之形質，如離破室，移至新宅，方當歌舞稱賀，豈宜涕淚橫集哉！然則生不得遁，將無往不得生；無往不得生，將人人長生。斯固不必望三山而搴裳，煉灌頂以度世矣。」〔註37〕因此中道站在佛教因果報應的立場上提出了「但當為善」的主張，將之視為「透脫之津梁」，而大宗師的福報則更進一步，「若夫大宗師者，無生無死，無縛無脫，能所雙遺，因果同時，為萬有之主，一不齊之化。如上古狶韋，以及傅說，皆大宗師也。或為大仙，逍遙紫府；或為真伯，分治名山；或為星宿，宅神天上。皆能不死不生，沙劫不

〔註34〕袁中道：《導莊》，《珂雪齋集》卷22，第945頁。
〔註35〕袁中道：《導莊》，《珂雪齋集》卷22，第945頁。
〔註36〕袁中道：《導莊》，《珂雪齋集》卷22，第946頁。
〔註37〕袁中道：《導莊》，《珂雪齋集》卷22，第947頁。

壞。而世人不知，僉謂已死久矣。詎知得道聖賢，各有國土，常在宇宙間，理之必然，無足怪者。」〔註38〕中道將女偊所授之道，以及副墨、洛誦、需役、於謳、玄冥、參寥、疑始等，都理解為真人形成真知的過程，而《大宗師》中所提到的人物，如：「子祀、子輿之流，能知不死不生，以無為首，而以生死為脊尻，是前無而後生死也，彼又奚以病為哉，彼又奚以死為哉！孟孫才惟達於不生死之理，故謂之善喪。許由、顏回、子桑，忘己達化，樂天知命，皆真人有真知也。吁，其皆所謂大宗師者歟！」〔註39〕很顯然，中道所理解的大宗師與覺悟諸法空相不生不滅的大菩薩具有很強的相似性。

七、無為而治應帝王

袁中道認為，《應帝王》給出的治天下之方就是無為而治。道家主張不尚賢，不貴難得之貨，絕聖棄智，其目的就是使老百姓永遠保持其純樸、混沌的自然狀態，以方便統治者對民眾的治理。這也是《莊子》注疏中的老生常談，中道雖廣徵宋金反例，但其思想大致不過如此，無足多者。然其論中有云：「一念存真，鬼神不能覷破，而況於人乎？此壺子之所以走神巫也。昔有學道者，一鬼尋之，七日不見。有大乘菩薩在室，則天人送供不至。蓋修行之士，被鬼神覷破者淺，被鬼神覷不破者深。有意見，終有巧，故便非鬼神不測之機也。……其詞旨詼諧，然大要即山鬼之伎倆有限，老僧之不見不聞無窮意也。」〔註40〕佛教所說之「真」多與「妄」對，往往指「諸法空相」。佛教以眾生自恃智巧，迷真逐妄，故而流浪生死苦海之中，無由得出；而修行者則能了知諸法空相，捨妄歸真，心無所住，不隨外境轉變，故而能解脫生死，得大自在。很顯然，中道的這種解釋，具有將道家的無為思想引向禪宗的證悟諸法空相、無所住而生其心的強烈意味。

通過以上的逐篇分析，我們可以很清楚地感受到，袁中道所謂的「導莊」，實際上就是將人們對《莊子》的理解引導到佛教特別是禪宗的思想領域之中去。具體說來，就是將《逍遙遊》引向出離三界的解脫境界，將《齊物論》引向大小互攝、長短相即、一多相入的華嚴視角，將《養生主》引向隨緣發明自性，將《人間世》引向破除名利執著，將《德充符》引向充實內在德性，將

〔註38〕袁中道：《導莊》，《珂雪齋集》卷22，第948頁。
〔註39〕袁中道：《導莊》，《珂雪齋集》卷22，第949頁。
〔註40〕袁中道：《導莊》，《珂雪齋集》卷22，第951頁。

《大宗師》引向體悟生死一如，將《應帝王》引向心無所住。經過中道的這一番引導，《莊子》無形之中就變成了一部宣揚佛教義理特別是禪宗思想的經典之作。另外，還應指出的是，中道撰寫《導莊》時才二十八、九歲，還比較年輕，對佛教的學習和參悟還沒有太久，因此他對佛教義理的體會和表述在有些地方難免還無法做到深刻和鮮明。如他對《養生主》中所緣之「督」理解為一種主導人們身心行為的內在力量，認為隨順這種力量就是最好的養生方式。但從佛教的立場上看，人們內在的驅動力量既可以是一種正面的引導人們走向覺悟和解脫的力量，即佛性（禪宗有時稱為自心、自性、本性、主人公、無位真人等），又可以是一種負面的驅使、牽纏人們造作種種惡行的業力。我們無法從中道的行文中看出「緣督」內涵的確切指向，這不能不說是其相關思考尚不明晰的體現。

第三節　欲以禪意廣南華──袁宏道《廣莊》淺析

　　袁中道著《導莊》，認為《莊子》之中已經具有佛教特別是禪宗的精髓，因此堪稱佛教東傳中土的前茅，由此將有關《莊子》的理解和詮釋導向了佛教智慧的汪洋大海。袁宏道受此啟發，著成《廣莊》一文，運用佛教和禪宗的思想觀念，進一步發揮和推廣《莊子》內篇各篇的思想大意。

　　袁宏道（1568～1610），字中郎，號石公，荊州公安（今屬湖北）人，與兄袁宗道、弟袁中道並有才名，稱為「公安三袁」，而以宏道之成就與影響為最大。宏道生而穎異，十五六時即結城南文社，自為社長，為時賢所重。萬曆十六年（1588）鄉試中舉人，萬曆二十年（1592）中進士，期間深受其兄宗道之啟發，修學禪法，深得李贄賞識。萬曆二十三年（1595）選任吳縣（今屬蘇州）縣令，清理額外之徵，裁抑冗餘之胥，片言折獄，無所罰贖，留意案牘，妙得其情，一縣大治，號為才吏，因不合當道，數請解職，去官後浪遊吳越，與越中名士陶望齡為知交。萬曆二十六年（1598）入京，授順天府（治所北京）教授，補禮部儀制司主事，次年升國子監助教，一年後辭官歸里，卜居柳浪湖畔，遊歷廬山、桃源，著書自娛。兩年後再度入京，擢吏部主事，轉考功員外郎，奏立歲終考察群吏法，其後立為定制。萬曆三十七年（1609），遷稽勳郎中，赴秦中典試，試畢請假還鄉，定居沙市，次年即病逝，享壽四十三歲。宏道平生詩文著述宏富，而尤以遊記為優，為文主張獨抒性靈，不拘格

套。其弟中道將其著作輯為《中郎先生全集》，並序而梓之。近人錢伯城先生為之箋校輯佚，遂成《袁宏道集箋校》一書。〔註41〕

與其弟中道《導莊》相同，宏道《廣莊》所涉及的也是《莊子》內七篇。但與中道的隨文疏意稍有不同的是，宏道集中討論了大小、是非、生死、無我、覺明真常、即生無生、絕聖棄智，其以佛解莊，特別是以禪解莊的特色更為明顯。

一、突破情量逍遙遊

《莊子·逍遙遊》是莊子的理想境界。袁宏道認為，人們只有破除對世俗情量的執著，從大小之辨中超脫出來，才能實現真正的逍遙遊。

在袁宏道看來，普通的人們所謂的大小，都是根據情量來說的。情即世俗認知義，量即標準義，合而言之，情量就是以世俗認知作為判斷事物（大小、是非、彼我等）的標準。宏道指出，普通人們所謂的大，是指比自己大。因此，如果說有大山、大海之類的事物，就比較容易徵信於人們；如果說鳥比山還大，魚比海還大，如此之類，則不能相信，因為這些遠遠超出了世俗認識的範圍。普通人們所說的小，是指比自己小。因此，如果說有螻蟻、蟭螟這樣的小昆蟲，人們自然會深信不疑；但如果告訴他們螻蟻也有自己的國家，也有君臣少長、是非爭讓等事，在蟭螟的眼睫毛上有無量多的小蟲兒，有無數的政區、城市和鄉村，則無法相信。因為這也遠遠超出了世俗認識的範圍。可以看出，在宏道的話語之中，「情量」與佛教所說的執著具有同等的意義。

袁宏道以人身為例，形象地闡明了大小無定的道理。按照佛教的說法，在人的五尺之身中，但在三百多處骨節之中，卻聚集著三萬六千多種屍蟲，既然它們也有目有足，那麼就意味著它們也有自己的日月、晝夜、天地、山川，有自己的父子夫婦養生送死的方式方法，而且也都與人一樣具有趨利避害的本性。也就是說，在宏道看來，人之一身無異就是眾多屍蟲生活的一個世界。他由此推論，也許天地就是一位巨大的有生命的軀體，而人就是生活在這一軀體之上的屍蟲，我們所說的娑婆世界，可能就是這一軀體某處骨節之間的空隙，我們所見到的鳥獸人物，可能就是生活在這一軀體上的三萬六千種屍蟲中的一種。佛教經典認為我們人的軀體由地水火風四大和合而成，

〔註41〕有關袁宏道生平履歷，可參閱袁中道：《吏部驗封司郎中中郎先生行狀》，見《袁宏道集箋校》附錄二，上海古籍出版社，1981年，第1649～1658頁。

而天地也是由地水火風四大和合而成，這在某種程度上似乎證實天地就是一巨型生命的軀體。屍蟲生活在人身之中，無所謂空間狹窄；人類生活在天地之間，也無所謂空間廣闊。肘間之蟲嘲笑指節為夷狄，膚間之蟲認為牙甲屬怪誕，它們不相信自身之外還有人身，更不用說在人身之外還有天地的事了。宏道由此總結出：「極情量之廣狹，不足以盡世間之大小明矣。拘儒小士，乃欲以所常見常聞，關天地之未曾見未曾聞者，以定法縛己，又以定法縛天下後世之人。勒而為書，文而成理，天下後世沉魅於五尺之中，炎炎寒寒，略無半暇可出頭處。一丘之貉，又惡足道！」〔註42〕其言下之意，世俗認識所反映的世界極為有限，不可執為定法，自為束縛，並以縛人。宏道此論，意在為破除人們對情量即世俗認識的執著張本。

在袁宏道的心目中，聖人就是破除情量的人。宏道指出，聖人意識到自己的情量無法窮盡天地的奧妙，因此對於一切事物，不會產生何者巨大、何者細小的看法；對於古今世代的變化，不會形成何者長久、何者短促的認識；對於世間的眾生，不會進行何者為我、何者為彼的區別。夭殤的可以長壽，巨大的可以細小，短暫的可以久長，屬於我的可以成為彼，智慧的也可以變為愚蒙。蜉蝣之類的昆蟲，早晨出生，能活到晚上，就算很長壽了，與此相比，夭殤者自然要算非常長壽了。相對於小豬來說，牛可謂是龐然大物，但若與大象相比，則又顯得微不足道。夢中儘管有十年之長，但實際上不過一覺而已。睡時將手放在胸前，結果引起噩夢，自己的手由此成為異物。聖人雖有智慧，但對牆外之事卻如同蒙在鼓裏一般。正是由於聖人深明此理，故而能夠「正倒由我，順逆自彼，遊戲根塵無罣礙」，即根據自己的主觀情況決定是正還是倒的觀察角度，依據環境的客觀情況選擇順勢還是逆勢的行為方式，從而可以將主觀認識能力（根）和客觀認識對象（塵）自由自在地進行結合，達到無所罣礙的境界。在宏道看來，其奧妙並非聖人具有「三頭九臂，迥然出於人與蟲之外」的特質，而是在於聖人「惟能安人蟲之分，而不以一己之情量與大小爭，斯無往而不逍遙矣。」〔註43〕由此可見不執著於情量的重要性。

應當指出的是，與其弟袁中道將逍遙遊引向三界之外的出世間不同，袁

〔註42〕袁宏道：《廣莊》，《袁宏道集箋校》卷23，上海古籍出版社，1981年，第796頁。

〔註43〕袁宏道：《廣莊》，《袁宏道集箋校》卷23，第796頁。

宏道的破除情量並不是否定世俗認知自身，而是否定將情量作為判定大小的標準，具有濃厚的「不離世間而出世間」的思想傾向，其禪學特色較之中道之論尤為強烈。

二、不遣是非齊物論

《莊子‧齊物論》是莊子的思想方法。袁宏道認為，是非雖然紛紜，但卻沒有確定的標準，也沒有內在的本質，聖人不遣是非，正是「物本自齊」的體現。

袁宏道對人世間的是非紛紜有著非常深刻的體會。他指出，「天地之間，無一物無是非者。天地，是非之城也。身心，是非之舍也。智愚賢不肖，是非之果也。古往今來，是非之戰場墟壘也。」〔註44〕順從世俗的是非觀念，在腐朽的是是非非之論中頭出頭沒，只知道人云亦云，如蟲緣物，如犬吠聲，毫無主見之可言，是凡夫的是非。援引古代的事例證明當代的行事，希望由此勘察賢聖，校正愚癡，叱責凡愚，讚譽高雅，是文士的是非。投身於人跡罕至的幽谷之中，趨向世外的清高，逃避塵囂的污濁，是潔士的是非。要求名實相副，罷黜虛名浮譽，通過督促落實責任，對虛假荒誕的行為實行嚴厲的懲罰，是法家的是非。祖述仁義之論，分別堯桀之君，以子思和孟子的教導為標準，尊崇王道，批判霸道，是儒生的是非。不喜福威滿盈，善於恬淡謙退，堅決反對追求聖賢和智慧，是道家的是非。追求寂滅的解脫境地，喜好慈悲喜捨的襟懷，讚歎嚴格遵守戒律的修持，呵斥貪婪和嗔恨的心理，是佛教的是非。總之，世間無人不具是非，各行各業的人們紛紛然以各自的是非觀念為標準，從各自的是非立場出發，相互爭論，真正是「異門分途，爭道並出，海墨為書，不可盡載」。〔註45〕換言之，在宏道的眼中，人世間簡直就是一個是非叢雜的修羅場。

袁宏道對世人判斷是非的標準提出了質疑。他發現，世人判斷是非的標準就是自己的感覺，將那些習以為常的感覺奉為道理，儒墨等聖賢的立論，無不如此。但問題在於，感覺無法成為確定的標準。如，不食人間煙火的修行者雖然能目見十里，但對於近前之物卻看不清楚；貓頭鷹雖然能夜察蚊蟲，但白晝卻難辨丘山，表明眼無恒常性。佛教傳說中的跋難陀龍雖然沒有耳朵，

〔註44〕袁宏道：《廣莊》，《袁宏道集箋校》卷23，第798頁。
〔註45〕袁宏道：《廣莊》，《袁宏道集箋校》卷23，第798頁。

但卻能夠聽到聲音；蚖龍用掌分辨聲音，牛用角分辨聲音，表明耳無恒常性。口用來講說語言，但是海外有的國家用圖形表情達意，馬用鼻子相互交流，表明口無恒常性。足踏實地可以行走，如有歪斜就會跌倒，但螞蟻能倒行，蒼蠅可以仰身棲息於天花板下，表明足無恒常性。色要借助於日月之光，燈燭之明，青黃之質，眼之觀看，表明色無恒常性。聲要借助鍾鼓、枯竹孔竅、鎚子擊打、肺中空氣的運動、舌頭與顎骨的配合等，表明聲無恒常性。想要助於塵世間的各種事物、往古來今的事件、特定人物以及書籍資料等，表明想無恒常性。宏道以眼、耳、口、足等感覺器官以及色、聲等感覺內容無恒常性，否定了世間判斷是非的標準，同時也否定了世間各種判斷的合理性。

袁宏道認為，世俗的各種是非不僅沒有固定的標準，而且也缺乏內在的本質。槐葉青蟲嘲笑花粉白蟲，豈知自色之青白並非自身決定的結果。蜀無雪，但天氣反常時偶而也會降雪，這對蜀犬來說確屬極大的改變，故而狂吠不止。生活在長江中的遊魚如果進入大海之中，就會產生非常多的困惑，因為江魚習慣於江水之淡，不習慣海水之鹹。有些地方以烹食首胎之子為風俗，認為這樣有利於生產更多的兒子，他們見到中國人鄭重其事的慶賀首胎之子的降生，就斷定中國人缺乏慈愛之心。有些地方將招贅僧人視為女兒的極大榮耀，他們看到中國人實施的問名、納采之類的婚姻禮俗，就認為中國人不夠智慧。有些地方將死者的屍體拋在野外，施與鳥鳶食用，如果七天都沒有吃光的話，就認為是不吉利的事情，才會聚族而哭。他們見到中國人為死者穿上鑲滿珠寶的衣服，裝殮在玉製的匣中，放到具有防腐功能的棺材裏，用素車運到卜葬之地，就斷定中國人對死者缺乏仁愛之心。宏道由此指出：「天地之大，何所不有？我憐彼，彼亦憐我；我訕彼，彼小訕我。是非之質，惡從而辨之？是故以長非短者，是以發之若若，譏髭之虯結也。以小議大者，是以瓶中之空，笑杯中之空也。以辨屈辨者，是以百舌之語，攻燕子之語也。以聖斥狂者，是以橫吹之聲，刺空谷之響也。以古折今者，是以北崗之舊壘，攻南山之新壘也。以智證愚者，是以機關之木人，悲土偶之無識也。以中國非夷狄者，是以楚、蜀之土音，正閩、甌之鄉語也。」〔註46〕在宏道看來，是非評論的雙方並無實質差別，這也證明世間的是非評論是沒有內在本質的。

袁宏道主張，面對世間紛紜繁雜的是非評論，應視之如夢中事、空中花一樣。他說：「夢中之人物，有嗔我者，有齧我者，是我是人？夢中之榮瘁，

〔註46〕袁宏道：《廣莊》，《袁宏道集箋校》卷23，第799頁。

醒時不相續，醒中之悲喜，夢時亦不相續，孰真孰幻？空中之花，可以道無，亦可以道有，故聖人不見天高地下，亦不言天卑地高。波中之像，可以言我，亦可以言彼，故聖人不見萬物非我，亦不言萬物是我。物本自齊，非吾能齊，若有可齊，終非齊物。聖如可悟，不離是非；愚如可迷，是非是實。雖萬釋迦，何處著腳哉？」〔註47〕宏道在此處並不否定世間是非的存在，只是以夢中事、空中花喻其虛幻不實而已，同時他也闡明了這樣的道理，即事物本來是沒有是非的，但聖人可以不離開紛紜的是非而得以開悟，愚人則可因執著於是非的實有而迷惑不解。宏道此釋，既有「不遣是非，以與世俗處」（《莊子・天下》）的本義，又有禪宗「即是非而出離是非」的意味，將莊子的齊物論觀念引上了即世間而出世間的禪學化解讀的趨向。

與其弟袁中道運用華嚴宗的思想義理，對《莊子・齊物論》所涉及到的大小、延促、人我、有情無情、淨穢、去來、生死、語默、聖凡、一多等諸多問題進行佛學解讀不同，袁宏道將自己關注的重心放在是非問題上，並對之進行禪學化的解讀，其議論更加集中，也更加搖曳多姿，反映了他在禪修方面的造詣和收穫。

三、深達生死養生主

《莊子・養生主》全面闡釋了莊子的養生觀。袁宏道認為，世間所謂養生，實際上都是在傷生，生不可養，因此不應貪求長生，如此深達生死之理，才能算是真正的養生。

天下之人，時刻都在為養生而努力，但在袁宏道看來，人們的這種努力不僅算不上養生，而且實際上還是在傷生。就像那些貧賤之人，勞碌奔波一生，弄得身體枯槁，思慮疲憊，不過是養活自己罷了。那些富貴之人，他們營生的門路比較寬廣，住在深隱私秘的房間裏養護自己的身體，觀看淫蕩妖豔的女人養護自己的眼睛，聆聽琴聲和歌聲養護自己的耳朵，運用各種珍饈和佳釀養護自己的嘴巴，想方設法滿足自己的興趣和欲望養護自己的性情，過不了多久，疾病就會找上門來，原來的養生至此成為對生命的最大傷害。而那些品格賢良、知識淵博的賢智之人，憐憫他們過度沉溺，因此嚴格按照規矩來規範自己，收斂視聽方面的享樂以衛護自己的耳朵和眼睛，保持心情的恬淡虛無以保養自己的精神和體質。這樣做的結果就是，身體拘謹的生存，

〔註47〕袁宏道：《廣莊》，《袁宏道集箋校》卷23，第799頁。

安逸的死亡，眼睛不看東西的生存，追逐美色的死亡，耳朵不靈敏的生存，聽受各種喧囂的死亡，口中滋味恬淡的生存，濃厚的死亡，本性淡泊寂滅的生存，歡快靈動的死亡。宏道認為，這兩個方面看似對立，其實都是人生的重要內容，人們不應該厚此薄彼，強制自己眼不觀色、耳不聞聲、口不嗜厚味等，這樣的人生就如同半身不遂的人一般，即便能夠繼續生存於天地之間，但一般的身軀已經枯朽，不能算作完整意義上的人了。他由此得出，世間之人，無論是貧賤之人、富貴之人，還是賢知之人，他們所謂的養生，實際上都不過是在傷生罷了。

從眾人熱衷養生而傷生的普遍現象中，袁宏道得出「生非吾之所得養，天之生是人，既有其生，即有其養」〔註48〕的結論。他以草木和嬰兒為例，進一步對此展開了深入的闡發。在宏道看來，草木雖然無知，但也能夠養生，如果草木必須自我養護才能生存的話，恐怕天地間茁壯成長的草木早就枯槁死亡了。孩子是需要父母撫養的，但有些從小失去父母的孩子，卻頑強地生存下來，並沒有夭亡絕滅於世，這表明父母不能真正的撫養孩子。嬰兒生下來知道吃奶，就是會養生。三月之後，在他面前揮手，他就會閉目；被風吹到，他就會哭啼，這意味著嬰兒會衛護自己的生命。草木、嬰兒並無知識之可言，宏道由此證明養生是一切生命現象與生俱來的本能，人們對待養生的正確態度應當是：「無安排，無取必，無僥倖，任天而行，修身以俟，順生之自然，而不與造化者忤，是故其下無傷生損性之事，而其上不肯為益生葆命之行。」〔註49〕宏道將佛教的無生、儒家的立命、道家的外其身而身存均視為養生，他評論說，佛教既然講無生，就意味著並非有所養才能有生；儒家說立命即「順受其正」之意，「順受故不欣長生，不悲夭折，何也？命不待壽而立，壽何益？命不因夭而不立，夭何惡？夭不足惡，壽不足欣，故養生以益壽，皆妄之妄者也。」〔註50〕而道家所謂「外其身而身存」，也從側面反證出「內其身亦可以亡身」的道理。柳宗元謂郭橐駝善於植樹，其訣竅則是「置之若棄」。宏道親見同鄉中有人正在疽病發作，痛不欲生，但一聽到其父被逮捕，即下床處理此事，當天疽病就痊癒了。這兩個例子就是「外其身而身存」的明證。宏道指出：「眾人以利生，故害生；聖人不利，故不害。眾人以得生，

〔註48〕袁宏道：《廣莊》，《袁宏道集箋校》卷23，第801頁。
〔註49〕袁宏道：《廣莊》，《袁宏道集箋校》卷23，第801頁。
〔註50〕袁宏道：《廣莊》，《袁宏道集箋校》卷23，第801頁。

故失生；聖人不得，故不失。」〔註51〕在宏道看來，利與害、得與失是一種共生關係，就像佛教中所說的功德天與黑暗女總是結伴同行一樣。

袁宏道鮮明地指出，世人熱衷養生的根本原因，就在於貪生。他指出，如果大家明白不必貪生的道理，那麼養生之論也就無人問津了。世人將三十、二十或者一二歲而亡的稱為夭折，將活到八九十乃至百餘歲的視為善於養生的人，如果從大的歷史跨度來看，二三十歲夭折譬如午時而亡，八九十歲乃至百餘歲譬如暮間而亡，二者的區別並不太大。如果讓一位老人與一位少年並排站立，老人無法拿出他比少年多出來的壽命，少年也拿不出他比老人少出來的壽命，由此可知，人們所貪之生，本身就沒有什麼實質性之可言。他認為人生天地之間就如同獄囚一般充滿痛苦，「年長獄長，有若老囚，縱不求脫，何至求係？若爾，則所貪之生，亦大勞碌矣。生有生可戀，死亦有生可戀。戀生之生者，既迷而畏死；戀死之生者，亦必迷而畏生。若爾，則所貪之生，亦大兒戲矣。嗚呼，不知生之如戲，故養生之說行；不知生之本不待養，故傷生之類眾。非深達生死之理者，惡能養生哉？惡能養生哉？」〔註52〕也就是說，在宏道看來，人生的本質是空無所有，是眾苦交集，因此貪生、養生之說均為兒戲，是沒有透徹瞭解生死之理的戲論。

如果說袁中道以佛教隨緣義詮釋《莊子·養生主》還展現出對生命的珍視的話，那麼袁宏道以佛教苦空義詮釋《莊子·養生主》則透露出對生命的厭離情緒，而且這種情緒在狂禪之風薰陶下極易走上貪圖享樂的縱慾之路，在很大程度上不僅背離了莊子原文的主旨，也不符合佛教的基本精神。實際上，宏道在當世負才子之譽，有能吏之名，但出仕則不堪吏務繁劇，退隱則又不耐江湖寂寞，每日裏貪酒戀色，最終以四十二歲之壯齡夭亡，考其原委，實與他持有這種養生觀、生命觀不無干係，這也是我們在讀這篇文章時不得不深入思考的一個重要問題。

四、斷除我見人間世

《莊子·人間世》是莊子對如何處世的探討。袁宏道運用佛教般若學破除「我執」的思想，將能否斷除「我見」視為聖賢與眾人的區別之所在，視為歷代聖賢出世和入世的關鍵之所在，視為聖賢優游人間世的訣竅之所在。

〔註51〕袁宏道：《廣莊》，《袁宏道集箋校》卷23，第802頁。
〔註52〕袁宏道：《廣莊》，《袁宏道集箋校》卷23，第802～803頁。

　　袁宏道將能否斷除我見視為聖賢與眾人的區別之所在。眾人即為數眾多的市井小民，他們生活在世間，就如同鰍、蟹、蛇、蛙一般，生活在污泥濁水之中，不時地橫行霸道，惡毒攻擊同伴，相互爭權奪利，遵循著弱肉強食的生物學法則。而賢人則像鯉、鯨、蛟一樣，可以縱橫江湖卻不能昇天，可以呼風喚雨卻不能受屈，可以在小地方展示才能卻不能到更大的舞臺上發揮，即表現出一種「能大不能小，能實不能虛，能出纏不能入纏」〔註53〕的單向度發展趨勢。只有聖人才具有龍的屈伸不測的本領，既可以像鰍、蟹、蛇、蛙、蟲、蚓那樣在小池塘裏「沂鱗濯羽」，又可以像鯉、鯨、蛟那樣在長江、淮河、黃河、漢江之中「相噓相沫」，龍是如此的神奇，以至於古聖演示《周易》時以龍譬喻大人。袁宏道將《周易》視為「處人間世之第一書」，將老子視為「處人間世第一之人」。宏道認為，「《易》之為道，在於善藏其用，崇謙抑亢。老氏之學，源出於《易》，故貴柔貴下，貴雌貴黑。夫翠不藏毛，魚不隱鱗，尚能殺身，而況於人。是故大道不道，大德不德，大仁不仁，大才不才，大節不節。」〔註54〕在宏道看來，道、德、仁、才、節等，都可以在不同程度上賈禍於人。他對此總結說，「天下之患，莫大乎見長於人，而據我於局。我之為我，其伏甚細，其害甚大。聰明，我之伏於諸根者也；道理，我之伏於見聞者也；知解見覺，我之伏於識種者也。」〔註55〕宏道不僅將有「我」視為人間世禍患的根源，還將老子視為斷除了我見的聖人，這自然是在佛教語境中對道家思想的高度評價。

　　袁宏道將能否破除我見視為歷代聖賢出世和住世的關鍵之所在。他說：「古之聖人，能出世者，方能住世，我見不盡，而欲住世，譬如有人自縛其手，欲解彼縛，終不能得。」〔註56〕他認為，堯之任用四嶽為大臣，禹之因江河而治水，太伯吳地夷俗而立國，以及釋迦牟尼佛之隨順人、天、三乘和菩薩等各種根機而演說佛法，這都是已經斷除我見的體現。於此相反，關龍逢被夏桀殺戮，比干被殷紂剖心，伍子胥棄屍錢塘江上，屈原自沉於汨羅江中，這都是事奉君主而未斷我見的結果；務光見湯讓天下給自己就投河自盡，伯夷、叔齊聞武王伐紂即叩馬諫止，許多人不堪羞辱自縊於密室，這都是潔

〔註53〕袁宏道：《廣莊》，《袁宏道集箋校》卷23，第804頁。
〔註54〕袁宏道：《廣莊》，《袁宏道集箋校》卷23，第804頁。
〔註55〕袁宏道：《廣莊》，《袁宏道集箋校》卷23，第805頁。
〔註56〕袁宏道：《廣莊》，《袁宏道集箋校》卷23，第805頁。

身自好之我見未斷的結果；周文王被囚於羑里，周公東征被疑有篡位之心，這都是以聖人自居之我見未斷的結果；即便是孔子，也曾經被圍於匡，伐樹於宋，絕糧於陳，這都是實踐聖道之我見未斷的結果；孔子自謂六十而耳順，這表明他六十歲之後才將我見斷除淨盡。在宏道看來，如果不能斷除我見的話，甚至有可能招來殺身之禍，所謂的治世就更是無從談起了；父母無我見，故而能懂得嬰兒口中的喃喃之意，同舟共濟之人無我見，故而能協力通過激流險灘。他指出，如果能像父母養育嬰兒那樣不懷我見地侍奉君主，像同舟共濟那樣不懷我見地處理世務，那麼就可以侍奉一切暴君、度過一切災亂。宏道對斷除我見的重視程度，由此可見一斑。

袁宏道將斷除我見的根本，他有時稱之為「我根」，視為人間世的訣竅。他說：「古之至人，號肥遯者，非遯山林也，遯我也。我根在，即見山林亦顯，何也？有可得而見者也。我根盡，即遯朝廷亦隱，何也？無可得而見者也。無可得而見，是故親之不得，疏之不得，名之不得，毀之不得，尚無有福，何有於禍？處人間世之訣，微矣微矣。」〔註57〕《周易》有肥遯之義，在宏道看來，此非關身在山林還是朝廷，而主要取決於我根是否斷除；斷盡我根，於世無親無疏，無名無毀，禍福就不會降臨在自己身上，這就是《周易》乾卦所稱道的龍德。他認為，漢代以降，也有幾位至人做到了這一點。如西漢初年的張良，在韓信等功臣宿將慘遭屠戮的時刻，就過著一種時隱時見的生活，假託隨從赤松子學長生之術，最終保全了自己。漢武帝雖為一代英主，但性情殘暴，大臣動輒被殺，而東方朔則以詼諧滑稽的兒戲方式，將暴君玩弄於股掌之上。黃憲（字叔度）生活在社會動盪不安的東漢末年，當時名賢有所謂三君、八俊、八顧、八廚等名號，當朝太監列之於黨禁，大加屠戮，他們與黃憲的關係是非師即友，但由於黃憲雅量如千頃之波，澄之不清，淆之不濁，難可度量，因而沒有受到黨錮之禍。曹魏名士阮籍（字嗣宗）在司馬氏陰謀篡魏之時，終日以飲酒為事，從來不議論時事之是非，得以令終。狄仁傑侍奉武則天，與女皇的面首為伍，每日裏以賭博為事，甚至會脫下自己的皮袍作為賭資，完全一副恬不知恥的樣子，但他諫立盧陵王李顯，為唐王朝的復辟做出了重大貢獻。宏道歷敘諸子，最後總結經驗，歸結為我根斷盡，他反問道：「使諸君子有一毫道理不盡，我根潛伏，惡能含垢忍羞，與世委蛇若

此？」〔註58〕他認為在平定安史之亂中有定策之功的李泌雖有似於上列諸子，但其行為畢竟有些自視清高，因此無法調伏唐肅宗的皇后張良娣，這表明他我見尚存，沒有完全把握處人間世的訣竅。至於歷仕五代的馮道，蒙恩建文、永樂兩朝的胡廣，宏道認為他們似之而非，非之而是，顯然有鄙夷不屑之意。

　　如果說袁中道以退藏心齋為人間世之方，有似禪宗北宗「時時勤拂拭，勿使染塵埃」的話，那麼袁宏道以斷除我見作為人間世的訣竅，則有似於禪宗南宗「本來無一物，何處惹塵埃。」由此我們也可以斷定，宏道的為人處世較之其弟中道，自然會更加的豁達放達、揮灑自如一些。

五、覺明真常德充符

　　《莊子・德充符》強調對內在德性的重視。袁宏道運用禪宗明心見性的參禪之法，指出覺明真常才是人身內在的主宰，他對覺明真常與人身的關係進行了深入的思考，引導人們珍惜自己的覺明真常之性。

　　世人普遍重視外在的形體，袁宏道指出內在的覺明真常才是人身的主宰。世人無不珍惜自己的軀命、面貌、手足、耳目，對自己軀命的長短、面貌的俊丑、手足的強瘵、耳目的聰明投入了極大的關注。某一肢體有病，求醫尋方，不辭百里之遙。某一成員患疾，整個家族都為之奔走。而對於作為身體和精神之根本的覺明真常卻甚少留意，任憑其處於杌陧不安的狀態，一點都不覺得有什麼奇怪的。即便是有人提及此事，不是受到嗔呵，就是受到嘲笑，將其視為異端之論。宏道對人類的這種頑鈍、昏瞶、愚劣深致感慨，他引喻設譬，由淺入深，試圖告訴大家，天地之所以長久，不是因為其形氣，草木之生長，並非由於其枝葉。同樣道理，人之能夠視聽言動、知覺思慮，也不是因為有耳目手足與心臟的緣故。如果說人的視聽言動、知覺思慮來自於耳目手足與心臟的話，那麼死者的器官無一不在，為什麼就沒有相應的功能呢？「空俄而有氣，氣俄而有根，根俄而有識。根者諸濕之偶聚，如濕熱蒸而成菌也；識者六緣之虛影，如芭蕉之卷而成心也。蕉落心空，緣去識亡；熱謝菌枯，濕盡形壞。向非覺明真常，客於其中，一具白骨，立見僵仆，譬則無柱之宇，無根之樹，其能一日立於天地間哉？」〔註59〕宏道對生命過程的闡述，既有道家氣化論的思想因素，又有佛教因緣和合的觀念成分，他由此證明，覺明真

〔註58〕袁宏道：《廣莊》，《袁宏道集箋校》卷23，第806頁。
〔註59〕袁宏道：《廣莊》，《袁宏道集箋校》卷23，第807頁。

常就是人身的主宰。

就人身與覺明真常之性的關係，袁宏道進行了深入的思考。他指出，人身由地水火風四大組成，故而表現出一定的物質特性，但人身又可以轉化為草木、瓦礫等各種物質，只是較之草木、瓦礫有感覺、能動作而已。宏道認為，這種知覺和動作就是人的覺明真常之性。他先以扶乩請神為例，認為覺明真常之心如神，乩如身；又以楚俗之中設物致鬼為例，認為覺明真常之性如所致之鬼，人身如致鬼之物。他不無惋惜地說：「一切眾生，不深惟身心之所以，百計愛惜，以愛惜故，牽纏糾縛，促局如繭中之蟲，煎唧如在釜之蟹，畜盜自劫，家貨日銷，至於寶盡囊空，可不大哀！」〔註60〕為此他又連舉二例：其一，優蛾初登俳場，見村叟而羞赧，經歷過各種場所之後，入萬人場如處幽室之中，可以隨意揮灑表演；其二，彭祖之神被夭殤之鬼以兒相呼。宏道舉此二例，意在引導人們重視作為身心根本的覺明真常之性。

很顯然，與袁中道以內德充滿、與道相符作為自身所藏的至寶相比，袁宏道以覺明真常作為人之本性，其明自本心、見自本性的禪學色彩更為濃厚。

六、智證無生大宗師

《莊子‧大宗師》是莊子對理想人格的嚮往。在袁宏道看來，莊子所說的大宗師就是孔子，眾生流浪於生死之中，只有孔子等三教聖人才能就生死而智證無生，獲得究竟寂滅。

袁宏道竭力證明孔子就是莊子所說的大宗師。在他看來，古今凡能稱為宗師者，無不對生死問題詳加論述，如佛說：「為一大事因緣出見於世。」孔子說：「朝聞道，夕死可矣。」老子說：「死而不亡者壽。」如此之類，就是三教聖人對生死的相關論述。世人對佛道重視生死耳熟能詳，但對於儒家關注生死，即便是巨儒大賢，也似乎很少有知之者。宏道指出，儒家所說的聖人之道，如果是僅僅用來治理世間的話，只說一個修身齊家也就足夠了，根本用不著探討性命天道之類微妙的話題，那不等於繞了一個大圈子嗎？《中庸》開篇即云：「天命之謂性，率性之謂道，修道之謂教。」宏道認為，所謂天命，指的就是不生不死的本體。此處之所以說「天」，就是為了突出生死的「非人」屬性，即否定了眼、耳、鼻、口、心、意、識等我相，從而使道得以彰顯；作為主體的我相既已否定，那麼作為客體的人相也就無法存在，人相既盡，儒

〔註60〕袁宏道：《廣莊》，《袁宏道集箋校》卷23，第808頁。

家之教也就由此得以形成。宏道對這個「教」字給予了特別重視，將其視為位育天地萬物的「教體」，他說：「心淨土淨，曰位；胎卵滅度，曰育。性如是故，非是強為，爾我生死，了不可得。噫，金口未宣，木鐸先啟，涅槃妙路，實肇數仞，天人導師，非孔而誰？莊去孔未遠，七篇之中，半引孔語，語語破生死之的，倘謂蒙莊不實，則《中庸》亦為偽書矣。」〔註61〕宏道此處通過對《中庸》開篇的佛學解讀，證明在佛教傳入之前，孔子已經對涅槃之道有所揭示，並且試圖借助《中庸》的權威性證明莊子所引孔子之語的真實不虛。

　　袁宏道對眾生流浪生死有著非常深刻的體會。他指出：「天下皆知生死，然未有一人信生之必死者。」〔註62〕那些押在囹圄之中、等待執行死刑的人，他日夜盼望的，就是從死刑處罰中解脫出來，如果行賄可以減輕處罰，或者拉關係走後門可以擺脫死刑，哪怕僅一線希望，他都會不惜傾家蕩產賣兒賣女，為此全力以赴，個中緣由，就是他認定了自己必死無疑，因此才會這麼竭盡全力。宏道意識到，世間茫茫眾生，最終都將歸於死亡，此事在出生的那一剎那就已決定。追名逐利之徒，如同擔心銅鐵不夠堅固一般，終日奔忙不息，把自己搞得頭白面焦，而那些相信生必有死的人會這樣嗎？文章之士將立言作為不朽的事業，因此會兢兢業業於著書立說。神仙之士認為軀體長生就是不死，因此會致力於鍛精練氣，留心於內外丹的修煉。二乘之士認為證得寂滅就是不死，因此會耽心禪觀，趨向虛無，遠離一切虛幻和污垢等無明。宏道文名甚盛，故而對於世間所謂的文章之士，不免心存輕忽，以之為不足論。即便是對壽至千萬歲的十種大仙，宏道認為他們報盡即墮入二乘，雖然得以超越三界，獲得了變易之身，但畢竟還是屬於有為法，未能了知大道。在宏道看來，大道是超越人為趨舍的自然之天，非視聽言思所可擬議，任何的趨舍都是對大道的遠離。其言下之意，以趨舍之心求道的結果只能是流浪生死。

　　袁宏道認為只有聖人才能「即生而無生」。他說：「夫惟聖人，即生無生，即生故不舍生，無生故不趨生。畢竟寂滅，而未嘗破壞有為；常處一室，而普見十方空界；示與一切同行，而不與一切同報。尚無生死可了，又焉有生死可趨避哉？」〔註63〕禪宗六祖慧能大師主張佛法在世間，不離世間覺，即是

〔註61〕袁宏道：《廣莊》，《袁宏道集箋校》卷23，第810頁。
〔註62〕袁宏道：《廣莊》，《袁宏道集箋校》卷23，第810頁。
〔註63〕袁宏道：《廣莊》，《袁宏道集箋校》卷23，第811頁。

此意。換言之，宏道心目中的聖人境界，就是禪宗所說的即世間而出世間。世間一切事物，凡有形質者均生滅不已，如金就火則流，水遇風則銷；均處於因果輪迴之中，如桃松之果，同時又為桃松之因；均處於時間的流動之中，如十二地支輪迴、日夜交替。但是，由於「聖無體」、「聖無果」、「聖無時」，故而既能保持自身的超越性，又能與萬物同體，參與萬物的輪迴過程，表現出一定的時間性，即聖人雖然也與眾生一樣置身於生死之中，但又不與眾生一樣流浪於生死。宏道認為，讀儒家之書而能參以此意，方算得上是得其真傳。宏道既以孔子為聖人、大宗師，而他所理解的聖人境界即禪宗的即世間而出世間，那麼孔子自然而然地便具有了禪師的思想特質。

袁中道認為大宗師具有勘破生死的真智慧，袁宏道則強調聖人達到了「即生而無生」的境界。兩相比較，中道猶為教下，宏道則已入宗門。換句話說，宏道較之中道，其禪學意味更為濃厚。

七、絕聖棄智應帝王

《莊子・應帝王》是莊子的治世之方。在社會治理上，莊子繼承老子「絕聖棄智」的思想，主張順其自然，袁宏道對此進行了論證發揮。他指出：「矢不密，鳥不高；羅不繁，獸不深；法不多，民不譎；道不梦，士不歧。吾欲為網罟，彼即為深宷，網罟者，深宷之始也。吾欲為法律，彼即為舞文，法律者，舞文之始也。吾欲為仁義，彼即為放弒，仁義者，放弒之始也。道而觸者，彼曰無禮，此亦曰無禮，分辨不已，遂為格鬥。偽盟誓者，亦假約束，何也？非約束無以為局騙資也。嗟夫，此豈制作之初意哉？勢使然耳。」〔註64〕聖人智慧超群，其制禮作樂，本意在治世，但事與願違，卻由此導致了更大的混亂。宏道言下之意，就是應絕聖棄智，放棄對社會的治理，一切都順其自然。

為了證明絕聖棄智、順其自然的合理性，袁宏道特意列舉了四則故事。其一是文中子與弟子的問答。文中子依先聖之言，教民慈孝信睦，講業三十年，但民風卻更加澆薄。他大惑不解，於是詢問弟子，這是不是由於百姓的素質遠不及古人所致。弟子告訴他，這不是百姓的素質有問題，是他的教法有問題：以慈孝信睦教民的結果，是為不肖之人埋怨父親、苛責長上、譙讓朋友等提供了藉口。文中子聞之愀然，從此屏居深山，終身不為人師。其二

〔註64〕袁宏道：《廣莊》，《袁宏道集箋校》卷23，第812頁。

是文王與鶡冠子的問答。文王問奸詐是怎樣開始的，鶡冠子說，奸詐始於對事物的一二計算，有了一二，就有了千百，有了文字，有了各種無法窮盡的機變，倉頡造字有天雨血、鬼聚哭之說，就是鬼神感憤於大樸走向澆漓，奸巧詐偽由此產生。其三是舜與丈人的問答。舜南巡至江漢之野，見一丈人披髮而泣，詢問其故。丈人說，我在此垂釣六十年，無人知曉，但現在卻有人以我為賢前來親近，這肯定是統治者所提倡的。以我為賢前來親近，不賢者就會遠去，此地不久將變成人吃人的戰場。丈人認為舜治理洪水，征伐三苗，誅戮四凶，積極治世，效果反而遠不如堯的無為而治。因此最好的治理應效法天之順其自然，效法嬰兒之無所嗔喜，效法鵠卵之無聞無見。其四是齊威王與善能分辨者的問答。齊威王號令國中，欲厚賞善能分辨者，有三人前來應募。一人善能分辨人的面貌，一人善能分辨各種花果，而西郭先生則自謂能於一時俱知趙魏齊魯諸國雨點之數，飛禽走獸之情狀，臨淄城七萬戶人民之一心一念。齊威王七日齋戒，邀集賓朋，延請西郭先生展示其能，西郭先生說：「霖雨臣知其可千里，猛雨知其不數十里，分龍之雨、塊雲之雨知其不隔轍，臣以是知雨點之數也。翼者知其能飛，角者知其能觸，逸者知其善走，臣以是得鳥獸之情狀也。王之百姓，貧者知其欲粟，賤者知其欲爵，鰥者知其欲婦，曉起知其營業，入夕知其晏眠，臣以是悉知其心之所念也。臣之術操者簡而用者博，故得之可撫四夷。」〔註65〕

　　袁宏道列舉的這四則故事，分別從不同角度上表達了對聖智有為的否定和對順其自然、無為而治的推崇。我認為，這其間既有他對老莊思想的繼承和發揮，也有他在蘇州吳縣為官蒞政時的心得體會，是有一定實踐基礎的。另，與《廣莊》的其他六篇相比，宏道此篇基本沒有佛學或禪學的色彩，這是由於中國佛教與儒學同時並存，而儒學最為關注的就是修齊治平，中國佛教，包括中國禪宗，對此甚少措意，因此宏道也無法以佛禪之道對《莊子·應帝王》進行闡釋和發揮。

　　袁宏道嘗自謂其《廣莊》為「自為一莊」〔註66〕，即可以離開《莊子》本文而獨行之意。我們於此也可以看出宏道對於此作的高度自信。如果說袁中道的《導莊》還具有強烈的《莊子》義疏色彩的話，那麼袁宏道的《廣莊》則明顯脫離了《莊子》文本，就某一問題展開了獨立闡釋，故其議論的深刻

〔註65〕袁宏道：《廣莊》，《袁宏道集箋校》卷23，第814頁。
〔註66〕袁宏道：《答李元善》，《袁宏道集箋校》卷22，第785頁。

性、論題的集中性、文辭的暢達自如乃至闡發義理中的禪學發揮，都遠勝於中道之《導莊》。因此我們說，宏道的《廣莊》是居士以禪解莊的一部代表性著作。

第四節　且將佛語證南華——傅山對《莊子》的佛學解讀

傅山是明清之際山西地區最為淵博的學者和最有個性的思想家，不僅精通《莊子》，而且深明佛理，因此他曾經嘗試著運用佛教的思想去詮釋《莊子》，希望能以此把握到《莊子》的本意。

傅山（1607～1684），字青主，一字公他，別號石道人，先世為忻州人，祖霖登嘉靖壬戌科進士，歷官少參，寓居太原，因得隸籍於陽曲（今太原市北）。傅山少年時即聰穎好學，舉凡諸子百家，書無不讀，工詩賦，善書畫，精岐黃，擅醫之名遍山西。傅山十六歲時考中秀才，深受督學袁公的賞識，選拔入三立書院。袁公因受直指（錦衣衛都指揮使）誣奏下詔獄，傅山為其進京伸冤。袁公冤屈既得昭雪，出為九江總督，遣使相召，傅山不往。甲申年（1644）李自成攻破北京，崇禎帝殉國，傅山棄儒為道，或遨遊於平、定、祈、汾之間，或坐閱釋典於深山之中，孝於父母，友於昆季，年三十餘喪偶，弦不再續。康熙戌午，舉博學鴻辭，傅山屢辭弗獲，被地方官捃至都門，復以老病懇辭，未試而歸。清廷授予中書舍人，傅山避居遠村，唯以行醫為業。傅山著作雖多，但唯《霜紅龕集》行於世，1991 年山西省有關方面將其著作整理為《傅山全書》，世人始得窺其全貌。〔註67〕

傅山自謂，「老莊二書，是我生平得力所在，旋旋細字旁注，當精心探索，若省得一言半句，便有受用，可由入道。」〔註68〕他對《莊子》尤其鍾愛，「《莊子》為書，雖恢譎佚宕於六經外，譬猶天地日月固有常經常運，而風雲開合，神鬼變幻，要自不可闕，古今文士每奇之，顧其字面，自是周末時語，非復後世所能悉曉。」〔註69〕本文就以傅山的「細字旁注」中以佛解莊的言論為據，對佛教思想在其理解《莊子》中的作用略加探討，以就正方家。

〔註67〕參見《傅山小傳》，《傅山全書·附錄》，山西人民出版社，1991 年，第 7 冊，第 5027～5028 頁。

〔註68〕傅山：《老莊二書》，《傅山全書》第 1 冊，第 758 頁。

〔註69〕傅山：《讀南華經》，《傅山全書》第 1 冊，第 762 頁。

一、逍遙遊

　　莊子在《逍遙遊》開篇講了一個鯤鵬變化的寓言，那個「摶扶搖羊角而上者九萬里，去以六月息者」的大鵬意象給讀者們留下了非常深刻的印象，但莊子緊接著就將人的思緒拉入到現實之中，讓那些「搶榆枋而飛，時其不至則控於地」的蜩與學鳩去嘲笑翱翔九萬里的鯤鵬。莊子到底想表達一種什麼思想呢？他是讚揚鯤鵬的高飛遠舉，還是同意蜩與學鳩的自得其樂？歷來解者不一，眾說紛紜，各執一辭。郭象認為，鯤鵬失於外而蜩與學鳩有失於內，二者同未適於性，故皆不得謂為逍遙，對二者一起予以否定，自然也就將大鵬與學鳩等量齊觀了。世間庸碌之人雖自知保榮華安富貴為齷齪卑陋，然每據郭象之說以自解免。傅山雖才華蓋世，然遭亂世，不願為利祿之所牢籠，其飄揚遠引之志，正與莊子所說的鯤鵬扶搖九萬里相同，故而他不同意郭象之說。傅山說，「讀過《逍遙遊》之人，自然是以大鵬自勉，斷斷不屑作蜩與學鳩，為榆枋間快活矣。一切世間榮華富貴，哪能看到眼裏！所以說，『金屑雖貴，著之眼中，何異沙土？』奴俗齷齪意見，不知不覺打掃乾淨，莫說看今人不上眼，上得眼者有幾個？」〔註70〕禪師常說，「金屑雖貴，落眼成翳。」傅山所引，乃其一種更為通俗的說法。禪師此說本為破除參學之人的法執，即「法尚應捨」之意，何況世間榮華富貴，本屬於非法之物，此尤見其不屑就之！如此之人，不唯當世希有，即覓之於往古，亦罕得其遇，於此亦可見傅山之睥睨一世、心空千古之高格，實乃其狂狷性格之真實寫照！

二、吾喪我

　　莊子在《齊物論》中，塑造了一個「嗒焉似喪其耦」、「形如槁木」而「心如死灰」的得道者南郭子綦的形象，並借助他的尊口，說出「吾喪我」三字，作為實現「天地與我並生，萬物與我為一」的訣竅。歷來解《莊子》者，大都對此三字極為重視，但對其含義的解說則有時不免失於籠統：或謂「吾」、「我」字義本同，二者不過異名同謂而已；或謂吾為主體，我為意欲，乃南郭子綦自謂其擺脫了欲望的牽纏和攪擾，莫衷一是。傅山既不考其字源，亦不究其語境，而是直接引用佛經之語，他說，「《齊物論》『吾喪我』，《增一阿含·五戒品》阿那律告闍跋吒：『吾者神識也，我者形體之具也。』」〔註71〕如此一

〔註70〕傅山：《讀南華經》，《傅山全書》第 1 冊，第 762 頁。
〔註71〕傅山：《讀南華經》，《傅山全書》第 1 冊，第 763 頁。

來，「吾喪我」就具有了神識完全擺脫形體和軀殼的束縛而獲得解脫之意，與佛教的「般（有餘）涅槃」意義相若。

三、知有所待

　　莊子在《大宗師》中說：「夫知有所待而後當，其所待者特未定也。」這句話非常費解，莊子謂「知有所待」，那麼到底待個什麼呢？一般認為，此處的「知」，應是指主觀的認識能力，那麼如此一來，其所待者，自然就是客觀的認識對象了。傅山認為這些解釋都是胡猜亂想出來的「意見」。他聯繫上下文的具體語境，提出一種非常有創見的解釋，「觀下文『庸詎知吾所謂天者非人乎？所謂人之非天乎？』再回上文『有患』兩字，則是老子『大患有身』之義。知有所待，待此身耳。若此知未到身上時，向甚處著落？所謂父母未生前事。如此看去，『過而弗悔，當而不得』之句愈有情矣。」〔註72〕也就是說，所謂的「知有所待」，所待的就是「此身」，即主體自我，如此理解，這個「有所待」的「知」也就成了「父母未生前事」，也就是禪宗每令人去尋求的那個「本來面目」。這不免令人想起圭峰宗密有所謂「知之一字，眾妙之門」的說法，也是將這個「知」字視為「父母未生前」的「本來面目」。傅山對「知」之「所待」作如此的理解，下文中的真人「過而弗悔，當而不得」，就是一切隨緣任運而已。也就是說，在傅山看來，《莊子》所說的真人，就是禪宗「見自本心，識自本性」的頓悟之人。

四、指窮於為薪，火傳也，不知其盡也

　　這是《養生主》的最後一句話。傅山認為，從養生方面而言，以薪譬喻為身體，以火譬喻為生命，這句話可以有多方面的理解：一者，人們對於那些能夠養護這個身體的一切事物，無不想方設法的弄了來，就是惟恐什麼地方對身體養護得不夠好而喪失了自己的生命，就好像準備充足的材薪以防止火的忽然熄滅一樣，要求人們一定要養護好身體。二者，將「指」理解為「意欲」，「指窮於為薪」就是想方設法將所有的材薪都弄了來，因為火依靠材薪才能延續下去，卻不知道火燒得旺反而促進了材薪的盡快燒完，這就好像盡力養生反而促成生命盡快的完結一樣。此即「有生必先無離形，形不離而生亡者有之矣」之意，是告誡人們重點在養護生命而非養護好身體，決不能辦

〔註72〕傅山：《讀南華經》，《傅山全書》第 1 冊，第 763 頁。

養好身體反而丟了生命的傻事。三者，就是佛教經典中所說：「火之傳異薪，
猶神之傳異形，前薪非後薪，則知指窮之術妙；前形非後形，則悟情數之感
深。惑者見形朽於一生，便謂終期都盡，可乎？」〔註73〕傅山所引，乃東晉
廬山慧遠所著《沙門不敬王者論・形盡神不滅第五》中的一段話，慧遠之意，
在於說明人的神靈並不隨著死亡而歸於消滅，而是在不同的生命形式之間輪
迴或循環，由此證成佛教因果報應論的真實不虛。傅山認為這幾種理解都有
道理，這就意味著慧遠的說法作為佛教的理解方式同樣也被他肯定了下來。

五、在己無居，形物自著

　　《莊子・天下》歷敘諸家之學，而稱關尹、老聃為「古之博大真人」，對
之可謂是推崇備至。傅山認為，其中所摘引的關尹之語，即「在己無居，形物
自著」，是一句「妙語，與《金剛》了義『心不住法而行布施』、『如人有目，
光明照見種種』同義。」〔註74〕我們知道，《金剛經》是中國佛教普遍信受奉
行的基本經典，天台宗的天台智者、三論宗的嘉祥吉藏、法相宗的慈恩窺基
以及華嚴宗的賢首法藏等，這些在中國佛教史創宗立派的高僧大德們都曾以
自家宗義對之進行疏釋，將其納入本宗的教典之中；而禪宗的六祖慧能就是
由於聽聞了其中一句經文，「應無所住而生其心」，於是發心到黃梅禮拜五祖
弘忍，於是才有了後世所謂的付法傳衣之說、南能北秀之談以及一花五葉之
論。此經重在破除人們的各種執著，認為一旦破除了執著，諸法的實相即可
得到彰顯，就像光明照耀之下各種事物自然會顯現出來一樣。傅山認為，關
尹的「在己無居，形物自著」與此同義。於是，「在己無居」具有了破除法我
二執的意味，而「形物自著」則相當於諸法實相自然顯現的內涵。傅山的這
一詮釋，就使道家的基本觀念和佛教的核心思想建立了一致性。

　　傅山之好老莊，固然與他的個性及情趣愛好有關，但也與他對當時儒學
的主流理學的看法有關。甲申（1644年）之後，傅山以朱衣道人的身份示現
於世，《南華真經》自然就成了他的本業，更使他認定儒者之缺乏傑出人物，
無用於國家。因此，他對理學家的排斥佛老就更為不滿，他語含譏諷地為佛
老辯護說：「漢唐之後，仙佛代不乏人，儒者絕無聖人，此何以故？不可不究
其源。今之談者曰：『二氏只成得己，不足成物。』無論是隔靴搔癢話，便只

〔註73〕傅山：《讀南華經》，《傅山全書》第 1 冊，第 764 頁。
〔註74〕傅山：《讀南華經》，《傅山全書》第 1 冊，第 772 頁。

成得己，有何不妙，而煩以為異而闢之也？」〔註75〕在傅山看來，理學家們既然承認佛老二家的學問可以「成己」，就已經證明其非常不錯了，怎麼能對之加以批駁和排斥呢！我們說，這也是傅山對包括《莊子》在內的佛老二氏之學的充分肯定，他就以此成就了自己不仕清廷、為明之遺民的志向和人格。

第五節　引用佛語明南華——淺談錢澄之對《莊子》的佛學解讀

　　高僧大德對《莊子》進行佛學解讀，往往將重心放在義理的闡發上。明末遺民錢澄之與此不同，他在所著《莊屈合詁·莊子內七詁》中雖然也引用了不少佛教的話語，但其詮釋的重點卻放在了對《莊子》中的文句進行訓詁上，反映出明清之際的學術追求由體驗心性自我向重視考證本意的轉換。

　　錢澄之（1612～1693），原名秉鐙，字幼光，號西頑道人，明亡改名澄之，字飲光，桐城人。錢澄之少年時以名節自勵，在歡迎某御史巡按至皖的儀式中曾面斥其為閹黨餘孽，因此名聞於當時，他與方以智一起主持幾社在桐城的活動，並與陳子龍、夏允彝等人結雲間社，以繼承東林為職志。錢澄之體格偉岸，喜好飲酒，縱談經世之略，面對當時的局勢，嘗思冒危難以立功名。後來閹黨餘孽阮大鋮受到南明弘光朝的重用，大肆搜捕黨人，必欲置錢澄之於死地而後快。錢澄之先避吳中，妻方氏赴水而死。錢澄之歷經艱難和危險，經浙江、福建亡命於廣東，黃道周薦諸唐王，授吉安府推官，改延平府，桂王時擢禮部主事，特試授翰林院庶吉士兼詰敕撰文。錢澄之指陳時弊，為眾所忌，於是乞假東歸故里，結廬於先人墓旁，以環廬皆田，故自號田間，著作除《莊屈合詁》外，還有《田間易學》、《田間詩學》、《藏山閣詩文集》等數種，卒年八十二歲。〔註76〕

　　對於當時流行的《莊子》注疏，無論是「禪宗以其得宗門之旨趣，道家指為有丹經之密言」，還是「取二家語句之相似者影響印合」，錢澄之都不贊成，認為他們不過是借莊子之語「發揮己見，以自成其一家之言」而已。他比較欣賞郭象的《莊子注》與焦竑的《莊子翼》。他認為，郭象注「已窺其大意所在」，《莊子翼》「雖所引頗多二氏之言，皆取以證明《莊》旨，要是釋《莊》，

〔註75〕傅山：《讀諸子》，《傅山全書》第 1 冊，第 789 頁。
〔註76〕錢澄之傳見《清史稿》，中華書局，1977 年，第 45 冊，第 13834 頁。

非自立說也。」澄之也多次注解《莊》,「晚年少有所進,乃盡廢前解而為之
詁,蓋真見世之能為《莊子》之解者,皆妄耳,故寧為訓詁也。」〔註77〕換
言之,澄之以追尋文本原意作為詁莊的宗旨,他對佛教語言的引用也是為這
一宗旨的服務的。

一、《莊子內七詁・逍遙遊》

　　錢澄之非常重視《莊子・逍遙遊》,在他看來,「易之道盡於時,莊之學
盡於遊。時者入世之事也,遊者出世之事也。古德云:『我本無心於事,自然
無事於心。』斯妙得遊之旨乎!七篇以《逍遙遊》始,以《應帝王》終,謂之
『應』者,惟時至則然也。又曰:『應而不藏。』此其所以為遊,此其所以為
逍遙歟!」〔註78〕《周易》具有「入世」的傾向,故而重視對「時」的把握;
《莊子》具有「出世」的傾向,故而強調「應」「時」而「遊」,「無待」於外
物。換言之,若能以出世之心作入世之事,自然就能在入世之事中實現出世
的逍遙和自在。錢澄之的這番話無異於說《逍遙遊》就是《莊子》繼承《周
易》的集中體現。

　　錢澄之的以《莊》繼《易》論是對金陵大天界寺覺浪道盛禪師提出的莊
子託孤論的繼承和發展。覺浪道盛著有《莊子提正》一文,提出莊子雖託身
道家,但實為「堯孔真孤」,在莊學史上獨樹一幟,令人耳目一新。不過覺浪
所給出的論據,主要是他在《莊子・內篇》中提取出來了「儒宗血脈」。〔註79〕
換句話說,覺浪主要是通過對《莊子》的解析來證明莊子為堯孔之嫡裔的。
澄之為諸生時曾經參禮過覺浪,對覺浪的莊子託孤論極為服膺。古之學者大
都認為《周易》一書由伏羲、文王、周公、孔子不斷積累編著而成,是上古、
中古、近古三個時代智慧的結晶,因此謂其「文經四聖,世歷三古」,列為儒
家五經之首。錢澄之提出以《莊》繼《易》論,更是在儒家經典中指出了《莊
子》「儒宗血脈」的真正來源,為覺浪道盛禪師的託孤論進一步提供了充實的
論據。

　　錢澄之以《莊》繼《易》,除了師承覺浪的原因外,也與個人特殊的歷史
境遇有關。《清史稿》謂澄之「生值末季,離尤抑鬱無所洩,一寓之於言,故

〔註77〕錢澄之:《莊屈合詁》,黃山書社,1998年,第3頁。
〔註78〕錢澄之:《莊屈合詁》,第5頁。
〔註79〕道盛:《莊子提正》,《天界覺浪盛禪師全錄》卷30,《嘉興大藏經》(新文豐
　　　　版)第34冊。

以《莊》繼《易》、以《屈》繼《詩》也。」〔註80〕這表明，錢澄之以《莊》繼《易》，也是對明清易代之際心理苦悶的一種宣洩。禪者的「無心於事」就是「遊」，達到「無事於心」即為「逍遙」，就透出了明末遺民的淒冷與孤寂。

二、《莊子內七詁‧齊物論》

錢澄之將《莊子‧齊物論》視為是對「物論無端」、「物化無常」之真理的揭示。他說：「通篇論本無是非，是非皆我見所作，故欲齊是非，必先喪我。喪我則生死皆齊，又何物論之不齊乎？首以人世之是非，譬之如風，明物論之無端也。末以人世之生死，等之一夢，明物化之無常也。一起一結，指點分明。」〔註81〕錢澄之從《齊物論》的論述中體會到人世之是非本無所自起，亦無所歸往，故視之如風，人世之生死如莊周化蝶、蝶化莊周一般無有恆常不變的自性，故等之如夢。欲悟明此理，必須破除對我的執著，故而《齊物論》開篇即借南郭子綦之口提出了「吾喪我」的主張。錢澄之以「吾喪我」三字為《齊物論》「一篇宗要」〔註82〕，也以「吾喪我」三字為《齊物論》全篇解讀之關鍵。

錢澄之認為，《齊物論》之「吾喪我」，就是破除我見。我見又名我執，謂身心諸法，皆因緣生，本無有我，眾生迷執，妄執為我，故稱我執或我見。莊子意識到，「欲齊物論，先除我見；欲破我見，先識我之真妄。」錢澄之指出，「小知間間」以下，描摹人情世態的變化無常，皆由眾生妄執有我所致；喜、怒、哀、樂、慮、歎、變、慹、姚、佚、啟、態等十二種情緒如晝夜之輪迴，皆由妄執攀緣所生。這些都無所主使，故云「莫知所萌」。「已乎已乎」以下，莊子憬然致疑，始覺真妄不離，故云「非彼無我，非我無所取」；差別極其微小，故云「是亦近矣」。在錢澄之看來，莊子對真妄的思索如同參禪一般，「凡吾知覺運動，皆有所為使者，不知是真耶？是妄耶？只此疑處，便是真宰之朕分明現前。」〔註83〕這就等於說莊子已經把捉到了「真宰」的某些跡象。真妄皆為自我的存在方式，既以之為妄，就無法以之為真，因此莊子忽而說「此」，忽而謂「彼」，或奉為「真宰」，或尊為「真君」，不視為自我，即是對我相的破除。這位真宰或真君「與形俱來，不與形俱盡，形與物交，所以習靡

〔註80〕趙爾巽等：《清史稿》第45冊，第13834頁。
〔註81〕錢澄之：《莊屈合詁》，第20頁。
〔註82〕錢澄之：《莊屈合詁》，第21頁。
〔註83〕錢澄之：《莊屈合詁》，第24頁。

之者，惟恐不速盡也。『終身役役』，《維摩詰》所云『是身如野馬，渴愛疲勞，不可自解』也。」〔註84〕就是在生死煩惱中流轉不已的主體，因此也叫做「成心」，或《大易》所謂的「成性」，也就是「本來現成，不假擬議」的「本心」。一涉擬議，便非本心，「即為未成乎心」。在澄之看來，古德所謂「但莫瞞心，心自神聖」，《大學》所謂「毋自欺也」，意謂但無我執，真相自彰，就是對「隨其成心而師之」的最好注解。〔註85〕

　　佛教的《金剛經》宣說「一切有為法，如露亦如電，如夢幻泡影」，主張「應無所住而生其心」。錢澄之謂〈齊物論〉闡明了「物論無端」、「物化無常」的真理，破除真妄是非物我彼此等「我見」，可以說在很大程度上使《齊物論》具有了《金剛經》的功能。

三、《莊子內七詁‧養生主》

　　在一般人看來，道家擅長養生，追求長生久視。錢澄之通過對《莊子‧養生主》的佛學解讀，指出這正是莊子所堅決反對的一種思想觀念。

　　在錢澄之看來，莊子既然在〈齊物論〉中將生死齊一，自然就不會追求什麼長生久視。莊子所謂的養生主，並不是主張養護肉體的生命，而是主張養「生之主」，即養護那位使眾生的生命得以存在和延續的主人公。錢澄之認為，這位主人公就是「知」，即知覺。他指出，「生之有知也，猶薪之有火也。薪有盡而火無窮，生有涯而知無涯。今欲以有涯之生，隨無涯之知，而求其長生不死，癡妄貪著，無所不至，徒足以戕真生，殆已。既死之後，其為知者，輾轉於生死之界而不能出，亦殆而已矣。」〔註86〕意謂生之有知，就如材薪之有火一樣，材薪是會燒完的，但火卻是不會窮盡的，同樣道理，生命的存在是有限度的，不可能無限期的存續下去，但作為生命主人公的知覺卻是沒有限度的。因此，追求長生久視，就是以有限的生命存在去追隨無限知覺，這自然是愚癡、虛妄、貪愛和執著都達到了極致和頂點的表現，不僅會戕害生命，徒勞無益，而且還會使知覺這位主人公在生命結束之後，無法從流轉不已的生死苦海之中解脫出來。

　　圭峰宗密一系的禪師將「知」視為解脫生死流轉的主體，故有所謂「知

〔註84〕錢澄之：《莊屈合詁》，第25頁。
〔註85〕錢澄之：《莊屈合詁》，第27頁。
〔註86〕錢澄之：《莊屈合詁》，第55頁。

之一字，眾妙之門」的說法；馬祖道一一系的禪師則將「知」視為流轉生死的禍根，故又有「知之一字，眾禍之門」的說法。佛教認為，眾生不能解脫生死，就會流轉輪迴於六道之中。很顯然，佛教的這些觀念無疑就是錢澄之訓詁和詮釋〈養生主〉的前解讀結構。

四、《莊子內七詁·人間世》

佛教認為，人生在世充滿了各種痛苦，生、老、病、死、愛別離、怨憎會、求不得、五蘊熾盛，莫不是苦；即便是暫得片刻的快樂，也會由於諸行無常而轉瞬即逝，而且有生就必然有滅，世間的一切最終都將壞滅，這是無論任何神靈和偉人都改變不了的事實。錢澄之在對《莊子·人間世》的訓詁中指出，「人間世福輕於羽，但僅免焉已為福」，「盡人間世為坑阱」。〔註87〕換言之，在錢澄之看來，《人間世》就是對人生福報寡淺、充滿各種痛苦的證明。

錢澄之將「無我」視為莊子超脫人生在世諸苦充斥的法寶。他指出，「莊子雖精於所以用，究竟決意於不用而已。」〔註88〕意謂莊子精通超越世間諸苦的各種良方，其最終的主旨就是「不用」。錢澄之體會到，莊子所主張的這種「不用」，除了不為當道所用而高揚遠引以自快其意之外，還有不自用其才的意思，因此我們認為，錢澄之所理解的莊子「不用」思想，其實就是佛教的「無我」觀。他沒有對「無我」進行直接的發揮，而是引用了袁中郎的一段話。袁中郎云：「堯無我故能因四嶽，禹無我故能因江河，泰伯無我故能因夷狄，迦文無我故能因人天三乘菩薩諸根。……今夫父母之育嬰也，探其饑飽，逆其寒暑，啼者令嬉，嗔者令喜，兒口中一切喃喃不字之語，皆能識而句之，何則？無我故也。同舟而遇風者，十百人一心，惟三老所命，呼東則東，呼西則西，何則？無我故也。夫使事君者，而皆若父母之求其子，處世者而皆若同舟之遇風，何暴不可事，何亂不可涉哉？」〔註89〕按照《金剛經》的說法，「無我」就能「無人」、「無眾生」、「無壽者」，就能「無所住而生其心」，從而達到隨緣任運、逍遙自在的人生境界。世俗有所謂「欲免煩惱應無我」的說法，就是這個道理，而大心菩薩的普度眾生，也應以「無我」之心而為之，方能克成其事，乃至覺行圓滿而成佛。

〔註87〕錢澄之：《莊屈合詁》，第 73 頁。
〔註88〕錢澄之：《莊屈合詁》，第 73 頁。
〔註89〕錢澄之：《莊屈合詁》，第 73〜74 頁。

需要說明的是，錢澄之詁解《莊子》雖然引用了很多前賢的話，但都是放在《莊子》原文之後，自己的詁語之前。他引用的袁中郎的這段話，卻是放在自己詁語的位置上的。這就意味著錢澄之將袁中郎的這段話視為是對自己理解的最好表達，因此我們可以完全將這段話看作是錢澄之的相關見解。

五、《莊子內七詁‧德充符》

《莊子‧德充符》的主旨是闡明內德充滿與道相符而外忘形骸的道理，莊子謂達到這種境界的人乃「官天地，府萬物，直寓六骸，象耳目，一知之所知而心未嘗死者」。錢澄之指出，「莊子以無心無知為宗，此云一知之所知而心未嘗死，蓋知盡而後有知，心死而始得不死，宗門所謂絕後重蘇也。」〔註90〕此處所謂「無心」應是指莊子所說的「是非不入於心」，所謂「無知」應是指莊子所說的「不以好惡內傷其身，常因自然而不益生」，錢澄之以此作為莊子的宗旨，是非常符合《德充符》的文義的；「知盡而後有知」意謂看破世相百態才能悟明諸法實相，「心死而始得不死」意謂將各種世俗之念破除淨盡才可以挺立真正的自我，錢澄之如此解釋，就與古德參禪時常說的「打得念頭死，許汝法身活」之意完全相同，故而他謂之為「絕後復蘇」，即世俗生命的結束就意味著神聖生命的開始之意。內在之德是道的體現，外在之形則是世俗的感受，莊子認為外在之形未必就能體現內在之德，因此重視內在之德就會忽視外在之形。我們於此可以體會到錢澄之對佛教真俗二諦說的運用。

六、《莊子內七詁‧大宗師》

《莊子‧大宗師》以「有情有信」而又「無為無形」的道為大宗師，謂得道的聖人「將遊於物所不得遁」。錢澄之解釋說，「夫大塊載我以形，必有無形者以形載之而出，生老死皆形也，無形者無生老死，亦不受勞佚迫者也。有形者有遁，無形者無所遁。惟無所遁，故一聽之自然之化。聖人遊焉而皆存，言無分別心也。將者，以今度之耳。釋氏謂『從眾生異類中行』，即是此旨。」〔註91〕意謂無形的道就寄寓在有形的事物之中，由於道具有永恆性、普遍性，故而沒有產生、衰老、死亡，也沒有勞累、閒佚、逼迫，有形之物是可以迴避的，無形之道卻是無法逃遁的，而且無論自然變化是多麼的劇烈，

〔註90〕錢澄之：《莊屈合詁》，第 79 頁。
〔註91〕錢澄之：《莊屈合詁》，第 102 頁。

道都寄寓其中，從不分離。因此錢澄之認為，所謂聖人將遊於物所不得遁，就是站在道的立場上，坦然接受一切可能發生的事情，就如佛菩薩為了教化各種眾生而進入這些眾生的生存狀態一樣。我們說，佛菩薩作為得道之人為錢澄之理解《莊子》的聖人提供了一個非常好的參照。

七、《莊子內七詁・應帝王》

《莊子・應帝王》用很大的篇幅描述了列子之師壺子與神巫季咸鬥法的故事。錢澄之解釋說，「釋氏有他心通者，凡起一念，即能知之，一念不起，則不能知。虛而委蛇，不知其誰何，無所於心，虛之至。達摩示梁武帝以廓然無聖，帝曰：『對朕者誰？』摩曰：『不識。』即此是不知誰何之宗旨，惜武帝之不契也。壺子，亦表法之名，取其中虛無有也。」〔註92〕也就是說，在澄之看來，一念不起乃最高境界，道家的壺子與禪宗的達摩都達到了這種高妙的境界，季咸與梁武帝理解自然是智不及此，故而不能窺測對方心之所在。澄之還以「壺子」為「表法」，即以壺的中間空虛表示內心不生一念的狀態，錢澄之的這種理解正與佛教華嚴宗十玄門中「託事表法生解門」的精神非常吻合。

從以上分疏可以看出，錢澄之雖然引用了不少的佛教話語訓詁《莊子》，但基本上都是以佛教材料作為例證，用以闡明文本字句的基本含義，並不以之進行體系的架構和理論的創造。通過考證文句的意思重新理解文本的含義，是乾嘉考據學的基本原則。而在《莊子內七詁》中深為錢澄之所推崇的焦竑，就是一位稍早於他的非常愛好考證的學者，學界一般將其視為考據學的先驅。因此我們斷定，錢澄之對《莊子》的訓詁，反映出明清之際的學術追求由體驗心性自我向重視考證本意的轉換。

這些以佛解莊的居士們，如焦竑、袁宏道、袁中道等，實際上都是自幼飽讀四書五經的儒生，孔子、孟子的著作對於他們來說就是不可違逆的聖言量，同時他們又服膺佛教，耽悅禪宗，喜愛《莊子》，在他們的心目中，佛祖之言、莊子之論與孔孟著作一樣都具有崇高的地位，因此這些儒家士大夫以佛解莊的著作，不僅向世人展現了儒道佛三教深度融合的效果歷史和思想圖景，還為學術界深入研究儒道佛三教關係提供了最好的文本。

〔註92〕錢澄之：《莊屈合詁》，第 130 頁。

第六章　近代以來的以佛解莊

　　經過滿清王朝二百多年的統治，中國佛教日趨窳敗陋劣，漸臻其極，出家為僧幾成窮途末路之異語，再加上晚清時期太平天國之役的破壞，佛教在原本盛行的江南地區近乎掃地以盡。楊文會居士於煨燼之餘，倡辦金陵刻經處，開新風氣，創立祇洹精舍，作育僧才，在一幫賢達的推動和支持下，中國佛教雖然逐步恢復元氣，漸呈復興之勢，但畢竟是久困於沉疴，要激活其深厚文化底蘊，談何容易！所以近代高僧，如宗仰法師、南亭長老、印順法師等，偶一提及《莊子》，略有闡發，已屬鳳毛麟角，如晚明憨山德清、藥地愚者（方以智）那樣對《莊子》進行全面疏釋，更是無從談起，這時以佛教的思想和義理詮釋《莊子》的主導權反而多在居士。由於西方思想和文化的輸入，中國近代以來在思想觀念、學術範式等諸多方面已經發生了翻天覆地的變化，這在近代以來的以佛教思想和義理詮釋《莊子》中也有很充分的體現。

第一節　居士善會莊子心——楊文會的《南華經發隱》

　　東晉以降，高僧關注《莊子》者頗不乏人，如支遁道林的《逍遙篇》，憨山德清的《莊子內篇注》，均為傳世名作。佛教界對《莊子》的汪洋恣肆的文風和淑詭幻怪的玄思雖稱賞有加，但在整體上卻並未予以很高的評價，如唐僧清涼澄觀判之為「外道通明禪」，明僧德清判之為「天乘止觀」。晚清著名居士楊文會不能首肯如此判釋，他說：「其書或論處世，或論出世。出世之言，或淺或深，淺者不出天乘，深者直達佛界。以是知老、列、莊三子，皆從薩婆若海逆流而出，和光混俗，說五乘法，能令眾生隨根獲益。後之解者，局於一

途，終不能盡三大士之蘊奧也。」〔註1〕他因此而撰寫《南華經發隱》。按，薩婆若，意譯一切種智，即諸佛在究竟圓滿果位上證得的大智慧。楊文會如此推許《莊子》，堪稱中國佛教界判教史上的最高評價。

楊文會（1837～1911），號仁山，安徽石埭人。楊文會自幼讀書，即不喜科舉，同治三年（1864）因病休養期間，他接觸到《起信》、《楞嚴》等佛典，由是信佛。當時剛剛經過太平天國的戰亂，江南佛教受到了嚴重的摧殘，佛經極為罕見，他遂於同治五年（1866）倡議設立金陵刻經處，募款重刻方冊藏經，以便佛經能夠流通於民間，成為中國近代佛教復興的契機。光緒三十四年（1908），他為了提高中國僧眾的素質，又於金陵刻經處創立了祇洹精舍，招收太虛、智光、歐陽漸等僧俗學生十餘人，開啟了中國近代僧伽教育的先河。楊文會著有《大宗地玄文本論略注》四卷，《佛教初學課本》並《注》各一卷，《十宗略說》一卷，《陰符》、《道德》、《莊》、《列》、《論語》、《孟子》發隱各一卷，《等不等觀雜錄》八卷，《觀經略論》一卷，《闡教編》一卷，金陵刻經處編印為《楊仁山居士遺著》。今人周繼旨點校、增輯為《楊仁山全集》，收入「安徽古籍叢書」。楊文會自謂「教宗賢首，行在彌陀」，但他在弘揚佛法的過程中兼顧諸宗，規模廣闊，鼓勵學生深入各宗，開一代新風，影響極為深遠。

楊文會之釋《莊子》，既非詳解字句，也不是疏釋章法，而是運用佛教的義理，對他認為最為重要的「鯤鵬變化」、「子綦喪我」、「回問心齋」等十二則寓言進行闡發，以開顯其間隱含的微妙意旨，裨使讀者能階《莊子》而上達佛之境界。

一、鯤鵬變化

「鯤鵬變化」的寓言出自《逍遙遊》，對其象徵意義，歷來解說紛紜，莫衷一是。西晉時的注家郭象曾經指出：「夫小大雖殊，而放於自得之場，則物任其性，事稱其能，各當其分，逍遙一也，其容勝負於其間哉！」〔註2〕其意在以適性為逍遙。東晉高僧支遁不滿此釋：「夫桀跖以殘害為性，若適性為得者，彼亦逍遙矣。」〔註3〕在支遁看來，至人棲心玄遠，超然象外，無為事累

〔註1〕楊文會撰：《南華經發隱敘》，《楊仁山全集》，黃山書社，2000年，第297頁。
〔註2〕郭象注、成玄英疏：《南華真經注疏》，中華書局，1998年，第1頁。
〔註3〕釋慧皎：《高僧傳》，中華書局，1992年，第160頁。

才是真正的逍遙。而在楊文會的理解中，「鯤鵬變化」的寓言就是關於「凡夫成佛」的譬喻，這樣一來，「逍遙遊」自然就成為一個轉凡成聖的過程。

楊文會認為《莊子》此章含攝「十大」：一者具大因，謂北冥為幽暗之地，潛藏其內的鯤魚隱喻根本無明，乃成就諸佛不動智的原因；二者證大果，謂鯤化為鵬，脫離陰濕的北冥而暢遊清虛之境；三者居大處，謂南冥為光明之方，天池為香水海之象；四者翔大路，謂鯤徙南冥，需水擊三千，高翔九萬，蒼蒼一色，遠而無極，此六月乃息之途程，實為法界之暢遊；五者御大風，謂鵬運南冥，須乘九萬里之大風，喻乘宏願，現身九界，普行六度，方可得證妙果；六者享大年，謂鵬至南冥，將得享無限壽量；七者遊大道，謂乘天地之正，御六氣之辨，無待於外，逍遙而遊；八者忘大我，謂至人無我；九者泯大功，謂神人無功；十者隱大名，謂聖人無名。自古解者皆將至人、神人、聖人等量齊觀，而楊文會視為法、報、化三身。

楊文會對所闡「十大」之義頗為自豪，他不無炫耀地說：「以上略舉十大，為《南華》別開生面，闡《逍遙遊》之奧旨。」〔註4〕以十為數而解釋義理，是中國佛教，特別是華嚴宗講經說法的慣例。楊文會援而用之，是他深於華嚴宗義例的表現，而經此一番「發隱」，以「鯤鵬變化」為基本象徵的「逍遙遊」也就成為菩薩以無盡行願而深入法界了。

二、子綦喪我

《齊物論》開篇云：「南郭子綦隱几而坐，嗒焉似喪其耦。顏成子游立侍乎前，曰：『何居乎？形固可使如槁木，而心固可使如死灰乎？今之隱几者，非昔之隱几者也。』子綦曰：『偃，不亦善乎而問之也，今者吾喪我，汝知之乎？』」楊文會認為，此處寥寥數語，重點辨明「喪耦」與「喪我」的重大區別，正是《齊物論》全篇心髓之所在。

在楊文會看來，只有「喪我」，才能「喪耦」。他說：「耦者對待之法也。心不外緣，幾如槁木死灰矣。而豈知南郭子內證無心，我執已忘乎？倘我執未亡，定有對待法時時現前，不能深入寶明空海，平等普觀也。」〔註5〕也就是說，「耦」是與主體相對的各種事物，唯識家稱之為「我所」，只要主體（即修行者）能夠休歇自心，放棄對外界事物的追逐和攀緣，就可以達到形似槁

〔註4〕楊文會：《南華經發隱敘》，《楊仁山全集》，第300頁。
〔註5〕楊文會：《南華經發隱敘》，《楊仁山全集》，第300頁。

木、心如死灰的狀態，這並不是一種很高的境界；倘若主體不能破除對自我的執著，與他相對而有的各種事物隨時都可以在他的心中現起，使他無法獲得佛教最可寶貴的無我性空之智，深入佛法智慧的海洋而平等觀察一切事物。因此，要想使世俗之人堅執不捨的是非、美醜、善惡等各種各樣的「物論」得以「齊一」，就必須「喪我」，即破除主體對自我的執著。而一旦破除了「我執」，實現了「喪我」，則各種各樣的「不齊之物論，皆從喪我一法而齊之，了無餘蘊。所謂得其一萬事畢者，此之謂也。」〔註6〕

　　按，眾生對自我的執著，唯識家稱之為「我執」，有「分別我執」與「俱生我執」二種不同，前者從後者而生，前者顯而後者隱，前者暫而後者恒；楊文會雖未明言《齊物論》中的「喪我」破除的是「分別我執」還是「俱生我執」，但從其文義來看，當為「俱生我執」無疑。以「破執」理解《齊物論》，是許多佛教學者解釋《莊子》時共同的思想傾向。楊文會拈出「喪我」二字而特加注意，不僅使「破執」這一傾向更加鮮明，還為「破執」指出了更加明確的目標。

三、回問心齋

　　顏回欲輔衛君，孔子徵詰其術，至其辭盡而不之許，使其「心齋」，而後誨以「入衛之道」。此即「回問心齋」，為《人間世》之主要內容。楊文會認為，「心齋」乃孔子破執之法，其所授「入衛之道」乃「超世之學」，於此足見孔子境界之高遠及言辭之善巧。

　　楊文會對「心齋」進行了佛學解讀。在他看來，孔子教導顏回，先破其「浮塵根」，次破其「分別識」，然後顯示此聆聞之性就是「遍界不藏」、「身內身外，有情無情，平等無二」之「氣」。按，佛教以眼、耳、鼻、舌、身五種感覺器官為浮塵根，以對外界進行區分的意識為分別識。楊文會逐句解釋說：「『聽止於耳』，釋浮塵根之分齊，根塵交接，滯而不脫，所以須破。『心止於符』，釋分別識之分齊，五根對境，有同時意識與五識俱，不前不後，故謂之符，此識蓋覆真性，所以須破。『氣也者，虛而待物者也』，名之為氣，其實真空也。自性真空，物來即應，故為道之本體，見此本體，安有不心齋者乎？」〔註7〕經此一番解釋，莊子筆下的孔子也就變成了楊文會心中的「縱橫排蕩，

〔註6〕楊文會：《南華經發隱敘》，《楊仁山全集》，第301頁。
〔註7〕楊文會：《南華經發隱敘》，《楊仁山全集》，第301頁。

「神化莫測」的「法身大士」。〔註8〕

孔子授於顏回的「入衛之道」，如「若能入遊其樊而無感其名。入則鳴，不入則止。無門、無毒，一宅而寓於不得已，則幾矣」，「以無翼飛」，「以無知知」，「徇耳目內通而外於心知，鬼神將來舍，而況人乎」等，其基本精神無非就是將「心齋」貫徹到日常行事之中。楊文會認為，「以前皆孔子徵詰之辭，至心齋之後，乃正答入衛之道，又復詳示超世之學。窮高極微，為傳心妙旨。至『耳目內通』一語，應前『聽之以氣』；『而況人乎』一語，作入衛收束。言辭如此善巧，而實出於無心也。」〔註9〕可以看出，楊文會理解的「超世之學」就是即世間而求出世間，以出世間之心做入世間之事，此可說是中國佛教的精髓所在。

四、兀者王駘

《德充符》中提到兀者（失去雙足的殘疾人）王駘，與孔子同時，他雖然「立不教，坐不議」，而門下弟子與孔子相若，皆能「虛而往，實而歸」，甚至孔子也以聖人視之，對其大為讚賞。楊文會認為，王駘與孔子之間的差異在於教學方法的不同，有如佛教的顯、密二教，「王駘與仲尼分道揚鑣，一顯一密。行顯教者，耳提面命，進德修業，人所共知。行密教者，潛移默化，理得心安，人所難見。」〔註10〕在楊文會看來，孔子的稱述既開示了道之體，又闡發了即體之用。

楊文會認為，孔子所謂「死生亦大矣，而不得與之變。雖天地覆墜，亦將不與之遺。審乎無假不與物遷，命物之化而守其宗也」，正表明王駘「深知真常不變之義，不隨萬物變化」。他認為孔子所云「自其異者視之，肝膽楚越也」，是「依生滅門，作差別觀」；「自其同者視之，萬物皆一也」，是「依真如門，作平等觀；」「不知耳目之所宜，而遊心乎德之和」，是「二門不二，則不為耳目所牖，而情與無情，幻然等現矣」。〔註11〕王駘把握了萬物真空一如之體，故能不隨外物的紛繁而轉變。「一心開二門」是《大乘起信論》的理論結構，楊文會接觸佛教實以此論為起點，且終生服膺此論，其以之理解孔子之言，可看出他對王駘境界的欣賞。

〔註8〕楊文會：《南華經發隱敘》，《楊仁山全集》，第302頁。
〔註9〕楊文會：《南華經發隱敘》，《楊仁山全集》，第303頁。
〔註10〕楊文會：《南華經發隱敘》，《楊仁山全集》，第303頁。
〔註11〕楊文會：《南華經發隱敘》，《楊仁山全集》，第304頁。

　　孔子認為王駘受人尊重的原因在於他為「官天地，府萬物，直寓六骸，象耳目，一知之所知而心未嘗死者」。在楊文會的心目中，王駘對「真常不變」之體的領會，使他成為「先天而天勿違」的聖哲，具有了「心月孤懸，光吞萬象」的智慧，故而能「應身入世，直寄寓耳」，「證無分別心，而有分別用」，這表明他已經達到「本自無生，何死之有」、「自他兩忘，不住有為，不住無為」的境地，使「人之從遊者，以其妙用無形，隨根普益」。〔註12〕這就是王駘的「即體之用」他也由此具有了大菩薩的品格。

五、女偊論道

　　《大宗師》中的「女偊論道」展示學道須經「外天下」、「外物」、「外生」、「朝徹」、「見獨」、「無古今」、「入於不生不死」等層次，「其名為攖寧」；而女偊之聞道，由「副墨之子」，經「洛誦之孫」、「瞻明」、「聶許」、「需役」、「於謳」、「玄冥」、「參寥」，最終歸本「疑始」。

　　此說既為寓言，自不必坐實有無，但經楊文會注解，這一學道進程變成了佛教的頓漸修證。楊文會謂「外天下」為「脫牢籠」，〔註13〕謂「外物」為「心不隨物轉」，謂「外生」為「無一法可當情」，謂「朝徹」為「長夜漫漫，忽然天曉」，謂「見獨」為「靈光獨耀，迥脫根塵」，「無古今」意味著「妄念全消，過未現在，不出當念，遂能長劫入短劫，短劫入長劫，延促自由，豈有古往今來之定相耶」！而「入於不生不死」則表明學道之人「今證一剎那際三昧，時量全消……生死涅槃，二俱平等。」《莊子》稱此為「攖寧」，楊文會釋云：「攖者煩擾也，寧者沉靜也，兩門相反，適以相成，所謂八萬塵勞，即解脫相也。」〔註14〕他認為，「前三層為漸修漸證，自朝徹以下，勢如破竹，一時頓證。」〔註15〕這無異說學莊子之道，可以達到佛教生死與涅槃平等不二的最高境界。

　　楊文會對女偊聞道的解釋實是敘述佛教的修行論。在他看來，「副墨之子」表示「去聖時遙，尋諸簡冊，可得道意」，「洛誦之孫」意味「進而求之，讀誦純熟，妙義自顯」，「瞻明」則為「見地明徹」，「聶許」為「攝念自許」，「需役」為「拳拳服膺」，「於謳」為「詠歎入神」，「玄冥」為「萬法俱泯」，「參

〔註12〕楊文會：《南華經發隱敘》，《楊仁山全集》，第 305 頁。
〔註13〕楊文會：《南華經發隱敘》，《楊仁山全集》，第 306 頁。
〔註14〕楊文會：《南華經發隱敘》，《楊仁山全集》，第 307 頁。
〔註15〕楊文會：《南華經發隱敘》，《楊仁山全集》，第 308 頁。

寥」為「真空顯露」,「疑始」為「始覺有始,本覺無始,始覺合本,有始無始,皆不可說。」〔註16〕楊文會謂「前二層聞慧,次二層思慧,次二層修慧,後三層證道,是之謂九轉功成也。」〔註17〕「九轉功成」本謂道家還丹經九轉始能煉成,而經這一番處理,九轉還丹轉眼變成了無價寶藥阿伽陀了。

六、謀報渾沌

南海之帝儵與北海之帝忽欲報中央之帝渾沌善待之德,日為鑿一竅,七日而渾沌死。此即「謀報渾沌」,是莊子在《應帝王》末講的一則寓言。

楊文會將儵忽鑿竅解釋成了八識的生滅流轉:「儵忽,六七識生滅心也。渾沌,八識含藏心也。渾沌無知,為儵忽所鑿而死。」〔註18〕這種解釋可視為同一話題在《莊子》與佛學兩種不同的話語系統之間的平行位移,實為一種比附,其意義的歧異雖然不可避免,但到底還是屬於有「風」有「影」可以「捕」、「捉」的。而其接下來對儵、忽、渾沌所作的流轉還滅、轉識成智的發揮,則多有類於「無中生有」了:「渾沌雖死,其性不死,隨儵忽轉,而冥薰儵忽,生其悔過之心,遂謀所以生渾沌者。時相謂曰:渾沌德我,今亡渾沌矣,為之奈何?旦夕推求渾沌之性而培植之。久之而渾沌復甦,曩之無知者,轉而為精明之體矣。於是儵忽奉為宗主,聽其使令,抑且並八方上下而統治之。渾沌改名為大圓鏡,儵名妙觀察,忽名平等性,與儵忽為侶者皆名成所作,四智菩提,圓彰法界,《南華》之能事畢矣。」〔註19〕如此已成《莊子・內篇》的續說了,這絕對是莊子做夢也想不到的事情。

楊文會以「無始無明」視渾沌,以生死流轉視穿鑿,這與古來「以不鑿為全德」、「以渾沌為道妙」的解釋迥然不同。但是楊文會卻對自己的這一番創造性闡釋非常自信,自謂為揭開了一個二千多年來他人所未曉的人秘密:「此章說到迷妄極處而止,未說返流歸真之道,留待後人自悟。奈何二千年來,幽暗未闢,故為揭而出之,以餉知言君子。篇末之渾沌即首章之鯤也,鯤喻大心凡夫,在冥海中長養聖胎,一變而證大果;渾沌喻毛道眾生,莫不被鑿而死。莊生哀世人之沉淪,而以此章結之,其無盡大悲,可想見矣。」〔註20〕

〔註16〕楊文會:《南華經發隱敘》,《楊仁山全集》,第307~308頁。
〔註17〕楊文會:《南華經發隱敘》,《楊仁山全集》,第308頁。
〔註18〕楊文會:《南華經發隱敘》,《楊仁山全集》,第308頁。
〔註19〕楊文會:《南華經發隱敘》,《楊仁山全集》,第308~309頁。
〔註20〕楊文會:《南華經發隱敘》,《楊仁山全集》,第309頁。

將《內篇》之末的「渾沌」視為《逍遙遊》開篇的「北冥之鯤」，是否出於莊子獨運匠心的巧妙安排，我們不得而知，但楊文會如此疏解，確可以稱得上是首尾呼應的創造性闡釋了。

這可以說是《莊子》此則寓言在歷史上所得到的最具有同情色彩、最具有發揮意義的理解了，然而卻是由一位大居士，也是中國近代佛教復興局面的開創者作出的，而楊文會對這則寓言的如此解釋，使其《南華經發隱》借著解說《莊子》的形式而宣講佛教義理的特色更加明顯。

七、其他寓言

與諸多注釋家一樣，楊文會也將《內篇》視為《莊子》的精華所在。《外篇》及《雜篇》雖略顯蕪雜，但其間精義迭見，對《內篇》多有發明。楊文會對以上六則寓言進行詳盡分疏後，還從《外篇》與《雜篇》中挑選「象罔得珠」、「世之所貴」、「天門」、「七大」、「得其環中」、「得意忘言」等六則寓言進行解釋，以發其未盡之蘊奧。

「象罔得珠」出《天地》，謂黃帝遊乎赤水之北，登乎崑崙之丘，遺其玄珠，使知、離朱、喫詬索之而不得，使象罔乃得之，黃帝歎曰：「異哉，象罔乃可以得之乎？」解者以玄珠喻真性，以象罔喻無心。置身可畏之地，最易迷失真性，知之善於用心，離朱之明察秋毫，喫詬之辭辯縱橫，皆不能得，而象罔得之。楊文會對其中黃帝之語最相契心，「黃帝歎異一語，意味深長，百世而下，令人聞之而心折也。」〔註21〕蓋與佛教真諦絕相之論甚相契合也。

「世之所貴」出《天道》，大意反對以書為貴，認為書以載語表意，而意之所隨，非言語所能傳。楊文會比之於「能令一代時教飛空絕跡」的《金剛經》，但他深知廢書不觀必至顢頇，故而又說：「達摩西來，不立文字，直指人心，見性成佛。當時利根上智，得其旨趣，固不乏人。而數百年後，依草附木之流，正眼未開，輒以宗師自命。邪正不分，淺深莫辨，反不若研求教典之為得也。蓋書之可貴者，能傳先聖之道，至於千百世，令後人一展卷間，如覲明師，如得益友。若廢棄書籍，師心自用，不至逃坑落塹不止也。」〔註22〕真諦雖然絕相，通達真諦則必須有門徑可循，楊文會豈蒙昧主義者耶！

〔註21〕楊文會：《南華經發隱敘》，《楊仁山全集》，第 310 頁。
〔註22〕楊文會：《南華經發隱敘》，《楊仁山全集》，第 310～311 頁。

「天門」出《庚桑楚》：「入出而無見其形，是謂天門。天門者，無有也。萬物出乎無有，有不能以有為有，必出乎無有，而無有一無有，聖人藏乎是。」此處顯然是對老子「萬物生於有，有生於無」的解釋和發揮，而楊文會認為此處所說的就是佛教的「空如來藏」，他說：「世出世法，皆以真空為本，強名之為天門。天者，空無所有也。門者，萬物所由出也。既以有無二端互相顯發，而仍結歸甚深空義，恰合般若旨趣。」〔註23〕

「七大」出《徐無鬼》，謂大一、大陰、大目、大均、大方、大信、大定，乃得道者氣象，而欲達此境界，初則以「不知知」，繼則「大揚榷」，終至「大不惑」。楊文會以之比於佛教斷惑次第：「佛經說有三惑，一曰見思，粗惑也；二曰塵沙，細惑也；三曰無明，根本惑也。起時由細而粗，滅時由粗而細，無明貫於本末。此文斷惑次第有三層，至大不惑，則無明破盡，永脫輪迴矣。」〔註24〕

《則陽》謂「冉相氏得其環中以隨成，與物無終無始，無幾無時，日與物化者，一不化者也，闔嘗捨之」。楊文會以之為「行菩薩道之正軌」：「發大乘心者，以第一義空為本。冉相氏既得此理，入俗利生，不轉而轉，轉而不轉，誠為無上至德，不可以常情測度也。」〔註25〕《莊子》極力稱頌的古之聖君明王在楊文會那兒變成了「得其環中隨成不化」的大菩薩。

《外物》以魚兔筌蹄為喻，主張得意忘言，並云：「吾安得忘言之人，而與之言哉。」古之解者往往以此作離言求意，狂禪者流因以助滅裂經教之論。楊文會認為，「魚兔既得，筌蹄可捨。後人不達此意，竟欲捨筌蹄而求魚兔。魚兔何由可得耶？章末二語，神韻悠然，《天道》篇內『世之所貴』一章，專主離言，此章先即後離，以救其弊。《維摩經》云：言說文字，皆解脫相。則非即非離，更進一層矣。」〔註26〕

《莊子》三十三篇，其精義入神之論所在多有，當然不止於這十二則寓言。但是楊文會抉擇出來的這十二則寓言，又確實都是《莊子》思想的精微之所在。楊文會以佛教義理對其進行「發隱」，可以說是「借他人杯酒，澆自家塊壘」，名為釋《莊子》，實為說佛法。不過也由此使《莊子》在佛教話語系

〔註23〕楊文會：《南華經發隱敘》，《楊仁山全集》，第 312 頁。
〔註24〕楊文會：《南華經發隱敘》，《楊仁山全集》，第 313 頁。
〔註25〕楊文會：《南華經發隱敘》，《楊仁山全集》，第 314～315 頁。
〔註26〕楊文會：《南華經發隱敘》，《楊仁山全集》，第 315 頁。

統中得到理解，使他的佛學觀念借著解說《莊子》的形式得到了充分的闡發，佛家之義與莊子之理交相輝映，形成了一種視界融合的奇妙效果。

第二節　法相莊嚴齊物論——章太炎對《齊物論》的唯識學解讀

近代資產階級革命家、宣傳家、國學大師、中國古文經學的殿軍章太炎先生所著《齊物論釋》一文，是以佛學，特別是法相唯識宗的思想義理詮釋《莊子‧齊物論》的名篇，也是他利用傳統文化的資源表達自己平等觀的一部力作。

章太炎（1869～1936），名炳麟，字枚叔，號太炎，浙江餘杭人。早年從外祖父朱有虔讀儒書，既長，入杭州詁經精舍從俞樾習古文經學。1897年至上海任《時務報》撰述，因參與維新，為清廷通緝，不得已避往臺灣，次年東渡日本。1903年因發表《駁康有為論革命書》並為鄒容《革命軍》作序，被捕入獄。1904年與蔡元培等發起成立光復會。1906年出獄後赴日，受到孫中山熱烈歡迎，參加同盟會，主編《民報》，與康有為、梁啟超等展開論戰。1911年辛亥起義後回國，主編《大共和日報》，出任孫中山總統府樞密顧問，並參加張謇組織的統一黨，一度對袁世凱抱有幻想，1913年宋教仁被刺後反袁，被軟禁，直至1916年袁死後才得獲釋。1917年在蘇州設章氏國學講習會，以講習國學為業，晚年憤日本之侵略，曾贊助抗日救亡運動。章太炎著述宏富，刊有《章氏叢書》及《續編》、《三編》，上海人民出版社分別於1982年、2014年兩度組織章門弟子及其後學將其著作整理出版為八卷本的《章太炎全集》，今人湯志鈞所編《章太炎年譜長編（增訂本）》（全二冊，中華書局2013年出版）所輯太炎生平事蹟最為詳盡。

章太炎生當國族危亡之際，懷有強烈的救國之志。《齊物論》謂帝堯「欲伐宗、膾、胥敖，南面而不釋然」，太炎釋云：「物有自量，豈須增減，故寧絕聖棄知而不可傷鄰也。向令《齊物》一篇，方行海表，縱無減於攻戰，與人之所不與，必不得藉為口實以收淫名，明矣。」〔註27〕由此我們可以說，

〔註27〕章太炎：《齊物論釋定本》，《章太炎全集‧齊物論釋、齊物論釋定本、莊子解故、管子餘義、廣論語駢枝、體撰錄、春秋左氏疑義答問》，上海：上海人民出版社，2014年，第118～119頁。

太炎著《齊物論釋》具有強烈的矯正時弊的意識，是他試圖以佛教唯識學融攝老莊及西方思想以建立一種救世哲學的思想實踐。作為疏釋《莊子》的名著，章太炎的《齊物論釋》受到了研究莊子和章太炎的學者們的普遍關注。遠者如黃宗仰、梁啟超、胡適、侯外廬等人皆有論及，此不具引；近者如方勇《莊子學史》第三冊設有「章炳麟的《齊物論釋》」一節，謂章太炎「以佛理闡釋《齊物論》，又將莊子哲學中的齊物平等與近代的自由、平等思想相聯繫，這不能不說既是對莊子研究的一種新嘗試，同時也是以《莊子》為中介，予全新的西方思想以中國化的解釋的一種新嘗試，無疑具有一定的啟發意義。」〔註28〕劉固盛、劉韶軍、肖海燕三人合著《近代中國老莊學》設有「章太炎的莊學成就」一章，謂章太炎「引用了大量的佛家唯識宗思想來解釋《齊物論》，甚至可以說是一篇講解佛教唯識論思想的文獻，而莊子的《齊物論》反倒成了例證和陪襯。」〔註29〕陳少明《〈齊物論〉及其影響》設有「排遣名相之後——章太炎《齊物論釋》研究」一章，謂「該書借佛學的名相分析，為原作各種隱喻式的陳述提供巧妙而內涵豐富的解說者，比比皆是。其思想視野，具有把東（道家、佛學）西（科學、哲學、宗教）方形上學融於一體，表達對人類生存狀態普遍關切的情懷。」〔註30〕姜義華《章炳麟評傳》設有「對『人與人相食之世』的哲學抗辯：《齊物論釋》」一章，謂章太炎「將唯識學與《莊子‧齊物論》結合起來，名為詮釋《莊子》，實際上構建了自己的哲學體系。……《齊物論釋》及《齊物論定本》便是他把佛學與老、莊哲學和合為一的成果。」〔註31〕孟琢《齊物論釋疏證》「既是對《齊物論釋》的文本注釋，也是對齊物哲學的思想探研。」〔註32〕〔7〕6，對《齊物論釋》的初本和定本進行了詳盡的解釋和細緻的分疏。先賢時彥的相關論述為我們全面、深入的研讀和理解《齊物論釋》奠定了堅實的基礎，提供了諸多的便利，本文僅就章太炎如何將法相唯識學作為一種詮釋《齊物論》的方法略做探討，以就正方家。

　　章太炎在疏釋《齊物論》時運用了大量的法相唯識學名相、概念、術語，

〔註28〕方勇：《莊子學史》第三冊，北京：人民出版社，2008年，第417頁。

〔註29〕劉固盛、劉韶軍、肖海燕：《近代中國老莊學》，福州：福建人民出版社，2014年，第438頁。

〔註30〕陳少明：《〈齊物論〉及其影響》，北京：商務印書館，2019年，第178頁。

〔註31〕姜義華：《章炳麟評傳》，上海：上海人民出版社，2020年，第471頁。

〔註32〕孟琢：《齊物論釋疏證》，上海：上海人民出版社，2019年，第6頁。

自然也吸納和汲取了法相唯識宗的思維方式。細繹其文，我們可以非常明顯地感受到，章太炎在疏釋《齊物論》時主要運用了法相唯識宗的四尋思義、阿賴耶義、三自性義等思想義理。

一、四尋思義

章太炎在《齊物論》解題中運用了法相唯識宗的四尋思義。在章太炎看來，法相唯識學的四尋思之義就是滌除名相執著、實現萬物平等的基本途徑。所謂四尋思者，即《瑜伽師地論》三十六所說的名尋思、事尋思、自性假立尋思和差別假立尋思，由此可以認識到各種事物不過是虛幻不實的名字表達，是心識相分的因緣變現，所謂自性以及事物間的各種差別無非是一種假設，從而獲得名尋思所引如實智、事尋思所引如實智、自性假立尋思所引如實智、差別假立尋思所引如實智，達到諸法無差的境界，實現萬物一往平等的理想。

章太炎將唯識宗的四尋思義運用到了《齊物論》的解讀之中，《齊物論釋定本》的題解即對此進行了深入的闡發。如，《齊物論》所云「言者有言」，太炎認為這就是「於名唯見名」的「名尋思」。《齊物論》所云「以指喻指之非指，不若以非指喻指之非指也，以馬喻馬之非馬，不若以非馬喻馬之非馬也」，太炎認為這就是「無執則無言說也」，即破除執著於名言概念術語的「名尋思所引如實智」。《齊物論》所云「既已為一矣，且得有言乎」，太炎認為這就是「於事唯見事」的「事尋思」，乃是「性離言說」的「事所引如實智」。《齊物論》所云「隨其成心而師之，誰獨且無師乎」，太炎認為這就是「於自性假立唯見自性假立」的「自性假立尋思」。《齊物論》所云「未成乎心而有是非，是以無有為有」，太炎認為這是「彼事自性相似顯現，而非彼體」，明乎此，也就是具有「自性假立尋思所引如實智」的體現。《齊物論》所云：「有有也者，有無也者，有未始有無也者，有未始有夫未始有無也者」，太炎認為這是「於差別假立唯見差別假立」的「差別假立尋思」。《齊物論》所云「俄而有無矣，而未知有無之果孰有孰無也」，太炎認為這就是「可言說性非有，離言說性非無」的意思，即「差別假立尋思所引如實智」的體現。〔註33〕《齊物論》中的這一段話向稱難解，章太炎通過運用法相唯識宗之四

〔註33〕章太炎：《齊物論釋定本》，《章太炎全集‧齊物論釋、齊物論釋定本、莊子解故、管子餘義、廣論語駢枝、體撰錄、春秋左氏疑義答問》，上海：上海人民出版社，2014年，第75頁。

尋思義的方式對之加以解說，引導人們將理解的重點放在破除名言概念執著的思維和智慧上，為人們理解和把握《齊物論》的核心思想提供了一條非常具有參考價值的思想路徑。

章太炎指出，不僅《齊物論》中的這一段可以與法相唯識宗的四尋思義相對應，甚至整部《莊子》，「華文深指，契此者多」〔註34〕。也就是說，在章太炎看來，四尋思義可以在《莊子》詮釋中獲得極為廣泛的運用。

二、阿賴耶義

章太炎在解讀《齊物論》時運用了法相唯識宗的阿賴耶識之義。阿賴耶識，意譯為藏識，有能藏、所藏、執藏三義，自其能夠收藏萬法種子而言，為能藏；自其為前七識所薰所依而言，為所藏；自其為第七識即末那識執著為我而言，為執藏。阿賴耶又有阿羅邪、阿陀那等不同的名稱，代表著所強調的意義不同。概言之，阿賴耶識是法相唯識宗解釋諸法生起的總概念，為法相唯識宗最重要的範疇。

章太炎認為，《齊物論》中所說的「吹萬」，就是對阿賴耶識的譬喻。他解釋說：「天籟中吹萬者，喻藏識，萬喻藏識中一切種子，晚世或名原型觀念。非獨籠罩名言，亦是相之本質，故曰吹萬不同。使其自己者，謂依止藏識，乃有意根自執藏識而我之也。」〔註35〕也就是說，在太炎看來，《齊物論》中解釋什麼是天籟時提到的「吹萬」二字，就是對阿賴耶識的譬喻，將其視為一個整體，具有含藏諸法的功能，這自然是就其作為「能藏」的一面來說的；其中「萬」字就是譬喻阿賴耶識中所含藏的一切種子的，也就是近代以來西方哲學所謂的原型觀念，不僅概括了一切的思想觀念，而且還包括了所有的具體事物，故而說這個「萬」字的內涵是紛繁複雜，包羅萬象的，因此《齊物論》謂之為「吹萬不同」，這顯然是就其「所藏」的一切種子來說的；《齊物論》又謂各種各樣的聲音都是由自己形成的或者發出的，這實際上就是末那識執阿賴耶識以為自我的體現。由此我們可以看出，對於《齊物論》中「吹萬不同，而使其自己也」一句的解釋，太炎就運用了阿賴耶識能藏、所藏、執藏三義。

〔註34〕章太炎：《齊物論釋定本》，第75頁。
〔註35〕章太炎：《齊物論釋定本》，第78頁。

　　章太炎還觸類旁通，將法相唯識宗的阿賴耶識之義運用於《莊子》其他篇章的解釋之中。他說：「詳佛典說第八識為心體，名阿羅邪識，譯義為藏，亦名阿陀那識，譯義為持。《莊子》書《德充符》言靈府，即阿羅邪，《庚桑楚》言靈臺，即阿陀那。」〔註36〕也就是說，第八識阿賴耶識由於要強調意義的差異，故而還有阿羅邪、阿陀那等不同的稱謂，如稱為阿羅邪，重在強調「藏」的意義；稱為阿陀那，重在「持」的意義。太炎由此指出，《德充符》中的「靈府」，就是阿羅邪；《庚桑楚》中的「靈臺」，就是阿陀那。《庚桑楚》有語云：「靈臺者有持，而不知其所持，而不可持者也。不見其誠己而發，每發而不當，業入而不捨，而更為失。」太炎釋之曰：「夫靈臺有持者，阿陀那識持一切種子也。不知其所持者，此識所緣內執受境，微細不可知也。不可持者，有情執，此為自內我，即是妄執。若執唯識真實有者，亦是法執也。不見其誠己而發者，意根以阿陀那識為真我，而阿陀那識不自見為真我，然一切知見由之而發也。每發而不當者，三細，與心不相應也。業入而不捨者，六粗，第五為起業相，白黑羯磨薰入本識，種不焦蔽，由前異熟，生後異熟，非至阿羅漢位，不能捨藏識雜染也。每更為失者，恒轉如暴流也。」〔註37〕《庚桑楚》的本意也許是說無意識中所具有的不恰當的想法就可以在行動上造成諸多的過失，但經過太炎的這番法相唯識學解讀，則變成了從阿陀那識中含藏的諸法種子在不知不覺之間轉變成紛紜複雜的世間萬象，二者之間固然具有極大的相似性，但其不同之處也是非常顯然的。太炎有見於二者之間的相似性，因而指出：「今此《齊物論》中，言使其自己，以意根執藏識為我，義與《庚桑楚》篇參伍相成矣。」〔註38〕太炎言下之意是說，《齊物論》所說的「天籟紛紜」都是「使其自己」的結果，可以與《庚桑楚》中所言「靈臺有持」而「每更為失」相互對照者進行理解，但由於太炎以「吹萬」為阿賴耶識之譬喻，以「靈臺」為阿陀那識之別稱，那麼這兩句《莊子》的名言也就變成了對種子轉變現行的敘述了。

　　章太炎在釋「咸其自取，則怒者其誰」時，用到了阿賴耶識相分和見分說。他先引《攝大乘論》無性釋中見、相二義，然後說：「是則自心還取自心，非有餘法。知其爾者，以現量取相時，不執相在根識以外，後以意識分別，乃

〔註36〕章太炎：《齊物論釋定本》，第 78 頁。
〔註37〕章太炎：《齊物論釋定本》，第 78～79 頁。
〔註38〕章太炎：《齊物論釋定本》，第 79 頁。

謂在外，於諸量中現量最勝。現量既不執相在外，故知所感定非外界，即是自心現影。既無外界，則萬竅怒號，別無本體，故曰怒者其誰。」〔註39〕既然見分和相分都是阿賴耶識的題中應有之義，那麼作為主體的見分對作為客體的相分的認識或者感覺，自然就是自心對自心的認識和感覺，在自心之外並不存在其他的事物，因此人們在認識和感覺事物之時，不應從認識和感覺的器官及能力之外尋求現象，實際上人們所感知的那個外界，即便呈現出萬竅怒號般的熱鬧場面，也都不過是自心展現的影像而已。太炎此釋，實即法相唯識宗「唯識無境」之義。《知北遊》云：「物物者與物無際，而物有際者，所謂物際者也。不際之際，際之不際者也。」太炎釋云：「物即相分，物物者謂形成此相分者，即是見分。相見二分，不即不離，是名物物者與物無際，而彼相分自現方圓邊角，是名有際。見分上之相分，本無方隅，而現有是方隅，是名不際之際。即此相分方隅之界，如實是無，是名際之不際。此皆義同《攝論》，與自取之說相明矣」〔註40〕太炎以「物」為相分，以「物物者」為見分，以見相二分之間的不即不離解釋「物物者與物無際」，以個體事物的獨特性解釋「不際之際」，以個體事物不存在真實的獨特性解釋「際之不際」，並認為《知北遊》中的這些說法是符合《攝論》的相關內容的，可以與《齊物論》的「自取」之說相互闡釋和發明。太炎此釋一方面彰顯了阿賴耶識見分和相分之義在《莊子》詮釋中的普遍意義，另一方面無疑會強化《莊子》中注重自我和內心的思想傾向。

　　章太炎運用法相唯識宗的阿賴耶義詮釋《莊子》的地方還有不少，文繁，此不贅舉。通過對阿賴耶識之義的運用，太炎強化了《莊子》特別是《齊物論》的唯心內涵，為他在主觀意識中破除名相執著、實現萬法平等的致思取向奠定了堅實的思想基礎。

三、三自性義

　　章太炎在詮釋《齊物論》時還用到了法相唯識宗的三自性學說。所謂三自性，即《顯揚聖教論》、《瑜伽師地論》等所說的遍計所執自性、依他起自性、圓成實自性。眾生不暸解諸法性空的真理，對於自我及諸法，遍加計度，執著地認為那些表達自我及諸法的名相和概念就是自我真實的自性，故而稱

〔註39〕章太炎：《齊物論釋定本》，第 79 頁。
〔註40〕章太炎：《齊物論釋定本》，第 79 頁。

之為遍計所執自性；但從佛教的立場來看，一切諸法皆依眾緣相應和合生起，皆為虛妄，都無自性，故而稱之為依他起自性；諸佛菩薩圓滿體會到諸法空性，成就真實不虛的聖智境界，故而稱之為圓成實自性。很顯然，此之三性，遍計所執自性僅是凡夫的執著，也是各種煩惱的根源；依他起自性是法相唯識宗對世間諸法的闡明，既可由之以解釋凡夫的執著煩惱，也可以借之闡明諸佛菩薩的解脫境界；圓成實自性則是諸佛菩薩所達到的聖智解脫境界。法相唯識宗的三自性學說義通凡夫，因此具有非常強大的詮釋功能。

　　章太炎運用法相唯識宗的三自性學說，解釋了《齊物論》由無物之境至是非之彰、成虧之起的過程。《齊物論》云：「古之人，其知有所至矣。惡乎至？有以為未始有物者，至矣，盡矣，不可復加矣。其次以為有物矣，而未始有封也。其次以為有封焉，而未始有是非也。是非之彰也，道之所以虧也。道之所以虧，愛之所以成。果且有成與虧乎哉？果且無成與虧乎哉？有成與虧，故昭氏之鼓琴也；無成與虧，故昭氏之不鼓琴也。」云云。太炎釋曰：「無物之見，即無我執、法執也。有物有封，有是有非，我法二執，轉益堅定，見定故愛自成，此皆遍計所執自性，迷依他起自性，生此種種愚妄，雖爾，圓成實性實無增減，故曰果且有成與虧乎哉？果且無成與虧乎哉？……當其操弄諸調，不能同時併發，故知實性遍常，名想所計，乃有損益增減二執。苟在不言之地，無為之域，成虧雙泯，雖勝義亦無自性也。……此解前破遍計所執，後破隨逐遍計之言。」〔註41〕這就是說，在太炎看來，《齊物論》所說的「未始有物」之境正是無我執和無法執的境界，即相當於諸佛菩薩所證得的圓成實自性階段；後來有了事物，有了事物之間的相互界限，還有了對事物的是非判斷，太炎認為這是由於不瞭解名相和概念的依他起自性，產生了各種各樣的諸多虛妄見解，形成了遍計所執自性。但是，即便是遍計所執自性如此強烈，卻也不會對事物自身的圓成實自性造成任何實質性的影響和危害。因為這些由於遍計所執自性所形成的損益增減二執，都不過是在思想中對概念和名相的執著而已。如果達到了「不言之地，無為之域」，也就可以充分展現出圓成實自性的空無自性來。太炎認為，《齊物論》的這些說法既可以破除人們對事物自身的遍計所執，又可以破除人們對相關名相和概念的遍計所執。我們知道，破除執著，彰顯真實是佛教的終極目標，太炎以三自性義對《齊物論》所作的詮釋，等於承認《齊物論》的相關做法在佛教意義上也具有終極

〔註41〕章太炎：《齊物論釋定本》，第100頁。

的意義和價值。

　　章太炎運用三自性義解釋《齊物論》的地方還有不少。如《齊物論》云：「有始也者，有未始有始也者，有未始有夫未始有始也者。有有也者，有無也者，有未始有無也者，有未始有夫未始有無也者。俄而有無矣，而未知有無之果孰有孰無也。今我已有謂矣，而未知吾所謂之其果有謂乎，其果無謂乎？」太炎釋云：「夫斷割一期，故有始；長無本剽，故無始。心本不生，故未始有夫未始有始。計色故有，計空故無，離色空故未始有無，離遍計故未始有夫未始有無，此分部為言也。不覺心動，忽然念起，遂生有無之見。計色為有，離計孰證其有？計空為無，離計孰證其無？故曰俄而有無矣，而未知有無之果孰無孰有也。」〔註42〕換言之，在太炎看來，人們所謂時間的有始與無始，空間上的有（存在）與無（不存在），都是站在某一個角度上執著計度的結果，顯然屬於遍計所執自性的範疇。太炎又復指出，法相唯識宗的三自性義不僅充斥於《齊物論》之中，也廣見於《莊子》的其他篇目之中。如《大宗師》有所謂「陰陽於人，不翅父母」之說，太炎認為此似計陰陽為有；《庚桑楚》有所謂「寇莫大於陰陽，無所逃於天地之間。非陰陽使之，心使之也」，太炎認為此是明確主張陰陽為無；《達生》有所謂「凡有貌相聲色者，皆物也，物何以相遠？夫奚足以至乎先？是色而已」「通乎物之所造」「物奚自入焉」等說法，太炎認為這些說法闡明了事物的形成無非都是自心所造的產物。換言之，在太炎看來，《莊子》中諸如此類的說法，都在不同程度上揭示了人們對事物的執著計度，是形成諸法遍計所執自性的關鍵。

　　太炎總結說：「如是依他、遍計等義，本是莊生所有，但無其名，故知言無有者，亦指斥遍計所執自性也。嗚呼！莊生振法言於七篇，列斯文於後世，所說然於然不然於不然，所待又有待而然者義，圓音勝諦，超越人天。如何褊識之夫，不尋微旨，但以近見破之。世無達者，乃令隨珠夜光，永埋塵翳，故伯牙寄弦於鍾生，斯人發歎於惠墓，信乎臣之質死曠兩千年而不一悟也，悲夫！」〔註43〕其言下之意，法相唯識宗的依他起自性、遍計所執自性等義理，乃是莊子本有的思想觀念，只因沒有形成相應的概念，因而未能被見識偏狹的人們所認識到。太炎此論無異於向世人宣稱，他對《齊物論》所作的

〔註42〕章太炎：《齊物論釋定本》，第 106 頁。
〔註43〕章太炎：《齊物論釋定本》，第 137 頁。

唯識學解讀，就等於使莊子在兩千多年之後遇上了萬古知音！

　　除了運用法相唯識宗的思想、義理和思維方式，章太炎在解讀《齊物論》時還運用了不少般若學和華嚴學的思想觀念。

　　佛教般若學是闡明諸法性空的學說。在章太炎看來，《齊物論》的宗旨，同時也是《莊子》一書的基本思想傾向，與佛教的般若思想極為一致。他指出：「齊物者，一往平等之談，詳其實義，非獨等視有情，無所優劣，蓋離言說相，離名字相，畢竟平等，乃合《齊物》之義。次即《般若》所云，字平等性，語平等性也。其文既破名家之執，而即泯絕人法，兼空見相，如是乃得蕩然無閡。若其情存彼此，智有是非，雖復泛愛兼利，人我畢足，封畛已分，乃奚齊之有哉。」〔註44〕離相、破執是般若學的主要思維方式，證成諸法性空則是佛教般若學的目標，諸法既然在本性上是空的，那麼也便是無物不齊的「一往平等」，故而深合莊子的齊物之旨。佛教般若學常以真俗二諦說法，太炎認為莊子亦有此義，如《齊物論》中有所謂「物固有所然，物固有所可。無物不然，無物不可」的說法，太炎釋云：「隨俗諦說，物固有所然，物固有所可；依勝義說，訓釋三端不可得義，無義，成義，則雖無物不然，無物不可可也。」〔註45〕勝義，即真諦的意思。太炎此論顯然具有將莊子的《齊物論》視為佛法勝義或者真諦的意味。《齊物論》有「忘年忘義」及「遊乎塵垢之外」之說，太炎釋云：「忘年謂前後際斷，仲尼所謂『無古無今，無始無終』，乃超乎窮年矣。忘義謂所知障斷，老聃所謂『滌除玄覽』，乃超乎和以天倪矣。忘年為體，窮年為用，比其應化，則死生修短惟所卷舒，故能止於常轉，不受飄蕩，寄於三世，不住寂光。……能見道者，善達生空，則存亡一致；已證道者，剎那相應，則舒促改觀。夫然，故知遊乎塵垢之外，非虛語也。」〔註46〕在般若學的語境中，前後際斷、所知障斷是佛所證得的境界，寄於三世、不住寂光則是菩薩慈悲度生的無住境界。此釋可以表明，在太炎的心目中，莊子早已躋身於佛教的聖賢之列。

　　華嚴宗以闡發法界緣起的一即一切、一切即一、攝入重重、圓融無礙為極致，是高度中國化的佛教。章太炎對於華嚴宗深有研究，故而在《齊物論釋》中亦多有援引。如其謂：「能見獨者，安妙高於毫端；體朝徹者，攝劫波

〔註44〕章太炎：《齊物論釋定本》，第73頁。
〔註45〕章太炎：《齊物論釋定本》，第97頁。
〔註46〕章太炎：《齊物論釋定本》，第126～127頁。

於一念，亦無伿焉。」〔註47〕見獨、朝徹，都是修行得道者所達到的非常高深的微妙境界，將佛教世界裏的最高山峰，即妙高峰納入非常微細的秋毫之端，將佛教表示世界一個生滅週期的時間段，即一劫攝入極其短暫的一念之中，微細、短暫並不妨礙妙高的高大和劫時的漫長，太炎此釋顯然是對華嚴宗十玄門中微細相容安立門的運用。其釋「萬物與我為一」云：「本末有生，即無時分，雖據現在計未有天地為過去，而實即是現在，亦不可說為過去說為現在，以三世本空故。今隨形軀為說，此即並生，而彼一一無生有生諸行，非獨同類，其實本無自他之異，故復說言萬物與我為一。詳《華嚴經》云：一切即一，一即一切。法藏說為諸緣互應。」〔註48〕在太炎看來，人們對空間所作的本末劃分，對時間所作的長短區別，包括所謂的過去、現在、未來等說法，實際上都是虛假的，因為一切的時空其本性都是空無所有。職此之故，人們從世俗的意義上所說這個我，以及這個世界，實際上是一種並生的關係，不僅同類，而且沒有自我與其他的差異，太炎認為這就是「萬法與我為一」的真實意義，也就是《華嚴經》表述的「一切即一，一即一切」境界，華嚴宗的實際創始人賢首法藏大師證成的「諸緣互應」思想。太炎此論，無形中將莊子的《齊物論》帶入了華嚴宗事事無礙的無盡圓融之中。

在戰國時期形成的《齊物論》對於百家爭鳴中的是非、窮通、智愚、賢不肖等問題感到十分厭倦，強調世間所有的事物都各有其獨特的意義和價值。筆者認為，章太炎將《齊物論》的宗旨概括為「一往平等之談」，還是很有道理的。而在古印度反婆羅門教思潮中興起的佛教也以「眾生平等」作為自己的價值取向，後來繼起的大乘佛教則以本體論的思維方式進一步強化了這種價值取向。因此可以說，太炎運用法相唯識宗以及般若學和華嚴學的思想觀念和思維方式疏解《齊物論》，不僅具有思想史的合理性，而且還使道家和佛教這兩種異質思想文化在共鳴中共同得到豐富、發展和提升。太炎撰出《齊物論釋》初稿的 1910 年和寫成定稿的 1912 年，恰逢辛亥年的前後，正是革命形勢高漲的關鍵時期，彼時平等觀念正借助著革命的聲勢扶搖直上，深入人心，太炎以革命元勳、國學大師的身份撰著此論，盛倡平等，對於當時的革命形勢必然會起到推波助瀾的作用，由此我們也可以從這部著述中體會到太炎從中國固有觀念中尋求革命理據的苦心孤詣。

〔註47〕章太炎：《齊物論釋定本》，第 107 頁。
〔註48〕章太炎：《齊物論釋定本》，第 107 頁。

第三節　以佛解莊關人心──宗仰《齊物論釋後序》淺析

　　釋宗仰是章太炎的好朋友。章太炎以佛教義理詮釋《莊子》，撰成《齊物論釋》，託諸宗仰。宗仰不僅在自己住持的頻伽精舍將其梓行於世，還特為此書撰寫後序，對章太炎為代表的以佛釋莊提出了自己的看法。

　　釋宗仰（1865～1921），江蘇常熟人，俗姓黃氏，原名浩舜，法號用仁，字宗仰，又字中央，自署烏目山僧，別號楞伽小隱，晚稱印楞禪師。宗仰少負大志，博覽群籍，曾問學於同鄉翁同和，受其啟發，潛心內典，十六歲隨三峰清涼禪寺藥龕和尚披剃，二十歲依鎮江金山江天寺隱儒禪師受具足戒，接法受記，先後任江天寺知客、監院，二十八歲受上海猶太富商哈同、羅迦陵皈依。甲午戰敗後，宗仰蒿目時艱，慨然有濟世之志，1899 年應羅迦陵女士之請駐錫上海，講經說法，賦詩作畫，廣接四方志士。辛丑條約簽訂後，他憤於國恥，繪《庚子紀念圖》，向各界徵題。1902 年宗仰與蔡元培等共創中國教育會、愛國女校、愛國學社等，宣講民族主義，自此有「革命和尚」之稱，並結識章太炎、鄒容等。1903 年蘇報案發，宗仰身列名捕，遂逃亡日本，與孫中山結為知交，是年冬潛返上海，受哈同夫婦委託設計、建造愛儷園。1908 年宗仰發願印行《頻伽精舍校刊大藏經》。辛亥革命爆發後，宗仰出資出力，協調革命黨內部紛爭，迎候孫中山還國。中華民國南京臨時中央政府成立後，他隱居金山，但仍然關切時局。1919 年宗仰不辭勞苦，以金山分燈駐錫南京棲霞寺，發願恢復舊觀，重振宗風。1921 年 7 月 22 日，宗仰積勞成疾，圓寂於棲霞僧舍，世壽五十七歲，僧臘四十一年，戒臘三十七載。〔註 49〕

　　宗仰雖然是佛門高僧，但也非常喜歡《莊子》，故而有「熟讀南華夢覺安」之詩。〔註 50〕在《齊物論釋後序》中，宗仰從歷代高僧大德以佛解莊的必要性、章太炎《齊物論釋》的學術成果及其可能具有的思想影響等幾個方面，展開了簡明扼要的論述。

〔註 49〕有關宗仰事蹟，可參看沈潛：《宗仰上人行誼》，高雄：佛光文化事業有限公司，2011 年。
〔註 50〕宗仰：《和疚齋居士潤州雜詩原韻十二首》，轉引自沈潛：《宗仰上人行誼》，第 340 頁。

一、以佛解莊的必要性

在《齊物論釋後序》中，宗仰首先論述了章太炎以佛教的思想和義理詮釋《莊子》的必要性。他說：

> 莊周之書，自《漢志》而下，代有著錄。注解義疏，無慮百數十家。寄意浮休，陳詞澶衍，懸解萬端，如陳芻狗。吾宗自昔有支道林，嘗說《逍遙》，遺文隱沒；近世憨山大師，亦嘗遠紹魏、晉，以西來之風，演《南華》之旨，就彼正覺，達其淨觀，思過半矣。顧三藏妙諦，條理可知；《內篇》宏義，恍忽難睹。加其正言若反，不主故常，見仁見知，固無方體。嗜玄者以繳繞適意，尚文者以華妙會心，徒有名言，都無實義。斯猶醢雞在覆，無由知天地之大全也。〔註51〕

這段話大意有三：其一是說已有注疏未得《莊子》主旨。在宗仰看來，自《漢書‧藝文志》始，歷代史志對《莊子》皆有著錄，由此也可以看出《莊子》一書在中國典籍中的重要地位，因此對其進行注釋或疏解的著作至少有一百多家，不過都是講說一些世事變幻、人生迅速的道理，滿篇鋪排著索然寡味的陳詞濫調，陳列著毫無根據的胡猜亂想。正是由於已有的詮釋都不理想，所以也就有了重新疏解《莊子》的必要。其二是說古代高僧在以佛教思想和義理詮釋《莊子》方面已經積累了不少成就。如東晉時期的高僧支遁（字道林）就曾經運用佛教般若學的義理詮釋《莊子‧逍遙遊》，時人謂其「標新理於二家之表，立異義於眾賢之外」（《世說新語‧文學第四》）可惜的是其文已經遺失不傳，後世學者只能在《世說新語》中略窺些蛛絲馬蹟。又如晚明時期的高僧憨山德清大師也曾運用佛教義理特別是禪宗思想注釋《莊子》，撰寫了《莊子內篇注》一書，依之修學，即可達清淨觀行，成為有明一代最為重要的《莊子》注釋之一，《莊子》思想由此也大體上獲得了比較清晰明確的闡發。宗仰言下之意，是說後起者有必要繼承先德遺緒，進一步運用佛教思想和義理，使《莊子》意旨獲得完全徹底、毫無遺漏地詮釋和闡發。其三是說應當使《莊子》獲得被準確理解和整體把握的條理性。相對於佛教思想和義理的條理清晰而言，《莊子》特別是其《內篇》中的宏旨深義顯得非常籠統、模糊、飄渺不定，再加上莊子喜歡正話反說，風格多變，因此很容易帶來理解

〔註51〕謝詳晧、李思樂輯校：《莊子序跋論評輯要》，湖北教育出版社，2001 年，第196 頁。

上的歧義，喜歡玄想的人們只是醉心於莊子繳繞難辨的言辭，崇尚文辭的讀者只是欣賞莊子華麗美妙的文句，如此之類，不過略知些名詞、言語而已，對於莊子的真實意趣則無所體會，就如同被蓋在甕中的雞一樣，如何能瞭解天地之大全呢？因此必須將佛教的思想真諦和清晰條理運用到對《莊子》的詮釋之中，為學者們從整體上深刻領悟《莊子》的思想內涵提供方便。

很顯然，這是宗仰從文獻綜述的角度上對章太炎以佛解莊的必要性所作的論證。他對世俗學者的《莊子》注疏未能做出較高的評價，但對古代高僧的相關著作卻給予了非常多的同情，這與其佛教高僧的身份是相符的。

二、對《齊物論釋》的評價

章太炎運用佛教唯識學的思想和義理詮釋《莊子‧齊物論》，著成《齊物論釋》。宗仰對章太炎此釋評價極高。他說：

> 章太炎居士以明夷演易之會，撰《齊物論釋》，成書七章。章比句櫛，翹理秩然。以為齊物者，一往平等之談，然非博愛大同所能比傅。名相雙遣，則分別自除；染淨都忘，故一真不立。任其不齊，齊之至也。若夫釋、老互明，其術舊矣。振條目於擾攘之中，故矯亂者無所託；存神理於視聽之內，故秘怪者無所容。亦兼採擄名、法，溯洄孔、李，校其異同，定其廣陋，可謂上涉聖涯，下宣民物，探賾而不可惡，索隱而不可亂者也。〔註52〕

這段話也包含著三層意思。首先，宗仰指出，章太炎是在最為艱難的時刻撰寫《齊物論釋》的。易卦明夷，上坤下離，日入地中，象徵著光明被傷、萬事阻滯。宗仰以此卦喻辛亥革命前夜，革命黨身受滿清王朝的摧殘和壓制，前途惶恐未明，章太炎先因蘇報案身陷囹圄，繼而流亡日本，最後庇身於上海公共租界，於輾轉不定之中、風聲鶴唳之際撰成了《齊物論釋》七章，通過對《莊子‧齊物論》的章句疏理，將其中蘊含的道理比較清晰地展現了出來。其次，宗仰認為，章太炎的《齊物論釋》深刻詮釋了《莊子‧齊物論》本來平等的思想。但莊子和章太炎闡發的這種平等思想卻不是革命家們宣傳的博愛、大同等觀念所能比擬和傅會的。在宗仰看來，只要排遣掉人們對名言概念及其所表達具體事物的執著，那麼其對人我的分別就會自然消除，只要徹底忘掉善（淨）惡（染）之辨，那麼所謂的唯一真實也就是沒有建立的必要了。任

〔註52〕謝詳晧、李思樂輯校：《莊子序跋論評輯要》，第 196 頁。

由事物保持自己的獨特性和多樣性，就是最大的平等，即齊物的最高境界。其三，宗仰對章太炎以佛解莊的學術成就給予了充分的肯定。宗仰指出，以佛教的思想和義理詮釋老莊道家是一種古老的學術傳統，而章太炎對這種傳統進行了徹底的發揮，他為紛繁複雜的莊子原文釐清條理，使那些企圖借助《莊子》文本的錯亂以發表矯飾之論的人們無所依託，他運用人們經常見到和聽說的事物闡發《莊子》的奇妙道理，使那些妄想將《莊子》據為己所獨知的奇談怪論的人們再也找不到自己的市場。而且更進一步的是，章太炎在詮釋《莊子·齊物論》時還採用了名家、法家等諸子的思想觀念，或者從孔子和老子思想發展演變的角度上考察莊子的相關說法，比較二者之間的區別與聯繫，確定其言說適用的範圍。在宗仰看來，章太炎對《莊子》的這種佛學解讀，向上已經涉及到聖人宣說的真理問題，向下則表達了民眾的基本看法，他在以佛解莊之中所做的探賾索隱工作既沒有繁瑣難耐之感，也沒有雜亂無章之感。

宗仰與章太炎相知於患難之中，他對《齊物論釋》的評價雖然不可避免地帶有革命戰友之間惺惺相惜的因素，但大體還是符合實際情況的，因為章太炎的這部著作確實是可以流傳於後世《莊子》詮釋之作。

三、對《齊物論釋》的期待

宗仰對章太炎《齊物論釋》的評價既高，對其所可能產生重大社會影響的期望自然也是很高的。他說：

> 近人或言，自《世說》出，人心為之一變；自《華嚴》出，人心又為一變。今太炎之書現世，將為二千年來，儒、墨九流，破封執之局，引未來之的，新震旦眾生知見，必有一變至道者。付之雕鏤，庶有益於方來。〔註53〕

宗仰在這段話中闡明了自己對章太炎《齊物論釋》思想影響的期待。在他看來，《世說新語》與漢譯《華嚴經》的出現都曾對中國產生重大影響。對於這個問題，儘管可以說是仁者見仁，智者見智，但無論那個方面的學者都不會有太大的異議。如果具體到宗仰為了刊刻章太炎《齊物論釋》而為之撰寫後序的語境之中的話，那麼我們就可以作如下的理解：《世說新語》對道安、慧遠、僧肇等東晉高僧的言行皆有所記載，他們都曾研習過《老子》和《莊

〔註53〕謝詳晧、李思樂輯校：《莊子序跋論評輯要》，第196～197頁。

子》，但在歸心佛教之後，他們或者援引老莊思想以釋佛教義理，或者運用佛教義理以解老莊思想，實現了佛教義理與道家思想的相互融合，這標誌著佛教作為一種思想文化形態正式涉入了中國人的思想文化領域，因此學者們可以從《世說新語》中看出中國思想界從秦漢向魏晉的發展演變來。《華嚴經》全稱《大方廣佛華嚴經》，初由佛陀跋陀羅於東晉末年翻譯為六十卷，一時南北弘揚，法席甚盛，杜順、智儼、法藏三葉相承，開創了中國佛教中的華嚴宗；繼由實叉難陀於武則天之時翻譯為八十卷，澄觀據以撰寫《華嚴經疏》及《華嚴經隨疏演義鈔》，其中不僅援用了老莊之語，而且還運用佛教義理對老莊思想中的天命論、道生論、氣化論、自然論等宇宙觀進行了徹底的批駁，這意味著佛教在隋唐時期已經取得了與道家分庭抗禮甚至掩而上之的文化地位，因此學者們可以從《華嚴經》的弘傳中看出中國思想領域中由儒道兩家對立互補向儒釋道三教並立共存的發展演變來。宗仰期待著，章太炎運用佛教的思想和義理詮釋《莊子·齊物論》而寫出的《齊物論釋》一書，可以破除兩千多年來儒墨道法等百家九流之間不同思想的界限和固執，為不同文化意識形態之間的交流和融合提供新的目標，使中國人的思想境界和見解水平獲得極大的提升，從而為中國的發展尋找到一條康莊大道來。因此他堅信，章太炎此書的出版必將對中國的未來產生積極的影響。

　　章太炎的《齊物論釋》既不是鴻篇巨製，也不是時務之策，即便是刊印之後，也不會有多少人去關注和閱讀這種佶屈聱牙、深奧難懂的讀物，因此說宗仰的期望注定只能是一種無法實現的奢望而已。不過，從另一方面來說，他這種從以佛解莊之微以見人心變化之大的思想還是很有見地的，從中透露出這位高僧大德希望將各種思想觀念和價值追求凝聚起來共同尋找中國發展道路的善良願望。

第四節　破除情計見實相——馬一浮對《莊子》的般若學解讀

　　作為現代新儒家的一代宗師，馬一浮對於佛教經藏浸潤之久，體會之深，抉擇之精，運用之妙，能得三論、天台、華嚴以及禪宗之圓融、通透、靈活、真切，並世諸賢，無出其右者。此在其中年所著《莊子箋》一書中，即有著非常充分的體現。

　　馬一浮（1883～1967 年），名浮，字一浮，原籍浙江紹興，生於四川成都。馬一浮自幼聰穎，9 歲即能讀誦《楚辭》、《文選》，十六歲參加縣試，名列榜首，二十一歲赴美，次年赴日，回國後讀書於鎮江焦山海西庵中，1906 年起寄居於杭州外西湖僧寺，閱讀文瀾閣所藏《四庫全書》，遂得以博覽諸子，精研老莊，深探義海，而返求六經，雖無聞達之志，但黯然而日彰，四方慕名來謁者絡繹不絕，如李叔同（後出家，法號弘一，圓寂後被佛教界追認為南山律宗第十一代祖師）、梁漱溟、熊十力、豐子愷等人，皆一時之望。1938 年，馬一浮避日寇於江西，應浙江大學之禮聘，以大師名義為該校師生講授國學，於是有《泰和會語》、《宜山會語》。1939 年，馬一浮應聘入川，創辦復性書院於樂山縣烏尤山寺，自題其居曰蠲戲齋，因號蠲叟或蠲戲老人，先後講授《詩教緒論》、《禮教緒論》、《洪範約義》、《孝經大義》、《論語大義》、《易象厄言》，後來輯為《復興書院講錄》。因與當道意見相左，復性書院停辦，改為蠲字刻書。1946 年，馬一浮還居於杭州外西湖，直至 1967 年因犯胃病去世。〔註54〕

　　有人謂《莊子箋》為「殘篇」，而非全豹。查《馬一浮集》，該書所錄《莊子箋》共收箋語 28 條，其中第 1 條稱讚郭象解釋《逍遙遊》的特點是「要其會歸而遺其所寄」，謂之為「得意之解」，並斥「後之為說者每於鯤鵬穿鑿不已」為「真癡人前不可說夢」。〔註55〕這亦當為馬氏箋莊之指導思想。第 2～25 條乃箋釋《齊物論》中語句者，第 26、27 條皆引郭象《德充符》注語，一為郭注正字，一為原文注音並句讀。第 28 條為《應帝王》原文正一訛字。此三條原文或郭象注文皆與馬一浮所箋《齊物論》之意同。考之馬氏說經著作，如《論語大義》、《觀象厄言》等，皆是粗騰綱目，略摘要語，從不委悉其文，此《莊子箋》雖僅 28 條，但符合馬氏說經之一慣作風，因此當為完璧。由此可見馬氏箋莊之特點，即以佛教般若學作為參照系，認定《莊子》的要義就在內七篇之中，而集中於《齊物論》中，其核心即為「破除情計見實相」。

一、以從緣差別喻萬物

　　莊子提出「萬物與我為一，天地與我並生」的主張，並以事物的「使其自己」、「咸其自取」作為這一主張可以成立的理由。歷來對此的注解諸說紛

〔註54〕參見《馬一浮先生學術年表》，劉夢溪主編：《現代學術經典・馬一浮卷》，河北教育出版社，1996 年，第 745～752 頁。

〔註55〕馬一浮：《莊子箋》，《馬一浮集》，浙江古籍出版社浙江教育出版社，1996 年，第 1 冊，第 824 頁。

絃，而馬一浮則將此置入到佛教三論的語境之中，可謂別開生面。

《齊物論》提出，世間萬物，千差萬別，乃是自然形成的結果：「夫吹萬不同，而使其自己也。」向郭注對此解釋說：「物各自生而無所出焉，此天道也。」馬一浮不同意向秀與郭象的這種解釋，他反駁說：「自生之說，實墮無因論過，恨向、郭之時未有三論，然窺莊生之意，似未必然。」〔註56〕三論指《中論》、《百論》、《十二門論》，相傳為龍樹及其弟子提婆所造，宣說緣起性空之理，是佛教中觀派的經典著作，由著名佛經翻譯家鳩摩羅什三藏法師於東晉時期譯出。《中論》偈云：「諸法不自生，亦不從他生，不共不無因，是故知無生。」〔註57〕「自生」謂事物完全從自我生出，不依賴其他的任何原因；「無因生」謂事物的產生和變化不需要任何原因。三論以此等見解皆為「邪見」，故而斥之。馬一浮認為，向秀、郭象謂「物各自生而無所出」，實墮此偈所斥的「自生」及「無因生」的過錯之中，並且也不符合莊子的本意，因此馬一浮深以向秀、郭象未見三論為遺憾。其言下之意，若二人得見三論，或可免於此失。也就是說，在馬一浮看來，對佛教三論的無知是向秀與郭象此處誤解莊子的主要原因。

萬物，佛教謂之為諸法，既然不是自生，又不是無因生，那麼是如何生成的哪？三論謂之為「因緣所生法」，即「心為塵因，塵是心緣，因緣和合，幻象方生」。也許在馬一浮的心目中，莊子已深得此之意趣，故而《齊物論》有云：「咸其自取，怒者其誰邪？」馬一浮箋曰：「此言風無自性，物遇之而成聲，非有使之不同者，咸其自取而已。以喻萬物從緣差別之相，悉有心生，法本不異。」〔註58〕意謂萬物差別之相，不過是心因隨塵緣而生起的幻象而已。

既然天地萬物的差別並無沒外在的規定者（非有使之不同者），又沒有內在的確定性（從緣差別之相），都是「因緣生」，那麼「天地與我為一，萬物與我並生」就是自然而然的事情了！我們說，佛教的三論思想在此就成了馬一浮理解莊子「齊物」的一把金鑰匙。

二、以妄想執著說是非

莊子有見於萬物差別，眾議訩訩，愛此惡彼，是非交攻，遂有齊是非之

〔註56〕馬一浮：《莊子箋》，《馬一浮集》第 1 冊，第 825 頁。
〔註57〕龍樹造、鳩摩羅什譯：《中論》卷一，《大正藏》第 30 冊，第 2 頁中。
〔註58〕龍樹造、鳩摩羅什譯：《中論》卷一，《大正藏》第 30 冊，第 825 頁。

說。馬一浮以佛教三論思想作為參照，認為所有的是非諍論皆起於眾生的情計妄想。

在莊子看來，人的是非觀念無不起源於自以為是。《齊物論》云：「可行已信，而不見其形，有情而無形。」馬一浮箋曰：「信者，理智之境。人皆本情以求之，而緣之以為行，行謂心所行也。」〔註59〕這就是說，人們都是從自己的好惡出發，去追求或認取自己所認為的「理智之境」，於是便有了各種思慮營謀，其結果正如《齊物論》所說：「其形化，其心與之然，可不謂大哀乎？」馬一浮對此解釋說：「一迷為心決定，惑為色身之內。故謂形為心依，形化而心亦隨之，認一漚為全潮，誠大覺所哀憫矣。」〔註60〕心決定，即決定心，謂眾生一念之心，於其所緣境法上加以分別計度，審知善惡，便謂為決定不謬，故名為決定心，此惑本因色身（形）而起，並隨色身（形）的變化而變化，執之而為決定不移，真實不易，此無異於認取一片浮漚為全部的海潮，所以要深為佛陀哀歎和憐憫了！莊子又謂此決定心為「成心」，是以《齊物論》云：「夫隨其成心而師之，誰獨且無師乎？」馬一浮箋曰：「古德云，寧為心師，毋師於心。眾生妄想執著，所謂隨其成心者也。」〔註61〕也就是說，在馬一浮看來，所有的妄想執著，無非都是來自於眾生的「成心」，也就是眾生內心之中那種頑固不化的自以為是。

莊子為了說明是非好惡的無定，還借助王倪與齧缺對話的寓言講了三個例子。如云：「民濕寢則腰疾偏死，鰍然乎哉？木處則惴栗恂懼，猿猴然乎哉？三者孰知正處？」馬一浮箋曰：「此言覺觸苦樂無定相，各以其習。」〔註62〕平常感受到的苦和樂，依據感受者習性的不同而有巨大的差異。如云：「民食芻豢，麋鹿食薦，蝍且甘帶，鴟鴉嗜鼠，四者孰知正味？」馬一浮箋曰：「此明舌根取味塵無定相。」〔註63〕平常所謂的美味佳餚，則依據進食者胃口的不同而有天地的懸隔。如云：「猿猵狙以為雌，麋與鹿交，鰍與魚遊。毛嬙、麗姬，人之所美也，魚見之深入，鳥見之高飛，麋鹿見之決驟。四者孰知天下之正色哉？」馬一浮箋曰：「此明眼根取色塵無定相。」〔註64〕因此平常所謂

〔註59〕龍樹造、鳩摩羅什譯：《中論》卷一，《大正藏》第30冊，第825頁。
〔註60〕龍樹造、鳩摩羅什譯：《中論》卷一，《大正藏》第30冊，第825頁。
〔註61〕龍樹造、鳩摩羅什譯：《中論》卷一，《大正藏》第30冊，第825頁。
〔註62〕龍樹造、鳩摩羅什譯：《中論》卷一，《大正藏》第30冊，第828頁。
〔註63〕龍樹造、鳩摩羅什譯：《中論》卷一，《大正藏》第30冊，第828頁。
〔註64〕龍樹造、鳩摩羅什譯：《中論》卷一，《大正藏》第30冊，第828頁。

美色，也因為追求者的不同而有顯著的差別。馬一浮對以上所舉三例總結說：「舉上三例，以明仁義是非總為法塵，由於意識所行名言境界而起分別，豈有定法可說哉！」〔註65〕俗話說得好，「鞋子合不合適，只有腳知道」，「情人眼裏出西施」，「蘿蔔白菜，各有所愛」，人們是此非彼，皆不過是固執己見以強人從己而已。而在馬一浮看來，王倪與齧缺之間的對話無疑就是禪師參訪善知識時的「作家相見」，即兩位悟境高妙的禪師各自對「本來面目」的直接呈露。

莊子通過對是非無定的論證闡明了「齊是非」的必要性和可能性。馬一浮則通過對莊子相關論述的般若學解讀，證明了世間是非觀念皆來自於人們的妄想和執著。

三、以真俗無礙論天鈞

馬一浮在箋釋《齊物論》時運用了佛教的三諦圓融學說。他認為，《齊物論》所說「未成乎心而有是非，是今日適越而昔至也」，乃是「妄想銷盡，則是非兩亡，能所俱絕」〔註66〕的真諦境界，「無有為有，雖有神禹，且不能知，吾獨且奈何哉！」則是「不了諸法實相，妄生是非，是以無有為有，諸佛出世，亦不奈其何。」〔註67〕這自然是俗諦之境。而《齊物論》所云：「因是已，已而不知其然，謂之道。勞神明而為一，而不知其同也，謂之朝三。何謂朝三？狙公賦芧，曰：朝三而暮四。眾狙皆怒。曰：然則朝四而暮三。眾狙皆悅。名實未虧，而喜怒為用。亦因是也。是以聖人和之以是非，而休乎天鈞。是之謂兩行。」這在馬一浮看來，意味著「道為真諦，朝三為俗諦，天鈞為第一義諦。兩行者，真俗無礙也。」〔註68〕就是說，說是說非，皆為俗諦；無是無非，乃是真諦；說是說非與無是無非互不妨礙，共同成立，馬一浮認為這才是莊子追求的齊物論。可以說，馬一浮對三諦圓融學說的運用，使素來晦澀的「齊物論」主旨得到了顯豁。

下面再舉馬一浮的兩則箋語為例，對此加以說明。

《齊物論》云：「古之人其知有所至矣，惡乎至？有以為未始有物者，至矣，盡矣，不可以加矣。其次以為有物矣，而未始有封也。」馬一浮箋曰：「未

〔註65〕龍樹造、鳩摩羅什譯：《中論》卷一，《大正藏》第30冊，第828頁。
〔註66〕龍樹造、鳩摩羅什譯：《中論》卷一，《大正藏》第30冊，第825頁。
〔註67〕龍樹造、鳩摩羅什譯：《中論》卷一，《大正藏》第30冊，第825～826頁。
〔註68〕龍樹造、鳩摩羅什譯：《中論》卷一，《大正藏》第30冊，第826頁。

始有物，謂諸法性空，性空故無物可得。有物未始有封，謂緣起不無，等同一味，故未始有封。」〔註69〕「諸法性空」顯然是說真諦，「緣起不無」自然是說俗諦，而「等同一味」云者，則是對真俗無礙、理事圓融的第一義諦的表達。

《齊物論》有云：「是不是，然不然。是若果是也，則是之異乎不是也亦無辯；然若果然也，則然之異乎不然者亦無辯。」馬一浮箋曰：「是非然否總屬情計，諸見已盡，無是無非，然後無不是，然非情計之是也；無然可然，然後無不然，然非情計之然也。若果有是與然，則見猶在境，墮在毒海，何以異乎情計之非乎。若然者，是與不是，然與不然，又何辨哉！」〔註70〕此處「是非然否」為俗諦，「諸見已盡，無是無非」是真諦，「無不是，然非情計之是」與「無不然，然非情計之然」則是真俗無礙的第一義諦。

可以看出，馬一浮通過運用佛教三諦圓融思想詮釋《齊物論》，將莊子「齊萬物」、「齊是非」的「天鈞」變成了超越真俗對立而使雙方圓融起來的「第一義諦」。

四、以夢覺無殊釋物化

真俗無礙是佛教對世界的總看法，即佛教的世界觀。將這種世界觀運用到主體自我對人生的思考上，就會形成夢覺無殊的人生觀。

《齊物論》中有一則寓言故事：「昔者莊周夢為胡蝶，栩栩然胡蝶也，自喻適志與，不知周也。俄然覺，則蘧蘧然周也。不知周之夢為胡蝶與，胡蝶之夢為周與？周與胡蝶，則必有分矣。此之謂物化。」此即著名的「莊周夢蝶」。馬一浮對此箋釋說：「周之視胡蝶，亦猶胡蝶之視周，其以為有分者，皆從意識安立耳。若知夢覺無殊，周固自忘其周，蝶亦不知其為蝶，則周、蝶一相，二名俱失，可謂物化矣。」〔註71〕就是說，覺醒中的莊子與睡夢中的胡蝶其實是同一個生命體，二者並無不同，所謂二者間的區別不過是運用思量和分別對二者所做的區分而已；如能知覺醒與睡夢同為生命體的存在狀態，二者沒有本質的區別，那麼就會泯除對莊子與胡蝶的區分，意識到這兩個名詞所表述的是同一生命。馬一浮認為，這就是莊子所說的「物化」。很顯然，在馬

〔註69〕龍樹造、鳩摩羅什譯：《中論》卷一，《大正藏》第 30 冊，第 826 頁。
〔註70〕龍樹造、鳩摩羅什譯：《中論》卷一，《大正藏》第 30 冊，第 827 頁。
〔註71〕龍樹造、鳩摩羅什譯：《中論》卷一，《大正藏》第 30 冊，第 829～830 頁。

一浮看來，莊子的「物化」觀念與《金剛經》「應無所住而生其心」的思想都是破執的良方，二者並無不同。

馬一浮對莊子的物化觀念是非常欣賞的。他在箋釋《德充符》所云「物視其所一而不見其所喪，視喪其足猶遺土也」時，同意郭象注釋中「既睹其一，則脫然無係，玄同彼我」〔註72〕的說法；他在箋釋《德充符》「彼且擇日而登假，人則從是也」時，同意郭象注釋中「斯人無擇也，任其天行而時動者也」〔註73〕的說法；對《應帝王》中「汝又何為以治天下感予之心焉」一語亦極為贊同。在馬一浮看來，這些說法都符合或體現著「物化」的思想，都意味著是對破除執著之智慧的運用和發展。

馬一浮對《莊子》的禪學化解讀集中體現在《莊子箋》中，同時在他的詩歌創製中也有所反映。如他在乙酉（1945）《揀異》中說：「杜順濂溪是一家，莊周非好沒端崖。只因曾決龍蛇陣，無復心情判井蛙。」〔註74〕在《歲暮得嗇庵和詩，喜其超妙，再酬二律》其二中說：「不是莊周齊物論，爭知臨濟出常情。」〔註75〕在丙申（1956）《去臘北遊喜晤嗇庵，別後奉寄》中說：「析有談空非此日，吸風飲露更何人。」〔註76〕甲辰（1964）在《理窟・雪中作》中有云：「只因林臥觀無始，故得心齋返自然。」〔註77〕這些詩句都不同程度的具有以佛教般若義解莊、以莊展現佛教般若義的意味。我們認為，馬一浮作為現代新儒家的代表人物，卻對道家的經典《莊子》進行佛教般若學的理解，這本身就具有三教融合和會通的具體體現。

第五節　以莊證佛佛解莊——南亭長老對《莊子》的融會貫通

臺北華嚴蓮社的創辦人南亭長老，在中國近現代佛教史上以弘揚華嚴宗著稱於世，故而有「華嚴宗大德」之美譽，他在講經說法時經常引用《莊子》做為參照，從而實現了佛教義理與《莊子》思想之間的融會與貫通。

〔註72〕龍樹造、鳩摩羅什譯：《中論》卷一，《大正藏》第30冊，第830頁。
〔註73〕龍樹造、鳩摩羅什譯：《中論》卷一，《大正藏》第30冊，第830頁。
〔註74〕馬一浮：《蠲戲齋詩編年集》，《馬一浮集》第3冊，第392頁。
〔註75〕馬一浮：《蠲戲齋詩編年集》，《馬一浮集》第3冊，第394頁。
〔註76〕馬一浮：《蠲戲齋詩編年集》，《馬一浮集》第3冊，第589頁。
〔註77〕馬一浮：《蠲戲齋詩編年集》，《馬一浮集》第3冊，第714頁。

南亭長老（1900～1982），諱滿乾，號曇光，別號雲水散人，以字行，俗姓吉氏，名雍旺，原籍江蘇省泰州曲塘鎮甸柳鄉顧家莊（民國時此地屬江蘇省泰縣，今屬江蘇省南通市海安縣），十歲時於本鄉觀音寺出家，十三歲就讀於泰州僧辦儒釋初高小學，二十二歲任僧職於泰州北山寺，1923 年求學於安慶迎江佛教學校，結業後得常惺法師之薦到常州清涼寺佛學院代課，後執教於常熟虞山法界學院、鎮江竹林寺佛學院，隨緣講經於各地，漸為佛教界所重，1931 年受常惺法師之命任泰州光孝寺副寺，翌年任監院並受記莂，1934年出任光孝寺方丈、泰縣佛教會主席，1946 年到上海講經說法，1949 年 5 月陪侍其師智光老和尚到臺灣，1952 年在臺北創建華嚴蓮社。居臺期間，南亭長老長期出任中國佛教會秘書長、常務理事、弘法委員會主任等職，講經說法於南北各地，與臺中佛教會館尤為有緣，在臺北則堅持廣播講經、監獄弘法，並且勤於著述。南亭長老持論平正通達，侍師恪盡孝道，待眾慈悲心切，因而深得佛教界景仰，皈依者軍界要人如前國民革命軍陸軍總司令劉安祺夫婦，學者如水利專家宋希尚，政府官員如袁守謙等，多達萬人以上。〔註 78〕南亭長老入滅後，徒孫成一法師曾夢見長老「稱其為四地菩薩，勉人嚴持淨戒，莫忘念佛、拜佛。」〔註 79〕三週年紀念，成一法師撰文追敘南亭長老嘉言懿行，謂其有誠實不欺、寬厚能讓、持戒謹嚴、熱心教育、弘法精勤、慈心廣被、流通法寶、勤儉惜福、愛國熱忱、尊師孝親等十種功德，〔註 80〕由此可見其在追隨者心目中的崇高地位。成一法師還將其生平著作輯為《南亭和尚全集》十二冊，由臺北華嚴蓮社印行，流佈海內外。南亭長老亦精於書道，偶有閑暇，則抄寫佛經，隨緣施與，為世所重，青島逸品堂收藏家張軍先生即藏有其字近二百幅。

南亭長老接觸《莊子》一書，是在他二十多歲任職泰州北山寺時，他「在齋主家內又借到《老子》、《莊子》，依稀彷彿，讀了有點懂，但不懂的多。」〔註81〕此後一直對《莊子》保持著濃厚的興趣，這不但提升了他的文學素養，鍛鍊了他的思維能力，而且還為他的講經說法提供了許多便利。他有時以莊證佛，有時以佛解莊，有時莊佛互參，既體現了深湛的佛學義理造詣，又展

〔註78〕有關南亭長老的生平，可參閱南亭：《南亭和尚自傳》，臺北：華嚴蓮社，1994年；陳慧劍：《南亭和尚年譜》，臺北：華嚴蓮社，2002 年。
〔註79〕成一：《師祖南公自傳校後書感》，《南亭和尚自傳》，第 484 頁。
〔註80〕成一：《南公師祖圓寂三週年紀念》，《成一文集》，第 349～365 頁。
〔註81〕南亭：《南亭和尚自傳》，第 44 頁。

示了對《莊子》的嫻熟運用和獨特理解。

一、以莊證佛

南亭長老在講經說法時，有時會引用《莊子》中的名詞概念和思想觀念，來解釋佛教經典中的名相和義理。

南亭長老在講解《仁王護國般若波羅密多經》時指出，經文中所謂的「七賢行」，就是對「三資糧，四加行」的總稱。但什麼是「資糧」呢？此語對於絕大多數中國人來說，也是非常令人費解的，因此南亭長老就進一步解釋說：「資糧，過去舊時代出外旅行或經商，都要攜帶乾糧。這些乾糧能資助你一路的生活。《莊子‧逍遙遊》：『適百里者，宿舂糧；適千里，三月聚糧。』即是此意。」〔註82〕《莊子》原意是說，有了足夠的食糧，才可以遠遊；而遊得越遠，路上所需要的食糧就越多。佛教的修行也與此大致相同，要想在深入修行，就必須籌集充足的食糧。經過南亭長老的這一番說明，「資糧」在佛教義理中的意思就非常顯豁了，即為了使佛教的修行得以正常進行而開展的各項準備工作。

淨土法門，號稱難信難解，人們對極樂淨土之實有，因耳目所限，極易產生懷疑。南亭長老先是引《華嚴經‧華藏世界品》證明世界無量，再以世尊聖智無不盡知證明極樂淨土不虛。他說：「此中由一佛剎微塵數世界至二、三、四、五乃至二十佛剎微塵數世界周匝圍繞，其世界皆以佛剎微塵數計，……何況諸世界中有迴轉形者，有江河形者，……其中眾生則種種生類、種種形貌……。吾儕以數十年之壽命，極其足力，亦惟五大洲之範圍，而欲窮此世界以外之世界，詰其有無，誠如莊生所論，是夏蟲不可以語於冰者矣！」〔註83〕「夏蟲不可以語於冰」，語出《莊子‧秋水》：「井蛙不可以語於海者，拘於虛也；夏蟲不可以語於冰者，篤於時也。」意謂井蛙受限於活動範圍，無法理解海洋的廣闊；夏蟲受限於短暫生存，無法理解時間的悠久。南亭長老引用此語，闡明廣大眾生受智慧短淺陋劣和生活煩惱充滿的限制，無法理解佛剎時空悠久廣大和極樂淨土真實不虛，非常形象生動。

《般若波羅蜜多心經》全文僅260字，篇幅雖然短小，但蘊含的義理卻

〔註82〕南亭：《仁王護國般若波羅密多經解》，《南亭和尚全集》第3冊，臺北：華嚴
　　　　蓮社，1986年，第23頁。
〔註83〕南亭：《十疑今論》，《南亭和尚全集》第7冊，臺北：華嚴蓮社，1987年，
　　　　第175頁。

極為豐贍，因此講家眾多，凡信佛者，皆能成誦。南亭長老認為，經文中「色不異空，空不異色；色即是空，空即是色」二句，實是佛教「般若之樞紐」，因此他在予以非常詳盡的解釋之後，還不無感慨地說道：「此理幽玄，非淺識所能識，非有實行工夫，不能體驗。何怪乎千百萬人中，學佛者難得一、二也！莊生有云：『至人無己，神人無功，聖人無名。』『萬世之後，而一遇大聖，知其解者，是旦暮遇之也。』慨乎其言矣。」〔註84〕南亭長老所引「至人無己，神人無功，聖人無名」，出自《莊子・逍遙遊》，意謂道德修養最高的「至人」破除了物我人己的界限，奇妙莫測的「神人」並不顯露自己的功能作用，聰明睿智的「聖人」也沒有顯赫於世的聲名；「萬世之後，而一遇大聖，知其解者，是旦暮遇之也」，出自《莊子・齊物論》，意謂能夠理解大道的人少之又少，即便是要經過一萬年才會出現一個真正理解的大聖人，也就像早晨與晚上都能遇到一樣的頻繁了！南亭長老引用《莊子》中的這兩句話，意在強調學佛者雖眾，但真正能夠理解和實踐佛教真理的人卻是非常稀少，語氣中頗有感喟佛法難行的意味。

永嘉玄覺大師所著《證道歌》文辭優美，意境高遠，膾炙人口，天下傳唱，南亭長老也深喜此歌，曾撰稿解說，交各電臺播講。永嘉玄覺大師云：「自從頓悟了無生，於諸榮辱何憂喜？」南亭長老依龍樹之旨，以諸法皆因緣和合而生釋無生，並以眾生貪戀血肉之軀為例說：「眾生被無明所覆，愚迷無智，貪取這一血肉身軀，執以為我。故生的時候喜歡、死的時候哀痛，這都是不懂得無生。我曾經讀過《莊子》。莊子的老婆死了，莊子拿著竹竿兒，敲打著瓦盆在唱歌。親友們都罵他無情，他說的一套，很有點道理。」〔註85〕南亭長老所引典，出自《莊子・至樂》，莊子妻死，鼓盆而歌，好友惠施責之，莊子為自己辯解說：「其始死也，我獨何能無慨！然察其始而本無生；非徒無生也，而本無形；非徒無形也，而本無氣。雜乎芒芴之間，變而有氣，氣變而有形，形變而有生。今又變而之死。是相與為春秋冬夏四時行也。人且偃然寢於巨室，而我噭噭然隨而哭之，自以為不通乎命，故止也。」莊子此論，因闡明了人生「其始而本無生」，可與佛教的無生之理相互印證，因此南亭長老謂其「很有點道理」。這就意味著，佛教無生之理的真實性，即便道家人物，

〔註84〕南亭：《般若波羅密多心經講義》，《南亭和尚全集》第 3 冊，第 23 頁。
〔註85〕南亭：《永嘉大師證道歌淺解》，《南亭和尚全集》第 5 冊，臺北：華嚴蓮社，1987 年，第 184 頁。

也曾體會得到，因此那些信奉佛教的人們，對於人世間的榮辱，就更不應該有所執著了。

中國佛教信徒雖眾，但所祈求者，多在人天福報，對於佛教義理，則多未涉及。而《莊子》辭采華美，文勢恣肆，有些篇章還被選為中小學的語文課文，生活在現代的中國人，只要是受過些國民教育，稍具知識，大多熟知其典故。因此，南亭長老引用《莊子》解釋佛教的名相與義理，比較容易使聽眾產生理解，可以收到順風而行的效果。

二、以佛解莊

南亭長老在講經說法時，有時還會運用佛教的名相、概念和義理，對《莊子》中提出的一些問題予以佛教化的詮釋和解讀。

《莊子‧齊物論》中有云：「天下莫大乎秋毫之末，而泰山為小；莫壽乎殤子，而彭祖為夭。」有人不解其意，遂向南亭長老發函，提出諮詢。南亭長老認為，泰山與毫末，彭祖與殤子，從外在的表象上看，其體積的大小與壽命的長短自有其天壤之別，然而，「自其內性觀之，則一理齊平，等無有異。」〔註86〕莊子為了糾正人們尊大卑小、欣壽厭夭的心理，故意以秋毫為大而泰山為小，殤子為壽而彭祖為夭，此不過是矯枉過正之語而已。南亭長老在肯定泰山與秋毫、彭祖與殤子在外相上具有重大差異的同時，指出二者在「內性」上是平等一致的，從而證成莊子之論的正確性。那麼什麼是「內性」呢？南亭長老解釋說：「『內性』者何？緣生之性也。泰山雖大，實由微塵累積而成。微塵且為成泰山之原素。泰山之大不及秋毫，仍有其至理。泰山由微塵為緣，累積以成；秋毫雖小，亦由緣生。大小雖殊，皆從緣生，則無有異。既從緣生，則同無實性。吾故曰，一理齊平。」〔註87〕換言之，南亭長老是從泰山與秋毫同為緣生的意義上認定二者平等的。大乘中觀佛教以緣起說諸法性空，就緣起事相差別而說俗諦，就緣起本性為空而說真諦，從俗諦論則泰山為大而秋毫為小，就真諦講則泰山秋毫同為緣生之物，其本性為空，故二者一如是同。南亭長老此釋，頗具以大乘佛教中觀見詮釋和理解莊子齊物論的意味。

〔註86〕南亭：《〈今日佛教〉答問》，《南亭和尚全集》第 8 冊，臺北：華嚴蓮社，1988 年，第 37 頁。

〔註87〕南亭：《〈今日佛教〉答問》，《南亭和尚全集》第 8 冊，第 37～38 頁。

莊子歷覽世相百態，見慣小過而受大懲，巨惡反得洪福，故而《莊子・胠篋》中有如此沉痛憤激之語：「竊鉤者誅，竊國者為諸侯！」意謂盜竊少許財物，受到如此嚴懲，而許多巨奸大惡，竊人之國，反而稱王稱帝。世人亦多據此語以懷疑佛教因果報應論之真實性。在南亭長老看來，據莊子此語而疑及佛教的因果報應論，看似有些道理，其實並不盡然，「這問題在歷史上叫做得國正與不正。不正者，則相似於盜竊。其實，竊人國家者，自有其宿世的福因，亦有他後來的後果。」〔註88〕他以趙宋之建國為例，史載宋太祖趙匡胤出生時有「火光燭天」之兆，而宋太宗趙光義平時則「龍行虎步」，頗具帝王之相，但宋太祖似乎未得善終，而趙宋朝最後亦亡於孤兒寡母，南亭長老據此指出，「『火光衝天』、『龍行虎步』，這是他們生來就有做皇帝的福報。所以我說，自有他宿世的福因。後來宋太祖是否善終，所謂燭影搖紅，至今成為歷史上的疑案。南宋滅亡的時候，也適逢孤兒寡婦當國，這分明是報應。所以我說，也有他後來的惡果。至於徽、欽二帝身為俘虜，后妃、宮眷幾千人被金人掠去，這種奇恥大辱是中國歷史上僅有的。近報在自身，遠報在兒孫。雖巨奸大惡，也不能逃出這因果的定律。」〔註89〕其言下之意，莊子之論固是囿於一世之所見，若放眼於漫長歷史時段來考察世間善惡的話，則可見因果之理昭彰顯著，報應之事毫釐不爽。南亭長老此說，使莊子數千年積鬱在胸之憤懣，在佛教因果報應論得以釋然矣。

莊子有見於世人堅執名相，不究其實，是非紛紜，諍論不息，故繫感慨於《外物》篇末云：「荃者所以在魚，得魚而忘荃；蹄者所以在兔，得兔而忘蹄；言者所以在意，得意而忘言。吾安得夫忘言之人而與之言哉！」而禪師亦每以佛言祖語為標月指，謂修行者當因指而見月，不可執指為月。南亭長老並許此二者為修行人之最高準則，他說：「以指指月，得月貴在忘指；以荃荃魚，得魚必須忘荃。這是修行人的極則，唯禪宗有點近似。所以『心行處滅、言語道斷』者：實相無相，不是用心可以想像得到，是謂處滅；不是用言語可以討論其如何如何，是謂道斷。」〔註90〕南亭長老於此將莊子之得魚忘荃，與禪宗之得月忘指，皆視為思慮不可想像、語言不可表述的境界。人們

〔註88〕南亭：《基隆月眉山靈泉寺戒期中戒律演講錄》，《南亭和尚全集》第 5 冊，第 24 頁。

〔註89〕南亭：《基隆月眉山靈泉寺戒期中戒律演講錄》，《南亭和尚全集》第 5 冊，第 25 頁。

〔註90〕南亭：《仁王護國般若波羅密多經解》，《南亭和尚全集》第 3 冊，第 78 頁。

可以從南亭長老的指示中，獲得參究的趨向，同時還可以加深對《莊子‧外物》中荃蹄之論的理解。

　　《莊子‧天下》載惠施之辯題，中有「雞三足」一語，《莊子》一書雖不乏解人，但對於此語之意，則眾說紛紜，莫衷一是。南亭長老在言及人心之重大作用時，曾為此語貢獻出一解。他說：「古人曾有一句名言，說：『雞三足。』雞只有兩隻腳。雞腳等於物質，不能自動。它之所以能走動，必有運行而轉動之者。這運用兩腳、使他能走路的那個東西，就是非物質而無形相的心。」〔註91〕離開使兩腳運動的心，兩腳不過是死的物質而已，根本就不成其為腳。換言之，兩腳之所以為兩腳，除了兩隻具體的腳之外，還應包括使這兩隻腳成為兩隻腳的那個東西，即「心」，由此自可成立「雞三足」之說。我們說，《莊子‧天下》所載「雞三足」之語，看似荒誕之說，謬悠之論，但經過南亭長老此釋，竟然可以當做發明本心的話頭進行參究了。

　　南亭長老的這些解釋，既在佛教的視域裏彰顯了《莊子》的豐富內涵，又在傳統文化的範圍內展現了佛教的詮釋功能，無形中使《莊子》和佛教同時得到了充實和發展。

三、莊佛互參

　　南亭長老在講經說法時，為了更好地闡明某一義理，有時會引用《莊子》之語，將《莊子》與佛教相互參照，力求達到最佳的詮釋效果。

　　南亭長老寫過一篇《人之生也》的短論，重在闡明世界與人生為因緣和合的道理。我們一看這標題，便可知其來自於《莊子‧齊物論》，「人之生也，固若是芒乎？其我獨芒，而人亦有不芒者乎？」很顯然，南亭長老中要回答的，實際上是一個莊子在兩千多年前就提出的問題。為了啟發讀者展開深入的思考，南亭長老模仿《莊子‧齊物論》那種鋪張揚厲的文風，以咄咄逼人之勢連連發問：「夫將生之時，果從何來？既死之後，復歸何處？生前死後，其有知也耶？其無知也耶？若其有知，現在何以不知？若其無知，現在何以有知？⋯⋯同為人類，而貧富、壽夭、窮通、得失、智愚、賢不肖，萬別千差，不可名狀。此何故耶？雀巢居而蟻穴處，虎狼毒而牛羊馴。同為畜生，稟性何以互異？果實香甜，非香甜，則不足以招致鳥之啄食以繁其生。葉多青碧，

非青碧，則無以襯托其花卉紅紫之嬌豔。誰實為之？孰令致之？」〔註92〕南亭長老認為，無論是在人類社會中，還是在自然界內，都有許多不可思議的現象，如果人們定要在區區數十寒暑有生之年中一一窮其根源而詰其究竟，就會像莊子所說的那樣：「吾生也有涯，而知也無涯。以有涯隨無涯，殆矣。」但如果是渾渾噩噩、不識不知地度過此生，「是不啻與草木同腐朽，何貴有此萬物之靈之人哉？」〔註93〕因此，人生在世，既不能對每一事物都進行究根問底，也不能飽食逸居而無所用心，那麼就應當對世間諸法有一個總體的理解和把握，即「業力為因，四大為緣。惟因惟緣，皆不能生。因緣和合，乃有此以解萬有。惟其因緣和合，故相有；因緣和合，故性無。」〔註94〕南亭長老此處對《莊子》文風的模仿，強化了人們的問題意識，而他對《莊子》的引用，則斬斷了人們向外馳求的情思，為他論證因緣和合、相有性無做了非常好的鋪墊。

　　修行的關鍵是什麼？南亭長老作為眾多信眾的大導師，經常會深入思索這一問題。他的結論是，「修行，也就是休心；休心，即歇心。……心靈上的困擾尤甚於肉體上的忙碌。傳說，伍子胥過昭關，一夜之間愁白了頭髮。而《莊子》上說：『嬰兒終日嚎而不嗄，以其無心也。』所以佛教的修行著重在休心，也就是，心不著於物。」〔註95〕南亭長老所引之文，與《莊子》原文略有出入。《莊子・庚桑楚》云：「兒子終日嗥而嗌不嗄，和之至也。」又云：「兒子動不知所為，行不知所之，身若槁木之枝而心若死灰。若是者，禍亦不至，福亦不來。禍福無有，惡有人災也！」兒子，即嬰兒；將此二句合併而觀，其意正與南亭長老文中所引之文相契合，由此亦可見南亭長老說法時全憑記憶，無所參考，正古德所謂「依義不依語」真實寫照。伍子胥過昭關，一夜頭白，是民間戲曲傳唱不衰的經典劇目，婦孺皆知，南亭長老將其做為不能「休心」的典型，而剛剛出生不久的小嬰兒雖然終日嚎哭不已，但依然是嗓音清脆，未受傷害，南亭長老將其看做「休心」的榜樣。南亭長老此處將戲曲中的伍子胥與《莊子》中的嬰兒並列出來，聽眾通過對兩種截然相反的結果進行比較，很容易信受佛教關於真正修行在「休心」的教導。

〔註92〕南亭：《人之生也》，《南亭和尚全集》第 7 冊，第 22～23 頁。
〔註93〕南亭：《人之生也》，《南亭和尚全集》第 7 冊，第 23 頁。
〔註94〕南亭：《人之生也》，《南亭和尚全集》第 7 冊，第 24～25 頁。
〔註95〕南亭：《食前食後的靜默》，《南亭和尚全集》第 8 冊，第 207 頁。

在南亭長老看來，佛與老、莊都看出了世間痛苦的病症之所在，並且都開出了對治此種病症的良方。他說：「試看社會的紛擾、世界的禍亂，無一而非人、我知見在作祟。佛氏固然主張無我，老、莊亦說忘我。所以有人、我知見的存在，則大同世界終成夢想。」〔註96〕佛教的無我有二義：一者謂眾生皆五蘊假合而生，無有常恒自在的主體，此為人無我；二者謂諸法皆因緣和合而成，無有永恆不變的自性，此為法無我。前者破人我執，後者破法我執，二執若破，即可斷除貪嗔癡，息滅煩惱焰，證得清淨解脫，實現寂靜涅槃。老莊所說忘我，其最著名者，乃是坐忘，《莊子‧大宗師》云：「墮肢體，黜聰明，離形去知，同於大通，此謂坐忘。」其意謂徹底擺脫肉體和感官的束縛和限制，以便直接與道合而為一，人們一旦真正達到坐忘的狀態，就可以「乘天地之正，御六氣之辨，以遊無窮」，成為《莊子‧逍遙遊》中所向往的「無己」的「至人」、「無我」的「神人」、「無名」的「聖人」。南亭長老意識到，無論是佛教的無我，還是道家的忘我，都有利於消除社會的紛擾和世界的禍亂，但是由於眾生人、我知見的根深蒂固，人類社會的大同理想還只能存在於夢想之中。

南亭長老是中國近代佛教史上一位不可多得的義學高僧，他在講經說法時對《莊子》的吸收和運用，一方面使他的弘法活動提升了文化內涵，擴大了攝受範圍，另一方面也在佛教的語境中展現了莊子獨特的精神價值和思想意義，為中國佛教在新形勢下融會貫通傳統文化實現現代化提供了寶貴的實踐經驗。

第六節　修多羅義解南華——趙樸初居士的莊學因緣

中國佛教協會已故前會長趙樸初居士（1907～2000）不僅是卓越的宗教領袖、社會活動家、國家領導人，也是傑出的書法家、詩詞家和佛教思想家，因而深受各界人士的尊敬和愛戴，被人們尊稱為「趙樸老」。樸老在古典詩詞上的造詣非常深厚，作為佛學大師，他又非常喜好《莊子》，故而時常形諸吟詠，留下了許多與《莊子》有關的詩詞佳作，為現代佛道之間的融合提供了一個成功的範例。對樸老的這些詩詞略加研讀，不僅可以使我們領略到樸老的文采風流，還可以借助樸老的慧眼，加深我們對《莊子》中相關思想的理解。

〔註96〕南亭：《仁王護國般若波羅密多經解》，《南亭和尚全集》第3冊，第62頁。

一、創作中引用《莊子》

樸老是佛學大師，也是詩詞名家，他對《莊子》文本非常熟悉，故而能在自己的詩詞創作中信手拈來，隨意引用。

1956 年 3 月，樸老與拉薩哲蚌寺堅白乘烈堪布乘「空中霸王號」飛機由昆明飛赴印度加爾各答，商討佛陀涅槃 2500 週年紀念活動事宜，他巡禮王舍城、靈鷲山、那爛陀寺遺址、鹿野苑博物館等佛教聖蹟，遊覽泰姬陵、德里故皇宮等名勝古蹟，受到了印度人們的熱烈歡迎，訪問非常成功，所以他心情格外高興。是年 5 月，他回程再經雲南，遊覽昆明西山，掩飾不住內心興奮，遂賦《臨江仙·遊昆明西山》一詞以誌慶：

> 分與雲南緣不淺，月餘兩度昆明。西山景色一番新。前來花似錦，今見綠連城。　　難得平生閒裏趣，閒山閒水閒尋。未妨餘事作詩人。垂天方一息，明日又風雲。〔註97〕

讀此詞，很自然地令人想起《莊子·逍遙遊》開篇所云：「北冥有魚，其名為鯤。鯤之大，不知其幾千里也。化而為鳥，其名為鵬。鵬之背，不知其幾千里也。怒而飛，其翼若垂天之雲。」樸老在此處正是化用了莊子鵬徙南海的典故，將自己乘飛機的感覺和不辱使命的高興心情表現得淋漓盡致。

1957 年 12 月，樸老赴埃及開羅參加亞非團結大會，參觀了尼羅河、蘇伊士運河、金字塔等名勝，他對埃及古代文物的豐富和奇特讚歎不已。在金字塔前，他見到了 4700 年前為傑俄普王殉葬的巨舟，瞭解到古埃及人相信死者終將復活，並乘船進入日宮之中，故而命名為太陽船。這讓他想起了《莊子·大宗師》中有「夫藏舟於壑，藏山於澤，謂之固矣，然而夜半有力者負之而走，昧者不知也」之語及中國古代羲和馭六龍以運日的傳說：

> 藏舟故事由來久，
> 出土鐘彝莫為先。
> 漫教羲和誇六轡，
> 人家爭坐太陽船。
> （《觀埃及古代文物》四首其二）〔註98〕

樸老的感慨也許在於，這些古代的帝王為我執所囿，生時奢侈無度，死後還期盼著復活後得享便利和幸福，因此製作了大量珍貴的器物為自己殉葬，

〔註97〕趙樸初：《趙樸初韻文集》，上海古籍出版社 2003 年，第 33 頁。
〔註98〕趙樸初：《趙樸初韻文集》，第 42 頁。

他們哪裏會想到，這些器物在數千年後能重見天日，並成為供今人觀賞的寶貝！人們可以由此體會古代中國和埃及不同的文化傳說。由於太陽船殉葬與莊子藏舟之說極為類似，故而樸老此處對《莊子》的引用非常自然、貼切，可以說是達到了天衣無縫程度。

樸老與陳毅元帥常相唱和，二人私交甚篤，故陳毅元帥被迫害致死後，其子陳昊蘇對樸老非常敬重。1973 年 3 月，陳昊蘇曾託友人自廣州乘空航之便，以含笑花一束寄贈這位父執。也許是對故人有後感到由衷的欣慰，他賦詩二首，其二云：「時空非一亦非差，知也無涯卻有涯。昨日初消簷上雪，今朝喜見嶺南花。」〔註 99〕《莊子·養生主》開篇云：「吾生也有涯，而知也無涯。」而中國禪宗則將「拈花微笑」視為真理傳承的一種方式，北京、廣州，其地非一；折一莖花，瞬息而達，其時非異。也許樸老此處引用《莊子》之語，是以佛教獨特的思維方式表達了一種好人終將獲得好報的堅定信念。1974 年樸老賦有《擬寒山二首》，其一云：「殺聲動天地，觸蠻酣大戰，扶杖顧庭隅，笑指癡人看。」〔註 100〕亦為引用《莊子》。《莊子·則陽》云：「有國於蝸之左角者，曰觸氏，有國於蝸之右角者，曰蠻氏，時相與爭地以戰。」其時「四人幫」正加緊奪權，樸老此詩頗具冷眼觀螃蟹之意味。

1976 年 1 月，人民敬愛的周總理積勞成疾，終成不治，噩耗傳來，山河含淚，萬民悲哀，而宵小之輩禁止人民的悼念活動，樸老作《周總理挽詩》云：

> 大星落中天，四海波洶洶。
>
> 終斷一線望，永成千載痛。
>
> 艱難盡瘁身，憂勤損齡夢。
>
> 相業史誰傳？丹心日許共。
>
> 無私功自高，不矜威益重。
>
> 雲鵬自風摶，蓬雀徒目送。
>
> 我慚駑駘姿，期效鉛刀用。
>
> 長思教海恩，恒居惟自訟。
>
> 非敢哭其私，直為天下慟。〔註 101〕

〔註 99〕趙樸初：《趙樸初韻文集》，第 183 頁。
〔註 100〕趙樸初：《趙樸初韻文集》，第 200 頁。
〔註 101〕趙樸初：《趙樸初韻文集》，第 227 頁。

　　樸老自注，詩中鵬、雀，是用毛主席《念奴嬌・鳥兒問答》一詞中的典故。但其釋「摶」云：「音團，旋環飛動，《莊子・逍遙遊》：『摶扶搖而上者九萬里。』」〔註102〕則再次令人想起《莊子・逍遙遊》中的鯤鵬與蜩鳩。很顯然，在樸老的心目中，周總理就是那海運將徙於南冥的大鵬，而宵小之輩不過是「決起而飛，搶榆枋，時則不至而控於地」的蜩與學鳩。

　　1977 年 7 月，樸老觀賞到已故朱德委員長手書「萬水千山」的字幅，想到這位偉人飽經憂患，奮鬥一生，豈不就是為了祖國的萬水千山？其逝世之日，祖國尚處於風雨之中，則其逝前所書「萬水千山」四字，當飽含著老人家對國家前程和未來的憂思。伊人已逝，杳如黃鶴，樸老睹字思人，寫下《朱委員長書「萬水千山」字幅題詞》一詩：

> 公作此書時，年已八十九。
> 筆力猶渾健，點畫不稍苟。
> 恍見泰嶽姿，凝想軍旗手。
> 萬水坳堂過，千山泥丸走。
> 長征創大業，曠古所未有。
> 艱辛四十年，偷竊肆鼠狗。
> 寧忍糠眯目？肯待柳生肘？
> 四字何昭昭，傳統啟厥後。
> 朝旭明八表，萬里洗氛垢。
> 導師遺願償，歡呼出億口。
> 始知隨意書，實非輕然否。
> 惜公未得睹，祭告儻見受。
> 俯仰念元勳，對此低回久。〔註103〕

　　樸老自注云：「《莊子・逍遙遊》：『覆杯水於坳堂之上，則芥為之舟。』坳堂，低窪可容小水處。《莊子・天運》：『夫播糠眯目，則天地四方易位矣。』眯，音米，物入目也。《莊子・至樂》：『俄而柳生其左肘。』柳即瘤。柳、瘤一音之轉。」〔註104〕也就是說，樸老在創作這首詩時至少有三處引用了《莊子》中的典故。而這些典故的運用，非常形象地凸顯了朱老總歷盡滄桑的堅

〔註102〕趙樸初：《趙樸初韻文集》，第 227 頁。
〔註103〕趙樸初：《趙樸初韻文集》，第 251～252 頁。
〔註104〕趙樸初：《趙樸初韻文集》，第 252 頁。

毅和果敢，以及在四害橫行時的憂思和焦慮，將作者的心跡昭示給了世人。

　　需要指出的是，樸老在詩詞創作中對《莊子》典故的引用，都很自然、貼切、曉暢、明白，近乎完美地表達了自己的思想和情感，絕沒有絲毫的掉書袋的俗氣。

二、養病中研讀《莊子》

　　1989 年 12 月，樸老因病住院，雖病榻纏綿，但興味不減，「即今未覺吾衰甚，獨臥虛堂喜有傳。莊子荊公皆我友，東岡北海共神遊。」〔註105〕他將《莊子》及《臨川集》置於案頭，時時研讀，留下了組詩《讀〈莊子〉》，共有十一首之多，實為解釋《莊子》的不可多得的佳作。

> 暮暮朝朝接萬機，
>
> 是非彼此聽之奚？
>
> 遣去名言離戲論，
>
> 環中以應不齊齊。
>
> （《齊物論》）〔註106〕

　　人生在世，每一天都要待人接物，人們各據自己的立場，不免因彼此見解不同而產生一些是是非非的糾纏和煩惱。那麼，對此應如何處置呢？樸老認為，這些是非彼此的矛盾，都是人們由於執著於名相和概念的差異而產生的戲論。人們只要消除了對這些名相和概念的執著，拋棄那些戲論，以中道為中心作出回應，儘管世相百態，亦可收到齊一之效。很明顯，樸老此處對《莊子·齊物論》作了佛學化的解讀。

> 莊文疑義歎紛拏，
>
> 每設言筌引眾嘩。
>
> 且喜先生今有質，
>
> 修多羅義解南華。
>
> （《齊物論》）〔註107〕

　　此處所謂「質」，即旗鼓相當的對手之意，典出《莊子·徐無鬼》篇，是莊子對他的辯論對手惠施的稱讚之詞。莊子送葬，過惠子之墓，向從者講述

〔註105〕趙樸初：《趙樸初韻文集》，第 517 頁。

〔註106〕趙樸初：《趙樸初韻文集》，第 517 頁。

〔註107〕趙樸初：《趙樸初韻文集》，第 517 頁。

了一個郢人運斤成風的故事：郢人堊漫其鼻端，若蠅翼，使匠石斲之。匠石運斤成風，聽而斲之，盡堊而鼻不傷，郢人立不失容。宋元君聞之，召匠石曰：「嘗試為寡人為之。」匠石曰：「臣則嘗能斲之。雖然，臣之質死久矣。」莊子非常懷念他這位辯論的對手，不無感喟地說：「自夫子之死也，吾無以為質矣，吾無與言之矣。」樸老引莊子此典以自注此詩，並云：「昔人注《莊子》者，不下百數十家，眾說紛紜，反滋疑惑。如此篇題，王安石主張『物論』屬讀，後之學者多從之。章太炎不以為然，主張從舊訓，以『齊物』屬讀。此齊一例也。其他理解歧異、訓詁矛盾之處，不勝枚舉。近代學者多引佛教經義注釋《莊子》，往往易得其解。章太炎且有《齊物論釋》專著，廣引法相宗經論，以證其說。」〔註108〕在樸老看來，佛教與莊子旗鼓相當，足以為莊子之「質」，而且從佛教的角度上解釋《莊子》，反而使本來紛紜複雜的許多問題變得比較容易理解。

> 曼衍巵言絕妙辭，
> 莊生遊刃任神思。
> 謋然已解全牛盡，
> 想見提刀四顧時。
> （《養生主》）〔註109〕

《莊子・天下》謂莊子「以天下為沉濁，不可與莊語，以巵言為曼衍」，意謂在莊子看來，整個天下都是墮落、渾濁的，無法展開莊重嚴肅的談論，因此就用「巵言」，即隨順世俗的語言敷衍成篇。樸老認為，《莊子》雖為「曼衍巵言」，但已為「絕妙好辭」，尤其是《養生主》，莊子把「庖丁解牛」的奇妙自如描述得可謂是淋漓盡致。樸老寫此詩的時候，中國社會經歷了長期「左傾」，宗教信仰自由政策正在逐步落實中，許多宗教場所開始得以恢復活動，此固是中國實行改革開放政策的大勢所趨，但也與樸老等宗教領袖的努力很有關係。樸老也許憶及在中國「左傾」思潮泛濫成災的「沉濁」時代裏，他憑藉著高超的社會活動能力與隨順世俗的智慧，以「曼衍巵言」的方式巧妙周旋於各個方面之間，為佛教的生存和發展爭取到了必要的空間，此與莊子描述的庖丁解牛極具神似之處。一位年逾八旬的老人，在畢生奮鬥獲得圓滿成功之時，黙想自己在複雜的環境中接受佛教協會會長一職，為佛教爭取空間，

〔註108〕趙樸初：《趙樸初韻文集》，第518頁。
〔註109〕趙樸初：《趙樸初韻文集》，第518頁。

是「目無全牛」，如今天遂人願，何異於庖丁解牛成功時的「謋然已解，如土委地」！「想見提刀四顧時」，實則是一位飽經風霜和憂患的老人對自己平生事業充滿自豪感的自然流露。

> 吾行卻曲人間世，
> 步步迷陽究可哀。
> 莫謂漆園專詭詭，
> 正身慎語勸心齋。
> （《人間世》）〔註110〕

《莊子・人間世》載楚狂接輿遊於孔子之門而作歌曰：「鳳兮鳳兮，何德之衰也！來世不可待，往世不可追也。天下有道，聖人成焉；天下無道，聖人生焉；方今之世，僅免刑焉。福輕乎羽，莫之知載；禍重乎地，莫之知避。已乎已乎，臨人以德！殆乎殆乎，畫地而趨！迷陽迷陽，無傷吾行！吾行卻曲，無傷吾足。」此歌描述了人間世的艱辛和痛苦，處處荊天棘地，時時危機四伏，人們追逐名利，不知避禍遠害，實可與佛教的「苦聖諦」相表裏，自易引起一代佛學大師樸老的同感，「吾行卻曲人間世，步步迷陽究可哀」，亦為其本事之寫照也。因此他不能同意《莊子》之文皆為詭詭幻怪之語的說法，認為其中如關於「心齋」的說法，即「若一志，無聽之以耳而聽之以心；無聽之以心而聽之以氣」等，都是勸導世人正身、慎語的話，無疑都是出自於古道熱腸和苦口婆心的至理明言。

> 莊周之學非逃世，
> 無所逃於天地間。
> 遠害但教無用用，
> 遊心端合不言言。
> （《人間世》）〔註111〕

人們一般認為，莊周之學乃逃世之學，但《莊子・人間世》提出，「天下有大戒二，其一命也，其一義也。子之愛親，命也，不可解於心；臣之事君，義也，無適而非君也。無所逃於天地之間，是之為大戒。」這表明莊子學說的宗旨絕非逃避人世，只不過是當時的社會險象環生，少不留神，就會喪身失命，因此他將無用於王侯作為遠離禍害、保全自身的大作用，將自己的身心

〔註110〕趙樸初：《趙樸初韻文集》，第 518 頁。
〔註111〕趙樸初：《趙樸初韻文集》，第 518 頁。

安頓於無法用語言表達的地方。遠害以全生，最為道家所關注，而樸老所重視的莊子無用用、不言言之說，則與佛教「言語道斷，心行處滅」頗相契合。

> 環中學理甚精微，
> 鏡不將迎照是非。
> 但惜逍遙徒自適，
> 普賢境界未曾窺。
>
> (《人間世》)〔註112〕

《莊子‧齊物論》提出「得其環中，以應無窮」的主張，在樸老看來，此亦為《莊子‧人間世》「託不得已以養中」的方法。樸老認為，此理非常精深微妙，與佛教的鏡喻非常相似，鏡子從來不迎合所照之物，但卻將其美醜妍媸展露無遺。這自然是樸老對莊子的稱讚，但樸老亦因此而為莊子感到惋惜，這麼精微的見解，只是被莊子用來逍遙自適，而未能以之普度眾生，實無法與菩薩慈悲普度一切眾生的普賢境界相提並論。

> 機事機心費舌唇，
> 如何誤許漢陰人？
> 試招賜也觀今日，
> 電卷江河灌北冥。
>
> 忘機豈必無機事，
> 一片空明應萬般。
> 來往飛機千萬里，
> 機中列子意泠然。
>
> (《天地》)〔註113〕

樸老自注，《莊子‧天地》篇載子貢過漢陰，見一丈人方將為圃畦，鑿隧而入井，抱甕而出灌，滑滑然用力甚多而見功寡。子貢曰：「有械於此，一日浸百畦，用力甚寡而見功多，夫子不欲乎？……鑿木為機，後重前輕，挈水若抽，數如泆湯，其名為槔。」為圃者忿然作色而笑曰：「吾聞之吾師，有機械者必有機事，有機事者必有機心。機心存於胸中，則純白不備；純白不備，則神生不定；神生不定者，道之所不載也。吾非不知，羞而不為也。」王安石詩云：「賜也能言未識真，誤將心許漢陰人。桔槔俯仰妨何事？抱甕區區老此

〔註112〕趙樸初：《趙樸初韻文集》，第519頁。
〔註113〕趙樸初：《趙樸初韻文集》，第519頁。

身。」樸老非常認可安石詩中之意，其詩亦可視為對安石之詩的一種理解和發揮，且今日之電機灌溉、南水北調、航空航天等事，皆為「機心」發達之產物。樸老指出，「莊子寓言有精妙處，如庖丁解牛。亦有謬誤處，如漢陰丈人。」〔註114〕從大乘佛教的立場上講，菩薩們垂手入鄽，普度眾生，必須具足方便善巧，故佛教於重視內明、因明、聲明之外，亦特重工巧明及醫方明。

> 古今水陸由來異，
> 周魯舟車豈可通？
> 應物隨緣通萬變，
> 隆施披拂雨雲風。
> （《天運》）〔註115〕

《莊子·天運》中載師金答顏淵之言曰：「夫水行莫如用舟，而陸行莫如用車。以舟之可行於水也而求推之於陸，則沒世不行尋常。古今非水陸與？周魯非舟車與？今蘄行周於魯，是猶推舟於陸也。勞而無功，身必有殃。彼未知夫無方之傳，應物而不窮者也。」在樸老看來，師金「此語甚精，亦與漢陰丈人之論相反。」〔註116〕佛教不惟強調上契佛理，亦強調下契眾生之機，因此非常反對一概之論，以之為缺乏方便善巧的「法執」。

> 未解裙襦口有珠，
> 青青之麥誦詩書。
> 控頤別頰盜有道，
> 外史先河大小儒。
> （《外物》）〔註117〕

《莊子·外物》載儒以詩禮發冢之事：大儒臚傳曰：「東方作矣，事之若何？」小儒曰：「未解裙襦，口中有珠。」「詩固有之曰：『青青之麥，生於陵陂。生不布施，死何含珠為？』接其鬢，壓其顪，而以金椎控其頤，徐別其頰，無傷口中珠。」樸老讀後，為之解頤，他對這則寓言稱讚說，「如此短篇小說，僅七十餘字耳，而其描寫之生動，諷刺之尖銳，後世之《儒林外史》無以過之。」〔註118〕

〔註114〕趙樸初：《趙樸初韻文集》，第519頁。
〔註115〕趙樸初：《趙樸初韻文集》，第519頁。
〔註116〕《趙樸初韻文集》，第520頁。
〔註117〕《趙樸初韻文集》，第520頁。
〔註118〕《趙樸初韻文集》，第520頁。

養生譬如牧羊兒，

俟其後者而鞭之。

雷迅風馳多致患，

蝸行觳食是吾師。

（《達生》）〔註119〕

樸老自注云：「余性急，動作飲食過速。今患十二指腸潰瘍，人謂與性急有關。」〔註120〕此可證樸老讀書，務求有切於自家身心，如此則不惟可以增益見聞，亦可涵養性情，發明心地，實受法益，頗符佛教「觀心釋」之義。

除了這十一首之外，樸老在 1974 年還寫過一首《讀〈莊子・盜跖篇〉》。彼時處於「文革」時期，「批林批孔」正開展得如火如荼。批孔者以此篇所載盜跖攻訐孔子之事為信史，將盜跖美化成奴隸起義的領袖和革命家，遂啟樸老之疑，因而有此詩之作，雖不足發《莊子》之精微，但可見樸老讀書不依附時論之獨立精神，故而附列於此。

展季先孔丘，一百數十載。

如何與弟跖，及見子路醢？

季也為士師，職掌囚訊奴。

跖稱奴之雄，胡肯同里居？

驅人之牛馬，取人之婦女。

貪得而忘親，所過萬民苦。

如此而非盜，而乃炫英武，

而乃稱革命，嗟嗟此何語？

人生天地間，忽若過隙駒，

悅志養壽命，樂道棄其餘，

此其革命者，所以教人乎？

（讀《莊子・盜跖篇》）〔註121〕

樸老認為，展季即柳下惠，與孔子相去百有餘年，怎能知子路之死於俎醢？柳下惠乃魯之執法吏，跖為江洋大盜，二人怎能是兄弟關係？驅人牛馬，取人婦女，貪得忘親，擄掠人民，怎能算是革命？人生苦短，及時享樂，革命

〔註119〕　《趙樸初韻文集》，第 520 頁。

〔註120〕　《趙樸初韻文集》，第 520 頁。

〔註121〕　《趙樸初韻文集》，第 193 頁。

者就以這樣的話去教導別人？樸老此處以議論入詩，通篇明白如話，表明他深得文字三昧，能於詩詞出入自在。

三、生活中體現《莊子》

樸老《讀〈莊子〉》組詩雖未涉及《莊子・逍遙遊》，然在《莊子》33 篇之中，最為樸老所欣賞者，卻非《逍遙遊》莫屬。他不僅在詩詞創作中多處引用該篇中的鯤鵬意象，而且還在生活中體現了該篇的情趣和宗旨。

1967 年 11 月，樸老創作了一首題為《逍遙遊》的自度曲：

　　道是多情卻似總無情，道是關心卻又不關心。前兒那麼熱，今年這麼冷。這邊廂頭埋著書本，那邊廂手貼著風琴。這邊廂撲克常廝混，那邊廂絨線亂縱橫。這邊廂玻璃缸魚翔淺底，那邊廂晶體管空谷傳音。你好我好，嘿嘿哈哈，假假真真。娃娃們，有什麼心頭悶，說的話總不聽。難道長此忡忡過一生？長此鬆鬆過一生？〔註 122〕

看內容，估計這首曲子寫的是當時的紅衛兵。1966 年下半年興起的紅衛兵串連，在全國範圍內掀起「橫掃」、「炮轟」、「砸爛」狂飆，翌年中央號召紅衛兵們「復課鬧革命」，給失去控制的紅衛兵運動降溫，但一時間如何能使這些脫韁的野馬安坐於平靜的教室裏認真學習？於是就出現了曲中所說的現象：說他們愛祖國、愛人民，是多情的種子吧，但他們在批判和武鬥中卻又表現得冷酷無情；說他們關心國家大事吧，但他們好像對什麼卻都又漠然置之。前一段時間大鳴大放大字報大辯論，搞得熱火朝天，這一段時間卻又沒事似的，顯得冷冷清清。有的頭埋在書本裏睡大覺，有的拉手風琴在自娛自樂，有的在打撲克混天聊日，有的在織毛衣打發無聊，有的在觀賞玻璃缸裏養的魚，有的在聽收音機。大家見了面總是這麼嘻嘻哈哈的，也不知你們到底有什麼心事，為什麼對老人們說的話總是當作耳旁風呢？難道你們能這樣過一輩子嗎？言辭中對當時的年輕人的未來充滿了憂慮和關切。此曲題名「逍遙遊」，可有二解：一者諷刺當時年輕人虛度光陰，不知珍惜青春年華；二者自己雖心懷不滿，但只能置身事外，冷眼觀世，逍遙以遊。若將此曲置入《莊子・逍遙遊》的語境中，則我們可以斷定，樸老在欣賞鯤鵬之高翔於雲天之餘，亦出於其菩薩慈悲之心，悲憫斥鴳之不數振其羽也。

〔註 122〕《趙樸初韻文集》，第 160～161 頁。

　　1996 年 11 月 25 日，樸老「夜夢行兩崖壁間，甚狹，側身而過，見清溪、碧草、良田、茂林。聞人言，此桃花源也。」醒來後又創作一首題為《逍遙遊》的自度曲：

　　　　病室可逍遙，情思萬里飄。飄遍五洲曾到處，山隱隱，水迢迢。仙子笑相招。指引桃花源裏去，初甚狹，忽開朗，見豐饒。田漫嘉苗，溪沿芳草。鸝鳴翠柳，魚遊靈沼。道不盡「這邊獨好」，歎不完「江山多嬌」。　　正伸腰，欣然長嘯。猛睜眼，蘧然夢覺。半床書，半床月，倚枕聽吹簫。〔註 123〕

　　此曲明白如話，無難解處。末句「倚枕聽吹簫」，並非真的有人為樸老吹簫；樸老晚年患耳聾，平時須戴助聽器，這次入夢桃花源，樸老未關閉助聽器，助聽器就一直鳴叫，如同鳴簫一般。樸老這則曲，實是對《桃花源記》及《桃花源詩》的縮寫。陶淵明寫《桃花源記》及《桃花源詩》，是聽聞傳言，而樸老則是在夢中游覽了桃花源，並將此一番遊歷題為「逍遙遊」，從而在莊子式的搖盪恣肆之外又開發了一種恬退平淡式的逍遙遊，並觀之如夢如幻，這無疑是對莊子、陶淵明及佛教真空觀的一種融合和會通。

　　樸老晚年體弱，經常住院療養，雖病榻纏綿，但他仍寄意逍遙。「逍遙萬里御風遊，夢覺依然病榻周。無奈床前三舉步，渾如身上九層樓。」(《病中雜詠十九首》其一)〔註 124〕既然現實中已為老病之苦所充滿，舉步乏力，行動不能自由，那麼就在夢寐之中進行「逍遙遊」吧。樸老腸胃不好，治療期間須禁食，當時的中國佛教協會教務部主任陳秉之先生寫詩問訊：「壯遊翻作餓鄉遊，咫尺如攀百尺樓。病榻維摩新境界，忽驚蜀道在床頭。」於是樸老回詩二首云：

　　　　仙鄉曾到無何有，
　　　　吸風飲露神人居。
　　　　偃鼠飲河今滿腹，
　　　　逍遙非復病相如。

　　　　眾生有病我能無？
　　　　丈室周旋念曼殊。
　　　　不遣離朱察毫末，

〔註 123〕　《趙樸初韻文集》，第 703 頁。
〔註 124〕　《趙樸初韻文集》，第 516 頁。

　　　　方求象罔索玄珠。

　　　　（《戲答陳秉之二首》）〔註125〕

　　樸老在第一首詩中戲稱自己曾到過一處叫「無何有」的「仙鄉」，那兒是吸風飲露的「神人」居住的地方，所以他雖然不吃什麼東西，但卻能像飲於江河的偃鼠一樣，一點也不感到飢餓，比起那位「茂陵秋雨病相如」來，可就逍遙自在多了。「無何有之鄉」，「神人」之「吸風飲露」、「偃鼠飲河」得以「滿腹」，皆見於《莊子‧逍遙遊》中。樸老在第二首詩中以維摩詰自況，因眾生病故，他亦有病，而將陳秉之先生的問訊比作文殊室利菩薩的問疾；「不遣離朱察毫末，方求象罔索玄珠。」典出《莊子‧天地》。「黃帝遊乎赤水之北，登乎崑崙之丘而南望，還歸，遺其玄珠。使知索之而不得，使離朱索之而不得，使喫詬索之而不得也。乃使象罔，象罔乃得之。」知通達古今，離朱明察毫末，喫詬才辯縱橫，然皆不足以得黃帝之玄珠，而象則非無，罔則非有，非有非無，不曒不昧，卻能得之。此乃樸老向人開示自己於病中尚能逍遙的秘訣，不知天下人有得之者乎！

第七節　不究老莊怎通佛——方立天先生的老莊學研究

　　方立天先生是著名的佛教學者和中國哲學史家。作為佛教學者，他沒有形成老莊學研究的專著，但作為中國哲學史家，他對老莊進行過多方面的解析；而且由於具有佛教學者和中國哲學史家的雙重身份，他關於佛道二家相互交涉的見解極為透徹和精闢。

　　方立天先生（1933～2014），浙江永康人，自幼沉靜少言，喜好讀書，抗戰時中時斷時續地讀完小學，1946年進入永康縣立初中，畢業後本欲投考浙江省立杭州高中，但因耽誤入場被取消了考試資格，1950年春進入上海華東稅務學校（後更名為華東財政學校），隨後留校工作。1956年考入北京大學哲學系，深受馮友蘭、張岱年等人影響。1961年大學畢業後被分配到中國人民大學哲學系中國哲學史教研室，確定以魏晉南北朝隋唐時期佛教哲學為研究重點，為此曾到中國佛學院進修8個多月，問學於周叔迦居士、法尊法師、正果法師、明真法師、觀空法師、虞愚教授等人，返回人民大學後，陸續撰寫

〔註125〕《趙樸初韻文集》，第523頁。

了《試論慧遠的佛教哲學思想》等多篇論文在《新建設》、《哲學研究》等刊物上發表，不久因參加「四清」和爆發「文革」，被迫中斷佛教研究，直到1978年之後才得以繼續，相繼出版了《魏晉南北朝佛教論叢》（中華書局，1982）、《華嚴金師子章校釋》（中華書局，1983）、《慧遠及其佛學思想》（中國人民大學出版社，1984）、《佛教哲學》（中國人民大學出版社，1986）、《中國佛教與傳統文化》（中國人民大學出版社，1988）、《中國古代哲學問題發展史》（上、下冊，中華書局，1990）、《中國佛教哲學要義》（上、下冊，中國人民大學出版社，2002年）等多部著作，以及帶有結集性質的《方立天文集》（十卷十二冊，中國人民大學出版社，2012年），在教界和學界產生了重大影響。〔註126〕方先生沒考上高中，但他考上了大學；沒能在中國人民大學評上副教授，但卻被國家教育部聘為教授，後來還成為一級教授、中央文史研究館館員。方先生的著作發行量巨大，雖經多次再版，依然暢銷不衰。

　　方先生擅長運用「問題解析體」的研究範式，歷史地展現哲學問題的豐富內涵。在他看來，老莊哲學是中國哲學問題發展演變中的重要環節，在佛教中國化的進程中曾經發揮了極為重要的作用，並長期在心性論問題上與儒佛兩家相互促進，共同發展，從而形成中國文化中三教並立、多元一體的文化結構。

一、對老子哲學的解析

　　春秋末年的老子是道家學派的創立者，他不僅為道家哲學奠定了堅實的基礎，對於中國哲學的許多重大問題，他都具有發軔或推進的豐功偉績。方立天先生在研究中國古代的宇宙生成論、本體論、常變觀、矛盾觀、人生理想觀、歷史觀時，都曾涉及老子哲學中的相關內容，並對其進行了深入的解析。

　　方立天先生充分肯定了老子宇宙生成論所具有的理論意義。老子主張「道生萬物」，故主張：「道生一，一生二，二生三，三生萬物。萬物負陰而抱陽，沖氣以為和。」此處「一」指天地未分前的渾然一體狀態，「二」指天與地，「三」指陰氣、陽氣和中氣。「由道產生混沌的一體，由此混沌的一體產生天和地，再由天和地而生出陰、陽、中三氣，然後由此三氣化成萬物，這就是老

〔註126〕有關方立天先生的生平，可參見方立天：《躓步記述》，《方立天文集》，中國人民大學出版社，2012年，第10卷，第244～259頁。

子道生萬物的序列觀。」〔註127〕老子指出，「道常無」，「道法自然」，「道之尊，德之貴，莫之命而常自然。」這表明，道不是有意志、能造作的主宰，而萬物的生滅及其變化都是自然而然的。方先生指出，老子的道實際上是一種「超越物質世界之上的抽象概念」，因而屬於客觀唯心主義範疇，其在中國哲學史上的理論貢獻在於：「第一，肯定事物都有其規律，是具有重要理論價值的深刻觀點；第二，和當時的『尊天』思潮相對立，否定了天的崇高的主宰地位，有利於無神論思想的發展；第三，用道這個最高的規律從總體上去闡明宇宙萬物的起源、形成，說明宇宙萬物的多樣性及其統一性，……在理論上是一個重大的突破，反映了人類抽象思維能力的提高和人類認識的深化。」〔註128〕由於道是老子哲學的最高範疇，因此我們也可以說，方先生對道生萬物的肯定，實際上也是對老子哲學的總體肯定。

方先生準確概括了老子本體論的思想特徵。老子的道，既是宇宙生成的本根，也是萬物存在的本體。老子指出，「道可道，非常道」，具有「獨立而不改，周行而不殆，可以為天地母」的特性，具有「萬物恃之以生而不辭，功成不名有，衣養萬物而不為主」的功能。這些論述無疑都表明道具有宇宙本體的意味，方先生將老子哲學中作為宇宙本體之「道」的特點總結為五點：「（一）它是無形體的，不可言說，不可命名的；（二）它是獨立的存在，又是普遍的存在，而且存在於空間之中；（三）它是永恆的存在，既先於天地而生，又在天地生成後依然存在；（四）它循環運行不息，而且遵循它的自然規律；（五）它是天地的原始，萬物的祖先，它生養宇宙萬類，無不為而又無為，並不主宰天地萬物。」〔註129〕方先生對老子本體論思想特徵的概括，非常有利於人們從總體上理解道的深刻內涵。

方先生非常重視老子常變觀中包含的辯證法思想。老子有見於社會上「金玉滿堂，莫之能守」的世態炎涼，有見於自然中「飄風不終期，暴雨不終朝」的天氣冷暖，並從「合抱之木，生於毫末；九層之臺，起於累土；千里之行，始於足下」中，領悟到任何事物無不具有由小到大、由低到高、由近到遠的發展過程，故而總結出「反者道之動」的運行規律，進而主張在紛繁的變動中應當抱持「致虛極，守靜篤，萬物並作，吾以觀其復」的超然姿態。由於

〔註127〕方立天：《中國古代哲學》，《方立天文集》第9卷，第13頁。
〔註128〕方立天：《中國古代哲學》，《方立天文集》第9卷，第14頁。
〔註129〕方立天：《中國古代哲學》，《方立天文集》第9卷，第59頁。

老子對事物變化及其規律性的深刻認識，方先生將他讚譽為「是先秦時代樸素辯證法思想相當豐富的哲學家」、「是一位善於總結和創造辯證藝術的大師」〔註130〕，並且指出，「在中國哲學史上，老子第一個把常和變、動和靜作為一對範疇來考察事物的運動變化，這具有巨大的理論價值，他的常變觀對後世的影響是深刻的、久遠的。」〔註131〕應當說，方先生對老子常變觀的這一高度評價是符合歷史實際的。

方先生認為老子具有非常豐富和深刻的矛盾思想。矛盾，即對立統一。方先生指出，老子揭示了（一）對立面的相互依存。如，「有無相生，難易相成，長短相形，高下相傾，音聲相和，前後相隨。」闡明了有無等矛盾都是互相依存、相互滲透的，其中一方都是另一方存在和發展的條件。（二）對立面的互相轉化。如，「禍兮，福之所倚；福兮，禍之所伏。……正復為奇，善復為妖。」充分論述了事物向對立面的轉化。（三）轉化的條件性。如，「持而盈之，不如其已；揣而銳之，不可長保。」此處「盈」、「銳」就是轉化的條件。（四）轉化的鬥爭性。如，「人之生也柔脆，其死也堅強。萬物草木之生也柔脆，其死也枯槁。故堅強者死之徒，柔脆者生之徒。」老子由此得出了「柔弱勝剛強」的結論。在方先生看來，「老子是先秦時代的辯證法大師，他的歷史性貢獻是，首次揭示了『對立統一』這一辯證法基本規律的重要內容，標誌著中國古代辯證法思想的巨大飛躍。他所開創的以貴柔為特徵的辯證法思想流派，在中國哲學史上產生了極其巨大的深遠影響。」〔註132〕方先生的這些論述具有概括和總結老子矛盾思想的意味。

方先生將老子的人生理想論視為道法自然論在人生觀上的運用。老子認為，「道大，天大，地大，人亦大。域中有四大，而人居其一焉。」人雖居道、天、地之後，但卻能夠與三者並列而為四大，由此可見老子對人的重視。人們如果能「惟道是從」，「處無為之事，行不言之教」，就可以成為聖人。在老子看來，道家的聖人應該像水一樣的柔弱，「天下莫柔弱於水，而攻堅強者莫之能勝」，應該具有「慈」、「儉」、「不敢為天下先」的品格，能「後其身而身先，外其身而身存」，由於達到了「無身」的境界而免除了人世間的各種患難，他雖然已經具有最高的道德（上德），但從不自以為有德。方先生認為，老子

〔註130〕方立天：《中國古代哲學》，《方立天文集》第9卷，第139頁。

〔註131〕方立天：《中國古代哲學》，《方立天文集》第9卷，第140頁。

〔註132〕方立天：《中國古代哲學》，《方立天文集》第9卷，第188頁。

的人生理想論「猜測到了自然生長衰亡的規律，看到了事物發展到極度都會走向反面，所以，他認為如想不轉為反面，就必須先取反面的狀態以保存自己。由此提出，想無不為必須無為；要勝剛強，須守柔弱；欲存自身，必須先外其身；要有德，須不德。老子的人生哲學，強調人的行為必須適應自然才能成功，也敏銳地觀察到世界上某種柔弱勝剛強的現象，這都是有合理的思想因素的。」〔註133〕方先生的概括全面展現了老子人生理想論的豐富內容。

　　方先生將老子理想中的「小國寡民」視為「無為」在歷史觀上的體現。老子說：「太上，不知有之；其次，親而譽之；其次，畏之；其次，侮之。信不足焉，有不信焉。悠兮其貴言。功成事遂，百姓皆謂：『我自然。』」很顯然，在「太上」與諸多「其次」之中，老子最為嚮往的，還是「太上」。方先生認為，「這說明太上之時無王侯，無壓迫，無剝削，人民耕而食，織而衣。這也是原始時代的社會。」〔註134〕老子標榜「太上」，實際上也是先哲對無壓迫、無剝削的生活狀態的一種嚮往。太上時代的人民生活在「小國寡民」之中，「使民有什伯之器而不用，使民重死而不遠徙。雖有舟輿，無所乘之。雖有甲兵，無所陳之。使民復結繩而用之。甘其食，美其服，樂其俗，鄰國相望，雞犬之聲相聞，民至老死不相往來。」方先生認為，老子嚮往中的這種「小國寡民」，其實就是「經濟上自足、政治上自治的村落」〔註135〕，因此方先生認為，老子的這種社會理想，一方面具有否定當時不平等制度、主張建立自給自足社會的意味，另一方面希望通過倒退到原始社會的方式以實現這種理想，顯然又是不現實的。老子的理想社會是否就是向原始社會的倒退，似乎還可以商榷，但方先生指出這種小國寡民理想缺乏實現的歷史可能性，確是非常真實的。

　　此外，方先生對老子的研究，還涉及老子「道常無名」的名實觀，「不行而知，不見而名，不為而成」的知行觀等。方先生認為，老子的名實觀「看到了人們感覺經驗和理性思維的侷限性」，「對後來的莊子和魏晉玄學都有深遠的影響」〔註136〕，而老子的知行觀則是一種「排斥感性活動」的「直覺主義」〔註137〕。總的來說，方先生在唯物主義哲學籠罩一切的年代，受當時思維習

〔註133〕方立天：《中國古代哲學》，《方立天文集》第9卷，第381頁。
〔註134〕方立天：《中國古代哲學》，《方立天文集》第9卷，第469頁。
〔註135〕方立天：《中國古代哲學》，《方立天文集》第9卷，第470頁。
〔註136〕方立天：《中國古代哲學》，《方立天文集》第9卷，第541頁。
〔註137〕方立天：《中國古代哲學》，《方立天文集》第9卷，第587頁。

慣的影響，雖然對老子哲學不無批判之語，但卻全面展示了老子哲學的深刻
思想和豐富內容。

二、對莊子哲學的解析

戰國中期的莊子是繼老子之後最為重要的道家學派的思想家。在方立天
先生看來，莊子不僅忠實地繼承了老子思想，適時地發展了老子學說，而且
還對道家思想做出了重大的豐富和開拓。

莊子是老子思想的繼承者和發展者。《大宗師》云：「夫道有情有信，無
為無形；可傳而不可受，可得而不可見；自本自根，未有天地，自古以固存；
神鬼神帝，生天生地；在太極之先而不為高，在六極之下而不為深，先天地
生而不為久，長於上古而不為老。」方先生指出，莊子所說的道，具有「自然
無為」、「無形」「永存」、「是產生鬼和上帝、天和地的根源」、「無所不在」等
特性，與老子之道完全一致，方先生據此斷定，老莊道論「是一脈相承的。」
〔註138〕《齊物論》云：「（物）方生方死，方死方生。」《秋水》云：「物之生
也，若驟若馳，無動而不變，無時而不移。」方先生認為，這表明莊子「繼承
《老子》的『反者道之動』的思想，十分強調世界萬物的變化不居」〔註139〕。
老子有見於美惡、善不善等對立面間的相反相成，《齊物論》則將看似對立的
事物直接等同起來：「物無非彼，物無非是。自彼則不見，自知則知之。故曰：
彼出於是，是亦因彼。」並且以總結性的語氣說：「莛與楹，厲與西施，道統
為一。」方先生指出，「應當承認，從宇宙本源的角度來看，萬物是統一的，
莊子的觀點有助於探求萬物的統一性。」〔註140〕老子有見於名詞概念不足以
表述道的實質，故而主張「無名」。莊子發展了老子的「無名」論，《逍遙遊》
云：「名者，實之賓也。」《知北遊》云：「道不當名。」《寓言》云：「萬物皆
種也，以不同形相禪，始卒若環，莫得其倫。」《天道》云：「形色名聲果不足
以得彼之情，則知者不言，言者不知。」方先生指出：「在名實關係上，《莊
子》尖銳地提出了名言概念能否反映、把握道和事物的問題，暴露了人的思
維中的抽象和具體、靜止和運動、有限和無限的矛盾，揭示了名言概念的侷
限性，這是有意義的。」〔註141〕老子有見於知識和智慧在運用中的各種弊端，

〔註138〕方立天：《中國古代哲學》，《方立天文集》第9卷，第62頁。
〔註139〕方立天：《中國古代哲學》，《方立天文集》第9卷，第145頁。
〔註140〕方立天：《中國古代哲學》，《方立天文集》第9卷，第199頁。
〔註141〕方立天：《中國古代哲學》，《方立天文集》第9卷，第551頁。

提出了「絕聖棄智」的主張，認為「其出彌遠，其知彌少」。莊子則深入到知識和智慧之不足為憑的內在機制上，以是非紛擾和無法確定的事實為依據，提出了「不遣是非」的觀點，主張破除「成心」，通過「心齋」和「坐忘」的修煉獲得「真知」。方先生認為，「莊子反對主觀片面，反對小有收穫就自以為正確，反對花言巧語，誇大其詞，是有積極意義的。」〔註142〕「莊子提出辨別是非的真理標準問題，是有認識意義的。他也看到了個人主觀認識的片面性，否定是非的主觀標準，是有積極意義的。」〔註143〕通過方先生的論述，我們可以看出，老子哲學中的許多觀點和主張，都在莊子那裡得到了忠實的繼承和適時的發展。

　　莊子是道家思想的開拓者和發揮者。譬如，《老子》沒有明確的討論過形神問題，而《莊子》則多有述及。《大宗師》云：「且彼有駭形而無損心，有旦宅而無情死。」方先生認為這句話意味著：「人的精神可以變易住宅，而並不死亡。這是形滅而神不滅的觀點。」〔註144〕《養生主》云：「指窮於為薪，火傳也，不知其盡也。」很明顯，莊子此語是以薪喻形體，以火喻精神，此喻既指出了二者的同一性，又指出了二者的差異性。方先生指出，「後來這個比喻發生了兩重性的作用，神不滅論者和神滅論者都利用它來作為論證自己論點的根據。」〔註145〕其實，這在一定程度上恰好說明了莊子思想內涵的豐富性。再如，《老子》未曾對人性問題有所深論，而《庚桑楚》則提出「性者生之質」的主張，《天地》提出「形體保神，各有儀則，謂之性」的觀點，方先生指出，這些論述表明，在莊子看來，「原始人類那種無知無欲純真樸實才是人性的完美體現。」〔註146〕《在宥》云：「聞在宥天下，不聞治天下也。在之也者，恐天下之淫其性也；宥之也者，恐天下之遷其德也。天下不淫其性，不遷其德，有治天下者哉？昔堯之治天下也，使天下欣欣焉人樂其性，是不恬也；桀之治天下也，使天下瘁瘁焉人苦其性，是不愉也。夫不恬不愉，非德也；非德也而可長久者，天下無之。」方先生認為，「這是從人性的角度，反對有為政治，提倡自在寬宥，使人能安於性命之情。」〔註147〕我們說，在干戈擾攘、杌隉

〔註142〕方立天：《中國古代哲學》，《方立天文集》第9卷，第682頁。
〔註143〕方立天：《中國古代哲學》，《方立天文集》第9卷，第683頁。
〔註144〕方立天：《中國古代哲學》，《方立天文集》第9卷，第244頁。
〔註145〕方立天：《中國古代哲學》，《方立天文集》第9卷，第245頁。
〔註146〕方立天：《中國古代哲學》，《方立天文集》第9卷，第305頁。
〔註147〕方立天：《中國古代哲學》，《方立天文集》第9卷，第307頁。

不安的戰國中期，莊子的這種主張是非常符合勞動者的需要的。又如，老子以「小國寡民」作為理想境界，而莊子則追求人生的逍遙，「獨與天地精神往來，而不傲倪於萬物」(《天下》)，期望成為「至人」、「神人」、「聖人」、「真人」、「全人」。方先生指出，「天人、神人、至人、聖人基本上是同樣的人，即置個人的死生存亡、窮達貧富、得失毀譽於度外，竭力體認道的根本原理，從而對宇宙人生的變化及其根源意義作全面性、整體性把握的人。……這種理想人格無異於是道的象徵。由於這種人物被描繪為混合著神人兩重性格，而成為爾後神仙構想的典型，影響甚為深遠。」〔註148〕我們說，正是莊子對老子思想的開拓和發揮，才使道家最終成為中國思想史、文化史上搖曳生姿的一個思想流派，展現出豐富多彩的精神內蘊來。

　　莊子的天人合一觀念與整體思維方式，實為人類生存智慧的體現。莊子將天人合一視為人類存在的本然狀態，他說：「天地與我並生，萬物與我為一。」(《齊物論》)方先生對莊子的天人合一觀念極為欣賞：「在莊子看來，自然與人類原本是合一的、和諧的，只是由於人放縱了自己的欲望，並且出於對知識、理性的盲目樂觀而任意行事，才破壞了這種天與人的和諧統一。因此，他主張『常因自然』、『不以人助天』，要求人們克服知識、理性引起的狂妄自大，使自己的欲望順應自然的法則。出於這樣一種思想，莊子對當時各家學說及其影響下的社會制度與社會生活進行了深刻的反思，提出應當消除一切人為建構、重新回到自然的懷抱、恢復天人關係和諧的主張。莊子對人的社會性存在意義的評價未免失之消極，但他強調人應當順應自然、與自然和諧相處，則對於我們反思現代文明的負面作用具有重要的意義。」〔註149〕莊子將天人合一的觀念推向極致，就是視萬物為一體，如《大宗師》所說的那樣，「死生存亡為一體。」或者如《知北遊》所說的那樣，「通天下一氣耳。」在方先生看來，莊子論道時所使用的這種思維方式，就是一種典型的整體思維方式，「認為宇宙是一個整體，人和物也都是一個整體。」〔註150〕方先生還指出，莊子的天人合一觀念與整體思維方式，作為道家道論的重要內容，不僅「對中國傳統哲學尤其是宇宙論的演變有著決定性的影響」〔註151〕，而且

〔註148〕方立天：《中國古代哲學》，《方立天文集》第9卷，第399頁。

〔註149〕方立天：《先秦哲學與人類生存智慧》，《方立天文集》第9卷，第741頁。

〔註150〕方立天：《中國古代睿智之光》，《方立天文集》第9卷，第731頁。

〔註151〕方立天：《中國古代睿智之光》，《方立天文集》第9卷，第735頁。

還「有助於人們調整和控制物質需求，減少和避免惡性消費，因而也有利於人的全面發展和社會的可持續發展」〔註152〕。方先生作為中國當代哲學家中的代表人物，對莊子哲學的現代意義進行了深入的發掘和詳盡的闡釋，在二千多年後的今天充分彰顯了莊子的思想光輝。

方先生對道家哲學的研究和關注，前後達數十年之久，他早期受到當時普遍盛行的教條式唯物主義思潮影響，對中國哲學進行過所謂的批判性研究，給老子和莊子等先哲貼過「神秘」、「消極」、「客觀唯心主義」等標籤。晚年之後，方先生逐步擺脫了教條式唯物主義的束縛，開始大力闡發中國先哲的卓越智慧和高明境界，對老莊的理解越來越具有同情色彩，在道家研究中形成了以弘揚老莊思想境界及其當代意義為主要內容的晚年定論，這也是我們衡量和評價方先生老莊學研究的基本依據。

三、老莊與佛教中國化

老莊之學在先秦及西漢初年曾經盛極一時，但自武帝以降，則陷入長期沈寂之中。直至魏晉，天下多故，名士們為苟全性命於亂世，紛紛加入談玄論道的行列，於是《老子》、《莊子》與《周易》一起重新獲得士大夫們的重視。方立天先生對此一時期的玄學思潮進行過系統的探討，他指出，「在『三玄』中，《老子》、《莊子》居於更重要的地位，玄學家都以《老子》、《莊子》解《周易》，魏晉玄學家的學說傾向於精神氣象，主要是繼承先秦道家尤其是秦漢以來的黃老道家的思想和風采，基本上道家的新發展。」〔註153〕佛教也在此一時期大規模地傳入中土，與中國固有的儒道文化相交涉，逐步走上了中國化的發展趨向。方先生的研究顯示出，在佛教中國化的每一個環節上，老莊道家思想都發揮了非常重大的影響。

首先，《老子》和《莊子》為早期佛教的經典翻譯提供了最初的對應詞彙。在漫長的歷史時期內，中國與印度沒有任何的交往，這兩個古老的國度在完全獨立的狀態下形成了各自的文化傳統，二者不僅在政治、經濟和風俗習慣上面貌迥異，而且還在語言、性格和思維方式上大為不同。佛教誕生於印度，這種在異質文化中形成和發展起來的宗教必須借助於經典翻譯，才能逐漸為中國人理解和接受。方先生指出，由於中印文化之間存在著巨

〔註152〕方立天：《中國古代睿智之光》，《方立天文集》第9卷，第737頁。
〔註153〕方立天：《魏晉南北朝時代的哲學》，《方立天文集》第9卷，第798～799頁。

大差異，「佛教譯經者在譯經中往往採用中國道家、陰陽家的重要術語來翻譯佛典的理念。」〔註154〕印度佛教經典中的一些常用詞語，如空、如、菩提、涅槃等，無法在漢語中找到對應的表述，那些最早的佛教翻譯家們從《老子》和《莊子》中得到啟發，將其譯為「無」、「本無」、「道」、「無為」等，這種帶有比附性質的翻譯不可避免地造成了意譯文與原文之間的重大差異。「外來佛教經過中文翻譯的傳播，而被消融於古代漢語的思維形式中，某些印度佛教的本來面貌也就消失了。……其實，這種改變也是一種創造。順應中國語言的思維形式，吸取印度佛教思想，是綜合了中印兩種相異的思想而形成的既區別於中國傳統思想又完全不同於印度思想的學說，從而開創了一種近似乎新的思想境界。」〔註155〕方先生舉例說，「東漢支婁迦讖譯出的小品般若《道行般若經》，把「空」譯成『無』，『性空』譯成『本無』，『諸法性空』譯成『諸法本無』。……『諸法本無』被理解為世界萬事萬物都是『本無』的體現，『本無』的產物。顯然，這是由於譯語困難和誤解等原因而導致的哲學選擇。『諸法本無』的譯文，實際上標誌了中國佛教本體論雛形的形成。」〔註156〕也就是說，在方先生看來，早期翻譯家們運用《老子》和《莊子》中的詞彙翻譯佛教經典中的概念，就是佛教開始實現自身形態中國化的開端。

其次，《老子》和《莊子》對魏晉南北朝佛教的義理研究產生了重大影響。魏晉南北朝是佛教中國化的關鍵時期，對於這一時期佛教界的代表性人物，方先生曾以個案研究的方式進行過深入的探討；對於這些代表人物的佛學思想與老莊哲學之間的關係，方先生也有多方面的論述。道安是東晉時期佛教界高僧的代表，方先生認為，「道安的本無宗是用王弼、何晏貴無學說改造的佛學，它的外表是佛學，骨子裏是玄學。原來，佛教的般若性空說和老莊的虛無思想相似，佛教的寂滅可以與老莊的無為相比附，所以自漢以後，我國的佛教教義就漸漸與老莊玄理合流。」〔註157〕在道安生活的時代，佛教界習慣於運用《老子》、《莊子》等中土固有經典中的名詞概念解讀和詮釋佛教經典，由此形成了中國佛教一種獨特的義理研究方式，即「格義」。在弘法生涯

〔註154〕方立天：《佛教中國化與中國化佛教》，《方立天文集》第 1 卷，第 456 頁。
〔註155〕方立天：《試論中國佛教之特點》，《方立天文集》第 1 卷，第 54 頁。
〔註156〕方立天：《中國佛教哲學要義》，《方立天文集》第 5 卷，第 30 頁。
〔註157〕方立天：《道安評傳》，《方立天文集》第 2 卷，第 17 頁。

中，道安體會到格義與佛教思想之間的相互扞格，因而明確表示反對。方先生依據道安的著述，一針見血地指出，道安的佛學「依舊沒有超出玄學的窠臼，而是披上佛學外衣的玄學，玄學化的佛學。因此，道安的反對『格義』，只是形式上的反對而已。」〔註158〕支遁（字道林）以注釋《莊子·逍遙遊》而著稱，方先生指出，「支遁的逍遙論和向、郭《莊子·逍遙遊》注區別的主要點是：向、郭認為一切有待的一般動物乃至於人類只要安於性分，就是逍遙；而支遁認為只有無待的至人（聖人）才能逍遙，只有至人的心才是逍遙的。」〔註159〕針對時俗放蕩的流弊，這種區別意味著，「只有成佛才能逍遙。這反映了佛教界加強對人們思想奴役的努力。……反對以適性為逍遙，實也含有維護現實的封建道德規範的初衷。」〔註160〕慧遠不僅博綜六經，而且對《莊子》和《老子》尤為善長，方先生認為，「慧遠早年所受的教育對於他後來調和佛、儒、道的思想矛盾有著極為重要的關係，對後來他能以佛理吸引文人學士乃至成為佛教學者和佛教領袖也有直接的作用。」〔註161〕僧肇的文章汪洋恣肆，頗有莊子之風。方先生摘出其中深受《莊子》影響的明顯例證：「《不真空論》說，『物我同根，是非一氣』，『審一氣以觀化』，就是本於道家的思想。《莊子·大宗師》云：『彼方且與造物者為人，而遊乎天地之一氣。』《莊子·至樂》云：『死生為晝夜，且吾與子觀化。』……是莊子思想的翻版。又如，上引《不真空論》由『物無彼此』以證明『萬物非真，假號久矣』的思想，與《莊子·齊物論》的『物無非彼，物無非是』的觀點也是完全一致的。」〔註162〕從方先生的相關研究中可以看出，《老子》和《莊子》為中土高僧的義理研究奠定了堅實的思想基礎。

　　再次，《老子》和《莊子》為隋唐佛教的創宗立派提供了思想資源。方先生深入闡述了老莊思想在中國化佛教宗派創立過程中的深刻影響。在方先生看來，印度佛教的直覺論傳入中國後，在中國固有哲學中找到了對應點，儒道兩家「擁有豐富的直覺思維資源。如道家老子提倡『玄覽』，強調要以深刻的靜觀去合乎『道』。莊子也主張運用『心齋』、『坐忘』、『忘己』的直覺方法

〔註158〕方立天：《道安評傳》，《方立天文集》第 2 卷，第 21 頁。

〔註159〕方立天：《支遁的佛學思想》，《方立天文集》第 2 卷，第 41 頁。

〔註160〕方立天：《支遁的佛學思想》，《方立天文集》第 2 卷，第 43 頁。

〔註161〕方立天：《慧遠及其佛學》，《方立天文集》第 2 卷，第 63 頁。

〔註162〕方立天：《〈不真空論〉與〈物不遷論〉導讀》，《方立天文集》第 2 卷，第 301 頁。

與『道』合一。儒家孟子認為『萬物皆備於我』，並進而提出『盡心盡性知天』的學說，認為徹底發揮主體心的作用，就能悟知性命天道。《莊子・外物》篇還提出『得意忘言』之說。」〔註163〕中土高僧將印度佛教的直覺論與儒道兩家的直覺思維融合起來，創造出天台與華嚴的圓融觀、禪宗的直指本心、淨土宗的十六觀門等。華嚴宗的事事無礙論堪稱中國大乘佛教圓融觀的極唱，這種境界論明顯地受到莊子「齊同」思想的影響，《莊子・齊物論》「主張主體在精神上逍遙自在，用『道』的觀點平等觀看萬物，勘破一切事物在質上的對峙和量上的對立，否定是非、然否、美醜、善惡的差別，否定辯論的意義，否定世間的絕對客觀的價值標準，強調齊是非，齊彼此，齊物我，認為萬物是齊同的。《齊物論》以『天地一指，萬物一馬』來描述『齊物』的境界，這對華嚴宗的事事相即思想以及『一即一切，一切即一』命題的提出，是有啟發作用的。」〔註164〕在荊溪湛然「無情有性」的學說中，「同樣也可以見到莊子道本體遍在思想的深刻影響。」〔註165〕而最具中國特色的佛教宗派禪宗，「就是繼承老莊思想、六朝清談和儒家心性論的產物。」〔註166〕禪宗三祖僧璨的《信心銘》「是在繼承達摩、慧可的清淨心思想基礎上，進一步吸取道家尤其上《莊子》的『齊物』、『逍遙』思想而成的。」〔註167〕中國禪宗中的臨濟宗則「繼承了道家萬物一體的直觀思維，空前地突出了『無』字的參究功用。」〔註168〕方先生的這些論述充分顯示出，天台宗、華嚴宗、禪宗等中國特有的宗派在創立和發展過程中，都曾從老莊哲學中獲取過豐富的思想資源。

　　通過翻譯經典、研究義理、創立宗派等一系列環節，佛教實現了中國化，由一種外來宗教發展成中國文化的重要組成部分。由於宗教派性的原因，這些推動佛教中國化的高僧大德們是不可能明確表示自己受到了老子或莊子影響的。方先生從印度佛教與中國佛教的差異中，從中國佛教與老莊道家的思想關聯中，得出了上述結論，其間透露出他疏理中國佛教文獻資料時的真切感悟和深刻洞見。

〔註163〕方立天：《中國佛教哲學要義》，《方立天文集》第 5 卷，第 853 頁。
〔註164〕方立天：《中國佛教哲學要義》，《方立天文集》第 5 卷，第 561 頁。
〔註165〕方立天：《中國佛教哲學要義》，《方立天文集》第 5 卷，第 605 頁。
〔註166〕方立天：《佛教中國化與中國化佛教》，《方立天文集》第 1 卷，第 456 頁。
〔註167〕方立天：《中國佛教哲學要義》，《方立天文集》第 5 卷，第 301 頁。
〔註168〕方立天：《中國佛教哲學要義》，《方立天文集》第 5 卷，第 417 頁。

四、佛與老莊的契合點

　　方立天先生不僅闡述了老莊道家在佛教中國化各個環節中發生的重大影響，而且還進一步深入論證了心性論就是佛與老莊的契合點，闡明了老莊道家的道論、自然觀、無為而無不為的方法論以及得意忘言的認識論深刻影響了中國佛教特別是禪宗的形成和發展。

　　老莊道家的道論對中國佛教心性論的影響至為巨大。在《老子》和《莊子》中，道是「獨立而不改，周行而不殆」的「天下母」、「萬物之宗」，又是「齎萬物而不為義，澤及萬世而不為仁，長於上古而不為老，覆載天地、刻雕眾形而不為巧」的「大宗師」，因而具有宇宙本根和萬物本體的雙重意味。方先生指出，「中國佛教，尤其是禪宗吸取了道家『道』的概念，運用『道』這一語言形式，而對『道』的內涵加以改造、發展，把它作為自家的本體範疇、內在佛性、絕對真理、最高境界，為心性論奠定了哲學基礎。」〔註169〕為了證成此論，方先生還特別從中國佛教史中舉出了幾個非常顯然的例子。如，東晉時期的高僧僧肇在《不真空論》提出「道遠乎哉？觸事而真；聖遠乎哉？體之即神」的觀點，方先生認為，「僧肇這種以真心體悟萬物本空是『道』的思想，實際上是吸取了道家最高範疇『道』的思維成果，使『道』成為具有最高真理、終極價值、圓滿境界等意義上的中國佛教哲學範疇。」〔註170〕竺道生從「理不可分」的角度上，提出了「頓悟」之說，方先生依據《莊子・秋水》所說「萬物之理」、「知道者必達於理」以及《莊子・刻意》所說聖人「循天之理」指出，「竺道生的『理』為佛性及頓悟的學說，與印度佛教的義理以及當時的佛教潮流並不一致，顯然是受道家一系思想影響的結果。」〔註171〕禪宗洪州宗的開創者馬祖道一主張：「平常心是道。」馬祖道一的弟子普願提出：「道如虛空。」馬祖道一的再傳弟子黃檗希遷認為，「此道天真，本來平等。」方先生從中尋繹出中國思想發展演變的脈絡，「《莊子》『萬物皆一』、『道通為一』、『物我一體』的『道』的遍在性、平等性觀念也可以邏輯地推導出『平常心是道』、『觸類是道』的命題。可以說，洪州宗這些禪學思想與莊子思想具有極為密切、深刻的內在聯繫，而和印度佛教思想則是大相徑庭的。」〔註172〕

〔註169〕方立天：《中國佛教哲學要義》，《方立天文集》第5卷，第444頁。
〔註170〕方立天：《中國佛教哲學要義》，《方立天文集》第5卷，第445頁。
〔註171〕方立天：《中國佛教哲學要義》，《方立天文集》第5卷，第445頁。
〔註172〕方立天：《中國佛教哲學要義》，《方立天文集》第5卷，第449～450頁。

在老莊道論的烘托之下，這些話語發展成為中國禪宗的日常用語。

　　老莊道家的自然觀、無為而無不為的方法論以及得意忘言的認識論對中國佛教心性論的影響也是非常明顯的。如竺道生提出過「體法者冥合自然」的觀點，慧能弟子神會則將「僧家自然」視為「眾生本性」，因此方先生說：「道家的『自然』概念對竺道生和慧能一系禪宗心性論的界定、性質和特點有著重大的影響，實際上成為竺道生和慧能禪宗心性論的核心概念和基本觀念。」〔註173〕老子主張：「無為而無不為。」《莊子・知北遊》提出：「天地無為也，而無不為也。」道家這一原則後來為慧能以後的洪州宗和菏澤宗所吸收，方先生發現，「這兩宗和道家一樣，都是以直接顯示天真自然的本性為基本要求，由此在禪修上或主張不斷不修，任運自在；或主張無念無修，應用無窮。這種『不斷不修』和『無修之修』，是基於眾生的自然本性而確立的修行方式，是實現理想人格，成就佛果的基本途徑。」〔註174〕道家的得道之法，就是通過「心齋」、「坐忘」直接體會大道甚至與道合而為一，因此對外在的言語並不重視，《莊子・外物》提出：「筌者所以在魚，得魚而忘筌；蹄者所以在兔，得兔而忘蹄；言者所以在意，得意而忘言。」後來玄學家王弼也主張「得意忘言」。方先生認為，「從竺道生和禪僧的言論和思想來看，莊子和王弼的『得意忘言』說實際上成了他們佛學方法論的基礎，其影響遠比印度佛教的相關學說更直接，也更深刻。」〔註175〕慧能之後的禪宗高僧們主張佛教經典只不過是教化眾生的言教，因此提出了「教外別傳，直指人心」的主張，大力倡導「明心見性，頓悟成佛」的觀點，乃至最終形成呵佛罵祖的超佛越祖之論，將十二分教視為「鬼神簿、拭瘡疣紙」。方先生指出：「道家的『得意忘言』思想實是禪宗提出『見性成佛』說的邏輯起點和方法論依據，是禪宗之所以為禪宗，是禪宗之異於中國佛教其他宗派，以及區別於印度佛教的認識論基礎。」〔註176〕方先生以高度凝練的概括性語言，闡明了道家思想在中國佛教心性論形成和發展中的重大作用。

　　在佛教傳入之前，儒道兩家對立互補是中國文化的基本結構。在這一結構中，儒家居於主體地位，道家作為儒家的對立面發揮一定程度的制約和補

〔註173〕方立天：《中國佛教哲學要義》，《方立天文集》第5卷，第451頁。
〔註174〕方立天：《中國佛教哲學要義》，《方立天文集》第5卷，第455～456頁。
〔註175〕方立天：《中國佛教哲學要義》，《方立天文集》第5卷，第457頁。
〔註176〕方立天：《中國佛教哲學要義》，《方立天文集》第5卷，第458頁。

充作用，以便緩和或消解儒家禮教「風規四海，繩名天下」造成的心理緊張，《老子》與《莊子》中的心性論內容並未受到太多的重視。印度佛教無論大小乘，都以從人生的痛苦和煩惱之中解脫出來為職志，其心性論思想未獲得充分的發展。但佛教傳入中國之後，雖與老莊道家有許多衝突，但在心性論上卻與老莊道家一拍即合，十分相契，由此走上了以心性論為核心的中國化之路，至隋唐時期而達於極盛，最終轉化為中國文化的重要組成部分。當佛教梵響三唱、高扼行雲之際，道家的心性論思想也得到豐富和發展，對此我們可以從兩個方面理解：一者，唐以後喜愛老莊的學者大多具有浸潤禪宗的思想經歷，因此他們自覺不自覺地將《老子》和《莊子》置入到心性論視域之中進行理解和接受，使其成為排憂解煩、修身養性的經典之作；二者，隋唐後《老子》和《莊子》作為經典在道教中的地位得到重視和提升，並成為道教接受佛教心性論影響的橋樑和通道。因此方先生說：「佛教心性論中有道家的思想，道教心性論中有佛教，尤其是禪宗的思想，這是中國佛、道兩家心性論思想互動互補、交融會通的重要現象。」〔註177〕

2014年6月24日，已處於彌留之際的方立天先生寫道：「無，是宇宙之母；無，也是宇宙之歸結。緣起性空，一切皆空，畢竟是無。在性空大框架內，無為而無不為，無不為而無為，是人類的大創造。」〔註178〕這些字，顯然包含著方先生對佛家之空與道家之無的深刻體會。數日後，門人魏德東教授前來探望，方先生彼時已不能言語，唯以手指之，令其觀看這些放在自己枕邊的字。7月7日，方先生即與世長辭，這幾句具有明顯佛道融合色彩的語言就成為這位著名的中國哲學史家和佛學家最終的哲學貞認！方立天先生在著述中非常全面地展現了老莊道家對中國佛教的深刻影響，這無異於告訴學者，只有通達老莊道家，才能真實地瞭解中國佛教；只有像融合佛教那樣融合外來的文化精華，才能開出中國哲學、思想乃至文化的新境界。我想，這當是方先生臨終之時都還念念不忘要傳授給弟子們的治學奧秘。

相對於古代而言，近代以來的中國社會、經濟、思想、文化等領域無不發生了翻天覆地的變化。高僧大德，特別是居士們運用佛教思想和義理詮釋

〔註177〕 方立天：《中國佛教哲學要義》，《方立天文集》第5卷，第474頁。
〔註178〕 魏德東：《方立天教授最後一課：佛學泰斗的震撼告別》，中國人民大學佛學與宗教學理論研究所編：《此情哪堪成追憶》，宗教文化出版社，2015年，第168頁。

　　《莊子》的學術實踐一方面表明，儒道佛三家不但在近代以來的中國社會生活中仍然具有巨大的思想價值，而且還可以實現非常完美的相互融合，共同為豐富人們的精神生活提供廣闊的心靈空間；另一方面則意味著佛教作為中國傳統文化中最具活力的部分，應該而且也能夠對推動儒道佛三家的共同發展做出重大的貢獻。

結　語

　　莊子站在重視個體生命和精神逍遙的角度上，抒發他對世間功名利祿戕害人的真性的厭倦和憤懣，主張以一種「無己」、「喪我」、「不傲倪萬物」的態度獨與天地精神相往來，並與世俗相處。這與佛教的苦諦提出的人生為一大煩惱憂悲苦聚、應當空諸所有、堅持緣起中道等學說有著諸多的相似性和一致性，因此莊子成為佛教在中土的知音，莊子思想為佛教在中土的落地生根提供了肥沃的土壤。但莊子畢竟還是留戀這個世間的，他不探究生前，也不擔心死後，他只是期盼此生可以生活在上古那樣的至德之世。而佛教則要對今生今世的煩惱來源做出解釋，對如何出離這些世間的煩惱指明修行的方式方法和路徑，因此相較於莊子的天真爛漫，彰顯出更多的宗教嚴肅性和彼岸色彩。職此之故，本文所探討的佛教莊子學也就具有了將佛教義理和莊子觀念展開深入比較並考察這兩種異質思想體系如何進行相互融合的意味。

　　古往今來的高僧大德通過運用佛教的名相、概念、思想義理和思維方式對《莊子》所作的理解、注疏、詮釋和解說，形成了本文所說的佛教莊子學，不僅促成了外來佛教實現自身形態的中國化，也進一步發展、豐富和充實中國莊子學史的基本內涵。本文雖然對其中的二十多家進行了解讀、分析和探討，但毋庸諱言，這仍然只能算是冰山一角，其未論及的應該還有不少。

　　南北朝時期是印度佛教大規模輸入中土的時期，也是儒道佛三教之間展開激烈的思想爭論的時期，因而也是佛教實現自身形態中國化的重要時期。高僧大德們為了對道教的攻訐和辯難展開有力的回擊，往往想方設法地去證明佛教的因緣論高於老莊道家的自然觀，或者採取釜底抽薪的辦法，努力證明老莊道家與當時盛行的天師道教沒有直接的或者必然的關聯，在無形中剝

奪了當時道教可以與佛教相互拮抗的形而上的理論思辨武器。可以說，這些辯論充分展現了南北朝時期的佛教高僧大德們對《莊子》的多向度理解，構成了佛教莊子學的重要組成部分。其相關材料就存在於《弘明集》和《廣弘明集》中，本文對此並未論及。

隋唐時期是中國佛教各宗派紛紛創立的時期，因而也是佛教實現自身形態中國化從而轉化成中國傳統文化重要組成部分的關鍵時期。在這一時期，不僅出現了許多善於講經說法、著書立說的祖師高僧，也湧現了一些善於運用佛理思考和理解《莊子》等中國固有典籍的居士大德。本文對祖師高僧著作中涉及《莊子》的思想觀念雖然有所論列，但對諸多居士大德的相關著述卻又付諸闕如。如詩僧靈澈、齊己、貫休等，都在自己的詩歌中提到了讀莊子的感受，並從佛教修行的立場上理解莊子的許多提法。而著名詩人白居易作為一位虔誠的佛教居士，也在其詩歌中多次從佛教的立場上談到《莊子》，其詩云：「人生百歲內，天地暫寓形。太倉一稊米，大海一浮萍。身委逍遙篇，心付頭陀經。尚達生死觀，寧為寵辱驚。中懷苟有主，外物安能縈。任意思歸樂，聲聲啼到明。」〔註1〕白居易此處將莊子的著作與佛教的經典等量齊觀，共同作為自己的身心安頓之所。所有這些豐富的內容，本文都還沒有來得及加以論述和探討。

五代以降，經宋元明清迄於近現代，是佛教中國化深入發展的歷史時期，也是佛教在中國落地生根、獲得草根性的歷史時期，佛教與《莊子》的關係更加的密切，許多高僧大德都曾對莊子給予了高度的評價和由衷的讚譽。如北宋高僧石門惠洪禪師有詩云：「天下心知不可藏，紛紛嗅跡但尋香。端能百尺竿頭步，始見林梢掛角羊。」〔註2〕將莊子的「藏天下於天下」視為禪宗「百尺竿頭，更進一步」、「羚羊掛角，無跡可求」的境界，其評價不可謂不高。兩宋之際的大慧宗杲禪師亦曾引他人詩偈曰：「一葉扁舟泛渺茫，呈橈舞棹別宮商。雲山海月俱拋棄，贏得莊周蝶夢長。」〔註3〕將莊子夢蝶看作是佛教解脫自在的境界，更是對莊子的一種藉重。元代高僧天如惟則禪師為趙孟頫所畫莊子像題跋云：「翹翹招招，飄飄蕭蕭。子昂筆下有莊子，展兩手兮遊逍遙。

〔註1〕白居易：《和答詩十首・和思歸樂》，轉引自鮑鵬山：《白居易與〈莊子〉》，上海：復旦大學出版社，2017 年，第 38 頁。
〔註2〕惠洪：《林間錄》上，《卍新續藏》第 87 冊，第 254 頁上。
〔註3〕宗杲：《大慧普覺禪師法語》卷 22，《大正藏》第 47 冊，第 904 頁中。

於於喁喁，刁刁調調。諸公言下有莊子，集眾妙兮成牛腰。噫籟嘻，當時若會展手意，風一息兮，萬籟聲消！」〔註4〕將《莊子》當成了可以引導眾生從煩惱之中解脫出來達到涅槃寂靜的妙典。晚明時期的高僧、憨山德清大師的好友性通禪師有一部《南華發覆》，在當時及後世獲得了極高的評價。近代高僧、人間佛教思想的倡導者和集大成者太虛大師亦曾有《讀齊物論》詩云：「物遇長風成地籟，心因深想發天機；但離自取原無性，怒者何須更問誰？青濛濛外白茫茫，六合中間說聖王；齊到不齊成物化，一場蝶夢太荒唐！」〔註5〕對莊子的齊物思想似乎頗不以為然，反映出近代高僧疏離莊子的某種思想傾向。高僧如此之類論述莊子的言論，還有不少，本文都未曾著筆。

　　即便是本文已經提到的高僧大德的論莊之作，如東晉高僧道安、僧肇、支遁、慧遠等，隋唐時期各宗的祖師，宋元明清時期王安石、蘇軾、憨山德清、方以智等，本文也僅是就其一言一語或某一篇章展開一些討論，並未能對其論述《莊子》的所有著作和言論展開竭澤而漁式的搜輯、整理、探討、分析和論述，這裡仍有相當多的工作可以繼續進行。而筆者對自己所作出的這些思考和論述，雖然也還自信，但畢竟屬於自己的一得之見，不同的讀者站在不同的立場上，自然可以獲得不同的感受和理解，提出不同的觀點和看法。

　　由於莊子自認為是老子學說的繼承者以及二者思想具有諸多的一致性，很多高僧大德在論及莊子時也都會自覺不自覺地提到老子，這方面的資料與佛教莊子學一樣豐富。本文為了保持論題的集中性，基本上沒有論及佛教界對《老子》的解讀。我想，如果有機緣的話，我可以再另外撰寫一部《佛教老子學》作為本文的姊妹篇，並將佛道之間思想交涉的探討做出進一步的深化。但這也只能期之於來日了。

　　所有這一切都表明，佛教莊學史雖然可以有一個體系，但其本身是博大的，是精深的，更是開放的。本文的寫出不是完成，而是開端，我們期待著後來有人會在這方面貢獻出更加深入和完美的著作來。

〔註4〕惟則：《師子林天如和尚語錄》卷7，《卍新續藏》第70冊，第814頁上。
〔註5〕太虛：《潮音草舍詩存》，《太虛大師全書》，北京：宗教文化出版社，2004年，第34卷，第59～60頁。

參考書目

一、工具書

1. 中華電子佛典協會：《電子佛典集成》，CBETA-June 2016。
2. 中華佛典寶庫：《佛學電子辭典》，V3.7.34（build：198）。
3. 沈起煒編著：《中國歷史大事年表》（古代），上海辭書出版社 2001 年。

二、古人著述

1. 後秦‧僧肇：《肇論》，臺北：新文豐版《大正藏》第 45 冊。
2. 南朝宋‧劉義慶：《世說新語》，長沙：嶽麓書社，1989 年。
3. 南朝梁‧僧祐：《出三藏記集》，北京：中華書局，1995 年。
4. 南朝梁‧僧祐：《弘明集》，臺北：新文豐版《大正藏》第 52 冊。
5. 南朝梁‧慧皎：《高僧傳》，北京：中華書局，1992 年。
6. 隋‧智顗：《摩訶止觀》，臺北：新文豐版《大正藏》第 46 冊。
7. 隋‧智顗：《法華玄義》，臺北：新文豐版《大正藏》第 46 冊。
8. 隋‧智顗說，唐‧湛然略：《維摩詰經略疏》，臺北：新文豐版《大正藏》第 38 冊。
9. 隋‧吉藏著，韓廷傑校釋：《三論玄義》，北京：中華書局，1987 年。
10. 唐‧道宣：《廣弘明集》，臺北：新文豐版《大正藏》第 52 冊。
11. 唐‧神會述、楊曾文編校：《神會和尚禪話錄》，北京：中華書局，1996 年。

12. 唐‧良價:《筠州洞山悟本禪師語錄》,《大正藏》第 47 冊。

13. 唐‧寒山子:《景宋本寒山子詩集》,蘇州:弘化社,2017 年。

14. 宋‧晁迥:《法藏碎金錄》,《欽定四庫全書‧子部》。

15. 宋‧王安石:《莊子論》,《莊子序跋論評輯要》,武漢:湖北教育出版社,2001 年。

16. 宋‧蘇軾:《莊子祠堂記》,《莊子序跋論評輯要》,武漢:湖北教育出版社,2001 年。

17. 宋‧李光:《莊簡集》,《儒藏‧宋集珍本叢刊》,北京:線裝書局,2004 年。

18. 宋‧林希逸著、周啟成校注:《莊子鬳齋口義校注》,北京:中華書局,1997 年。

19. 金‧李之純:《鳴道集說》,臺北:華宇出版社《大藏經補編》第 26 冊。

20. 明‧陸西星:《南華真經副墨》,北京:中華書局,2010 年。

21. 明‧憨山德清:《道德經解》,上海:華東師範大學出版社,2009 年。

22. 明‧憨山德清:《莊子內篇注》,上海:華東師範大學出版社,2009 年。

23. 明‧憨山德清:《憨山老人自序年譜實錄》,臺北:新文豐版《卍新纂續藏經》第 73 冊。

24. 明‧焦竑:《澹園集》(上下),北京:中華書局,1999 年。

25. 明‧焦竑:《焦氏筆乘》(上下),北京:中華書局,2008 年。

26. 明‧袁宏道著,錢伯城箋校:《袁宏道集箋校》,上海:上海古籍出版社,1979 年。

27. 明‧袁中道撰,錢伯城點校:《珂雪齋集》,上海:上海古籍出版社,1989 年。

28. 明‧吹萬廣真:《一貫別傳》,臺北:新文豐版《嘉興大藏經》第 40 冊。

29. 明‧覺浪道盛:《天界覺浪盛禪師全錄》,臺北:新文豐版《嘉興大藏經》第 34 冊。

30. 明‧永覺元賢:《永覺和尚廣錄》,臺北:新文豐版《卍新纂續藏經》第 72 冊。

31. 明‧方以智著,張永義、邢益海校點:《藥地炮莊》,北京:華夏出版社,2011 年。

32. 明・方以智著，張永義注釋：《藥地炮莊箋釋・總論篇》，北京：華夏出版社，2013 年。

33. 清・傅山：《傅山全書》，太原：山西人民出版社，1991 年。

34. 清・錢澄之：《莊屈合詁》，合肥：黃山書社，1998 年。

35. 清・雲溪俍亭：《雲溪俍亭挺禪師語錄》，新文豐版《嘉興大藏經》第 33 冊。

36. 清・雲溪俍亭：《漆園指通》，臺北：新文豐版《嘉興大藏經》第 34 冊。

37. 清・楊文會：《楊仁山全集》，合肥：黃山書社，2000 年。

38. 清・紀蔭：《宗統編年》，臺北：新文豐版《卍新纂續藏經》第 86 冊。

39. 清・孫靜庵：《明遺民錄》，浙江古籍出版社，1984 年。

40. 清・夏漱芳：《名公法喜志》，《卍新纂續藏經》第 88 冊。

三、學術論著

1. 章太炎：《章太炎全集》，上海：上海人民出版社，2014 年。

2. 朱文熊：《莊子新義》，上海：華東師範大學出版社，2011 年。

3. 馬一浮：《馬一浮集》（全 3 冊），杭州：浙江古籍出版社浙江教育出版社，1996 年。

4. 鍾泰：《莊子發微》，上海：上海古籍出版社，2002 年。

5. 王叔岷：《莊學管窺》，北京：中華書局，2007 年。

6. 錢穆：《莊老通辨》，北京：三聯書店，2002 年。

7. 錢穆：《中國學術思想史論叢》（全 10 冊），北京：九州出版社，2011 年。

8. 印順：《印順法師佛學著作全集》（全 22 卷），北京：中華書局，2009 年。

9. 徐復觀：《中國藝術精神》，北京：商務印書館，2010 年。

10. 趙樸初：《趙樸初韻文集》（上下冊），上海：上海古籍出版社，2003 年。

11. 劉光義：《莊學中的禪思》，臺北：臺灣商務印書館，1989 年。

12. 卿希泰：《簡明中國道教史》，北京：中華書局，2013 年。

13. 方立天：《方立天文集》（10 卷 12 冊），北京：中國人民大學出版社，2012 年。

14. 南懷瑾：《莊子諵譁》（上下），北京：東方出版社，2014 年。

15. 牟鍾鑒：《儒道佛三教關係簡明通史》，北京：人民出版社，2018 年。

16. 劉笑敢：《莊子哲學及其演變》（修訂版），北京：中國人民大學出版社，2010 年。

17. 劉笑敢：《詮釋與定向——中國哲學研究方法之探索》，北京：商務印書館，2009 年。

18. 王蒙：《莊子的享受》，北京：北京聯合出版公司，2017 年。

19. 王蒙：《莊子的快活》，北京：北京聯合出版公司，2017 年。

20. 王蒙：《莊子的奔騰》，北京：北京聯合出版公司，2017 年。

21. 陸永品：《老莊新論》，北京：中央編譯出版社，2014 年。

22. 崔大華：《莊子歧解》，北京：中華書局，2012 年。

23. 潘桂明：《中國居士佛教史》，北京：中國社會科學出版社，2000 年。

24. 潘桂明：《中國佛教思想史稿》（全三卷六冊），南京：鳳凰出版集團，2009 年。

25. 徐小躍：《禪與老莊》，南京：鳳凰出版集團、江蘇人民出版社，2010 年。

26. 徐震堮：《世說新語校箋》，北京：中華書局，1984 年。

27. 謝詳晧、李思樂輯校：《莊子序跋論評輯要》，湖北教育出版社，2001 年。

28. 范曾：《老莊心解》（新編本），香港：天地圖書有限公司，2010 年。

29. 楊義：《莊子還原》，北京：中華書局，2011 年。

30. 劉坤生：《〈莊子〉九章》，上海：上海古籍出版社，2009 年。

31. 羅熾：《方以智評傳》，南京：南京大學出版社，1998 年。

32. 李振剛：《生命的哲學——〈莊子〉文本的另一種解讀》，北京：中華書局，2009 年。

33. 姜義華：《章炳麟評傳》，上海：上海人民出版社，2020 年。

34. 熊鐵基主編：《中國莊學史》（上、下冊），福州：福建人民出版社，2009 年。

35. 劉固盛、劉韶軍、肖海燕：《近代中國老莊學》，福州：福建人民出版社，2014 年。

36. 洪修平：《中國儒佛道三教關係研究》，北京：中國社會科學出版社，2010 年。

37. 孫亦平：《道教文化》，南京：南京大學出版社，2009 年。

38. 陳少明：《〈齊物論〉及其影響》，北京：商務印書館，2019 年。

39. 方勇：《莊子學史》（全 3 冊），北京：人民出版社，2008 年。

40. 方勇：《子藏‧莊子書目提要》，北京：國家圖書館出版社，2015 年。

41. 劉固盛、劉紹軍、肖海燕：《近代中國老莊學》，福州：福建人民出版社，2014 年。

42. 楊國榮：《莊子內篇釋義》，北京：中華書局，2021 年。

43. 韓林合：《虛己以遊世——〈莊子〉哲學研究》（修訂版），北京：商務印書館，2014 年。

44. 李大華：《自然與自由——莊子哲學研究》，北京：商務印書館，2013 年。

45. 愛新覺羅‧毓鋆：《毓老師說莊子》，北京：天地出版社。2018 年。

46. 鮑鵬山：《白居易與〈莊子〉》，上海：復旦大學出版社，2017 年。

47. 鄭開：《莊子哲學講記》，桂林：廣西師範大學出版社，2016 年。

48. 程恭讓：《佛典漢譯、理解與詮釋研究——以善巧方便一系概念思想為中心》（上下卷），北京：中國社會科學出版社，2017 年。

49. 廖肇亨：《忠義菩提——晚明清初空門遺民及其節氣論述探析》，臺北：「中央研究院」中國文哲研究所，2013 年。

50. 謝思煒：《禪宗與中國文學》，北京：人民文學出版社，2018 年。

51. 韓煥忠：《天台判教論》，成都：巴蜀書社，2005 年。

52. 韓煥忠：《華嚴判教論》，濟南：齊魯書社，2014 年。

53. 韓煥忠：《佛教四書學》，北京：人民出版社，2015 年。

54. 賈晉華：《古典禪研究：中唐至五代禪宗發展新探》，上海：世紀出版集團，2013 年。

55. 黃惠菁：《東坡文藝創作理論研究》，臺北：花木蘭文化出版社，2010 年。

56. 劉劍梅：《莊子的現代命運》，北京：商務印書館，2012 年。

57. 王紅蕾：《憨山德清與晚明士林》，北京：中國社會科學出版社，2008 年。

58. 趙偉：《心海禪舟——宋明心學與禪學研究》，北京：人民出版社，2008 年。

59. 賈學鴻：《〈莊子〉結構藝術研究》，北京：學苑出版社，2013 年。

60. 賈學鴻：《〈莊子〉名物研究》，北京：人民出版社，2016 年。

61. 王明強：《〈老子〉莊語——從〈莊子〉視角的一種品讀》，北京：中國物資出版社，2012 年。

62. 陸建華：《新道家的自然世界——從莊子的角度看》，合肥：黃山書社，2018 年。

63. 肖海燕：《宋代莊學思想研究》，武漢：華中師範大學出版社，2011 年。

64. 中國人民大學佛學與宗教學理論研究所編：《此情哪堪成追憶》，北京：宗教文化出版社，2015 年。

65. 汪韶軍：《老莊自然和諧思想研究》，北京：北京師範大學出版社，2018 年。

66. 張文江：《〈莊子〉內七篇析義》，上海：上海書店出版社，2018 年。

67. 李玉用：《宋元道教「三教合一」思想研究》，臺北：花木蘭文化出版社，2013 年。

68. 邢益海：《方以智莊學研究》，北京：北京師範大學出版社，2015 年。

69. 彭戰果：《無執與圓融——方以智三教會通觀研究》，北京：民族出版社，2012 年。

70. 周黃琴：《歷史中的鏡象——論晚明僧人視域中的〈莊子〉》，成都：巴蜀書社，2015 年。

71. 范佳玲：《明末曹洞殿軍——永覺元賢禪師研究》，新北：花木蘭文化出版社，2009 年。

72. 羅彥民：《清代〈莊子〉考證研究》，北京：中國社會科學出版社，2013 年。

73. 李波：《清代〈莊子〉散文評點研究》，北京：學苑出版社，2013 年。

74. 沈潛：《宗仰上人行誼》，高雄：佛光文化事業公司，2011 年。

75. 孫雪霞：《比較視野中的〈莊子〉神話研究》，廣州：暨南大學出版社，2011 年。

76. 陳贇：《莊子哲學的精神》，上海：上海人民出版社，2016 年。

77. 劉廣鋒：《從莊子到僧肇——論大乘中觀學對中國美學精神的拓展》，北京：民族出版社，2015 年。

78. 達亮：《蘇東坡與佛教》（增補本），臺北：文津出版社，2010 年。

79. 楊柳：《漢晉文學中的〈莊子〉接受》，成都：巴蜀書社，2007 年。

80. 馮治庫：《中國人的第一哲學：對〈莊子〉重要篇章的再解讀》，北京：中國社會科學出版社，2011 年。

81. 何善蒙：《荒野寒山》，南昌：江西人民出版社，2015 年。

82. 孟琢：《齊物論釋疏證》，上海：上海人民出版社，2019 年。

附錄：經典互讀與宗教的中國化

前言

中國各種宗教信仰和文化傳統之間的經典互讀，為宗教的中國化提供了堅實的思想基礎和適宜的文化環境，是中國各宗教之間能夠實現和諧相處的一個重要前提。

中國思想界的基本狀況是，中國化的馬克思主義居於意識形態的主流地位，對國家的大政方針起著主導作用；儒家思想作為傳統文化的主要組成部分，在社會生活各個方面發揮著廣泛而深刻的影響；佛教、道教、伊斯蘭教、天主教、基督教等各大宗教普遍奉行愛國愛教的基本立場，堅持中國化的發展方向，主動與新時代中國特色的社會主義相適應，團結廣大信教群眾，積極投入到全面建成小康社會的奮鬥之中，共同致力於實現中華民族偉大復興的中國夢。可以說，與那些不同宗教與文化之間經常衝突不斷的國家和地區相比，中國雖然存在著多種宗教思想和文化傳統，但相互之間的關係還是非常和諧和融洽的。這種和諧和融洽得以形成的原因是多方面的。就現實而言，黨和政府的領導與協調、社會理想的共同性與根本利益的一致性等，為中國各宗教的和諧相處奠定了堅實的政治基礎；從歷史上看，中國各宗教共同堅持中國化的發展方向，在長期的共處之中形成了一種相互理解、相互尊重和相互寬容的傳統，無形中為中國的宗教和諧建立了一個穩定有效的協調機制。

筆者認為，不同宗教之間的經典互讀，是形成中國各宗教能夠相互理解、相互尊重、相互寬容和自身形態中國化的思想基礎。經，本義是指將緯線貫穿起來織成布匹的縱線，引申為主導和制約著人們言行的思維方式、價值取

向、審美情趣和思想觀念；典，從冊從几，意為供奉在几案上的書冊。經典二字連用，就是指那些集中體現特定文化傳統的思維方式、價值取向、審美情趣和思想觀念的偉大作品，深得這一文化傳統的尊崇，並成為這一文化傳統中的人們處理和解決其所面臨的重大問題的基本依據。由於人類生活在諸多方面都具有一致性，因此，不同文化傳統的經典都從各自的觀察點上展現了人類生活的某種真實性，內在地具有成為人類共同文化財產和精神財富的潛質。所謂經典互讀，就是某一文化傳統中的精英人物，即通常意義上的知識分子，除了精通所在文化傳統的經典之外，還能通過「陳跡之搜討」對相關或者相臨的經典進行「同情之默應」〔註1〕。舉例來說，佛道二教在歷史和現實中都經常發生非常密切的接觸，因此有一些高僧對道教奉為聖典的《道德經》和《南華經》進行過非常深入的研究，而一些高道對佛教的《金剛經》、《法華經》、《華嚴經》等也有很獨到的體會等。這種經典互讀對於促成佛教的中國化和佛道二教之間的和諧相處無疑具有十分重要的意義和作用。

經典互讀有利於宗教和諧，促進了各宗教的中國化，在中國從來就不是一個單純的理論問題，而是對中國思想和宗教發展的歷史作出的總結。古人云，託諸空言，不如見之行事之為深切著明。因此，本文將著重點放在對歷史的考察上，從各宗教對儒家經典中主張和觀點的附和、各宗教之間經典的相互研讀以及儒學對各宗教經典中思想和義理的資取三個方面對這一問題展開論述。由於學養的限制，本文的論述較集中於儒佛、儒道和佛道等幾種經典的互讀上，而對於伊斯蘭教、天主教、基督教相互之間及其與儒、道、佛之間的經典互讀，則因事涉專門之學，筆者目前只能做出一些非常籠統的概括，甚至不得不付諸闕如，還需方家多多諒解。

一、各宗教對儒家經典的附和

雖然儒家思想為士大夫的安身立命和道德修持提供了廣闊的精神空間和堅實的思想基礎，但筆者並不認可儒家是一種宗教的說法。不過，由於歷代王朝均將儒家奉為政令教化的根本，將儒家的經典懸為國家的功令和科舉取士的依據，因此，對儒家經典的研讀就成為中國各宗教精英人物所無法迴避的一個重大課題。

〔註 1〕湯用彤：《漢魏兩晉南北朝佛教史》，《湯用彤全集》（第一卷），石家莊：河北人民出版社，2000年，第655頁。

　　高僧大德對儒家經典的比附和詮釋促成了佛教的中國化。遠在佛教傳入中國之前，儒家經典就已立於學官（朝廷設五經博士，並為其置弟子員），成為官方意識形態，並通過國家功令的形式普及於社會生活的各個方面，因此佛教在東傳伊始，將自家的典籍（梵語「修多羅」）譯稱為「經」，在譯經時強化和突出與儒家忠孝仁義相一致的思想觀念等，就是佛教主動附會儒家經典的具體表現。三國時期行化於吳國的高僧康僧會就曾引儒家經典對吳主孫皓演說佛法：「為惡於隱，鬼得而誅之；為惡於顯，人得而誅之。《易》稱：『積善餘慶。』《詩》詠：『求福不回。』雖儒典之格言，即佛教之明訓。」〔註2〕將儒家經典中的話語說成是對佛教因果法則的表達。南北朝時期的顏之推指出：「內典初門，設五種禁；外典仁義禮智信，皆與之符。仁者，不殺之禁也；義者，不盜之禁也；禮者，不邪之禁也；智者，不酒之禁也；信者，不妄之禁也。」〔註3〕自此以降，將佛教的五戒比附為儒家的五常逐漸成為中國佛教界的共識。隋唐時期的祖師們在判教時一般都將儒家經典判為人天教法，對儒家經典在人道教化及國家治理方面的作用給予充分的肯定。宋元以降，許多高僧都對儒家經典進行了深入的研究和創造性的詮釋，如天台宗山外派的孤山智圓禪師就以高僧而自號中庸子，著《中庸子傳》，以佛教的中道思想解釋儒家的中庸觀念；雲門文偃的五世法孫明教契嵩禪師不僅對《論語》、《孟子》、《禮記》等深有研究，還依仿《孝經》著《孝論》，將儒家的核心觀念納入到佛教的教法之中；明末高僧憨山德清著有《中庸直指》、《春秋左氏心法》、《大學綱目決疑》，蕅益智旭著有《四書禪解》、《周易禪解》，這些著作都堪稱以佛解儒、借儒闡佛的傑作，既協調了佛教與儒學的思想差異，又博得了一大批儒家士大夫對佛教的同情和好感。在某種意義上我們甚至可以說，對儒家經典的比附和詮釋，是佛教之所以能經受住「三武一宗」的法難並最終轉化為中國傳統文化重要組成部分的奧妙所在。

　　高道對儒家道德觀念的吸收完善了道教的宗教功能。道教實際成立於東漢末年，作為一種本土產生的宗教，其從儒家經典中吸收和資取了大量有關孝順忠義的道德觀念。如《太平經》宣稱，「子不孝，則不能盡力養其親；弟子不順，則不能盡力修明其師道；臣不忠，則不能盡力共事其君。為此三行而不善，罪名不可除也。天地憎之，鬼神害之，人共惡之，死尚有餘責於地

〔註2〕梁・釋慧皎：《高僧傳》，北京：中華書局，1992年，第17頁。
〔註3〕南北朝・顏之推：《顏氏家訓》，長春：時代文藝出版社，2002年，第196頁。

下，名為三行不順善之子也。」〔註4〕為子應當孝其父母，為弟子應當順其師，為臣應當忠其君，這都是儒家所提倡的德目，如不能實踐之，也不能為道教所容納。葛洪在《抱朴子・內篇・對俗》中說：「欲求仙者，要當以忠孝和順仁信為本。若德行不修而但務方術，皆不得長生也。」〔註5〕唐代以後，《老子》和《莊子》被尊為《道德真經》、《南華真經》，其在道教經典中的地位得到了極大的提升，於是在道教內部湧現了大量的注釋老莊的著作。這些著作有一個共同的特點，就是大都有意無意地忽視了老子和莊子對仁義禮智的抨擊，盡可能的彌平與儒家觀念的思想差距，甚至有以儒釋道、援儒入道的思想傾向。金元之際創立的全真道將儒家的《孝經》作為基本的經典，對儒家忠孝仁義觀念的宣揚更是不遺餘力。這些都表明道教就是以各種道術為基礎同時接納儒家道德觀念而形成的一種宗教，道教化世導俗功能的獲得和完善主要就來自對儒家道德觀念的吸收和資取。

伊斯蘭教、天主教、基督教傳入中國的歷史背景雖然與佛教有別，但儒家在中國文化結構中的主體地位並沒有改變，這些宗教為了適應中國的社會狀況，以便使其教義教理在中國得到有效的傳播和奉行，都曾經不同程度地與儒家經典相附和，由此產生了這些宗教的中國化，如伊斯蘭教的劉智、天主教的利瑪竇以及基督教的趙紫宸等人，都是援引儒家經典弘揚自家宗教的先賢，對該宗教的中國化或者說本土化作出了不可磨滅的貢獻。

二、各種宗教之間的經典互讀

中國各宗教的精英們除了認真研讀儒家經典，還對其他宗教的經典進行了很深入的研究和詮釋。這一點在佛道二教中表現得尤為明顯，由此中國各宗教在相互吸收、相互融合中共同實現了自身形態的中國化。

佛教東傳伊始就非常重視對道教經典的研讀和吸收。在宗教儀式上，為了立足中土，佛教不得不依附當時流行的方仙道，採用人們熟悉的黃老祠祀的形式；在經典翻譯上，佛教不得不大量運用道教經典的詞彙來翻譯佛教的名相，如將「菩提」譯為「道」，將「涅槃」譯為「無為」、將「禪那」譯為「守意」等；在講經說法的時候，更是以《老子》和《莊子》中的名詞和概念，去擬配、比附佛教經典中的各種名相，以方便聽眾對佛教經典的理解和信受，

〔註 4〕王明：《太平經合校》，北京：中華書局，1960 年，第 405～406 頁。
〔註 5〕王明：《抱朴子內篇校釋》，北京：中華書局，1980 年，第 47 頁。

由此形成了兩晉時期的「格義」佛學，東晉時期六家七宗的般若學說及慧遠、僧肇的佛學論著，都大量運用了《老子》和《莊子》的詞彙和玄學的思維方式。在某種意義上我們甚至可以說，熟悉老莊等道家經典是那個時代的高僧必須具備的知識結構。到了隋唐時期，一些中國化的佛教宗派相繼創立，佛教雖然擺脫了對道家經典的依賴和藉重，但為了能在各種場合經常舉行的佛道論衡中穩操勝券，許多高僧大德依舊保持著對道教經典，特別是《老子》和《莊子》的濃厚的閱讀興趣。不僅如此，有些高僧還運用自己的學識，對道教經典進行創作性的詮釋。如東晉名僧支道林因不滿郭象對《莊子·逍遙遊》「以適性為逍遙」的注釋，遂著《逍遙論》，深得當時名士的稱賞，被譽為「拔理於向郭之外」。〔註6〕明末高僧憨山德清著有《觀老莊影響論》、《道德經注》、《莊子內篇注》等，金陵大報恩寺的釋性通著有《南華發覆》，金陵大天界寺的覺浪道盛著有《莊子提正》，方以智出家為僧後以藥地禪師為號，著有《藥地炮莊》等，這些著作都是高僧詮釋老莊等道教經典的傳世之作，不僅具有借助老莊演說佛教義理的意味，而且還極大地豐富和發展了老莊詮釋學，成功促成了佛道二教的視界融合。與消化和吸收儒家經典一樣，佛教對道家經典的消化和吸收也極大地促進了自身形態的中國化。

　　道教也從佛教經典中汲取了豐富的養分，使自身的宗教形態得到極大的完善和提升。道教雖然是土生土長的中國宗教，但與佛教相比，漢魏時期的道教經典不多，義理也缺乏形而上的思辨意義，戒律和儀軌都非常簡陋。隨著佛教的傳入與發展，道教也相應地水漲船高起來，其宗教形態與宗教功能都得到了充實和完善。正如一些學者所指出的那樣，道教在道經的撰寫、典籍的整理、戒律的制定、修持儀軌的創立等許多方面，都明顯地受到了佛教的影響。在筆者看來，這也是寇謙之、陸修靜、陶弘景等道教精英深入研讀佛教經典，汲取佛教經典中的宗教養分，對道教進行改造和發展的結果。到了唐代，著名的道教學者成玄英、李榮等人深受佛教般若學，尤其是《中論》空有俱遣思維方式的影響，以有無俱遣詮釋道教經典中的「玄之又玄」，將道教玄學發展為「重玄學」，極大地提升了道教思想的思辨性。隋唐之後，在司馬承禎、張伯端、白玉蟾、王重陽、丘處機等人的著作中，都運用了大量的佛教詞彙和思想。而一些注釋《道德經》、《南華經》等道教經典的名作，如成玄英《南華真經疏》、陸西星的《南華真經副墨》等，都堪稱援佛入道、以佛釋

〔註6〕徐震堮：《世說新語校箋》，北京：中華書局，1984年，第121頁。

道的佳作，也反映出這些道教精英們對佛教經典的嫻熟運用和深入瞭解。其中陸西星還曾對佛教的重要經典，如《圓覺經》、《楞嚴經》等，進行過非常詳細的注釋和疏解。這些高道在借助佛教經典大力充實和發展道教的同時，也站在道教的立場上促成了佛道二家的融會和貫通。可以說，道教之所以能夠隨著中國歷史的前進而發展，與其不斷從佛教經典中吸取思想資養是分不開的。

近代以來，科學昌明，人文社會科學也隨之發展起來，宗教學遂得以建立，在宗教學研究的名義下，人們不再將其他宗教視為「異端」，甚至出現了「只懂一種宗教的人，其實什麼宗教也不懂」〔註7〕的說法。因此，對其他宗教的經典進行閱讀和研究就成為對人類文化盛宴的一種分享，人們的思想觀念也開始突破自己所信仰的宗教傳統的束縛，必須寬容他人的思想、上帝的名稱有很多個、真理有多種表達方式、應建立一種普世倫理等，這些新思想、新觀念的形成和提出，無不包含著對自己所信仰宗教之外宗教經典的閱讀和研究。人類思想發展的歷史表明，不同宗教和文化傳統之間的經典互讀，極大地促進了人類思想的發展和進步，各種宗教的中國化也將由此邁上新的臺階。

三、儒學對各宗教經典的資取

無論在任何一個歷史時期，都有大批的儒家士大夫尊崇佛家或信奉道教。這些士大夫對佛道經典抱有濃厚的興趣，他們不僅參與了對這些經典的翻譯或編撰、書寫、刊刻以及流通，而且還對之進行了有創造性的研讀和闡發，為之作注撰疏。可以說，佛道二教之所以能在中國存在並發展成為傳統文化的重要組成部分，實得益於數量極其龐大的儒家士大夫的支持和贊助。而儒學也從佛道二教的經典中汲取了豐富的思想資源，促成了自身的發展和演變。這在宋明理學的形成及現代新儒家的誕生上體現得尤為突出。

宋明時期的儒家學說在佛道思想的滋養之下實現了一次飛躍性的大發展。在儒佛二家的思想競爭之中，宋明理學的先驅，如韓愈，作為儒家的代表，由於自身缺乏對佛教經典的深入研究和正確理解，對待佛教只能提出「人其人，火其書，廬其居」〔註8〕這樣的近乎粗野的處理措施。他的好友柳宗元

〔註7〕英·麥克斯·繆勒：《宗教學導論》，上海：上海人民出版社，2010年，第17頁。

〔註8〕唐·韓愈：《韓昌黎全集》，北京：中國書店，第1991年，第174～175頁。

雖然也不喜歡削髮出家，但意識到佛教經典往往與《周易》、《論語》相契合之處，佛教僧人的不愛錢、不好作官尤其令他肅然起敬，因此他提出了「統合儒釋」〔註9〕的主張。歐陽修主盟宋代文壇，繼承了韓愈排斥佛老的思想，但與韓愈主張在物質上消滅佛教有所不同，歐陽修對佛教經典有所瞭解，因此提出了「修其本以勝之」〔註10〕的主張，將思想鬥爭的重心放在了對儒學品格的提升上。周敦頤、張載、程顥、程頤、朱熹、陸象山、王陽明等人，都有著比較漫長的出入佛老的人生經歷，表面上他們雖然高舉著排斥佛老的大旗，但實際上他們卻將柳宗元「統合儒釋」的觀點作為「修其本以勝之」的方法。理學家們對儒家的經典體系進行了調整，大量汲取佛道二教的思維方式，努力挖掘儒家心性論和修養論的思想資源，增強了儒學的理性思辨，提升了儒學的精神境界，為士大夫們開闢了一個廣闊的安身立命的思想空間。於此同時，仍然有相當一大批士大夫，如張商英、王安石、眉山三蘇、公安三袁等，依舊公開宣稱對佛教的信仰和皈依，並希望通過以佛釋儒的方式調和儒佛的矛盾，使宋明儒學呈現出多形態並存、多向度共同發展的特徵來。

如果說宋明理學對佛道二教經典的研讀還有「猶抱琵琶半遮面」意味的話，那麼現代新儒家在這方面不僅公開進行，而且積極提倡。第一代現代新儒家的代表人物無不與佛教具有甚深的淵源。馬一浮早年曾組織過般若學會，對華嚴與天台二宗的義學很是推崇，對禪宗的頓悟也有非常深刻的體會，他以六藝統攝古今中外一切學術，即有取於佛教的判教，他經常援引佛教的義理和公案以詮釋儒家的經典和要義，在深入抉發儒家大義的同時，也使儒學成為既具玄妙的意味又有平易的色彩。梁漱溟始終宣稱自己是一個佛教徒，他早年在北京大學教授佛學，曾經問學於南京支那內學院的歐陽竟無，精於唯識學，在他的文化三路向中，佛教被置於最高的地位。也就是說，在梁漱溟看來，以出世和解脫為價值取向的佛教乃是人類文化發展的歸宿和極致。與梁漱溟一樣，熊十力亦曾問學於南京支那內學院，得入歐陽竟無之室，因精通唯識而執掌北京大學的佛學教席，後來雖歸心儒家生生不已之大易，但對佛教龍樹學之空義，對禪宗之頓悟，頗多稱賞，而且在講說儒家要義時，亦時引佛教義理，其於佛學的造詣，論精純或不及馬一浮，論精深或有以過之。在方東美的眼中，華嚴宗對六相圓融、十玄無礙的闡發就是中國詩性哲

〔註 9〕唐·柳宗元：《柳河東全集》，北京：中國書店，1991 年，第 283 頁。
〔註 10〕宋·歐陽修：《歐陽修全集》，臺北：世界書局，1991 年，第 122 頁。

學的極致，並於彌留之際成為高僧廣洽法師的皈依弟子。第二代新儒家的代表人物與佛教的淵源更為深厚。唐君毅重視華嚴，其心通九境的判教思想實是對華嚴五教十宗判教的借鑒和發展。牟宗三推尊天台，將智者大師的「一念三千」視為一種「無執的存有論」〔註11〕，並試圖運用《大乘起信論》的「一心開二門」溝通在康德那兒截然相分的「現象」與「物自身」。可以說，對佛道經典與西方學術的深入借鑒和靈活運用，是這些傳統文化的守護者們成為現代新儒家的重要原因。

對佛道經典的研讀和借鑒，對佛道義理的容納和接受，不僅使儒家實現了自身形態的發展和演變，也使儒家的心胸變得開闊和寬廣，儒家對佛道的排斥漸漸成為遠去的歷史。佛道二教也由此與儒家具有了更多的共同性，在實現自身形態中國化方面獲得了更為適宜的思想文化環境。時至今日，中國傳統的三種文化形態最終攜起手來，共同為國人構建起精神棲息的家園，為國人開拓出心靈翱翔的空間。

結語

各種文化與宗教影響及於廣土眾民，能夠歷數千年而傳承不絕，這本身就足以表明其在人類精神生活中具有不可替代的價值。這些文化和宗教之間的經典互讀以及實現自身形態的中國化，也顯示出這些經典對人們具有一種超越宗教和文化限制的普遍的吸引力。

由於各種文化和宗教在傳統文化結構中所處的地位有很大的差別，在社會生活中所起的作用不盡相同，因此它們對其他文化和宗教的經典進行閱讀和研究的意義也就不盡相同。具體說來，佛、道二教雖然也是中國傳統文化的重要組成部分，但始終居於次要的地位，在文化結構中起著補充的作用，因此，佛道二教的精英們閱讀和研究儒家經典，具有主動與主流意識形態相適應、自覺在社會文化結構中發揮補充作用的意味。佛道二教的經典互讀，除了經典自身的吸引力之外，還具有將對方經典納入自家教法之中以擴大本宗教攝受能力的目的。而在中國傳統文化中居於主流地位的儒家閱讀和研究佛道二教的經典，則具有積極引導各種宗教與主流意識相適應的意義。經典互讀也是不同文化和宗教之間的一種思想磨合，最終都非常有利於形成三教並立共存這樣一種和諧的文化結構。中國宗教文化思想史上這種獨特現象對

〔註11〕牟宗三：《現象與物自身》，臺北：學生書局，2004年，第422頁。

我們今天的啟發就是，佛教、道教、伊斯蘭教、天主教、基督教等應加強對中國化馬克思主義的瞭解，主動與之相適應；各宗教之間也應從經典互讀中積累共同話語，加深相互之間的理解和支持；執政黨也應對各種文化和宗教的經典有所研究，這不僅可以為自身的思想創新提供豐富的思想資源，還可以加深黨群之間的感情，有利於促進社會的和諧，以便更加有效地引導各種宗教實現自身形態的中國化。

後　記

　　本文原是為我的國家社科基金後期資助項目「佛教莊子學」（18FZJ002）撰寫的結項資料，但由於所有章節基本都在學術刊物上發表過，結果在提請結項時被拒。無奈何，我只好重新撰寫一部「佛教莊子學」，其中第一章五萬字就是由本文壓縮而成，其實是重新寫出，命名為「佛教莊子學的歷史考察」。然後將憨山德清的《莊子內篇注》、方以智的《藥地炮莊》、淨庭俍亭的《漆園指通》作為個案，予以深入詳細地解讀和研究，再加上結語，由此形成一部新著作，以用來向上級交差。但本文既已寫成，而且蒙楊曾文、黃夏年、駱承烈、李景明諸位先生作序，不敢久密，遂投稿於花木蘭文化事業有限公司，許郁翎主任、楊嘉樂副總編很快回覆，願為出版，一時浩蕩感激，莫可名狀，銘於文末。

　　我多年來一直關注高僧大德對《莊子》的佛學解讀，實則我對莊子的理解也染上了濃重的佛學色彩。有打油詩九首為證：

緒論

十年艱辛不尋常，只從佛禪論老莊。
明心見性大宗師，隨緣利物應帝王。

逍遙遊

北溟遊魚鯤化鵬，南海普陀觀音聲。
至人無己乘風起，逍遙遊遍法界中。

齊物論

山林大木遇長風，竅穴自吹萬種聲。
觀音但運清淨眼，便知因緣各不同。

養生主

世人紛紜說養生，誰知緣督以為經？
若能無厚入有間，自可遊刃觸處通。

人間世

無可奈何生世上，當持心齋遊一場。
若知大道集虛空，便能隨處放祥光。

德充符

既已屬人遊世間，形骸豈與道相關。
內德充滿即是符，謷乎大哉獨成天。

大宗師

真人而後有真知，不關聰明與形智。
一自孔顏論坐忘，方曉此是大宗師。

應帝王

無我方是真正玄，神巫難透巧機關。
遊心淡漠混沌在，隨緣順物皆自然。

結語

三十三篇說莊周，是非紛紜吵不休。
瞿曇東來無我法，蝴蝶夢裏暗點頭。

2022 年 4 月 30 日星期六
記於蘇州獨墅湖畔虛室之中